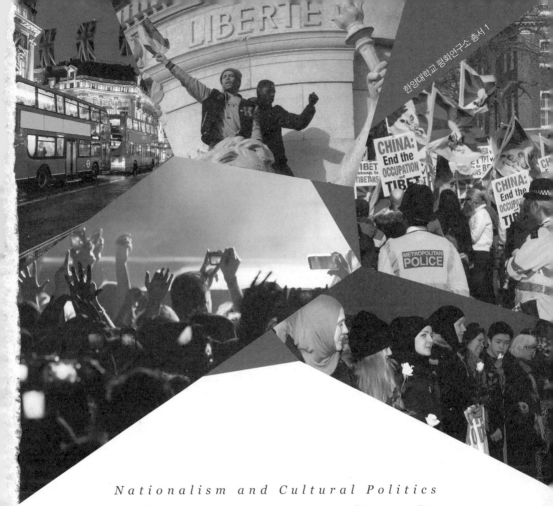

한양대학교 평화연구소 총서 1

Nationalism and Cultural Politics

민족주의와 문화정치

최진우 엮음

한울
아카데미

이 도서의 국립중앙도서관 출판시도서목록(CIP)은 서지정보유통지원시스템 홈페이지
(http://seoji.nl.go.kr)와 국가자료공동목록시스템(http://www.nl.go.kr/kolisnet)에서 이
용하실 수 있습니다. (CIP제어번호 : CIP2015016108)

4

1장

서론: 민족주의와 문화정치

| 최진우

민족주의가 맹위를 떨치고 있다. 2015년 현재 동아시아에서는 한·중·일 3국의 민족주의 정서가 역사 문제, 영토 문제와 결합돼 갈등의 수위가 점차 고조되고 있다. 한·일 관계와 중·일 관계는 개선의 기미를 보이지 않고, 전세계 각 지역에서 지역통합의 물결이 거세지만 동북아에서만큼은 민족주의의 벽에 가로막혀 지역통합이 진전되지 못하고 있다. 러시아의 블라디미르 푸틴 대통령은 '러시아 민족의 보호'를 위해 2014년 우크라이나에 속해 있던 크림 반도를 병합하고 이후 우크라이나 동부지방의 정세에 지속적으로 개입하고 있다. 유럽에서도 동구권의 탈공산화 과정에서 강하게 표출됐던 민족주의 정서가 이제 유럽 전역으로 확산돼 이민자에 대한 반감과 유럽 통합의 심화에 거부감을 갖는 극우세력의 정치적 영향력이 날로 커져간다. 2014년 6월 유럽의회 선거에서는 극우 정당들이 약진했고, 이에 따라 중도우파 정당들의 정강정책이 보수화되는 경향을 보인다. 2015년 5월 영국 총선에서는 반EU 정서를 표방한 보수당이 승리하고 스코틀랜드의 분리 독립을 지향하

는 스코틀랜드 독립당이 약진했다. 보수당의 유럽회의론이나 스코틀랜드 독립당의 분리주의 모두 민족주의 정서에 뿌리를 두고 있다.

과거의 유물로 치부되던 민족주의가 화려하게 부활하고 있다. 냉전 종식과 함께 국제사회를 양분했던 이념 대결이 막을 내리면서 그간 잠복해 있던 민족주의가 다시 고개를 드는 것이다. 이는 세계화의 진행과도 무관하지 않다. 국경을 넘나드는 인적·물적 이동이 활발해지고 이와 더불어 문화적 교류가 심화되면서 한편으로는 삶의 풍요로움이 커지지만 그 이면에서는 삶의 불안정성 또한 확대됨으로써 이에 대한 반작용으로 기존의 삶의 양식에 대한 향수와 애착이 커지게 되고 이것이 민족주의 정서로 표출되기도 한다.

민족주의가 위세를 떨치던 시기는 국제정치적 불안정성이 컸던 시기와 대체로 일치한다. 18~19세기 유럽의 혁명의 시대, 19세기 민족국가의 출현과 제국주의 시대, 20세기 초중반 강대국 간 힘의 분포의 급격한 변화에 따른 국제질서의 재편 시대, 20세기 후반 탈식민화 시대, 그리고 냉전 종식 이후 새로운 국제질서의 모색 시기가 그것이다. 이 기간 동안 각국의 민족주의는 종종 배타적·폭력적 양상을 보이기도 했다. 민족주의의 융기가 불안정성의 시대를 야기했는지, 혹은 불확실성의 시대가 민족주의 이념을 호출했는지를 명확하게 가늠하기는 어렵다. 민족주의가 불안정성을 야기했든, 아니면 불안정성이 민족주의를 촉발했든 민족주의의 흥기는 국제적 불안정성의 증가와 상관관계가 있다는 점에서 오늘날 민족주의의 부활은 경계의 대상이 아닐 수 없다. 국제정치적으로 힘의 균형에 큰 변화가 진행되는 시기라는 점에서 우려는 더 커질 수밖에 없다.

민족주의는 하나의 문화 현상으로서 정체성의 문제와 직결된다. 정치적 집단으로서의 민족은 상징과 의미의 재생산을 통해 과거를 공유하고 타자(他者)와의 구별을 통해 존재의 의미를 찾는다. 민족은 '상상의 공동체'다

(Anderson, 1983). 서로가 전혀 알지 못하는 사람들끼리 민족으로서의 일체감을 느끼는 것은 상상과 담론의 산물이다. 민족이라는 개념이 없다면 민족은 존재하지 않는다. 민족주의 없는 민족은 성립될 수 없는 것이다. 민족은 공통의 역사와 신화, 그리고 공통의 이익과 이해(理解)로 엮어진 공동체적 실존의 기반을 갖추고 있는 것이라는 믿음 위에서 존재한다.

집단적 정체성으로서의 민족주의는 정치 공동체 구성원들 간의 내적 결속과 함께 비구성원들에 대한 외적 구별을 전제로 한다. '익명의 타인을 위해 목숨까지 던지는' 희생을 감수할 정도의 충성심이 생성되기 위해서는 '타자'의 존재가 필요하다. 자아의 확장으로서의 우리를 보호하기 위해서는 목숨까지도 걸고 맞서야 하는 대상으로서의 타자, '우리'와는 구별되는 '타자'의 존재가 설정될 때 비로소 '우리'가 의미를 획득한다. 나아가 그 타자를 구별·배제·저항·경쟁·적대 그리고 때로는 우월의식의 대상으로서의 존재로 상정함으로써, 즉 타자를 타자화(othering)함으로써 길이 보존돼야 할 '우리'의 집단 정체성 형성이 완성된다. 민족주의는 타자의 타자화를 촉발한다는 점에서 속성상 갈등유발적 경향성을 내포한다.

인간은 사회적 동물이다.[1] 극히 드문 예를 제외하고 인간은 집단의 구성원으로 살고 있다. 집단의 구성원으로서의 인간은 대체로 그 집단의 생활양식을 좇아 삶을 영위한다. 옷을 입는 것, 식사 예절, 공공장소에서의 품행, 타인과 조우했을 때의 태도 등등 우리의 일상적 삶의 상당 부분이 우리가 속한 집단 또는 사회의 구성원들이 암묵적으로 공유하는 방식을 크게 벗어나지 않는 범위 내에서 이루어진다. 이처럼 우리가 의식하든 의식하지 않든 우리의 일상생활에 영향을 미치는 규칙·규범 등의 총체를 일컫는 말이 바로 문

---

1) 이하 문화의 개념과 문화정치의 의미에 대한 논의는 최진우(2012)에서 차용해 왔음.

화다. 이렇게 볼 때 문화는 우리의 삶의 양식(way of life)이라고 할 수 있다. 여기에는 종교와 관습, 사고방식과 예절 등 사적 영역과 공적 영역을 망라한 우리의 일상적 삶 속에서 나타나는 생각과 행동 양식 전반이 포함된다.[2]

삶의 양식으로서의 문화는 구성원들의 사고와 행위의 일체성을 유발하는 경향이 있으며, 아울러 구성원들이 통념화된 표준·규칙·규범을 준수하도록 만드는 경향이 있다. 이러한 의미에서 문화는 하나의 제도로서 기능하며, 실제 명시적인 제도에 반영되기도 하고, 명시적 제도를 통해 유지 및 강화되기도 한다. 그런데 때로는 이러한 삶의 양식으로서의 문화가 한 사회 내에서 하나만이 아니라 복수로 존재할 수 있다. 사람들의 인식과 사고, 그리고 습성과 심지어 정서적 기제까지 포괄하는 의미에서의 문화가 복수로 존재할 경우 이들 문화 간에는 다양한 상호작용이 일어날 수 있다. 갈등과 투쟁, 관용과 병존, 교류와 접변 등이 복합적으로 발생할 수 있는 것이다.

민족주의는 이와 같은 하나의 문화 현상이다. 우리의 사고방식과 행동 양태에 영향을 미치며 한 집단의 구성원으로서의 일체성을 갖게 하는 이념적 기제이기 때문이다. 민족주의적 사고방식은 우리의 일상과 제도에 스며들어 있으며, 타 민족의 민족주의와 충돌하거나 경쟁하기도 한다. 따라서 민족주의는 문화정치 연구의 대상이 된다.

문화정치 연구는 인식과 사고의 다양한 프레임들 간에 서로 우위를 점하

---

2) 이러한 정의는 광의의 문화 개념이라고 할 수 있다. 협의의 개념으로서 문화는 주로 예술 작품과 역사적 유산 등에서와 같이 인간의 미적 감각이 표현되고 향유되는 일련의 과정을 의미한다. 협의의 의미에서 문화는 인간의 내면세계(지식, 감성, 상상력 등)를 외면화시켜 만들어낸 인공적인 미학적 산물로 오감을 자극함으로써 감동을 주거나 메시지를 전달하는 행위와 관련되며, 여기에는 회화, 음악, 연극, 영화 등이 포함된다(최진우, 2012: 63).

기 위한 각축이 일어나는 영역에 대한 학문적 관심이라고 할 수 있다. 말하자면 어떤 생각과 어떤 행동이 '정상적(normal)'인 것인가 하는 것은 선험적으로 정해져 있는 것이 아니라 사회 구성원들 간의 상호작용을 통해 '구축(construct)되는 것이라고 했을 때, '정상(normality)'의 위치를 확보하기 위해 다양한 인식과 사고의 프레임들 간에 경쟁과 투쟁이 발생하게 된다. 이 과정과 결과, 그리고 그 결과의 파급효과 등을 연구하는 것이 문화정치 연구이다.[3] 여기에는 소수자(동성애자, 양심적 병역 기피자 등)와 주류집단 간의 긴장관계, 다문화 사회 내에서 문화적 권리를 둘러싼 소수집단과 다수집단 간에 벌어지는 정체성의 정치, 민족주의적 정서로 인한 국가 간 갈등, 보편문화와 특수문화의 병존 또는 충돌 등과 관련된 문화다양성의 문제 등이 포함된다. 이렇게 볼 때 정치학적 문화 연구의 주종을 이루는 정치문화 연구는 정치적인 것에 대한 문화(인식, 태도, 행위의 총체)의 문제에 관심을 둔다면, 문화정치는 문화적인 것의 정치적 의미 또는 효과 등에 대해 각각 관심을 갖는 것으로 구분 지을 수 있을 것이다.

문화정치는 다시 다문화, 정체성, 문화다양성, 상징의 정치로 나누어진다. 이러한 범주 구분은 기본적으로 문화란 집단성을 전제한다는 데서 출발한다. 개개인의 성향과 태도는 문화라고 불리기 어려우며 문화란 복수의 사람들 사이에 공유되거나 집합적으로 발견되는 고유의 특성을 일컫는다. 문화는 집단성을 전제한다고 했을 때, 문화정치의 범주는 문화적 상호작용의 단위가 되는 집단의 수준에 따라 나눌 수 있다. 문화 집단의 수준을 나누는 것은 여러 가지 방법으로 가능하겠으나 여기에서는 크게 네 수준으로 구분해

---

3) 이와 같이 의미 창출, 상징성의 부여 등을 둘러싼 경합 과정에 초점을 맞추는 문화의 개념은 인류학 연구에서는 이미 많이 찾아볼 수 있다. Wright(1998: 8~10) 참조.

본다. 첫째, 한 국가 내의 문화 집단, 둘째, 문화집단으로서의 국가 또는 민족, 셋째, 글로벌 차원에서의 보편문화와 특수문화, 넷째, 지배계층과 피지배계층이 그것이다. 첫째부터 셋째 범주까지는 사회, 국가, 국제 수준에서의 문화집단을 지칭하고, 넷째 범주는 이러한 구분으로는 잘 포착되지 않지만 그럼에도 문화적 차원의 상호작용이 중요하게 작용하면서 우리의 정치 생활과 밀접한 관련이 있는 것으로 생각되는 집단인 지배계층과 피지배계층 간의 관계에 초점을 맞추고 있다. 본 연구에서는 문화정치의 이러한 네 범주를 편의상 다문화, 정체성, 문화다양성, 상징의 정치로 각각 명명한다.

다문화의 범주에는 소수민족집단과 다수집단과의 문화적 차이로 인해 발생하는 여러 가지 문제에 대한 연구가 포함되며, 인종집단 외에도 문화적 소수자(동성애자, 양심적 병역 기피자 등)와 주류집단과의 관계에 대한 연구, 그리고 이민 관련 연구도 여기에 해당되는 것으로 간주한다. 정체성은 사실 매우 포괄적인 범주로 설정할 수 있으나 여기서는 특히 국가 단위의 정체성, 그 중에서도 민족 정체성을 중심으로 하는 연구를 포함하는 것으로 한다. 다만 국가 정체성 또는 민족정체성에 대한 논의와 연관 속에서 지역 정체성 또는 초국가적 정체성을 다루는 연구도 여기에 포함된다. 말하자면 여기에서의 정체성은 어느 정도 가시적인 물리적 경계를 전제로 하는 정체성을 의미한다고 볼 수 있다. 다음으로 문화다양성의 범주는 문화의 세계화가 진행되면서 발생하는 보편문화와 특수문화의 충돌의 문제에 초점을 둔다. 문화다양성 보존을 위한 국제기구의 노력에 대한 연구 등이 여기에 포함되며, 글로벌 차원에서의 문화의 충돌 또는 접변 현상에 대한 논의 또한 여기에 해당되는 것으로 간주한다. 상징의 정치 범주에는 권력의 획득·행사·유지·확대를 위해 상징적 기제를 활용하는 일체의 행위와 관련되는 현상에 대한 연구가 포함된다. 문화유산, 조형물, 퍼레이드 등의 오브제를 활용한 상징 조작, 그리고 교육과 사회적 학습 과정을 통한 지배 담론 또는 저항 담론의 재생산 행위 등이 모두 여기에 해당된다. 이데올로기, 헤게모니, 종교, 대중문화 등에 대한 연구가 이 범주에 속한다.

이와 같은 다양한 영역을 문화정치의 영역으로 다시 묶는 이유는 앞서 언급한 바와 같이 이들 영역이 모두 각각 다른 문화정체성을 가진 집단들(예컨대 주류집단과 소수집단, 민족과 민족, 보편문화와 특수문화, 지배계급과 피지배계급 등) 간의 문화적 상호작용(담론과 상징 조작 및 이에 대한 저항) 속에서 빚어지는 정치 현상(사회적 가치의 배분 등)과 관련이 된다는 점에서 공통성을 찾을 수 있기 때문이다.

이와 같은 문화정치의 여러 범주 가운데 이 책은 특히 다문화와 정체성의 영역에 걸쳐 있는 민족주의 문제에 특별히 초점을 맞춘다. 민족주의는 대외적으로는 타 민족과의 관계를 규정짓는 이념적 기제로 작용하며, 대내적으로는 다양한 민족 집단들 간의 관계 설정의 인식틀을 제공한다.

이 책은 크게 세 부분으로 구성된다. 제1부에서는 민족주의라는 문화정체성이 국제적 수준에서 빚어내는 갈등과 이를 극복하려는 노력이 연구의 초점이 되고 있으며, 제2부에서는 다문화의 현상이 진행되고 있는 국내적 수준에서 민족주의가 어떻게 작동하는가를 탐구한다. 나아가 제3부에서는 문화가 산업의 영역에 진입해 문화상품이 생산, 유통, 소비되는 과정에서 자본의 논리와 민족주의의 논리가 어떻게 상호작용하는지를 묻고 있다.

제1부의 주제는 '민족주의와 평화'다. 민족주의는 근대 이후 국가 정체성의 큰 부분을 차지하고 있다. 정체성으로서의 민족주의는 국가 간의 관계에서 외적으로는 배타적 경향을 내포하면서 내적으로는 결속을 위한 기제로 작용하기도 한다. 2장 「동북아에서 정체성의 정치와 문화갈등」은 독도 문제

에 초점을 맞추어 민족주의의 이러한 속성이 어떻게 발현되고 있는가를 살펴본다. 독도는 식민시대의 치욕적인 역사를 기억하는 한민족에게는 민족의 긍지를 표상하는 상징이라는 점에서 한국 민족의 정체성을 구성하는 중요한 요인이며, 따라서 일본과의 관계에서 독도는 타협의 대상이 될 수 없는 주권 그 자체로 상정되고 있음을 지적한다. 따라서 필자들은 독도 문제에 관한 한일본과의 분쟁이 타결되기는 어려울 것임을 예견하는 가운데 독도 수호의 논리를 개발할 것을 권고하고 있다.

3장 「중화(中華) 민족주의와 동아시아 문화갈등」에서는 중화민족주의란 존재하지 않는 중화민족을 상상하게 하기 위한 인위적 개념인 것으로 규정된다. 필자는 아직 중화민족에 대한 상상이 완결된 것은 아니기에, 그래서 중화민족은 아직 미완의 존재이기에 중화민족을 형성해나가는 과정에서 동북공정처럼 소수민족(조선족)의 역사와 이웃 국가(한국)의 역사를 재해석하고 왜곡하고 있으며, 그 과정에서 많은 갈등을 야기한다는 관찰을 제시한다.

동북아에서는 이와 같이 민족주의 담론이 치열한 가운데 유럽에서는 2차 대전 이후 민족주의의 어두운 그늘을 벗어나기 위한 노력이 꾸준히 진행돼나오고 있다. 4장 「유럽연합의 문화정책과 정체성의 정치」는 20세기 전반까지 진행된 유럽국가들 사이의 치열한 각축은 민족주의에서 비롯된 바가 크며, 유럽통합은 바로 민족주의를 극복하고 평화를 정착시키기 위한 정치적 프로젝트였음을 밝히고 있다. 아울러 1990년대 이후 본격 도입되기 시작한 유럽연합의 문화정책은 민족의 경계를 넘은 유럽적 정체성의 형성과 확립을 위한 노력이며, 이를 통해 경제영역 중심의 물리적 통합에서 문화적·심리적 영역에서의 화학적 통합을 가능케 함으로써 통합의 차원을 업그레이드하려는 시도인 것으로 파악한다. 민족주의가 갈등의 원천이라면 지역통합은 이에 대한 처방이 될 수 있음을 시사한다 하겠다.

14

제2부의 주제는 '민족주의와 다문화'다. 여기에서는 통합을 위한 기제로서의 민족주의가 한 국가 내에 공존하는 다문화성과 충돌할 가능성에 주목한다. 하지만 때로는 한 사회 내에서 진행되는 다문화 담론이 민족주의적 상상력을 근간으로 하는 국가 통치술의 프레임 내로 편입되는 경우도 없지 않다. 민족주의적 지향성과 다문화성 사이에 긴장관계가 완전히 해소되는 것은 아니지만 현저한 힘의 격차가 존재하는 상황에서는 다문화성이 민족국가적 목표의 실현을 위한 수단으로 활용되는 경우도 있다. 5장 「누가 다문화 사회를 노래하는가?」에서 필자들은 한국에서의 다문화 담론은 민족국가의 경계를 편의적으로 설정하고 신자유주의적 통치를 강화하는 역할을 수행함을 주장한다. 결혼이주여성이 한국 언론의 담론에서 어떻게 재현되는지를 분석한 이 연구는 결혼이주여성과 그 자녀들에 대한 담론이 글로벌 경쟁력 제고라는 한국의 민족국가적 통치목표와 결부되고 있으며 다문화 가정의 구성원들이 수행하는 역할이 이 통치목표와 얼마나 부합되는가에 따라 다문화 한국의 일원으로서 자격의 정도가 위계화되고 있음을 밝히고 있다.

이처럼 비록 위계적일지언정 민족주의와 다문화성이 공존의 양상을 띠는 경우도 있지만 기본적으로 양자 사이에는 긴장관계가 존재한다. 6장 「중화(中華) 민족주의와 다문화」에서는 중국 정부가 추구하는 한족 중심의 중화민족주의가 중국식 다문화주의인 다원일체문화론(多元一體文化論)과 긴장관계에 있음을 보여준다. 이 연구는 개혁·개방 이후 중국은 민족문화정책과 다문화정책을 동시에 추진하고 있음을 밝히면서, 그 두 가지 정책이 잘 양립되고 있지는 않은 것으로 보인다는 관찰을 제시한다. 상반된 지향성을 가진 두 가지 정책의 동시적 추진은 한편으로는 소수민족의 정체성이 약화돼 한족에 동화되거나 또 다른 한편으로는 소수민족의 정체성이 강화돼 분리주의가 심화되는 극단의 결과들이 나타나고 있음을 보여준다.

7장 「유럽 다문화사회의 위기와 유럽 통합」에서도 민족주의와 다문화성 사이의 갈등에 대한 논의가 이어진다. 민족주의를 제어하기 위해 오랜 기간 지역통합을 발전시켜온 유럽에서조차 최근 들어 민족주의가 고개를 들면서 다문화성과 충돌하는 양상을 보인다는 것이다. 이는 무엇보다도 이민의 급속한 증가에 따른 결과로 해석되며, 이민 사회의 규모가 빠른 속도로 커지면서 주요 유럽 국가에서 반이민 정서가 확산되고 이를 자양분으로 하는 극우 정당이 약진하는 양상을 보인다고 한다. 한편 이 연구에 따르면 극우 정당은 민족주의적 관점에서 유럽의 초국가적 통합의 심화에 대해서도 반대 입장을 보이며, 극우 정당의 성장은 유럽의 다문화주의를 위협할 뿐 아니라 유럽통합의 향배에도 부정적 영향을 미칠 가능성도 배제할 수 없는 것으로 보인다.

8장 「프랑스인의 무슬림과 다문화주의」는 프랑스의 경우 강력한 지배 담론(공화주의)의 존재가 다문화성의 실존성을 인정하는 데 걸림돌 역할을 하여 사회적 긴장 상태가 지속적으로 증폭되고 있다는 문제의식에서 출발한다. 이 연구에서는 프랑스가 '톨레랑스(tolerance)'로 알려진 관용의 정신을 표방하고는 있으나 최대 이민집단인 무슬림을 적극적으로 통합할 가능성은 높지 않은 것으로 예상한다. 그것은 프랑스 정치 이념의 근간을 구성하는 공화주의가 경직되게 적용되고 있기 때문이며, 다문화성의 심화가 예견되는 오늘날에는 다양한 소수문화집단이 자신들 고유의 문화적 특수성을 향유할 수 있는 문화권(cultural rights)을 인정해주는 방향으로 공화주의가 재해석돼야 함을 이 연구는 역설하고 있다.

제3부의 주제는 민족주의와 자본이다. 여기에서는 민족주의가 수반하는 문화갈등의 문제를 문화산업과의 연관 속에서 설명한다. 문화의 상업화는 한편으로는 이윤의 획득을 목적으로 하지만 다른 한편으로는 의도적이건 의도적이지 않건 민족주의적 이념의 확산을 초래하고 있다는 점에서 문화산업

의 확대는 문화갈등의 원인으로 작동할 가능성이 높아진다는 점이 논의된다. 물론 문화산업의 성장과 문화상품의 교류 확대가 반드시 갈등을 수반하는 것은 아니다. 9장「신한류와 정체성」에서 필자는 한류의 대표적 사례인 가수 싸이의「강남스타일」의 글로벌 확산과 상업적 성공은 기존의 문화갈등의 가능성에 초점을 맞추는 문화정치적 시각으로는 설명이 어렵다고 본다. 무엇보다도「강남스타일」은 한국적 정체성을 담고 있지 않은 것으로 간주한다.「강남스타일」로 대변되는 한류의 성공은 한국적 코드에 힘입은 것이라기보다는 오히려 보편적 코드로 구성돼 있음에 힘입은 바가 크며, 나아가 새로운 문화전달통로 역할을 하고 있는 디지털 매체의 발전과 밀접한 연관이 있음을 주장한다.

반면 10장「세계화, 그리고 민족국가의 문화 경쟁」은 9장과 시각을 달리한다. 동아시아는 물론이요 중동, 아프리카, 유럽, 남미 등으로 확산된 한류는 한국의 '특수성을 보편화'하는 과정으로서 문화상품의 콘텐츠에 민족주의적 코드가 내재돼 있는 것으로 간주한다. 중국, 대만, 일본을 중심으로 형성되고 있는 혐한류(嫌韓流), 반한류(反韓流), 항한류(抗韓流)는 바로 이러한 민족주의 코드에 대한 반발이라는 것이다. 하지만 이러한 문화적 반발이 과연 콘텐츠에 대한 반발인지 아니면 보다 더 거시적인 구조적 변화에 대한 반응인지는 논쟁의 대상이 될 수 있을 것으로 보인다. 즉 동북아에서 나타나는 문화갈등이 동북아 국가들 간의 힘의 균형에서의 변화 등에 대한 반응이 민감하게 표현되는 것은 아닌지 면밀한 검토가 필요하다는 것이다.

11장「중국 문화산업화 정책과 소프트 파워 전략」은 중국의 문화산업 육성 전략이 외교전략과 밀접한 관련을 맺고 있음을 밝힘으로써 문화와 외교의 의도적 결합의 사례를 잘 보여준다. 문화상품의 생산이 한편으로는 경제적 이득을 취하기 위한 방편이기도 하지만 한편으로는 국제사회에 대한 영향력 행사를 위한 소프트 파워 자원으로 활용되고 있다는 것이다. 다만 이 연구에서는 이른바 '매력공세(charm offensive)'라고도 불릴 수 있는 이러한 중국의 외교전략이 과연 얼마나 성과를 거두고 있는지, 그리고 혹시 다른 나라에서 반감을 불러일으키는 문화갈등적 현상을 수반하고 있지는 않은지에 대한 평가가 없는 것이 아쉬운 점으로 남는다.

마지막 12장 「영국의 창의 산업과 문화정체성」은 최근 영국 문화산업의 동향을 다루고 있다. 특히 '쿨 브리타니아(Cool Britania)'를 표방하는 영국의 '창의산업'은 연합왕국으로서의 영국 내에 존재하는 다양한 이질적 요소를 묶어내는 가운데 영국적인 것으로서의 정체성을 함유한 문화상품을 만들어 냄으로써 막강한 문화적 매력을 발산하고 있음을 보여준다. 문화자원의 풍부성을 기반으로 한 영국 창의산업의 성공은 한편으로는 영국 문화상품 수용국의 입장에서는 '공습'으로 표현되는 바와 같이 향후 문화적 갈등의 가능성을 내포하는 것으로 생각된다. 즉 경제적 영역으로 진입한 문화 코드가 그 안에 내재된 민족주의적 요소로 말미암아 문화발신국과 문화수용국 사이의 갈등을 초래할 가능성이 상존한다 하겠다.

❖ 참고문헌

최진우. 2012. 「정치학적 문화 연구의 지형과 지평」. 《국제정치연구》, 15권 1호, 59~85쪽.
Anderson, Benedict. 1983. *Imagined Communities: Reflections on the Origin and Spread of Nationalism.* London: Verso.
Wright, Susan. 1998. "The Politicization of 'Culture'." *Anthropology Today*, Vol. 14, No. 1, pp. 7~15.

제 1 부

민족주의와 평화

2장

동북아에서 정체성의 정치와 문화갈등

《동아일보》와《한겨레》사설을 통해 본 독도 문제에 대한 한국인의 인식

| 홍용표 · 남근우

1. 들어가는 글

지금 동북아시아에는 상호 모순되는 두 가지 기류가 동시에 존재한다. 동북아 국가들은 그동안 놀라운 정치·경제·사회적 발전을 이룩했으며, 특히 경제성장과 상호의존성 증가는 가속화되고 있다. 그러나 동북아 지역에는 적지 않은 갈등요인도 상존한다. 특히 민족주의적 갈등, 역사논쟁, 영토 분쟁 등은 역내 협력을 가로막는 주요한 요인으로 작용하고 있다. 한마디로 동북아 국가관계는 '차가운 정치, 뜨거운 경제(cold politics and hot economics)'를 유지해왔다고 할 수 있다(Sub, 2007: 383).

'가깝고도 먼 나라'로 상징되는 한국과 일본의 관계도 이러한 틀에서 크게 벗어나지 않는다. 한일 양국은 긴밀한 경제협력을 유지해왔으며, 최근에는 한류 등을 중심으로 문화교류도 빠르게 증가하고 있다. 그러나 역사 문제와 독도를 둘러싼 영토분쟁은 양국 관계 진전에 늘 발목을 잡아왔다.

사실 한일 양국 정부는 이러한 문제들을 해결하기 위한 노력을 지속해왔고, 그러한 노력은 탈냉전 이후 더욱 확대되었다. 예를 들어 1998년 10월 김대중 대통령과 오부치(小淵惠三) 총리는 '21세기 새로운 한일 파트너십 공동선언'을 발표하고 양국 간 우호협력 강화와 불행한 역사 극복을 약속하였다. 2004년 1월 노무현 대통령은 신년 기자회견에서, 대일관계에서 '미래지향적 자세'를 강조하면서 독도 문제에 대해 "되도록 말을 많이 하려고 하지 않는다"고 언급하였다. 또한 한일 양국은 2005년을 '한일 우정의 해'로 정했고, 고이즈미(小泉純一郎) 총리는 "식민지 지배와 침략으로 다대한 손해와 고통을 안겨준 데 대해 통절한 반성과 사죄를 표명"하였다. 2008년 이명박 대통령이 취임한 이후 양국 정부는 다시 한 번 '미래지향적인 한일 신시대 개척'을 약속하였다.

그러나 2005년 3월 시마네(島根) 현의 '다케시마(竹島)의 날' 조례 제정, 2011년 8월 울릉도 방문을 위한 일본 자민당 의원들의 한국 입국 시도 사건, 그리고 2013년 2월 일본 정부 당국자가 참석한 '다케시마의 날' 행사에서 볼 수 있듯이 독도 문제로 인해 한일관계는 주기적으로 갈등상태로 치달았다. 더욱이 2014년 아베(安倍晋三) 정부의 기시다(岸田文雄) 외무상은 일본 국회연설 사상 처음으로 독도를 일본 영토라고 주장하였고, 2015년 2월 또다시 국회연설에서 그 주장을 되풀이하였다. 이런 현상의 주요 원인은 독도 문제가 주권국가로서는 양보하기 어려운 영토의 귀속과 배분에 관한 영유권 문제라는 데에서 찾을 수 있다. 다시 말해 독도 분쟁은 기본적으로 외부의 위협으로부터 영토의 통합성과 정치적 독립성이라는 국가의 핵심가치를 지킨다는 전통적 안보의 문제이다.

그런 만큼 독도 문제에 관한 기존의 연구는 주로 영유권에 초점이 맞춰져 왔다. 기존연구들은 독도 영유권을 둘러싼 한일 간의 갈등양상(박창건,

2008; 김영재, 2012)과 한국의 대응(김태기·임재형, 2006; 이수형, 2008; 박창건, 2009)을 강구하는 연구에서부터 독도가 역사적으로 한국의 고유영토라는 정당성을 강조하기 위해 역사 문제로 접근하거나(신주백, 2010; 김영수, 2008), 독도 영유권의 국제법적 지위(김채형, 2007; 최병학, 2010; 김영수, 2011)에 관한 연구로 진행되어왔다.

그러나 「독도는 우리 땅」이라는 노래가 이른바 '독도 댄스'로 유행하고 일본이 독도에 대한 영유권을 주장하면 온 나라가 분노로 들끓는 것처럼, 독도 분쟁은 전통적 국가안보 차원에서만 해석하기 어려운 것이 사실이다. 독도 문제에는 역사적·문화적으로 형성된 한국인의 공통된 이해관계와 인식도 내포되어 있기 때문이다. 독도 문제는 전통적인 안보 문제이면서도 타자로서의 일본과 구별 짓기를 통해 '우리'라는 공통된 이해관계를 형성함으로써 한국인이라는 인식의 동일성을 확인하는 문제이다.

즉, 독도 문제에는 영토적 국경을 지킨다는 전통적 안보의 문제와 민족주의를 부각시킴으로써 한국인이라는 정체성을 지킨다는 비전통적 안보의 의미가 동시에 내포되어 있다. 이런 측면에서 국치일을 기념하는 중국 정부와 국민들의 태도를 분석한 칼라한(W.Callahan)의 논의에 주목할 필요가 있다. 칼라한(Callahan, 2006a)에 의하면, 중국에서 국치일을 기념하는 의미에는 중국의 현재와 미래의 번영을 위해 영토적 국경을 지킨다는 군사안보적 의미와 함께 민족주의를 부각시킴으로써 세속적인 국경과 정체성을 지킨다는 비전통적 안보의 의미도 동시에 내포되어 있다.[1] 사회적으로 공유된 역사적 기억은 개인의 정체성을 집단의 정체성으로 대체시켜 끊임없이 주체의 정체성을 수호해야 한다는 의식을 재생산하는, 정체성의 정치가 작동한

---

[1] 전통적 안보와 비전통적 안보개념에 대한 자세한 논의는 홍용표(2002)를 참조할 것.

다는 의미이다.[2] 독도 문제에도 이러한 정체성의 정치가 분명히 작동하고 있다.

따라서 '안보'는 국가 차원에서 영토와 주권을 지키는 것만을 의미하지 않으며 이를 역사적·문화적으로 형성된 정체성을 지키는 것까지 확장시켜 인식할 필요가 있다. 이에 독도 문제를 접근하는 기존의 연구와 달리 칼라한의 논의를 독도 문제에 대한 한국인의 인식에 적용하여 독도 문제를 분석한다. 이를 통해 부분적이나마 동북아시아 지역 갈등을 문화적 차원에서 이해해보고자 한다.

2. 역사, 불안의 문화 그리고 정체성

동북아시아 국가들은 오랜 기간 역사 논쟁에 휘말려왔다. 과거사에 대한 일본의 사과 문제, 일본의 역사 교과서 문제, 중국의 동북공정, 도서(島嶼) 영유권 문제 등을 둘러싼 한국·중국·일본 간의 갈등은 '역사전쟁'이라 불릴 정도로 첨예하다. 한마디로 동북아시아에서는 역사 자체가 안보 문제라고 할 수 있다(Callahan, 2006a; Sub, 2007).

그러나 독도 문제는 근현대사에 대한 일본의 왜곡된 역사인식에 기초하기 때문에 우리의 영토를 수호한다는 의미 이외에도 독도 문제를 통해 우리가 '누구'인가를 확인하는 정체성의 문제를 끊임없이 제기한다. 우리는 독도 문제를 통해 한국인으로서의 공통된 이해관계와 동일의식을 끊임없이

---

2) 이런 측면에서 집단의 역사적 기억이 어떻게 정체성의 정치를 생산하는지 분석한 서정민(Seo, 2008)의 논의는 참고할 필요가 있다.

확인한다. 그렇기 때문에 안보는 영토와 국경을 지키는 문제이지만, 한 집단의 공통된 이해관계와 의식을 지키고 나아가 재생산하는 문제이기도 하다. 즉 안보 문제는 단순히 '우리를 지키는' 문제가 아니라, '우리가 누구여야 하는지(who we must be) 우리에게 이야기 해주는' 문제라고 하겠다.

이러한 맥락에서 안보는 정책문제에 대한 엘리트의 담론이라는 차원을 넘어 일상에서 제기될 수 있는 문제라고 할 수 있다(Callahan, 2006a: 181). 왜냐하면 일상은 사회적 상호관계를 통해 행위자의 의식과 존재가 형성되는 장(場)이기 때문이다. 따라서 독도 문제는 영토안보에 국한된 차원을 넘어선다. 독도 문제는 일상의 장에서 '우리는 한국인'이라는 정체성을 끊임없이 재생산하여 한국인이라는 정체성을 이야기하고 그것을 지키는 문제이기도 하다.

정체성은 행위주체가 일정한 시간을 거치면서 자신이 속한 문화 속에서 타 문화의 행위주체와 상호관계를 맺으면서 다양한 경험을 축적해 자신이 그 문화의 일원임을 깨달을 때 형성된다(기든스, 1992: 79; 1997: 90). 즉, 정체성은 타 행위주체와 끊임없는 상호작용을 통해 자신이 속한 집단의 문화 속에서 공동의 이해관계와 인식이 형성되면서 다른 집단과의 차별성을 확인하는 과정에서 형성된다(남근우, 2011: 165). 이때 공동의 이해관계와 인식은 역사 만들기를 통해 형성된다. 역사는 개인 또는 집합적으로 규정된 주체의 사건과 이야기의 의미를 담은 것이기 때문이다. 다시 말해, 역사는 과거의 사건들에 대한 기록일 뿐만 아니라 동시대인의 세계관과 가치관을 보여주는 담론체계이다. 이러한 역사의 구성과정을 통해 개인과 집단의 정체성은 형성된다(박명규, 2001: 2; Friedman, 2009: 214~215).

역사 만들기를 통해 개인의 기억은 집단의 기억과 민족의 기억으로 확대 재생산된다. 공동의 역사기억은 집단 구성원들의 통합과 정체성을 유지하는 데 반드시 필요하다. 보통 경험된 '현실과거의 기억'을 갖고 있던 세대가 사라지면 그들의 기억과 경험이 배제된 '순수과거의 기억'으로 후손에 전수되는 것이 보통이다. 그러나 경험된 현실과거의 기억이 세대를 거듭할수록 소멸하지 않고 지속적으로 현재화된다면 그 집단만의 정체성을 유지할 수 있는 역사기억으로 뿌리내릴 수 있다. 반면에 경험된 현실과거의 기억이 세대를 거듭할수록 약화되거나 소멸해버린다면 집단이 토대를 두던 집단적 역사기억 역시 약화되거나 해체될 수밖에 없다. 이것은 집단 정체성의 위기, 나아가 해체까지도 초래할 수 있다(남근우, 2012: 240~241).

이런 측면에서 역사 만들기는 집단 정체성, 나아가 민족 정체성을 형성하는 데 매우 중요하다. 독도 문제 역시 역사 만들기를 통해 한국인의 정체성을 끊임없이 재생산한다. 독도에 대한 역사기억은 순수과거로 전수되었거나 전수되는 것이 아니라, 과거 세대의 경험된 현실과거가 끊임없이 동시대의 한국인에게 현재화되고 있는 것이다. 따라서 한국인에게 독도 문제는 단순히 영토안보의 차원을 넘어, 우리는 누구이고 누구여야만 하는가 하는 정체성의 문제로 대두된다. 경우에 따라서는 민족주의와 민족 정체성의 이념적 기초를 강화하기 위해 역사적 이야기가 신화로 만들어지며, 이런 신화는 국민들의 가슴 깊숙이 감정적 공명을 느낄 수 있는 과거를 공유하게 하는 역할을 한다(He, 2007: 44).

정체성이 역사 만들기를 통해 생산되는 가장 큰 이유는 역사를 통해 타 문화의 행위주체와 구별되는 행위주체 자신만의 동일한 이해관계와 가치를 공유할 수 있기 때문이다. 행위주체가 타 문화의 행위주체와 상호관계를 맺으면서 자신만의 공통된 경험을 갖게 되고 이를 역사화하여 타 행위주체와 구별되는 자신만의 이해관계를 분명히 인식할 때 정체성은 강화될 수 있다. 라레인(Larrain, 1994: 141~166)도 정체성의 형성과정에서 타자의 존재를 중요하게 지적한 바 있다. 독도 문제가 한국인의 정체성을 자극하는 이유는 일본이라는 타자가 존재하기 때문이다. 한국은 역사적으로 일본과 구별되는 이해관계를 지녀왔기 때문에 일본이 독도에 대한 침해행위를 지속적으로 강화할 때마다 일본과 다른 한국의 이해관계 역시 강화되어왔다.

이때 타자와의 상호관계 속에서 형성되는 정체성은 '불안(insecurity)'에 대한 담론을 통해 보다 명확히 이해될 수 있다. 웰즈(Welds, 1999)에 의하면, 불안은 자연적으로 주어지는 것이 아니라 사회적·문화적으로 생산되는 것이다. 왜냐하면 정체성의 형성에서 중요한 것이 바로 타자와의 상호관계이기 때문이다. 앞에서도 언급했듯이, 정체성은 타 문화의 행위주체와 상호관계를 맺으면서 자신이 속한 집단의 문화 속에서 공동의 이해관계와 인식이 형성되는 과정에서 형성된다. 그리고 이러한 이해관계나 인식은 행위주체들 간의 상호작용을 통해 '같음'과 '다름'으로 '헤쳐 모여'의 재구성 과정을 거쳐 행위주체들은 각각 '같음'과 '다름'의 문화에 적응해가는 과정을 거친다(남근우, 2011: 164). 이러한 과정을 거치면서 행위주체의 정체성은 타자와 다른 차별성과 특수성을 획득해나간다. 그렇기 때문에 정체성은 타자를 불안의 대상으로 위치 짓고 그 불안과 불안으로 고통 받는 행위주체가 상호관계를 맺으면서 사회적·문화적으로 구성되는 것이다. 이런 맥락에서 불안은 자아와 타자가 구성되는 정체성 만들기 과정의 결과물이라고 할 수 있다.

불안과 정체성의 관계를 보다 명확히 이해하기 위해서는 코널리(Connolly)의 논의를 참고할 필요가 있다. 코널리에 의하면, 정체성은 사회적으로 인지된 '다름(difference)'과의 관계 속에서 만들어진다. 아울러 정체성을 유지하기 위해서는 인지된 다름을 타자 또는 악으로 전환시켜야 한다. 그런데 타자가 만들어지면 그것이 불안의 원인이 된다. 타자가 자신의 정체성에 흠집을 내거나 정체성을 무너뜨리기 위해 취하는 행동에 의해서뿐만 아니라,

타자의 존재 그 자체만으로도 위협이나 불안을 느끼게 되기 때문이다 (Welds, 1999: 10~11에서 재인용).[3]

앞에서도 언급했듯이 정체성과 불안은 주어진 것이 아니라 대상화된 타자와의 상호관계를 통해 행위주체가 살고 있는 세상을 표현하는 과정을 통해 만들어진다. 이러한 표현은 이야기, 집단적 기억, 상상, 기념물(박물관, 기념비 등), 그리고 교육을 통해 만들어지며 이를 통해 행위주체가 살고 있는 세상을 정의하고 구성한다. 그리고 그러한 표현은 다시 세계의 주체와 객체를 만들어내고, 주체에게 이익을 부여하고, 주체와 객체 사이의 관계를 설정한다. 그러는 가운데, 그들은 불안을 만들어내며, 그 불안은 정체성을 위협하고, 이는 결국 사회적으로 구성된 주체의 이익을 위협하는 것이다 (Welds, 1999, 14).

여기서 타자와의 경계를 만들고, 정체성에 대한 위협을 확인하는 일은 일차적으로 정부의 공식적 담론에 의해서 주도된다. 특히, 독도 문제와 같이 한국인의 정체성과 관계되는 문제라면 한국 정부가 공식적 담론을 형성한다. 그러나 앞에서도 설명했듯이, 정체성에 대한 위협의 표현은 정부의 공식적인 담론뿐만 아니라 시간적·공간적으로 역사를 재현시키는 다양한 방식을 통해서도 이루어질 수 있다. 그렇기 때문에 이러한 방식을 주도하는 행위자는 정부뿐만 아니라 비정부 행위자에 의해서도 이루어질 수 있다. 특히 일상수준에서 정체성에 대한 위협의 표현은 언론을 통해서 생산되는 것이 일반적이다. 언론을 통해 생산되는 위협의 표현은 행위자들이 가장 손쉽게 접할 수 있어 파급효과가 클 뿐만 아니라 여론을 형성하는 데 중심적 역

---

3) 같은 관점에서 칼라한(Callahan, 2006b: 398)은 악으로 표현되는 바깥과 선으로 표현되는 안의 확실한 구별 짓기를 통해 외부의 적을 만듦으로써 국가가 구성된다고 주장한다.

할을 하기 때문이다.

이와 같이 정체성에 대한 담론에 영향을 미치는 비공식적·문화적 집합체를 '문화적 거버넌스(cultural governance)'라고 한다. 문화적 거버넌스는 정부의 행위에 대한 저항으로 간주되기도 한다. 하지만 문화적 거버넌스가 주권 행위를 구성하고 정당화하는 논리 구성에 도움을 주며, 주권에 대한 도전을 제약하는 역할을 함으로써 공식적 영역의 담론에 긍정적인 영향을 미치기도 한다(Campbell, 2003: 57; Callahan, 2006c: 15~16).

이상으로 살펴본 바와 같이 정체성의 형성과정은 결코 단일한 과정이 아니다. 정체성은 타자와의 상호관계, 역사 만들기, 그리고 다양한 행위자에 의해 형성되기 때문에 결코 고정적이고 정태적인 단일한 정체성으로 나타나지 않는다. 한국인에게는 독도 문제도 다양한 정체성이 투영되어 있는 문제이다. 즉, 독도 문제에는 영토적 국경을 지켜야 한다는 전통적 안보의 의미가 있지만, 한편으로는 독도의 안보 그 자체가 역사적·문화적으로 형성된 한국인의 정체성을 지켜야 한다는 의미도 포함되어 있다. 또한, 독도 문제에는 치욕의 근현대사에 대한 의식과 그것으로 인한 일본의 타자화와 일본의 침략적 행위에 대한 불안의식도 담겨 있다. 그렇기 때문에 독도 문제에는 일본에 대한 한국인의 저항의식도 담겨 있어 일본의 독도 침해 행위에 대한 정부의 강력한 대응과 우리 사회의 단합된 의식의 필요성을 말해주기도 한다.

이 장에서는 정체성의 문화정치를 한국의 주요 언론사인 《동아일보》와 《한겨레》의 사설을 활용하여 독도 문제에 내재되어 있는 다양한 정체성의 정치를 분석할 것이다. 언론은 자신이 "말하는 이야기를 통해 '상상된 공동체' 속에서 민족 정체성을 구성"하는 데 중심적인 역할을 하는 것으로 평가된다는 점에서 독도 문제에 나타난 한국인의 역사인식과 정체성을 살펴보는 데 유용한 매체라고 판단된다(Suh, 2007: 388).

분석에 사용된 자료는 1999년 1월에서 2012년 12월 사이에《동아일보》와
《한겨레》에 실린 독도 관련 사설들이다. 기간을 1999년 이후로 설정한 것
은 이 시기부터 독도 문제에 대한 정부의 독점적 관할권이 약화되고 점차
비정부 행위자들의 중요성이 커진 것으로 평가되기 때문이다(Choi Sung-Jae,
2005). 또한 이념적 형평성 차원에서 보수적 신문으로 평가되는《동아일보》
와 진보적인 것으로 평가되는《한겨레》신문을 선택하였다. 사설 검색은 한
국언론재단의 기사통합검색 사이트(www.kinds.or.kr)를 활용했으며, '독
도, 일본'을 검색어로 사용하였다.

3. 독도 분쟁과 정체성의 정치: 언론 사설 분석

1) 배타적 영유권 및 주권 확인을 통한 정체성 확인

'독도는 우리 땅'이라는 점은 한국인이라면 그 누구도 부인하지 않는 명
백한 사실이다. 그럼에도 우리는 계속해서 독도는 우리 땅이라고 외친다.
이러한 외침은 독도는 한국 땅이라는 점을 인정하지 않는 일본을 향한 외침
이면서도 한편으로는 우리 스스로 누구인가를 확인하는 질문이기도 하다.

독도는 역사적으로뿐만 아니라 실효적으로도 한국이 지배하고 있는 명
백한 한국의 고유영토이다. 그러나 일본은 1905년 러일전쟁 직후 한반도를
병탄하는 과정에서 독도를 자국의 영토로 강제 편입하였다. 타자로서의 일
본은 이러한 역사적 사실을 인정하지 않고 끊임없이 독도를 자국의 영토로
주장하면서 침해 행위를 반복하고 있다. 최근 2015년 2월 기시다 외무상은

2014년 국회연설 이후 또다시 독도를 일본 고유영토라고 주장하기도 하였다. 따라서 독도 문제는 1차적으로 영유권을 둘러싼 한국과 일본 간의 갈등이라는 측면에서 전통적인 영토안보의 문제이다.

그러나 한국인은 일본의 독도 침해 행위를 통해 공통된 이해관계와 인식을 확인하고 이것을 끊임없이 재생산한다. 독도 문제에 투영되어 있는 한국인의 공통된 이해관계와 인식은 독도 그 자체가 역사적으로 형성된 '우리는 한국인'이라는 자아의식을 의미한다. 그렇기 때문에 한국은 독도 문제를 단순한 영토문제에 국한하여 인식하지 않는다. 한국에게 독도는 한국인 그 자체를 의미하기 때문에 일본의 독도 침해 행위는 역사적으로 형성된 한국인이라는 자아의식을 침해하는 행위로 간주된다. 따라서 독도를 수호한다는 것은 일본의 왜곡된 역사인식으로부터 한국인으로서의 정체성을 지킨다는 것과 맥락을 같이한다.

사실 언론 사설에서는 독도 문제를 한국인의 정체성을 수호하는 측면으로 접근하고 있지는 않다. 《동아일보》와 《한겨레》 모두 독도 문제를 영토안보의 측면에서 접근하는 경향을 발견할 수 있다. 몇 가지 사설 내용을 살펴보자.

우리 정부가 울릉도와 독도를 국립공원으로 지정할 것이라는 소식에 일본이 반발하고 있다고 한다. (…) 독도는 역사적 연원과 국제법적 해석 등 모든 면에서 분명한 우리 영토다. (…) 한 일본 언론은 이번 일을 보도하며 "(독도는) 1905년 일본 영토가 됐으나 제2차 세계대전 이후 통제권을 상실했다. 이후 한국이 1954년부터 (독도를) 점유하고 있으며, 일본은 한국의 불법 점유를 비난해왔다"는 배경 설명을 덧붙였다. 그러나 우리는 서기 512년 이래로 독도 영유를 입증하는 역사적 증거를 숱하게 갖고 있다. 우리가 1954년부터 독도를 '불법 점유'하고 있다는 일본 측의 주장은 그 같은 역사성에 비추어볼 때 설득력이 없다 (《동아일보》, 2002.8.14: 2).

한국 정부는 독도영유권을 침해하려는 어떤 시도에 대해서도 단호히 대처한다는 의지를 분명히 하고, 앞으로 발생하는 모든 사태의 책임은 전적으로 일본에 있다고 밝혔다. 또한 일반인도 자유롭게 독도에 들어갈 수 있도록 허용해 독도가 국민 가까이에 있는 우리 영토임을 확실히 하겠다고 했다. 주권과 영토는 결코 양보나 타협의 대상일 수 없음을 내외에 천명한 적절한 조치다(《동아일보》, 2005.3.17: 35).

일본의 독도 부근 수로측량 계획으로 불거진 한 - 일 갈등이 일단 봉합됐다. 이틀에 걸친 차관급 마라톤협상의 결과다. 해상 충돌 가능성을 피한 것은 다행이지만 감정의 골은 오히려 더 깊어진 만큼 지금부터가 새로운 국면의 시작이다. (⋯) 우리 정부는 이번 일을 통해 영토 주권은 확고한 주권 행위를 통해서만 보장된다는 교훈을 얻었다. 앞으로도 독도 영유권과 관련해 한 치도 흔들려서는 안 된다(《한겨레》, 2006.4.24: 23).

사설은 독도 문제를 영토문제로 접근하고 있지만, 독도에 대한 일본의 침해 행위를 지켜보는 한국인은 일본의 행위를 한국인의 정체성에 대한 정면도전으로 받아들인다. 그렇기 때문에 독도 문제에 담겨 있는 중요한 의미 가운데 하나는 우리가 누구이고 누구여야만 하는지에 대한 한국인으로서의 동일한 이해관계와 가치의 문제이다. 독도를 수호하는 것은 우리의 영토를 지키는 차원을 넘어 독도를 통해 우리가 한국인이라는 동일한 이해관계를 끊임없이 확인함으로써 한국인의 정체성을 지키는 문제로까지 확장된다.

이 점이 바로 독도 문제가 단순히 영토문제가 아닌 한국의 주권을 지키는 문제로 인식되고 있는 중요한 이유이다.

2006년 4월 25일 노무현 대통령이 담화문을 통해 일본의 독도 영유권 주장에 대해 "과거 침략전쟁과 학살 등 범죄역사의 정당성을 주장하는 행위"(《동아일보》, 2006.4.26: 35)라고 비판했듯이, 독도 문제는 단순히 조그만 섬에 대한 영유권의 차원에서 접근되는 문제가 아니다. 독도 문제는 일본과의 관계에서 잘못된 역사의 청산과 완전한 주권확립을 상정하는 문제이다. 주권 상실은 곧 역사적으로 형성된 한국인의 정체성을 상실하는 것이기 때문이다.

이처럼 일본의 독도 침해 행위는 역사적으로 형성된 한국인의 정체성을 침해하는 행위로 인식되기 때문에 독도에 대한 영유권 및 주권 확인을 통해 우리는 한국인이라는 동일한 이해관계가 끊임없이 재생산될 수 있다. 다음의 사설 내용은 바로 이와 같은 측면에서 이해할 수 있다.

> 한국 쪽의 강력한 요구와 경고를 무릅쓰고 일본 시마네 현 의회가 2월 22일을 '다케시마(독도)의 날'로 정하는 조례안을 상임위원회에서 통과시켰다. 조례안은 독도에 대한 영토권을 확립하기 위해 현 차원에서 일본 전역을 상대로 캠페인을 벌여나간다는 내용 등을 담고 있다. 이는 지방자치단체의 수준이라고는 하나 명백한 영토주권 침해 행위다. (…) 조례안이 본회의에서 통과될 경우 한일 관계의 전면적 재조정 등 이후 벌어질 모든 일에 대한 책임은 전적으로 일본 쪽에 있다. 반기문 외교부장관이 밝혔듯이 "독도 문제는 우리의 국토, 주권과 관련된 문제인 만큼 한일 관계보다 더 상위 개념"이다(《한겨레》, 2005.3.11: 19).

일본 문부과학성이 어제 독도를 명기한 중학교 사회과 학습지도요령 해설서를 발표했다. 해설서는 검정 교과서 전반에 영향을 끼친다는 점에서 과거 후쇼사 교과서 파동과는 차원이 다른 문제를 야기한다. 2012년부터 일본의 모든 중학교 사회 관련 검정교과서에 독도가 일본 영토로 기술되는 것이다. (…) 이번 사태를 교훈 삼아 정부는 독도 문제를 비롯한 과거사가 결코 과거에 끝난 문제가 아니라 현재의 문제임을 직시하고 제대로 대응해야 한다(《한겨레》, 2008.7. 15: 31).

이명박 대통령과 후쿠다 야스오 일본 총리는 어제 정상회담에서 한일 신시대를 개척해나가기로 합의했다. 두 정상은 "역사를 직시하는 가운데 미래에 대한 비전을 갖고 국제사회에 함께 기여"하는 관계로 한일 신시대를 규정했다. 정상 사이 셔틀외교를 복원하고 경제연계협정과 자유무역협정 체결을 위한 협의를 재개하며, 북한 핵문제 해결을 위해 공조하고 환경문제에 협력하기로 했다. (…) 역사인식 문제가 중요한 것은 그것이 현재와 미래에 대한 전망을 내포하고 있기 때문이다. 두 정상이 진정으로 한-일 신시대를 열고자 했다면 '실용'의 이름으로 과거를 어설프게 덮을 게 아니라 역사를 정면으로 응시하고 과거의 잘못을 되풀이하지 않기로 다짐해야 했다(《한겨레》, 2008.4.22: 35).

이러한 사설 내용이 의미하는 바는 독도 문제는 그 자체로 한국인에게 동일한 이해관계를 갖게 함으로써 한국인이라는 정체성을 의식하고 지키는 문제라는 것이다. 한국에서 독도가 한국의 고유영토라는 점에 이견이 나올 수 없는 이유가 바로 독도 자체가 한국인의 정체성을 의미하기 때문이다. 이런 측면에서 독도를 지킨다는 것은 곧 한국인의 정체성을 수호한다는 의미이다. 따라서 독도에 대한 주권 확인을 통해 한국은 사회 구성원 개개인이 지니고 있는 정체성의 동일성을 확인하고 나아가 이를 통해 한국 사회의 이해관계의 동일성을 확인한다. 그리고 일본이라는 타자의 독도 침해 행위는 역사적으로 형성되고 사회적으로 공유된 한국인의 정체성을 침해하는 행위로 간주된다.

2) 치욕의 역사의식 회상

우리는 독도 문제를 통해 일본으로부터 당한 치욕의 역사도 기억하고 이를 분노한다. 특히, 일제 식민지의 경험과 일본의 왜곡된 역사의식이 독도 문제를 통해 한국인이 당한 치욕의 역사적 기억을 되살림으로써 과거 세대의 경험된 현실과거가 끊임없이 동시대의 한국인에게 현재화되고 있다. 이점은 다음과 같은 사설을 통해서 확인할 수 있다.

올해는 을사늑약 100주년, 광복 60주년의 해다. 일본의 독도 도발과 과거사 왜곡은 '늑약의 악몽'이 끝나지 않았음을 일깨우고, 남북을 둘러싼 현실은 광복이 미완(未完)임을 말해준다(《동아일보》, 2002.4.1: 39).

후쿠다 총리는 4월 20일 이 대통령과의 정상회담에서 '미래지향적인 한일 신시대 개척'을 약속했다. 그래놓고 불과 3개월도 안 돼 등에 비수를 꽂는다면 한국 국민이 과연 일본을 믿을 만한 나라로 보겠는가. 식민지 지배 등 과거사를 속죄하기는커녕 미화하고, 더 나아가 독도가 일본 땅이라고 자국민들을 가르친다면 이는 식민지 지배의 망령을 되살리려는 망동(妄動)이라고 보지 않을 수 없다 (《동아일보》, 2008.7.14: 27).

일본이 역사적 지리적 국제법적으로 명백한 우리의 고유영토인 독도를 영유권 분쟁지역화하기 위해 국제사법재판소(ICJ) 공동제소를 제안했다. (…) 독도를 자기네 땅이라고 우기는 일본의 모습에서 식민지배 망령의 부활을 본다(《동아일보》, 2012.8.18: 27).

노무현 대통령은 어제 특별담화에서 "일본의 독도 영유권 주장은 과거 침략전쟁과 학살 등 범죄역사의 정당성을 주장하는 행위"라며 '조용한 외교'에서 '강경대응'으로 대일 외교 기조를 바꿀 방침임을 밝혔다. (…) 독도는 일본이 러·일전쟁(1904년) 직후 자국 영토로 강제 편입한 '최초의 한국 땅'으로 노 대통령의 지적처럼 '특별한 역사적 의미'를 갖고 있다(《동아일보》, 2006.4.26: 35).

물론, 과거의 사실 그 자체가 역사적 사실로 되는 것은 아니다. 역사는 단순히 과거의 사실과 증거의 축적이 아니라 주체 형성과 관계된 이야기 서술이다(Seo, 2008: 372). 따라서 역사는 동시대인의 세계관과 가치관을 보여주는 담론체계이기 때문에 그것을 보여줄 수 없는 경험된 현실과거는 시간이 지날수록 약화되고 소멸된다. 반면에 동시대인의 세계관과 경험을 보여줄 수 있는 과거의 기억이 선택되어 기억된다면 세대를 거듭할수록 현재화될 수 있다. 따라서 지나간 과거의 사실 그 자체가 아닌 그것을 사람들이 어떻게 기억할 것인가 하는 기억의 방식은 중요할 수밖에 없다. 이것이 바로 사회 구성원들에게 공통된 정체성을 부여하는 방식이다.

이런 측면에서 독도 문제는 일본으로부터 당한 치욕의 역사를 동시대의 한국인의 기억 속에 지속적으로 현재화해주는 중심적인 이야기 도구이다. 한국인은 독도 문제를 통해 멀리는 임진왜란에서부터 가까이는 일제의 한반도 식민지배, 그리고 미국과 일본의 잘못된 전후처리 과정을 상기하고 앞으로 다시는 치욕의 역사를 되풀이하지 않기 위한 결의를 다진다. 이 점은 다음 사설 내용에 잘 나타나 있다.

한국인들에게 독도문제는 단순한 영토 문제가 아니다. 그것은 우리의 근대를 망친 가혹했던 일제 식민침탈뿐만 아니라, 저 멀리 임진, 정유년의 참혹했던 전란의 상처까지 되살려내는 역사적 기억의 마중물이다. 한국인은 독도 문제를 통해 그런 과거를 되새김질하며 변하지 않는 일본의 속성을 간파하고 분노한다 (《한겨레》, 2011.8.2: 27).

독도 문제를 통해 회상되는 한국인의 치욕의 역사의식은 독도와 관련된 정부의 정책마련과 일본의 왜곡된 역사의식에 대한 강력한 대응을 촉구하는 방식으로 표출된다. 사설에서도 독도 문제를 치욕의 역사와 연계시켜 독도를 수호하기 위한 다양한 대응을 촉구하고 있다. 이러한 대응은 '독도개발특별법', '배타적 경제수역 경계 획정'과 같이 직접적으로 독도 영유권을 강화하는 조치에서부터 일본의 역사왜곡 문제에 대한 국내외 여론 환기, 그리고 일본의 독도 침해 행위와 역사왜곡 문제를 일본 시민사회 및 국제사회와 연대하여 대응할 것을 촉구하는 방식에 이르기까지 다양하게 표출되고 있다.

이처럼 독도 문제는 동시대의 한국인에게 치욕의 역사적 기억을 끊임없이 부각시켜 한국인의 통합과 정체성을 유지하는 데 중요한 매개 역할을 한다. 독도는 그 자체로 한국인에게 일본의 식민지 지배에 대한 기억을 끊임없이 되살림으로써 일본의 독도 영유권 주장과 역사왜곡에 대한 우리의 강력한 대응을 촉구하는 기제로 작동하고 있다. 따라서 일본의 독도 침해 행위가 지속될수록 독도를 통한 치욕의 역사 만들기는 계속될 것이다. 이를 통해 타자로서의 일본과 다른 한국(인)의 특수성과 차별성은 지속적으로 강조될 것이다.

3) 일본에 대한 타자화와 불안감

독도 문제가 개인의 차원을 넘어 한국인이라는 집단 정체성을 확인하고 나아가 재생산할 수 있는 가장 큰 이유는 일본이라는 명백한 타자가 존재하기 때문이다. 한 집단 혹은 사회 내의 개별 행위자의 정체성을 어떻게 집단적으로 동일화할 것인가는 그동안 정체성을 논의할 때 가장 논쟁적인 부분이다. 그러나 타 집단의 행위주체와 구별되는 행위주체 자신만의 이해관계나 가치를 공유한다면 개인과 집단의 정체성은 동일화될 수 있다. 앞에서도 설명했듯이 정체성의 형성에서 중요한 것이 바로 타 행위주체와의 상호관계이기 때문이다. 그렇기 때문에 우리가 독도 문제를 통해 한국인이라는 동일한 이해관계를 형성할 수 있는 요인은 일본이라는 타자의 독도 침해 행위가 있기 때문이다.

독도 문제와 관련하여 언론 사설에서 나타난 한국인의 정체성 가운데 가장 많은 비중을 차지하는 것도 일본에 대한 타자화이다. 앞에서도 설명했듯이, 정체성은 행위주체가 타 행위주체와의 상호관계를 통해 다양한 경험을 축적함으로써 자신이 속한 문화의 구성원들과 동일한 이해관계를 가지게 될 때 형성된다. 타 행위주체와의 상호관계를 통해 그와 대립되는 행위주체 자신만의 차별적이고 특수한 이해관계를 형성할 수 있기 때문이다. 독도를 매개로 일본과 상호관계를 맺고 있는 한국은 독도는 한국의 고유영토라는 일본과 대립되는 분명한 이해관계를 가지고 있다. 따라서 이러한 이해관계를 침해하는 일본은 철저하게 타자로 인식된다. 이 점은 다음의 언론 사설에서 독도를 침해하는 일본을 타자로 묘사하는 점에서 확인할 수 있다.

일본은 한일 관계를 넓은 시각에서 볼 필요가 있다. 일본은 자유민주주의와 시장경제 체제를 공유하는 한국과의 협력을 바탕삼아 중국의 팽창과 북한의 위협에 대처하고 있다. 일본이 과거사 문제로 한국을 계속 자극한다면 한국은 미래지향적 한일 협력의 필요성에도 불구하고 일본을 껴안기 어려워진다(《동아일보》, 2011.3.3: 35).

최근 부각된 한일 간의 여러 현안과 관련한 일본 쪽의 태도를 보면 일본이 과연 우리의 좋은 이웃이 될 수 있는 나라인지 의문을 갖게 된다. (…) 지금이라도 사태를 진정시킬 방법은 있다. 일본 정부가 적극적으로 나서서 시마네 현의 조례 제정을 포기시키고, 역사왜곡 교과서에 대해서는 불합격 판정을 하거나 대폭 고치도록 하는 것이다. 물론 정부 차원의 재발 방지 약속도 있어야 한다. 그러지 않는다면 이번 사태의 파장은 과거처럼 주일 대사를 소환하고 두 나라 사이의 교류를 줄이는 정도에 그치지 않을 것이다. 우리 국민도 일본과의 관계를 전면적으로 재조정하는 데 대한 마음의 준비를 해둘 필요가 있다(《한겨레》, 2005.3.14: 19).

일본 보수 우파들의 독도 영유권 주장은 그들 선대의 이런 침략 만행을 정당화하는 행위와 다를 게 없다. 일본의 이런 자세는 동아시아에서 외교적 고립을 자초하기 십상이다. 지금까지 그걸 막아준 게 미 - 일 동맹이요 한 - 미 - 일 공조였다. 하지만 동아시아 정세가 급변할 경우 일본은 설 자리를 잃게 된다(《한겨레》, 2012.4.7: 23).

특히, 식민지 지배와 같은 특정한 폭력에 대한 역사적 기억은 피해자인 한국에게 우리가 누구이고, 가해자인 일본은 누구인지에 대한 공동의 기억을 불러일으킨다. 타자를 적으로 전제한 뒤 출발하는 인식은 배타적인 '우리'라는 카테고리를 만들어내며, 이는 우리와 타자라는 구분 속에서 피해자와 가해자의 이분법을 도식화한다(김인화·김명섭, 2007: 69). 이처럼 타 행위주체와의 상호관계 가운데 폭력에 의한 관계가 역사적 사실로서 동시대의 행위주체에게 집단기억으로 현재화되면서 타 행위주체는 '악' 또는 '적'으로까지 인식된다. 그리고 이 과정에서 폭력을 행사한 타 행위주체와 대립되는 '우리'라는 정체성이 형성된다.

언론 사설도 일본의 과거 식민지배의 기억을 끊임없이 되살리며 일본의 독도 침해 행위를 '독도 도발'(《동아일보》, 2012.10.6: 27), '침략주의적 본성'(《동아일보》, 2011.8.2: 25), '영토 야욕'(《한겨레》, 2005.2.25: 19), '독도 외침'(《동아일보》, 2008.5.20: 31), '침략국가의 전형'(《한겨레》, 2006.4.17: 23)으로 묘사하고 있다. 이것은 일본을 적으로 인식하는 한국인의 정서를 그대로 보여준다. 한국인은 일본의 독도 침해 행위에 대해 '믿을 수 없는 일본'(《한겨레》, 2006.3.31: 31), '어쩔 수 없는 도발자'(《한겨레》, 2006.4.24: 23)라는 의식을 갖게 된다. 이러한 일본에 대한 타자화는 독도 문제를 역사왜곡 문제와 연계시켜 일본의 국제사회에서의 지도적 역할 혹은 안전보장이사회 상임이사국 진출까지 반대하는 의식을 생산한다.

미국이 유엔 안전보장이사회 상임이사국 수를 늘리는 유엔 개혁안의 '9월 처리'에 제동을 걸었다. 이로써 일본의 숙원인 안보리 연내 진출은 사실상 무산됐다. 우리는 이런 전말을 보기 전에 '일본은 안보리 상임이사국 자격을 못 갖췄다'고 지적한 바 있다. 국력이 모자라서가 아니라 국격(國格)이 부족하다고 본 것이다. 이번 일을 계기로 일본은 자성해보기 바란다. 안보리 상임이사국이 되려면 적어도 세 가지 조건은 갖춰야 한다. 상당한 국력이 있어야 하고, 주변 국가의 이해와 협조를 얻어야 하며, 국제사회에 공헌한 실적이 있어야 한다. 일본은 세계 2위의 경제대국이고 개발도상국가와 유엔에 많은 지원을 하고 있어 두 가지 조건은 갖췄다. 그러나 이웃 나라들을 납득시키지 못하고 있다. 그 중심에 '역사 문제'가 자리 잡고 있다(《동아일보》, 2005.4.11: 31).

그러나 일본에 대한 타자화는 단순히 한국과 일본 간의 이해관계의 차이만을 나타내는 것은 아니다. 일본에 대한 타자화는 한국을 식민화했던 역사, 그리고 일본의 왜곡된 역사인식과 결부되면서 일본의 재무장과 우경화에 대한 불안 의식으로까지 확대 재생산되고 있다. 이러한 불안 의식은 일본의 독도 침해 행위 그 자체가 과거 한국을 식민화했던 역사로의 회귀로 인식되어 한반도 재침략에 대한 우려를 자아내기 때문이다.

언론 사설도 일본의 독도 침해 행위를 '독도 훔치기'(《동아일보》, 2009.12. 26: 23), '영토 야욕이 강한 위험한 나라'(《한겨레》, 2006.4.24: 23), '한국을 강제 병합한 침략주의적 본성'(《동아일보》, 2011.8.2: 25)으로 묘사하고 있다. 그러나 이러한 불안 의식은 일본의 재무장과 우경화에 대한 우려에 머물지 않는다. 한국인에게 일본의 독도 침해 행위 그 자체는 주권을 무시하는 행위로 인식되기 때문에 역사적·문화적으로 형성된 한국인의 정체성이 훼손될 수 있다는 불안의식으로까지 확대된다.

또한, 한국인의 불안 의식은 일본이라는 타자의 존재만으로도 나타나고 있다. 일본의 독도 침해 행위는 한국을 식민화했던 과거 제국주의 국가로의 회귀로 인식되기 때문이다. 언론 사설에서는 독도 문제에 접근하는 일본에 대해 다음과 같이 언급된다.

일본은 제국주의 침략 시대의 어두운 유산, 침략 유전자(遺傳子)를 청산하지 않으려 하고 있다. 1904년 러일전쟁을 앞두고 시마네 현 고시(告示)로 독도를 훔치듯이 편입시킬 때나, 1978년 이후 일본식 해저 지명을 슬그머니 등재해 버릴 때나, 한국이 당연한 권리로 지명을 바꾸려 하는 것을 발목 잡는 지금이나 일맥상통하며 변한 것이 없다(《동아일보》, 2006.4.22: 31).

식민지배의 아픈 경험이 있는 한국으로서도 일본의 군사대국화는 묵과할 수 없는 도발이다. 다케시마(독도의 일본식 표기)의 날 행사의 정부 주관을 미루고 총리의 야스쿠니 신사 참배를 유보하겠다고 하지만 여전히 독도영유권 주장을 거두지 않고 있다. 일본군 위안부 문제 등 '과거사' 문제에 대해서도 반성의 기미가 없다. '일본을 되찾겠다'며 아베 총리가 취하고 있는 일련의 조치 역시 미래로 나아가려는 의지보다는 과거 회귀의 성격이 강하다(《동아일보》, 2012. 12.29: 27).

일본의 독도 영유권 도발은 과거 제국주의 침략 역사를 합리화하려는 시도와 맥락을 같이한다. 미국은 일본의 이런 의도에 동조하는 독도 관련 표기나 언급으로 불필요한 한미 갈등 요인을 만들지 말기 바란다(《한겨레》, 2008.7.29: 31).

이러한 사설의 내용은 일본의 독도 침해 행위가 과거 한국을 식민화했던 제국주의 시대로의 회귀와 연결되면서 한국인에게 일본은 그 자체로 불안의 대상으로 인식되고 있음을 반영하고 있다.

4) 문화적 거버넌스의 저항

마지막으로 독도 문제에는 일본에 대한 한국인의 저항의식도 담겨 있다.

저항의식은 일본의 독도 침해 행위에 대해 보다 강력한 정부의 대응과 독도에 대한 우리 사회의 단합되고 통일된 인식을 가지도록 한다. 독도 문제를 통해 일본이라는 타자와의 경계를 설정하고 저항의 담론을 형성하는 일차적인 주체는 정부이다. 그러나 위협을 확인하고 저항의 담론을 형성하는 것은 언론과 같은 비정부 행위자에 의해서도 주도된다. 다음 사설 내용은 그것을 잘 보여준다.

고이즈미 준이치로 일본 총리가 야스쿠니 신사를 기습 참배했다. (…) 고이즈미의 참배 앞에서 우리가 가장 우려하는 대목은 신사참배에 대한 경계심이 우리 내부에서 사라지는 것이다. 항의 이상의 무엇을 할 수 있겠느냐며 소극적 자세를 보일 때, 언제 그 대가를 톡톡히 치를지 모른다. 수천 년 이어온 나라가 설마 망하겠느냐는 안일한 인식에 젖어 있다가 끝내 일본의 식민지로 전락한 것이 불과 한 세기 전이다. 갈수록 심각한 일본의 우경화에 어떤 환상도 금물이다. 정부와 시민사회 단체들이 머리를 맞대고 일본의 우경화에 어떻게 대응할 것인지 진지한 대책을 마련할 때다(《한겨레》, 2002. 4. 23: 4).

일본 제1야당인 자민당 의원 4명이 한국의 독도 영유권 강화 조치를 견제하겠다는 궤변을 내세우며 다음 달 초 울릉도 방문을 강행하려는 움직임을 보이고 있다. (…) 중국도 느닷없이 우리 영토인 이어도에 대한 영유권 주장을 들고 나왔다. 이어도는 우리의 배타적 경제수역(EEZ) 안에 들어 있고 2003년 해양과학기지를 세워 해양관 측, 해경의 수색과 구난기지로 활용하고 있다. 위치도 마라도에서 149km, 중국의 퉁다오(童島)에서 247km 떨어져 있어 우리나라와 훨씬 가깝다. 중국의 주장은 억지라고밖에 할 수 없다. 일본과 중국의 '영유권 도발'을 보면서 우리의 국력을 더 키워야 할 필요성을 새삼 절감한다(《동아일보》,

2011.7.27: 31).

이러한 사설에는 독도 문제를 통해 형성된 한국인으로서의 자아의식, 치욕의 역사의식, 그리고 일본에 대한 타자화와 불안의식으로 인해 비정부 행위자가 일본의 독도 침해 행위에 대한 정부의 필요한 대응은 무엇이고 우리사회는 무엇을 해야 할 것인가에 대한 인식을 갖게 된다는 점이 나타난다.

비정부 행위자에 의해서 주도되는 저항의 담론은 정부정책에 대한 사회의 비판을 보여주기도 한다. 이러한 사회의 비판은 다음 사설에서 볼 수 있듯이 외견상 정부와 사회 간의 갈등관계로 비쳐지기도 한다.

일본 문부과학성이 사회과 학습지도요령 해설서에 독도를 자국령으로 명기한 것과 관련해 온 나라가 분노로 끓고 있다. 역사적·실체적 진실을 무시한 채 독도 영유권 주장의 강도를 단계적으로 높여가고 있는 일본의 행태를 결코 용인해선 안 된다. 정부도 일본의 도발에 맞서 대사 소환과 실효적 지배 강화 등 각종 조처를 쏟아냈다. 그러나 기존의 대일정책 기조와 딴판인 정부의 대책을 보면 그동안의 정책적 과오를 덮기 위한 눈가림용 호들갑이라는 느낌이 없지 않다. 일본은 2001년 처음으로 교과서에 독도 영유권을 언급한 이래, 그 표현 수위를 점차 높여왔다. 문부과학성은 올해 개정되는 학습지도요령에 이를 명기할 것임을 이미 지난해에 밝혔다. 오늘 사태는 예견됐던 것이다. 그런데도 이명박 대통령은 4월 한일 정상회담에서 미래를 위해 과거를 묻지 않겠다고 선언했다. 그에 앞서 권철현 주일대사는 이 대통령으로부터 "과거에 속박당하지도, 작은 것에 천착하지도 말라는 당부를 받았다"며 "독도·교과서 문제는 다소 일본 쪽에서 도발하는 경우가 있어도 호주머니에 넣어두고 드러내지 말자"고 말했다. 정부는 독도와 과거사 문제에 대한 도발을 용인하겠다는 의사 표시를 하는 데 그치지 않았다. 교육과학기술부는 일본과 중국의 역사 왜곡에 대처하기 위해 지난해 2월 설치했던 동북아 역사 문제 대책팀도 해체했다. 일본이 쾌재를 불렀을 것은 당연하다. 이래놓고 나서 뒤늦게 대통령을 비롯한 정부 당사자들이 명기하지 말아달라고 매달렸다니 그것을 과연 정상적 외교라 할 것인가?(《한겨레》, 2008.7.16: 31).

그러나 비정부 행위자가 생산하는 저항의 담론은 일본에 대한 한국인의 저항 의식이 담겨 있어 독도에 대한 정부의 주권행사를 정당화하는 논리를 제공하는 역할을 한다. 사설 내용을 들여다보면 정부에 대한 비판은 대부분이 바로 이와 같은 정부의 주권행사에 대한 정당한 논리를 제공해준다는 점을 확인할 수 있다.

정부가 독도에 대한 여행 제한을 사실상 철폐한 것은 당연한 조처다. 독도의 보존과 유지에 해가 되지 않는 한 우리 국민의 방문을 막을 이유가 없다. 나아가 독도를 모든 한국인이 일상적으로 보고 느낄 수 있는 '국민 생활권'으로 만들어가야 한다. 독도와 울릉도 등을 묶어 학생들의 수학여행지 또는 관광 자원으로 적극 활용할 필요가 있다. 독도 해양과학연구기지와 독도자료관 건립도 필수적이다. 민간인을 상주시켜 유인도로 만드는 것도 주저해서는 안 된다(《한겨레》, 2005.3.28: 19).

허준영 경찰청장의 독도 방문 계획이 평지풍파(平地風波)를 일으켰다. 평범하게 넘길 수도 있는 경찰청장의 행보가 논란의 대상이 되고, 누리꾼(네티즌)들은 방문을 만류한 외교통상부를 향해 분노를 쏟아낸다. 정부가 독도에 대한 국민감정을 제대로 읽었다면 발생하지 않았을 혼란이 아닌가 싶다. 경찰청장의 독도 방문 시도를 탓할 수는 없다. 경찰 총수가 설을 맞아 가족과 떨어져 있는 부하들을 격려하는 것은 막을 일이 아니라 오히려 권장해야 할 일이다. 허 청장이 외교부에 자문을 하지 않고 독도를 방문했다 해도 이의를 제기할 국민은 없었을 것이다. (⋯) 외교부는 '독도는 국제법적으로나 역사적으로나 우리가 영유하는 우리의 영토'라는 말을 되풀이하는 대신 그에 걸맞은 행동을 해야 한다. 더구나 이번 논란은 일본이 문제를 제기한 것이 아니라 정부가 당연한 권리 행사를 포기해 초래한 것이 아닌가. 우리 땅인 독도가 논란의 대상으로 부상하는 것 자체를 봉쇄하려는 외교부 전략의 효용성을 무시하기 어려운 측면이 있기는 하다. 그러나 경우에 따라서는 행동을 해야 할 때가 있다. 필요할 때 적절한 행동을 하지 않으면 국민에게도 일본에도 당당할 수 없다. 외교부가 부정적 견해를 밝히는 대신 독도 경비를 담당하고 있는 경찰청의 판단에 맡겼더라면 하는 아쉬움이 남는다(《동아일보》, 2005.2.3: 31).

비정부 행위자가 정부의 주권행사를 정당화하는 논리를 제공할 수 있는 원인은 정부 차원에서의 강경한 언급이 자칫 한일 양국 간의 외교문제로 비화될 수 있기 때문이다. 그렇기 때문에 "선박 나포 등 가능한 모든 대책을 준비"해야 한다는 사설 내용과 같이 정부 차원에서 언급하기 어려운 표현을 비정부 행위자는 자유롭게 표현할 수 있다.

이와 같이 독도 문제에 내재되어 있는 한국의 저항의식은 외견상 정부와 사회 간의 갈등 관계로 비치기도 하지만, 독도 문제에 대한 한국인들의 공통된 이해관계를 결집시켜 독도 문제를 담론화하는 데 긍정적인 영향을 미치기도 한다.

4. 나오는 글

지금까지 살펴본 것처럼 독도 문제에는 단순히 영토안보의 차원에서만 해석할 수 없는 다양한 정체성의 정치가 작동하고 있다. 한국인은 독도 문제를 통해 역사적·문화적으로 형성된 한국인으로서의 동일한 이해관계를 확인함으로써 독도를 지키는 문제를 한국인의 정체성을 수호하는 문제로 인식한다. 그리고 이러한 정체성에 위협을 가하는 일본의 독도 침해 행위를 통해 과거 한국이 일본에 당했던 치욕의 역사를 회상하고, 이를 통해 일본을 타자화하며 일본의 행위를 역사 문제와 결부시켜 그들을 불안의 대상으로 인식한다. 그렇기 때문에 독도 문제에는 일본에 대한 한국인의 저항의식도 내재되어 있으며, 일본의 독도 침해 행위에 대해 한국 정부의 강력한 대응과 우리 사회의 단합된 의식의 필요성을 보여준다.

이처럼 독도 문제는 한국인의 정체성을 확인하고 지킴으로써 끊임없이 한국인의 이해관계와 의식을 재생산하는 기제로 작용하고 있다. 그렇기 때문에 독도 문제에는 영토적 국경을 지킨다는 전통적 안보의 의미와 함께 독도를 통해 한국인의 정체성을 지킨다는 비전통적 안보의 의미도 동시에 내포하고 있다. 일본이 독도에 대해 영유권을 주장하고 분쟁 지역화하려는 움직임에 대해 조용한 외교로 대응했던 정부정책이 큰 효과를 거두기 어려웠던 이유가 바로 여기에 있다.

조용한 외교가 일본의 지속적인 독도 침해 행위를 방지하지 못했을 뿐만 아니라, 독도 문제가 역사 문제와 결부되면서 일본에 대한 타자화와 불안의식을 초래해 결과적으로 정부정책에 대한 불신만 가져왔기 때문이다. 독도 문제는 일차적으로 주권국가로서는 양보하기 어려운 영토주권의 문제로서 국가존립의 근간을 구성하는 문제이다. 독도에 대한 실효적 지배를 강화하는 것은 주권국가로서는 당연한 일이다. 그러나 한국이 독도를 실효적으로 지배하고 있음에도 일본의 독도 침해 행위는 지속되어왔다는 것은 실효적 지배가 일본의 침해 행위를 근본적으로 방지하는 대응책이 되기에는 부족하다는 것을 의미한다.

한국인에게 독도 문제는 일본의 한반도 침략과정에서 비롯되었고, 과거사에 대한 일본의 진정성 있는 반성이 없기 때문에 한국의 자주독립을 훼손하는 것으로 인식된다. 그렇기 때문에 한국인에게 독도 문제는 국가주권과 한국인이라는 자기정체성의 문제이다.

따라서 독도 문제에 대처하기 위해서는 독도에 대한 배타적 영유권을 확고히 다져 국가주권을 공고히 하는 한편, 한국인의 자기정체성을 강화할 수 있는 역사의식의 배양이 무엇보다도 중요하다. 독도에 대한 배타적 영유권을 강화하기 위해서는 정책적인 측면에서 독도 영유권 논리를 체계화하고 일상적인 측면에서 한국인의 현장 접근성을 높여야 한다. 또한 한국인의 자기정체성을 강화하기 위해서는 독도 문제에 대한 우리 사회 내부의 단합이 중요하다. 이를 위해서는 학교와 사회에서 일본의 제국주의 침략역사를 독도 문제와 결부시켜 교육과 홍보를 강화해야 한다. 아울러 독도영유권 논리를 학교와 사회의 교육현장에서 활용해야 한다.

독도 문제에는 다양한 정체성의 정치가 작동하고 있기 때문에 조용한 외교 혹은 감정적 대응으로 해결하기에 한계가 있다. 독도 문제는 기본적으로 역사 문제에 대한 일본의 사과와 자기반성이 전제되어야 하지만, 먼저 우리 사회 내부에서 독도 문제에 대한 체계적인 논리개발과 역사인식이 바로 서야 할 것이다. 독도 문제에 담겨 있는 다양한 정체성의 정치는 일본의 잘못된 역사인식과 왜곡에서 비롯되었기 때문에 우리는 이러한 역사 문제를 결코 회피해서는 안 될 것이다.

❖ 참고문헌

기든스, 앤서니(Anthony Giddens). 1992. 『현대 사회학』. 김미숙 외 옮김. 서울: 을유문화사.

_____. 1997. 『현대성과 자아정체성: 후기 현대의 자아와 사회』. 권기돈 옮김. 서울: 새물결.

김영수. 2008. 「한일회담과 독도 영유권: 샌프란시스코 강화조약과 한일회담 '기본관계조약'을 중심으로」. 《한국정치학회보》, 제42집(4호), 113~130쪽.

_____. 2011. 「독도의 '실효적 지배'에 관한 국제법 판례와 사료적 증거」. 《독도연구》, 제10호, 85~113쪽.

김영재. 2012. 「갈등 분석틀을 통해 본 독도 및 조어도 영토갈등」. 《정치정보연구》, 제15권(2호), 321~345쪽.

김인화·김명섭. 2007. 「기억의 국제정치학: 일본 역사교과서 문제와 동북아시아」. 《사회과학논집》, 제38권(1호), 66~89쪽.

김채형. 2007. 「샌프란시스코 평화조약상의 독도영유권」. 《국제법학회논총》, 제52권(3호), 103~124쪽.

김태기·임재형. 2006. 「독도분쟁과 한국의 국가전략: 대안적 해결방안 모색」. 《분쟁해결연구》, 제4권(1호), 57~75쪽.

남근우. 2011. 「재일동포사회의 문화정체성에 관한 연구: 민족, 조국 귀속성, 현실의 '3중 경계문화정체성'을 중심으로」. 《국제정치논총》, 제51집(4호), 159~188쪽.

_____. 2012. 「한민족의 준종족화와 문화 분절화: 김일성민족, 중국조선족, 자이니치 사회의 비교연구」. 《국제정치연구》, 제15집(1호), 233~255쪽.

박명규. 2001. 「역사적 사건의 상징화와 집합적 정체성: 기념비, 조형물의 문화적 기능을 중심으로」. 《한국사회과학》, 제23권(2호), 31~56쪽.

박창건. 2008. 「영유권 문제를 둘러싼 한일갈등의 규범 확산: '다케시마(竹島)의 날'과 '대마도(對馬島)의 날' 조례 제정을 중심으로」. 《국제정치논총》, 제48집(4호), 357~380쪽.

_____. 2009. 「다케시마(竹島)의 날' 조례 제정에 대한 한국의 반응: 상응적 대응의 유효성과 딜레마」. 《한국과 국제정치》, 제25권(3호), 99~129쪽.

신주백. 2010. 「한국과 일본 역사교과서의 독도에 관한 기술의 변화」. 《독도연구》, 제8

호, 49~74쪽.

이수형. 2008. 「독도 영유권 논쟁에 대한 한국 역대 정부의 대응정책」. 『2008 International Conference 건국 60년과 우리의 영토와 주권』, 한국국제정치학회 2008년도 학술대회 자료집(2008.8.12).

최병학. 2010. 「해양영토분쟁과 독도영유권에 관한 연구」. 《지방정부연구》, 제14권(2호), 217~241쪽.

홍용표. 2002. 「탈냉전기 안보개념의 확대와 한반도 안보환경의 재조명」. 《한국정치학회보》, 제36집(4호), 121~139쪽.

《동아일보》, 1999.1~2012.12.

《한겨레》, 1999.1~2012.12.

Callahan, William. 2006a. "History, Identity, and Security: Producing and Consuming Nationalism in China." *Critical Asian Studies*, Vol. 38, No. 2, pp. 179~208.

_____ . 2006b. "War, Shame, and Time: Pastoral Governace and National Identity in England and America." *International Studies Quarterly*, Vol. 50, No. 2, pp. 395~419.

_____ . 2006c. *Cultural Governance and Resistance in Pacific Asia*. London: Routledge.

Campbell, David. 2003. "Cultural Governance and Pictorial Resistance: Reflection on the Imaging of War." *Review of International Studies*, Vol. 29, pp. 57~73.

Choi, Sung-Jae. 2005. "The Politics of the Dokdo Issue." *Journal of East Asian Studies*, Vol. 5, No. 3, pp. 465~494.

Connolly, William E. 1991. *Identity/Difference: Democratic Negotiations of Political Paradox*. Ithaca N. Y.: Cornell University Press.

Friedman, Jonathan. 2009. *Cultural Identity and Global Process*. 오창현·차은정 옮김, 『지구화 시대의 문화정체성』. 서울: 당대.

He, Yinan. 2007. "Remembering and Forgetting the war: Elite Mythmaking, Mass Reaction, and Sino-Japanese Relations, 1950-2006." *History & Memory*, Vol. 19, No. 2, pp. 43~74.

Larrain, Jorge. 1994. *Ideology and Cultural Identity: Modernity and the Third World*

Presence. Cambridge: Polity Press.

Seo, Jungmin. 2008. "Politics of Memory in Korea and China: Remembering the Comfort Women and the Nanjing Massacre." *New Political Science*, Vol. 30, No. 3, pp. 369~392.

Suh, J. J. 2007. "War-like history or diplomatic history? Contentions over the past and regional orders in Northest Asia." *Australian Journal of International Affairs*, Vol. 61, No. 3, pp. 382~402.

Welds, Jutta. et al.. 1999. "Introduction: Contructing Insecurity." in Jutta(ed.). *Cultures of Insecurity: States, Communities, and the Production of Danger*. Minneapolis: Universtiy of Minnesota Press.

3장

중화(中華) 민족주의와 동아시아 문화갈등

역사와 문화의 경계 짓기

| 박정수

1. 들어가는 글

이 글은 필자가 중국에서 있을 때 겪었던 일련의 경험에서 나왔다. 중국 친구들과 TV에서 춤이나 노래 등 한국 전통문화를 볼 때마다 가끔 당황스런 일을 접하곤 했다. 그 이유는 중국 친구들이 가지고 있는 문화 구분의 기준 때문이었다. 중국 친구들에게는 한국의 전통 의상인 한복을 입고 전통 춤인 부채춤을 추고 있다고 해서 그것이 온전히 한국의 전통 무용이 되지 않았다. 중요한 것은 누가 추고 있는가에 있었다. 재중 동포, 즉 조선족 무용수가 부채춤을 추고 있다면 그것은 조선족의 전통문화이기 때문에 중국문화라고 했다. 물론 한국인이 추면 그것은 한국문화가 되었다. 문화가 국적이나 국가 경계에 의해 나눠지는 셈이다. 이러한 일을 접할 때마다 웃고 넘기긴 했지만 항상 막연한 불안감이 들곤 했다.

최근 한중 간의 문화갈등은 동북공정이라는 거대 역사 프로젝트부터 김치와 파오차이(泡菜) 분쟁까지 다양한 방면에서 일어나고 있다. 이것이 한중 간에만 나타나는 갈등은 아니다. 동아시아 각국들 간에 일련의 문화적 갈등은 점점 높아지고 있다. 이러한 갈등은 각국 국민들 간의 일시적 감정 대립의 수준을 넘어서 국가 간 외교적 분쟁으로 전이되는 모습도 보인다. 이데올로기적 갈등을 겨우 넘어선 동아시아에 왜 이러한 문화적 갈등이 고조되는 것일까?

일련의 많은 연구들은 이러한 동아시아 문화갈등의 원인 중 하나를 중국 민족주의의 부상에서 찾는다. 많은 서구학자들은 중국 민족주의의 배타적이고 공격적인 특성이 최근 중국 경제의 급속한 성장과 함께 표출되는 것이라고 한다(Whiting, 1995; Bernstein and Munro, 1997; Johnton, 1996). 이에 반해 중국학자들은 중국 민족주의는 근대 서구열강의 침략에 의해 생성되었기 때문에 다분히 방어적 민족주의이라고 말한다. 그뿐 아니라 최근 중국의 일부 대중 사이에서 나타나고 있는 배타적 민족주의 역시도 중국위협론과 같은 외부의 위협에 대해 대중 민족주의가 발생한 것이라고 한다(Zheng, 1999; Guang, 2005; Zhao, 2000).

이 글 역시도 동아시아 문화갈등의 주요 원인 중 하나를 중국 민족주의의 부상에서 찾고자 한다. 다만, 이 글은 중국 민족주의가 본래 공격적이었다는 서구학자들의 주류 관점과는 시각을 달리한다. 오히려 중국 측에서 주장하는 중국 민족주의의 특징인 방어적 그리고 대중적 민족주의에서 문화 갈등의 원인을 찾는다. 여기서 방어적이라는 것은 중국 민족주의의 주된 목적이 대외지향적인 것에 있는 것이 아니라 대내지향적인 것에 있다는 것을 의미한다. 즉 1980년대 말부터 부상하기 시작한 중국 민족주의의 목적은 대외 팽창에 있는 것이 아니라, 사회주의 이데올로기의 약화 이후 예상되는 내부 분열의 가능성을 차단함으로써 하나의 중국이라는 현존 질서를 지속하고자 하는 데에 있다는 것이다.

　이를 위해서 이 글은 중국이 아직 완성된 민족국가가 아니라는 전제에서 출발한다. 다시 말하자면 아직 중국에는 영토 안에 있는 56개 민족을 모두 아우르는 완성된 중국 민족이 존재하지 않는다는 것이다. 민족이 존재하지 않기 때문에 민족국가는 미완(未完)이다. 따라서 이 글은 중국 민족주의의 목적이 바로 한족을 포함한 56개 전체 민족에게 받아들여지는 중국 민족의 형성에 있다고 본다. 그리고 중국이 이러한 중국 민족, 즉 '중화민족(中華民族)'을 인위적으로 형성하고자 하는 과정에서 동아시아 주변국들과의 문화 갈등을 초래하고 있다고 본다.

2. 이론적 분석틀

1) 민족주의의 분석틀

　중국 민족주의를 분석하기 위해서는 먼저 민족주의와 민족(nation)에 대한 이론적 논의를 살펴봐야 한다. 왜냐하면 민족이라는 말이 쉽게 정의내릴 수 없는 다의적 의미를 가진 만큼 민족주의에 대한 이론 역시 매우 다양하기 때문이다. 따라서 중국 민족주의를 설명할 수 있는 적합한 이론을 찾아내는 일은 그만큼 어려운 작업이기도 하다. 하지만 그 무수한 민족주의 이론들도 그 기본적 개념에서부터 시작해서 논리적으로 추론해본다면, 그 나름대로 중국 민족주의를 설명할 수 있는, 또는 거기에 근접할 수 있는 이론적 분석틀을 추출해볼 수 있을 것이다.

　이를 위해서는 우선 민족주의의 개념부터 살펴볼 필요가 있다. 스미스

(Anthony D. Smith)는 민족주의를 "실질적 또는 잠재적 민족을 구성하려는 일정한 지역 주민들이 그들의 자주, 통일, 정체성의 성취 및 유지를 위한 이데올로기적 운동"으로 정의한다(Smith, 2006: 175). 반면에 문화적 접근방식으로 민족주의를 연구하는 앤더슨(Benedict Anderson)과 같은 학자들은 그러한 '의식이나 감정'을 보다 강조한다(Anderson, 2006; Guibernau, 1996).

그러나 이들 개념을 포괄하면서도 민족주의를 보다 더 명확하게 설명하고 있는 것은 아무래도 겔너(Ernest Gellner)의 정의로 보인다. 그는 민족주의란 "정치적 단위와 민족적 단위가 일치해야 한다는 정치적 원리(political principle)"로 정의하면서, 그것이 감성으로서의 민족주의든 운동으로서의 민족주의든 바로 이 원리에서 파생하는 것으로 보았다(Gellner, 2006: 1). 결국 민족주의는 정치적 단위로서 '국가(state)'와 민족적 단위로서 '민족(nation)'을 일치시키고자 하는, 즉 민족국가(nation-state)를 만들고자 하는 운동이나 의지 또는 감성으로 결론 내릴 수 있을 것이다. 이는 곧 민족주의의 목적이 민족국가라는 단일의 보다 통합된 국가를 만들고자 하는 것임을 알 수 있다.

이렇게 정의를 내려본다면 민족주의의 발생은 다음 두 가지 흐름을 가질 수 있다. 하나는 이미 존재하는 국가에서 민족주의가 발생해서 민족을 형성하려는 것일 것이고, 다른 하나는 반대로 이미 존재하는 민족이 민족주의를 일으켜서 자신의 국가를 만들고자 하는 것일 것이다. 전자의 경우는 기존에 있던 국가가 민족주의를 통해서 민족국가로 거듭나는 '국가(state) → 민족주의(nationalism) → 민족(nation) → 민족국가(nation-state)'의 방향이 될 것이다. 반면에 후자는 국가를 갖지 않은 민족이 민족국가를 형성하고자 하는 '민족(nation) → 민족주의(nationalism) → 국가(state) → 민족국가(nation-state)'의 흐름으로 나타날 것이다. 여기서 전자의 흐름은 민족주의가 민족을 형성하는 것이고, 후자의 흐름은 민족이 민족주의를 형성하는 것이다.

물론 기존에 형성되어 있던 민족국가 내에서 민족주의가 다시 강화될 수도 있다. 이는 외부 또는 내부에서의 강력한 충격에 의해서 민족국가가 분열 또는 해체의 위기에 직면하게 되었을 때일 것이다. 이 경우는 실존하는 민족이 자신의 국가를 유지하거나 강화하고자 하는 것이기 때문에 넓은 의미로 후자의 흐름에 포함된다고 할 수 있을 것이다.

다음으로 살펴봐야 할 것은 자연스럽게 국가와 민족에 대한 개념이 될 것이다. 국가에 대한 정의는 겔너뿐만 아니라 대부분의 민족주의 연구자들이 "사회 안의 정당한 폭력에 대해 독점적 권력을 가진 대리기구"라는 베버(Max Weber)의 정의를 차용하기에 큰 혼란은 없어 보인다(Gellner, 2006; Guibernau, 1996). 따라서 국가는 정당한 폭력의 독점적 사용 — 정치적 권력 — 이 미치는 영역으로서 주권적 영토의 의미를 갖는다.

그런데 문제는 민족이다. 민족은 그 기원에서부터 시작해서 대단히 다양한 의미를 내포한다. 여기에 더해 종족(ethnicity), 인종(race) 등과 같은 개념들과 혼용되면서 더욱 복잡한 모습을 보여주고 있다. 따라서 여기서는 앞서의 민족주의에 대한 개념과 그 흐름을 바탕으로 기존의 민족 개념을 다듬어, 그 나름의 조작적 정의를 내려보고자 한다.

민족은, 그것이 혈연이든 문화이든, 또는 국민주권과 같은 근대의 시민적 권리를 기반으로 하든, 일반적으로 '일정한 영토 안에서 하나의 공동체를 구성한다는 의식을 가진 사람들의 집단'으로 정의한다. 그러나 보다 명확한 이해를 위해서는 조금 더 구체적으로 들어가 볼 필요가 있다.

앞서 제시한 민족주의의 첫 번째 흐름, 즉 실존하는 국가에서 민족을 형성하고자 하는 경우에 민족은 국가 내의 특정 종족의 역사나 문화에 연연하지 않고 다분히 새롭게 창조될 것이다. 다민족국가의 경우에 더욱 그러한데, 이는 국가 안의 모든 민족과 종족에게 거부감 없이 받아들여져야 하기 때문이다. 이러한 민족은 근대주의(modernism)적 민족주의 연구에서의 민족 개념과 상당 부분 맥을 같이한다. 근대주의적 민족주의 연구는 민족을 명확히 경계 지어진 영토 안에서 국민주권, 공공문화(public culture), 대중참여 등과 같은 근대성(modernity)에 기반을 둔 법적 - 정치적 공동체로 정의한다. 그리고 구성원의 민족 선택에 상대적으로 개방적인 것으로 본다. 따라서 민족은 근대 이전에 존재할 수 없는, 다분히 근대적인 의미를 갖는다. 이러한 특성을 갖는 민족을 '시민적 민족(civic nation)' 또는 '시민적 - 영토적 민족(civic-territorial nation)'으로 일컫는다. 결론적으로 첫 번째 흐름의 민족주의가 '시민적 민족'을 형성한다는 점에서 이를 '시민적 민족주의(civic nationalism)'라고 부를 수 있을 것이다.

반면에 민족이 민족주의를 만드는 두 번째 민족주의의 흐름에서는 민족이 민족주의 이전에 존재한다. 따라서 민족의 '역사성'을 강조하는 역사주의적 민족주의와 맥을 같이한다. 역사주의적 민족주의는 민족을 역사 속에서 이미 존재하는 것으로 인식하거나, 또는 종족(ethnicity) 개념을 기반으로 해서 근대적 민족이 생성되었다고 본다. 민족의 '역사성'을 강조하는 역사주의적 입장에서는 민족을 계보적 연대, 고유문화, 그리고 대중동원에 기반을 둔 역사와 문화의 공동체로 정의한다. 여기서 민족은 선택되어질 수 없는, 낙인과 같이 운명 지어진 것으로 인식한다. 이러한 민족을 '종족적 민족(ethnic nation)' 또는 '종족적 - 계보적 민족(ethnic-genealogical nation)'으로 부르는데, 많은 부분 비서구적 민족 개념을 의미한다. 이러한 의미에서 두 번째 흐름의 민족주의는 '종족적 민족주의(ethnic nationalism)'라고 부를 수 있을 것이다(Greenfeld, 2006; Hutchinson and Smith, 2000; Smith, 2006; Kohn, 2000; Stein and Antlöv, 2000; 김인중, 2010; 박찬승, 2010).

그렇다면 민족주의는 어떠한 방식으로 나타나는 것일까? 민족주의는 일반적으로 대중에 의해서 '아래로부터((from below)' 추진되는 '대중 민족주의(popular nationalism)'와 국가에 의해서 '위로부터(from above)' 주도되는 '국가주도 민족주의(official nationalism)'의 두 가지 방식으로 구분된다. 이렇게 놓고 보면 실존하는 민족이나 종족이 민족주의를 생성해서 국가를 만들고자 하는 후자의 종족적 민족주의에서는 국가가 존재하지 않기 때문에 당연히 대중 민족주의적 방식이 주로 나타날 수밖에 없다. 반면에 국가가 민족주의를 생성하는 경우에는 두 가지 방식이 모두 나타날 수 있다. 국가의 구성원들인 대중 또는 시민들에 의해 아래로부터 발생할 수도 있으며, 또한 국가에 의해 위로부터 추진될 수도 있다.

이와 함께 아래로부터 발생하는 대중 민족주의의 경우에는 자발적이고 자연적인 성향이 높은 반면, 국가에 의해 주도되는 국가주도 민족주의는 강제적이고 의도적인 성향이 높게 나타날 수 있다. 앤더슨은 국가주도 민족주의를 "제국의 거대한 몸체에 짧고, 꼭 끼는 민족이라는 가죽을 덮어씌우려는 것으로 이해될 수 있다"고 말하면서, 대중들의 지배와 억압을 민족이라는 이름으로 정당화하려는 권력계층에 의한 국가주도 민족주의를 경계한다(Anderson, 2006: 86, 155~162). 틸리(C. Tilly) 역시 국가주도 민족주의에서 "민족의 이름을 자주 언급하는 통치자는 시민들이 스스로를 국민과 일치시키게 하며 그들 자신의 이해관계를 국가 이익에 종속되는 것으로 여기도록 만드는 데 성공적이다"(Tilly, 1995: 190)라고 말한다. 이런 점에서 본다면 국가주도 민족주의에서는 국가주의적 성향이 강하게 나타날 수 있다고 할 것이다.

2) 중국 민족주의에 적용

그렇다면 1980년대 말부터 새로이 부상하고 있는 중국 민족주의를 어떻게 설명할 수 있을까? 민족주의를 국가라는 정치적 단위와 민족적 단위를 일치시키려는 운동 또는 의식이라고 보았을 때, 민족주의는 정치적 단위와 민족적 단위가 불일치할 때 발생한다고 할 수 있다. 이렇게 보면 중국에서 민족주의가 부상한다는 것은 곧 국가와 민족이 불일치하고 있다는 것을 의미한다.

그렇다면 어떤 흐름으로 나타날까? 중국에서 정치적 단위로서 국가의 존재는 명확하다. 정치적 단위인 국가가 명확한 상황에서 민족주의가 발생했다는 것은 논리적으로 국가 구성원 모두를 통합할 수 있는 단일한 민족이 형성되어 있지 않는 것으로 볼 수 있다. 따라서 중국 민족주의는 실존하는 국가가 단일의 중국 민족을 형성하고자 하는 흐름으로 나타날 것이다. 그렇다면 결국 중국 민족주의의 핵심은 다수민족인 한족과 55개 소수민족 모두를 포괄하는 새로운 중국 민족, 즉 중화민족(中華民族)의 창조에 있다고 할 수 있다. 그런 점에서 중국의 민족주의를 중화(中華) 민족주의로 부를 수 있는 것이다.

여기서 한 가지 흥미로운 점이 나타난다. 그것은 중국이 중화민족을 민족주의 이전부터 역사적으로 실존해왔던 민족이라고 주장하고 있다는 것이다. 즉, 중화민족은 오랜 역사 속에서 한족과 소수민족들이 융합하면서 형성된, 역사적으로 실존해온 단일민족이라는 것이다. 비록 국가주권을 기반으로 하는 현대적 국가 개념은 아니지만 중국은 이미 역사 속에서 단일의 중화민족을 기반으로 민족국가를 형성해왔다는 것이다. 이러한 중국의 논리를 받아들인다면 중화 민족주의는 실존하는 민족이 민족주의를 일으키는 종족적 민족주의가 된다. 또한 정치적 단위인 국가가 건재하다는 점에서 중화 민족주의는 기존의 민족국가가 내외적인 분열위기에 직면하면서 다시 강화된 것으로 볼 수 있다. 이렇게 되면 1980년대 이후 나타나는 중화 민족주의는 중국위협론과 같은 외부적 요인에 대응해서 방어적으로 발생한, 아래로부터의 대중 민족주의라는 중국 측 주장이 강한 설득력을 가질 수 있다.

그러나 이것은 중화민족이 역사적으로 실존해왔다는 중국의 주장을 받아들일 경우에만 가능하다. 중화민족이 실존하는 민족이 아니라면 앞서의 중국 측 주장은 의미가 없어진다. 따라서 문제의 핵심은 중화민족이 정말 실존하는가, 즉 중화민족이 한족뿐만 아니라 55개 소수민족 모두에게 정말로 상상되고(imagined) 있는가에 있다. 그리고 바로 여기에서 이 글이 보고자 하는 다양한 문제가 파생한다. 중국이 주장하는 바대로 중화민족이 이미 오랜 역사 속에서 형성되어 단일의 민족국가를 만들어왔다면, 중화민족과 역사적으로 지리적 영토를 공유하면서 경쟁해온 한국과 몽골과 같은 주변국들의 민족은 원류인 중화민족에서 떨어져 나와 새로이 형성된 민족인 것이다. 이렇게 되면 주변국들의 역사와 문화의 원류는 당연히 중화민족의 그것이 된다. 동아시아 주변국들의 모든 역사가 다시 쓰여야 하는 것이다. 그러나 여기서 중요한 것은, 중화민족의 실존을 떠나서 중국이 그렇게 주장하면서 민족주의를 강화하는 한 그것을 받아들일 수 없는 주변국들과의 갈등은 불가피하다는 것이다.

3. '중화민족(中華民族)'의 탐색

중국은 한족을 포함한 56개 민족을 하나의 단일민족으로 묶는 중국 민족 개념으로서 전통적 중화사상(中華思想)을 기반으로 한 '중화민족(中華民族)'을 제시하고 있다. 중화민족은 20세기 초인 청말(淸末) 시기에 서구의 민족 개념이 들어오면서 전통적 '중화(中華)' 개념과 서구의 '민족' 개념이 합쳐져서 만들어진 것이다. 초기 민족주의자들인 량치차오(梁啓超), 캉유웨이(康有爲), 쑨원(孫文) 등에 의해 주장되었다(俞祖華, 2011; 關凱, 2009).

그러나 중화민족이 본격적으로 대두되기 시작한 것은 1980년대 말부터 부상한 신민족주의에 의해서이다. 여기에는 중국의 저명한 민족주의 학자인 페이샤오통(費孝通)이 1980년대 말 '통일적 다민족 국가론(統一的多民族國家論)'을 기반으로 '중화민족 다원일체론(中華民族多元一體論)'을 주장하면서 중화민족 개념을 재정비한 것이 중요한 밑거름이 되었다. '통일적 다민족 국가론'은 중국이 한족과 다수의 비(非)한족이 경쟁하면서 때론 분열되기도 했지만 기본적으로는 여러 민족이 융합하면서 통일적 다민족국가를 형성해 왔다는 것이다. 따라서 중화민족이란 다민족 상호 간의 이주와 융합의 오랜 역사 속에서 생겨난 것으로 현재 중국의 56개 민족뿐만 아니라 과거 중국 강역 내에 살았던 고대의 모든 민족 집단들까지 포괄하는 개념이라고 주장한다(윤휘탁, 2006; 김정희, 2008).

이를 바탕으로 페이샤오통은 그의 '중화민족 다원일체론'에서 중화민족이란 "자각된 민족 실체로서 수천 년의 역사 과정 속에서 형성된 것"으로 "한족이 지속적으로 이민족을 동화, 흡수함으로써 다민족이 융합되어 불가분의 통일체를 형성한 것"이라고 말한다(費孝通, 1989). 중화민족은 오랜 역사적 과정 속에서 형성된 것으로 중국 영토 내에 있는 56개 민족을 포괄하는 다원일체(多元一體)의 민족적 실체라는 것이다(공봉진, 2009). 중국은 초기 국가 시대부터 이미 통일적 다민족국가를 형성했다고 주장한다. 선진(先秦) 시대는 그 맹아기였으며, 진(秦)과 한(漢) 시대에 이르러서는 완연한 통일적 다민족국가를 형성했다고 주장한다(왕커, 2005). 따라서 중화민족 역시 이 시기부터 존재해왔다는 것이다. 이러한 개념적 정비를 바탕으로 중화민족은 중국 영토 내 모든 종족을 아우르는 단일의 중국민족 개념이자, 오랜 역사 속에서 존재한 실체로서 중국 민족통합의 전면에 재등장하였다.

그러나 중화민족은, 중국이 주장하는 것처럼 오랜 역사적 실체가 아니라 중국이 당면한 현실적 문제를 타개하기 위해 인위적으로 구성한 개념일 뿐이다. 많은 중국학자들은 중화민족을 앤더슨의 표현을 빌려 '상상의 공동체(想像的共同體)' 또는 '상상의 문화공동체(想像的文化共同體)'라고 말한다(關凱, 2009; 李熠煜, 2009). 그러나 여전히 티베트(西藏)나 위구르(新疆), 네이멍구(內蒙古) 자치주를 필두로 소수민족들에 의한 분리독립 운동이 끊이지 않고, 한족과의 민족갈등 역시 첨예해지고 있다. 이를 보게 되면 중국이 주장하는 중화민족이라는 것이 많은 소수민족들에게 상상되어지기보다는 오히려 갈등과 대립을 조장하고 있는 것으로 보인다. 그리고 이것은 중화민족이 오랜 역사 속에서 형성된 역사적 실체라는 중국의 주장이 허구라는 사실을 여실히 보여주는 것이다.

중화민족이 상상되어지지 못하는 근본적 원인은 바로 중화민족이 한족 민족주의의 태생적 한계를 극복하지 못하고 있다는 점에 있다. 중화민족은 한족 전통의 중화사상을 그 모태로 하고 있다(이경희, 2009; 이성규, 1992). 중화사상은 "도전을 불허하는 '화(華)'인 중국의 '이(夷)'에 대한 절대적 우월성 및 그 지배의 정당성을 용인하는 관념"인 '화이사상(華夷思想)'을 그 핵심으로 한다. 물론 여기서 화(華)는 곧 중국인을, 이(夷)는 비(非)중국인을 의미한다. 중국인은 화(華)를 확대·발전시킨 한족(漢族)이 된다(이성규, 1992). 따라서 중화사상은 근본적으로 모든 민족들의 평등한 관계를 인정하지 않는 원리였다. 여기서 화(華)는 다양한 민족의 평등적 관계를 형성하는 현대의 민족 개념이 아닌 한족을 중심으로 여기에 이민족을 편입시키는 동화의 성향이 강하다. 이는 한족이 지속적으로 이민족을 동화, 흡수함으로써 불가분의 통일체인 중화민족을 형성했다는 페이샤오퉁의 앞서 주장에서도 잘 드러난다.[1] 따라서 화(華)의 이(夷)에 대한 차별을 중심으로 하는 중화사상과 화이사상을 배경으로 하는 중화민족은 그것을 아무리 잘 포장했다 하더라도 결코 한족 중심의 성향을 떨쳐버릴 수 없다. 이는 중화민족이 현 중국 영토내의 다양한 민족들 —— 역사 속에서 이(夷), 즉 야만인으로 칭해졌던 —— 을 평등한 관계 속에서 자연스럽게 포괄하기에는 많은 한계를 가질 수밖에 없음을 의미한다.

이러한 중화민족의 한족 중심적 특성은 중화민족이 처음 등장한 19세기 말과 20세기 초에 나타난 중화민족의 개념적 혼동에서도 잘 나타난다. 중화민족은 이 시기 나타난 두 갈래의 중국 민족주의에 따라 크게 다른 의미를 가지고 있었다. 당시 중국 민족주의는 장빙린(章炳麟) 등의 혁명파에 의해 추진된 '배만홍한(排滿興漢)'의 소(小)민족주의와 량치차오 등의 입헌파에 의해 추진된 '만한합일(滿漢合一)'의 대(大)민족주의가 있었다. 소민족주의에서 중화민족은 혈연과 문화를 강조하는, 만주족을 배제한 한족만의 민족을 의미하였다. 그리고 대민족주의의 경우가 소수민족을 포함하는 포괄적 중화민족의 개념에 해당한다(宋新偉, 2010; 천성림, 2005).

---

1) 역사적으로 중국이 통일적 다민족 국가였음을 강조하는 왕커(王柯) 역시도 동화를 부정하지는 않는다. 그는 다민족이 하나의 통일민족을 만드는 방식으로 '민족동화'와 '민족융합'이 있다고 하면서, 민족동화란 "어떤 민족이 그 민족 본래의 특성을 상실하고 일방적으로 다른 모 민족의 문화를 수용하여 최종적으로 모 민족의 일부분으로 바뀌지만, 모 민족 자체의 성격에는 어떠한 변화도 발생하지 않는 것"을, 민족융합이란 "각 민족이 평등의 원칙하에서 진행하는 쌍방적 결합으로 하나의 새로운 민족이 만들어지는 것"을 의미한다고 말한다. 이 중 통일민족을 위한 최선의 방법으로 민족융합을 강조하지만, 그는 '이적(夷狄)의 중화화(中華化)'라는 개념을 통해서 통일적 다민족 국가의 형성이 한족 중심의 동화과정이었음을 설명하고 있다(왕커, 2005: 306~307, 393).

그런데 이들 민족주의 사이에는 시대적 여건에 따라 소민족주의에서 대민족주의로의 전환이 나타났다. 만주족이 지배하던 청말(淸末) 시기에는 청조(淸朝)를 타파하고 한족 중심의 중화(中華)를 세우자는 배만(排滿)과 반봉건의 소민족주의가 강조되었다. 그러다가 1911년 신해혁명을 통해 청조가 붕괴되고 중화민국(中華民國)이 건설된 이후에는 소수민족을 포함하는 대민족주의가 강조되었다.

이는 쑨원(孫文)의 행보에서도 잘 드러난다. 그는 초기에 소민족주의적 중화민족을 강조하다가, 1912년 청 왕조를 전복하고 중화민국을 설립하면서 대민족주의로 그 방향을 급선회하였다(宋新偉, 2010; 김소중, 2006). 이는 중화민국을 설립한 이후 쑨원이 소수민족의 분리 움직임에 직면하면서 이러한 분리 움직임을 잠재우기 위한 현실적 목적에서 대민족주의적 중화민족 개념을 사용했음을 보여준다(俞祖華, 2011; 關凱, 2009).[2] 그렇다고 해서 쑨원의 한족 중심적 개념이 바뀐 것은 아니다. 쑨원은 "중국에 가입한 어떤 민족이든 반드시 다 한족으로 동화시킴으로써 하나의 한족국가를 조직한다"라고 말하면서 '한족주체론' 또는 '한족중심론'을 강조했다. 이는 중국 학자인 왕커(2005: 308)가 말하듯이 "쑨원의 중화민족은 이름만 바꾼 '한족'에 지나지 않는다"는 것이다. 중화민족이 오랜 역사 속에서 실존한 민족이라면 이러한 개념적 변화나 혼동은 나타날 수 없다. 결국 이것은 중화민족이 실존적 개념이 아니라, 한족의 민족 개념이 당면한 현실적 문제를 극복하기

---

2) 여기에 더하여 위주화(俞祖華)는 근대 중화민족의 개념이 네 가지 층위를 가지고 있었다고 말한다. 첫째는 화하족(華夏族)과 이민족의 융합개념으로서 한족, 둘째는 중국 영토 내의 모든 민족의 총칭, 셋째는 미래지향적으로 한족과 소수민족이 융합되어 형성된 새로운 통일민족, 네 번째는 중국 영토 내의 한족과 소수민족뿐만 아니라 영토 외의 화교까지 포함하는 개념이 그것이다(俞祖華, 2011: 132~133).

위해서 인위적으로 확대된 것이었음을 잘 보여준다.

　이러한 한족 중심적 성향은 현재의 중화 민족주의에도 드러난다. 중화 민족주의는 다민족국가의 통합을 위해 종족성(ethnicity)이나 특수한 민족문화를 무시하면서도, 통일이나 문화 등 중요한 문제에 직면하면 한족의 전통 문화와 종족성(ethnicity)에 호소한다. 중국에서 중화 민족주의는 홍콩, 마카오, 대만의 통일 이데올로기이기도 하다. 통일 이데올로기로서 중화 민족주의는 하나의 민족으로서 한족이 하나의 통일국가를 건립해야 한다는 점을 강조하면서 중국 통일의 당위성을 제공하고 있다(Zheng, 1999). 여기에는 두 가지 의도가 있다고 할 수 있다. 하나는 포괄적 중화민족 개념을 전면에 내세우게 되면 통일의 당위성이 약해질 수 있다는 점이다. 그리고 다른 하나는 자칫하면 중화민족에 포함되는 소수민족들의 모국까지 중화민족 통일의 대상이 될 수 있다는 점이다.

　결론적으로 중국이 주장하는 중화민족은 한족의 또 다른 이름에 지나지 않는다. 따라서 중화민족이 된다는 것은 곧 한족화(漢族化)를 의미한다. 그런 점에서 중화 민족주의는 한족의 종족적 민족주의일 뿐이다. 이런 점에서 중화민족은 중국 내 소수민족들에게 쉽게 받아들여질 수 없을 뿐만 아니라, 때론 강한 거부감을 주게 되는 것이다. 물론 조선족을 포함한 상당수 소수민족들이 동화되고 있음을 부인할 수 없다. 그러나 이것이 오히려 중화민족의 허구성을 보여주는 근거가 된다. 왜냐하면 중화민족이 55개 소수민족을 포함하는 오랜 역사적 실체였다면 '동화'나 '편입'이라는 말 자체가 성립될 수 없기 때문이다. 따라서 한족화를 받아들이는 소수민족이 있는 반면에, 그렇기 때문에 더욱 반발하는 소수민족도 있는 것이다. 결국 중화민족이 역사적 실체였다는 논리는 성립하지 않는다. 오히려 중화민족은 중국이 당면한 현실적 필요에 의해서 만든 인위적 개념으로서 아직 모든 구성원들에게 상상되지 않은 미완의 개념인 것이다.

그렇다면 우리는 중화 민족주의를 원점에서 다시 생각해봐야 한다. 왜냐하면 중화민족이 민족적 실체도 아니고, 또한 완전히 구성되지 않은 미완의 개념이라면, 엄밀한 의미에서 중국은 아직 완전한 민족국가가 아니라고 할 수 있는 것이다. 따라서 실존하는 민족국가인 중국이 중국위협론과 같은 외적 분열위기에 직면하여 아래로부터 중화 민족주의가 재부상했다는 중국의 주장 역시 논리적으로 성립할 수 없다. 그렇다면 결국 중화 민족주의는 정치적 단위와 민족적 단위의 불일치에서 발생했다고 할 수 있다. 중국의 정치적 단위인 국가의 존재가 명확하다는 것을 부정할 수 없다고 했을 때, 중화 민족주의는 단일의 중국민족인 중화민족의 형성을 통해서 민족국가를 건설하려는 데 그 목적이 있다고 할 것이다.

그렇다면 왜 신중국 건립 이후에 묻혀 있었던 중화 민족주의의 바람이 1980년대 말부터 다시 거세게 불고 있는 것인가? 이에 답하기 위해서는 우선 민족국가로서의 중국을 다시 한 번 생각해봐야 한다. 민족 구성비로 본다면 중국은 정치적 단위와 민족적 단위의 불균형이 크지 않은 한족 중심의 민족국가이다. 앞서 중국 민족으로서 중화민족이 존재하지 않기 때문에, 중국이 민족국가라는 말은 성립되지 않는다고 했다. 그러나 이것은 중화민족의 개념으로 중국을 바라볼 경우의 일이다. 현실적으로 중국은 종족적 민족주의인 한족 민족주의를 가지고 있다. 중국은 한족을 포함해서 56개의 민족으로 구성된 다민족국가이다. 하지만 민족 구성비로 보면 한족을 제외한 55개 소수민족이 전체 인구의 8.4%에 지나지 않는다. 이는 여느 다른 다민족국가보다도 중국이 하나의 민족 비중이 압도적으로 높은 국가라는 것을 보여준다. 즉, 민족구성으로 본다면 중국은 국가통합을 위한 새로운 민족 개념의 필요성이 여타 다민족국가에 비해 그다지 높지 않은 국가다.

그러나 민족의 구성을 지정학적으로 보면 이야기는 달라진다. 8.4%에 지나지 않은 소수민족이 역사적 연원을 가지고 있는 영토는 중국 전체 영토의 63.7%를 차지한다. 경제성장에 필수적인 지하자원 역시 소수민족 지역에 대부분이 매장되어 있다. 더욱이 이들 소수민족 밀집 거주지역은 대부분 안보상 가장 취약한 변방 국경 지역에 산재되어 있다. 이들 중에서도 티베트, 위구르, 네이멍구 등이 면적, 자원, 안보 등에서 특히나 중요한 대표적 지역들이다. 그런데 바로 이들 지역에 연원을 가지고 있는 소수민족들이 한족에 동화되기를 거부하면서 한족과 첨예한 민족갈등을 보이고 있다. 따라서 지정학적으로 볼 때, 중국은 정치적 단위와 민족적 단위의 불일치가 대단히 높은 국가라고 할 수 있다.

　이와 함께 이러한 불일치를 극복하고 그간 단일의 국가를 유지시켰던 사회주의 이데올로기가 급속히 약화되고 있다. 특히, 사회주의의 붕괴가 가져온 결과를 구소련의 해체과정에서 똑똑히 목격한 중국은 사회주의 이데올로기가 약화되는 만큼 국가분열의 위기의식도 높아질 수밖에 없다. 따라서 국가통합의 대체수단으로서 단일의 중국민족 창조에 대한 욕구, 즉 민족주의에 대한 열망은 그만큼 더 강해질 수밖에 없다. 결국 중화 민족주의 부상의 근본적인 원인은 외부에 있는 것이 아니라 내부에 있는 것이다.

　민족주의의 원인이 내부에 있고, 그것이 사회주의 이데올로기의 약화에 기인한다면 중화 민족주의는 기본적으로 아래로부터의 대중 민족주의가 될 수 없다. 더욱이 사회주의 이데올로기에 의해서 국가통합이 유지되고 있었다는 것은 그만큼 한족과 소수민족 간의 민족적 연대감이 크지 않았다는 것을 말한다. 따라서 중화 민족주의는 위로부터의 국가주도 민족주의 방식으로 추진될 수밖에 없다.

　이를 뒷받침하는 또 하나의 질문이 있다. 그것은 왜 중국이 보편적 원리에 기반을 둔 근대적 또는 시민적 민족 개념을 만들지 못하고 한족의 역사와 문화에 기반을 둔 종족적 민족 성향의 중화민족을 내세우는가 하는 것이다. 이에 대한 답은 중국의 사회주의 정치체제에서 찾을 수 있다. 공산당 일당독재의 사회주의 국가를 유지하는 중국에서 국민주권, 개인적 자유와 같은 정치적 권리를 강조하는 시민적 민족과 민족주의는 체제를 위협하는 결코 받아들일 수 없는 개념이다. 바로 이 점이 중화 민족주의가 새로운 시민적 민족을 창조하지 못하고, 한족 고유의 전통과 문화 그리고 역사에 집착하는 이유다. 그리고 이것은 중화 민족주의가 기본적으로 중국 공산당과 집권층에 의해서 주도되고 있음을 명확히 주는 것이기도 하다. 이런 점에서 중화 민족주의는 자연스럽게 국가주의와 연결된다. 즉, 중화 민족주의는 사회주의 중국의 단결과 유지에 그 주된 목적이 있는 것이다.

결론적으로 중화민족은 국가라는 정치적 단위에 민족을 획일적으로 맞추기 위해 위에서부터 부여된 인위적 개념이다. 중화 민족주의는 이 중화민족을 구성하기 위한 운동이자 이데올로기인 것이다. 따라서 중화 민족주의가 거세다는 것은 그만큼 '중화민족 만들기'가 거세다는 것을 의미한다.

4. '중화민족 만들기'와 동아시아 문화갈등

1) 중화민족 만들기

중국이 중화민족을 추진하는 전략은 문화주의, 애국주의 그리고 소수민족의 역사와 문화의 편입정책, 이 세 가지로 압축해서 제시할 수 있다. 그중에서 앞의 두 전략은 중화 민족주의 추진의 기본적 방식으로 중화 민족주의의 고유한 특징을 형성하는 것이고, '중화민족 만들기'를 위한 보다 직접적이고 구체적인 전략은 편입정책이다.

첫째, 중국은 민족을 구분하는 기준으로 혈연보다는 문화를 강조하는 문화주의를 표방한다. 중국은 한족을 중심으로 다수의 이민족을 부단히 흡수, 동화하여 중화민족을 형성할 수 있었던 역사적 동력과 기제가 바로 유교문화라고 말한다(李熠煜, 2009; 俞祖華, 2011; 關凱, 2009). 중국의 이러한 주장은 기본적으로 종족적 민족주의의 관점과 맥을 같이한다. 그럼에도 혈연, 역사 그리고 전통문화를 기반으로 하는 종족적 민족주의의 특징에서 굳이 혈연을 부정하고 역사와 전통문화만을 강조하는 데에는 보다 현실적인 이유가 있다. 그것은 혈연을 강조하게 되면 오히려 소수민족의 민족주의를 촉발할 수 있기 때문이다. 따라서 비록 중화 민족주의가 전통문화와 역사에 기반을 둔 한족 중심의 종족적 성격을 강하게 가지고 있다 하더라도, 혈연이나 종족이라는 표현을 직접적으로 쓸 수는 없다. 중국은 유교와 같은 문명적 또는 문화적 요소를 복원하면서 중화민족 확대의 매개로 활용하고 있다(김성환, 2010: 264). 따라서 중화 민족주의를 문화민족주의(cultural nationalism) 또는 '중화 문화민족주의(sinocentric cultural nationalism)'라 부르기도 하는 것이다(Gries, 2006: 491).

둘째는 애국주의의 강조다. 중화 민족주의는 실질적으로 애국주의와 국가주의를 반영한다(薛惠文·秦藝, 2010; 윤휘탁, 2002). 애국주의는 '사회주의 중국에 대한 사랑'을 의미한다. 따라서 애국주의는 중국의 경제적 발전, 정치적 안정, 통일을 위해 국가에 대한 충성을 강조함으로써 국가주의와 연결된다. 이와 함께 애국주의는 다민족국가인 중국의 국가와 민족의 통합을 강조하는바, 이런 의미에서 애국주의는 자연스럽게 중화 민족주의의 모습으로 나타난다. 애국주의는 국가분열을 초래할 수 있는 혈연 중심의 좁은 민족주의의 한계를 넘어서기 위해서 종족, 정체성, 문화와 관계없이 국민으로서 법적 자격을 부여받은 모든 사람을 포함한다. 이로써 '중화민족'을 '중국 국민'과 동일시하고자 하는 것이다(Zheng, 1999; 이경희, 2009; 이동율, 2001).

이러한 애국주의 운동은 1990년대에 들어서 전국적인 교육운동으로 전개되면서 강화되었다. 1994년에 발표된 '애국주의교육실시강요(愛國主義教育實施講要)'에서는 애국주의 교육의 주요 목적 중에 하나를 중화의 공동 이상을 위해 단결하고 분투하는 데 두었다. 이를 위해 중화민족의 유구한 역사교육, 중화민족의 우수한 전통문화 교육, 그리고 민족 단결에 관한 교육 등을 주요한 교육내용으로 강조하고 있다. 이러한 애국주의 교육을 통해 55개 소수민족을 중국의 국민이자 중화민족으로 인식시키고자 하는 것이다(공봉진, 2009; 윤휘탁, 2006). 이들 애국주의 교육은 성인들에게도 실시되지만, 주로 대학과 초·중·고등학교 등의 청소년에 집중된다(윤휘탁, 2002: 284).

셋째는 편입정책으로 소수민족의 역사와 문화를 중국의 역사와 문화에 인위적으로 편입시키는 것이다. 가장 획일적이면서도 적극적인 민족주의 정책이라고 할 수 있다. 이러한 편입정책은 중화민족이 근대적이고 보편적인 민족 개념을 창조하지 못하고, 역사와 문화를 기반으로 하는 종족적 민족주의에 그 뿌리를 둔다는 점에서 나온 고육지책으로 보인다. 즉, 중화민족이 기반으로 하는 그 역사와 문화가 모든 소수민족들에게도 공유되어야만 중화민족으로서의 정체성이 성립될 수 있다고 판단한 것이다. 따라서 이는 정치적 단위에 민족적 단위를 억지로 끼워 맞추기 위한 전략으로, 중화민족을 쉽게 받아들이지 않는 소수민족들에 대한 철저한 동화정책이다.

편입정책의 핵심적 논리는 앞서의 '통일적 다민족국가론'을 바탕으로 전개되고 있다. '통일적 다민족국가론'은 중국의 역사적 영역으로서 '중국 강역(疆域)'이라는 추상적 공간개념을 제시한다. 여기서 중국 강역이란 중화민족에 통합된 각 민족의 국가들이 관할하던 영역의 총합을 의미한다. 문제는 국가주권이 미치는 영역으로서 현대의 중국 국가(state)의 개념을 바로 이 중국 강역이라는 추상적인 역사적 개념과 일치시키고 있다는 것이다.[3] 이 논리에 따르면 오래 역사적 전통 속에서 다수의 민족이 융합되어 형성된 것이 중화민족이기 때문에 중화민족을 형성한 모든 민족들이 관할하던 영역이 모두 중국 강역[4]이 되며, 이것이 현대 중국의 역사적 영토가 된다는 것이다. 따라서 현존하는 중국 영토 내에 존재하는 모든 민족들의 역사와 문화는 모두 중화민족의 역사와 문화가 된다는 것이다(김정희, 2008; 윤휘탁, 2006). 바로 이러한 논리를 바탕으로 중국 정부는 중국 내 소수민족의 독립된 역사와 문화를 강제로 중국사에 편입시키고 있는 것이다. 이는 소수민족의 역사에 대한 재해석 또는 왜곡을 통해서 이루어지고 있다.

....

3) 중화인민공화국 이전 중국 역사에서 '중국'이라는 국호를 쓴 역대 왕조는 없었다. 즉, '중국'은 다양한 함의를 지닌 추상적 개념으로 사용되어왔다는 것이다. 이성규는 역사적으로 '중국'이 ① 정치적 중심 또는 왕의 직할지, ② 사방 이적(夷狄)의 세계에 둘러싸인 '중앙(中央)', ③ 춘추 전국시대 오(吳)·월(越)·초(楚) 등 이적국(夷狄國)에 대한 대칭 개념, ④ 중국의 각 왕조가 현실적으로 지배한 영토, ⑤ 유교문화가 구현된 문화적 영역의 의미로 다양하게 사용되어왔다고 말한다. 따라서 국가주권이 미치는 영역으로서의 국가(state)인 현대 중국을 과거의 전통적 중국 개념과 동일시해서 볼 수는 없게 된다(이성규, 1992: 33~36).
4) 중국 강역의 범위에 대해서는 중국 내에서도 의견이 다양하다. 첫째는 1750년대부터 1840년 아편전쟁 이전까지의 중국 영역, 둘째는 중화인민공화국의 영역, 셋째는 역사상 다양한 시기에 형성된 다민족 통일 국가의 영역, 넷째는 중원 왕조의 영역, 다섯째는 한족이 세운 왕조의 판도를 역사적 중국 강역의 범위로 삼아야 한다는 것이다. 여기서 절대 다수의 학자들이 제기하고 있는 중국 강역의 범위는 첫 번째가 된다(윤휘탁, 2006: 152).

2) 중화민족 만들기와 대중 민족주의

중화민족을 만들기 위한 이러한 정부 주도의 다양한 민족주의 전략들은 오히려 의도하지 않은 '한족 중심의' 대중 민족주의를 촉발시키고 있다. 소수민족을 포괄하기 위해 추진한 중화 민족주의가 오히려 잠재되어 있던 한족 민족주의를 끌어내고 있는 것이다. 앞서 중화 민족주의는 근본적으로 한족 중심의 종족적 민족주의라고 말했다. 종족적 민족주의는 그 기본적 성격에서 아래로부터의, 즉 대중 민족주의적인 성향이 강하다. 왜냐하면 기존에 실존하던 민족이나 종족의 정체성을 기반으로 하기 때문이다. 따라서 종족적 성격이 강한 민족주의에서는 비록 초기에 국가주도의 민족주의가 일어났다고 하더라도 이것이 바로 잠재되어 있던 대중 민족주의를 촉발시키는 기폭제 역할을 하게 된다. 따라서 중화 민족주의의 한족 중심적 성향은 소수민족들에게는 그것을 쉽게 받아들일 수 없거나 오히려 소수민족 민족주의를 일으키는 요인으로 작용한 반면에, 한족들에게는 잠재되어 있던 그들의 민족주의를 불러일으키는 강력한 동인으로 작용했다는 것이다.

국가주도 민족주의가 대중 민족주의를 견인했다는 점에서 중국 정부의 의도가 내재된 것으로 보는 서구학자들의 시각이 어느 정도 타당성을 가질 수 있다. 대중 민족주의는 인쇄와 방송과 같은 언론에 의해 급속히 확산된다. 따라서 1990년대 대중 민족주의가 표출되었던 일련의 사건들5)은 당시

---

5) 1990년대 중국의 대중 민족주의가 표출된 사건들로는 1993년의 2000년 올림픽 유치 실패와 중국 선박 은하호(銀河號) 사건, 1995~1996년의 대만 해협 위기, 특히 1996년 리덩후히(李登輝) 대만 총통의 미국 방문, 1996년 센카쿠 섬을 둘러싼 중 - 일 간 영토 분쟁, 1999년 유고 대사관 폭격 사건 등이 있다. 이 중에서도 1999년의 유고 대사관 폭격 사건은 1990년대 중국 대중 민족주의가 극도로 표출된 사건이다.

인터넷 매체 등이 활성화되지 않았고, 언론통제가 가능한 중국의 체제 특성을 고려한다면 중국 정부의 의도나 묵인이 없어서는 쉽게 표출되기 어렵다는 것이다. 이는 1999년의 유고 대사관 폭격사건의 경우를 제외한다면 이 시기 대중 민족주의가 중국 정부의 개입에 의해 신속히 잠재워졌다는 점에서 더욱 그렇다(Gries, 2004: 121~133).

그러나 중요한 것은, 초기 중국 정부가 어느 정도의 대중 민족주의를 의도했다 하더라도 현재의 대중 민족주의는 그 의도를 이미 넘어선 것으로 보인다는 것이다. 이에 대해 다음 두 가지 설명을 제시해볼 수 있다.

하나는 대중 민족주의가 소수민족과 괴리되어 진행되고 있다는 것이다. 1990년대부터 최근에 이르기까지 중국의 대중 민족주의가 심화·확산되는 것과 동시에 소수민족의 민족분규 역시 심화되고 있다. 이는 최근 중국에서 강화되고 있는 대중 민족주의가 한족 민족주의를 기반으로 한다는 점을 보여주는 것이다. 따라서 대중 민족주의의 확산은 오히려 중화민족 형성에 부정적 영향을 미쳐서 오히려 소수민족들과 한족과의 갈등을 촉발할 수도 있다. 이런 점에서 현재의 대중 민족주의를 중국의 의도로 보기에는 어려움이 있다.

다른 하나는 보다 중요한 것으로, 대중 민족주의에 대한 중국 정부의 통제력이 약화되고 있다는 것이다. 이는 다음 네 가지 원인을 배경으로 한다. 첫째는 중국의 대중 민족주의가 한족의 종족성을 기반으로 하는 잠재된 민족주의라는 점이다. 따라서 일단 불붙은 민족주의를 인위적으로 잠재우기가 쉽지 않다는 것이다. 둘째는 그리즈(Peter Hays Gries)가 제시하는 '문화대혁명의 유산으로서 중국 민족주의'의 성향이 바로 그것이다. 그리즈는 중화 민족주의가 "일절 타협하지 않는, 적을 몰살시키는, 그리고 자비심 없는 홍위병 스타일의 민족주의"라고 주장하면서, 이러한 민족주의적 성향이 중국의 대중 민족주의에 강하게 나타나고 있다고 본다(Gries, 2006: 494~495). 따라서 작은 이슈에도 쉽게 극단으로 치달을 수 있는 이러한 대중 민족주의를 중국 정부가 그때그때 통제하기란 무척 어렵다는 것이다. 셋째는 중국 정부 자체에서 그 원인을 찾을 수 있다. 그것은 중국 정부가 통제 능력을 가지고 있다 하더라도 현실적으로 그렇게 할 수 없다는 데에 있다. 중국이 대중 민족주의에서 가장 우려하는 것은 대중 민족주의의 방향이 국내 정치적 문제, 다시 말하면 국민주권, 개인적 자유, 민주주의 등 개인의 정치적 참여를 바탕으로 하는 시민적 민족주의로 전환되는 것이다. 따라서 다른 이슈에 의해서 촉발된 대중 민족주의를 강력하게 통제하게 된다면, 자칫 그 반작용으로 정치투쟁화됨으로써 오히려 정권의 안정을 위협할 수 있다. 그리고 넷째는 현재의 대중 민족주의가 인터넷과 SNS와 같은 고도로 발달된 정보통신 기술을 기반으로 하기 때문에 급속히 빨라지고 있는 대중 민족주의의 시간적·공간적 확산속도를 중국 정부가 따라가기가 현실적으로 어려워지고 있다는 것이다.

3) '중화민족 만들기'와 동아시아 문화갈등

중국이 추진하는 '중화민족 만들기' 정책들은 내부적으로 중국 민족 또는 중국인으로서의 정체성을 형성함으로써 보다 단결된 중국을 만들고자 하는 것이겠지만, 외부적으로는 오랜 시간 중국과 역사적 공간을 공유해온 동아시아 주변 국가들과 불가피하게 역사와 문화 갈등을 초래한다는 것이다.

우선, 가장 직접적으로 동아시아 주변국들과 문화적 갈등을 야기하는 것은 소수민족에 대한 역사와 문화의 편입정책이다. 중국은 중국사를 확대하는 역사공정을 전 방위로 추진하고 있다. 북쪽으로는 몽골 접경에서의 북방공정, 1896년부터 티베트 지역에 시행된 서남공정, 1997년부터 베트남 접경지역의 남방공정, 2002년부터 추진된 신장 위구르 지역의 서북공정과 동북 3성에 대한 동북공정, 그리고 중국 고대사를 앞당기는 단대공정 등이 그것이다(박원길, 2007; 공봉진, 2009). 이들 역사 프로젝트는 통일적 다민족국가론을 이론적 바탕으로 해서 이들 지역이 중국의 역사적 영토인 중국 강역이라고 주장한다. 따라서 이 지역의 소수민족들은 모두 중화민족으로서 이들의 역사와 문화는 당연히 중국의 역사와 문화라는 것이다. 이러한 논리를 바탕으로 역사공정들은 소수민족들의 역사와 문화에 대한 대대적인 재해석과 왜곡을 통해 인위적으로 이들을 중국사에 편입하고 있다. 따라서 이러한 작업은 역사적으로 지역과 민족을 공유하거나 경쟁하면서 독립된 역사와 문화를 형성해온 주변 국가들과 문화적 연원을 둘러싼 갈등을 초래할 수밖에 없다.

이러한 역사 프로젝트 중에서 동아시아, 특히 동북아시아와 관련된 것이 북방공정과 동북공정이다. 북방공정은 몽골민족의 역사를 중국사에 편입시키고자 하는 작업이다. 북방공정은 가장 오래전부터 추진된 것으로, 비교적 최근에 시행되는 다른 역사 프로젝트의 전형이 되고 있다. 1949년 중화인민공화국 설립 전후부터 추진된 북방공정은 1991년 『몽고족 통사(蒙古族通史)』의 편찬을 통해서 "몽골 및 대원 제국이 중국 최초의 '통일적 다민족국가'의 시작으로, 북원과 명나라는 별개의 민족국가가 아닌 원나라의 영토에서 일어난 남북정권이다. 따라서 오늘날 몽골국의 영토는 중화민족의 영토다"라고 규정하였다(박원길, 2007: 385에서 재인용). 이후 지속적으로 중국 정부는 몽골족이 중화민족의 하나이며 그 영토는 중화민족의 영토임을 주장한다. 이에 따라 몽골의 역사와 문화는 중국사에 편입되었다. 이러한 북방공정은 당연히 몽골국의 반발을 가져오고 있다. 특히 역사적 영웅인 칭기즈칸을 둘러싼 갈등은 첨예한데, 칭기즈칸이 중국인이 아닌 몽골인임을 국제사회에 알리기 위해 몽골은 2006년 칭기즈칸 제국 성립 800주년 행사를 거창하게 개최하기도 하였다(박원길, 2007; 이천석, 2010).

한반도와 관계가 깊은 동북공정은 2002년부터 본격적으로 추진된 역사공정이다. 동북공정은 만주를 중심으로 하는 한국 고대의 고구려, 발해 그리고 고조선의 역사를 중국사에 편입시키는 작업이다. 중국은 만주, 즉 동북지역을 역시 중국 강역, 다시 말하면 중국의 역사적 영토로 규정하고 있다. 따라서 이 지역을 기반으로 수립된 발해, 고구려, 고조선은 중화민족을 구성하는 중국 강역의 변강민족이 세운 것이기 때문에 중국사라고 주장한다. 특히 중국은 고구려사의 중국사 편입에 열을 올리는데, 중국은 고구려를 "중국 경내의 변강 민족이 세운 지방정권"으로 규정하면서 고구려사를 중국사에 편입시킨다. 이에 따라 고구려의 모든 문화가 고려의 문화가 아니라 중국의 문화가 된다고 주장한다(문형진, 2008; 윤휘탁, 2006; 이희옥, 2005).

이렇게 되면 한(韓)민족의 뿌리가 되는 고대사와 한국사는 단절됨과 아울러, 우리의 역사와 문화는 한반도로 축소되게 된다. 이와 함께 중요한 것은 이것이 단순히 고대사에 머무는 것이 아니라는 점이다. 동북공정의 근본적 목적은 바로 조선족을 중화민족에 융합시키는 것에 있다. 따라서 발해와 고구려의 역사가 중국사에 편입되면서 자연스럽게 동북지역에 뿌리를 둔 현 조선족의 문화 역시도 중국문화에 귀속된다는 것이다. 따라서 중국과 한반도 사이에는 고구려 문화유산의 유네스코 세계문화유산 등재와 같은 고대 문화를 둘러싼 갈등뿐만 아니라 판소리, 아리랑 등 현존하는 한국과 조선족의 문화귀속을 둘러싼 갈등도 날로 첨예해질 수밖에 없다.

둘째는 이러한 역사와 문화의 편입정책이 중국을 모든 동아시아 문화의 기원으로 간주하려는 중국의 자문화 중심주의를 강화시킨다는 것이다. 중화사상과 유교주의를 바탕으로 하는 중국의 문화민족주의적 성향은 이러한 자문화 중심주의의 중요한 배경이 되고 있음은 주지의 사실이다. 역사적으로 중국의 영토는 명확히 규정되는 것이 아니라, 여러 가지 기준들 —— 정치적 중심 또는 왕의 직할지, 이적(夷狄)국에 대한 대칭개념, 사방 이적(夷狄)에 둘러싸인 중앙, 정치적 통합의 대상, 그리고 유교문화가 구현된 영역 —— 에 의해 다양하고 중층적으로 해석되었다. 그중에서도 중화사상과 연결되는 영역이 바로 유교문화가 구현된 영역으로서의 중국이다(이성규, 1992: 33~38). 유교문화를 기준으로 보면 유교문명권 전부가 중국의 문화영토로 해석될 수 있다. 따라서 중화사상이 "중심과 주변을 위계적으로 구조화하는 중심주의의 한 전형"이라고 한다면(김성환, 2010: 264), 중화 민족주의에서 주변의 문화는 지류(支流)로서 원류(原流)인 중심의 문화에서 흘러나온 것이 된다. 따라서 소수민족의 역사와 문화를 편입하는 과정에서 이러한 원리가 적용되었다고 본다면, 중화 민족주의는 동아시아 유교문화권 대부분의 문화를 중앙으로 흡입하려는 '의도된' 구심력으로 작용할 수 있다. 그리고 이러한 구심력과 그에 대한 반발이 바로 문화갈등으로 도출되는 것이다. 이러한 결과의 사례들이 바로 단오제, 한의학 등에서 불거졌던 한국과 중국 간의 문화갈등에서 잘 나타난다.

그러나 가장 중요한 문제는 세 번째다. 이것은 바로 최근 중국 민족주의에서 급속하게 나타나고 있는 감성적 대중 민족주의를 기반으로 한 문화갈등이다. 앞서 국가주도의 중화 민족주의는 급속히 한족 중심의 대중 민족주의를 촉발했다고 말했다. 그런데 여기에 '중화민족 만들기' 과정에서 강조된 문화주의와 애국주의가 대중 민족주의를 문화에 매우 민감한, 그래서 자국문화의 수호를 애국심으로 받아들이는, 그런 매우 감성적인 것으로 만들고 있다는 것이다. 따라서 '중화민족 만들기'가 강화될수록 대중의 자문화 중심주의와 자문화에 대한 민감성 역시 강화될 수밖에 없다. 이는 문화갈등이 대중에 의해 문화의 전 영역에서 전 방위적으로 촉발되고, 인터넷과 같은 신매체에 의해 급속히 확산될 수 있음을 의미한다. 즉, 단순한 문화적 갈등이 사회적 또는 국가적 문제로 증폭됨으로써 국가 간 외교문제로 비화될 수 있다는 것이다.

그러나 더 큰 문제는 대중 민족주의에 의해 파생되는 문화갈등이 쉽게 조정되거나 통제될 수 없다는 데에 있다. 첫 번째와 두 번째의 문화갈등이 다분히 중국 정부에 의해 주도되고 의도된, 즉 정부 주도적 성격이 강하기 때문에, 이러한 갈등은 어느 정도 조절되거나 통제될 수 있다. 그러나 대중 민족주의에 의해 문화갈등이 촉발되면 이것은 전혀 다른 문제가 된다. 앞서 주장한 바대로 중국의 대중 민족주의는 점차 중국 정부의 통제수위를 넘나드는 것으로 보인다. 더욱이 중국 정부가 대중 민족주의에 대한 통제가 국내정치적 문제로 돌출되는 것을 우려해서 어느 정도는 개입을 자제할 수도 있다. 이렇게 되면 대중 민족주의에 의해 촉발된 문화갈등은 통제가 점점 어려워진다고 볼 수 있다. 갈등은 기본적으로 상대적이기 때문에, 일방의 감정은 상대방의 감정을 다시 자극한다. 따라서 감성적 대중 민족주의에 의한 문화갈등은 상대국 대중 민족주의의 감성을 자극함으로써 국민 간 감정의 골을 깊게 할 수 있다.

5. 나오는 글: 동아시아 '역사와 문화의 경계 짓기'

이렇듯 중국 정부가 추진하는 중화 민족주의는 중국 정부가 의도했든 그렇지 않든 간에 동아시아에서 문화적 그리고 역사적 갈등을 야기하고 있다.

중화민족을 역사적 실체로 만들어 현재의 중국 영토에 끼워 맞추고자 하는 중국의 민족주의는 그것이 아무리 내적 통합을 목적으로 한다고 하더라도 불가피하게 주변국들과 마찰을 피할 수 없다. 더욱이 중국의 감성적 대중 민족주의는 문화갈등의 범위와 깊이를 급속히 확대시킬 수 있는 위험이 있다. 따라서 그 위험이 조정되지 못한다면 문화갈등이 국가 수준을 넘어서 동아시아 대중 속으로까지 파고들 것이다.

그러나 현실적으로 이러한 위험이 중국 자체뿐만 아니라 동아시아 차원에서도 조정되거나 통제되기가 쉽지 않아 보인다. 여기에는 몇 가지 이유가 제시될 수 있다. 첫째는 민족주의 그 자체의 속성에서 찾을 수 있다. 민족주의는 기본적으로 타자화와 배제를 통해 정체성 형성을 도모한다. 여기서 민족적 정체성은 역사와 문화를 그 핵심 기반으로 하며, 타자화와 배제는 구분, 즉 경계 짓기를 통해서 나타난다. 다시 말하면 민족주의는 자신의 정체성 형성을 위해 역사와 문화에 대한 경계 짓기를 시도한다는 것이다. 따라서 민족주의는 타자화된 대상과의 갈등이 불가피하다고 할 수 있다. 더욱이 중화 민족주의는 인위적으로 중화민족의 근원을 시간적으로는 고대 역사로, 공간적으로는 현존 중국의 영토로까지 확대시키고 있다. 따라서 '중화민족 만들기'가 강화되면 될수록 그 경계 짓기에 의해 타자화되거나 배제되는 주변국들과의 경계 짓기 경쟁은 시공간적으로 확대될 수밖에 없다.

둘째는 중화 민족주의가 기본적으로 방어적이라는 사실이다. 앞서 언급했듯이 중화 민족주의는 소수민족의 분열 가능성에 대응하여 중화민족이라는 단일의 민족을 형성함으로써 현존 질서를 유지하고자 하는 선제적 의미를 갖는다. 그런 점에서 중화 민족주의는 분명 방어적이다. 그러나 방어적이라는 말은 그만큼 물러설 수 없다는 의미도 내포하고 있다. 즉, 오히려 방어적이기 때문에 더욱 극단화되고 절대화될 수 있다는 것이다. 따라서 지금처럼 소수민족 분규가 심화되면 될수록 보다 강력한 '중화민족 만들기'를 추진할 수 있다. 그리고 이는 동아시아 문화와 역사의 경계 짓기를 더욱 가속화시키게 될 것이다.

셋째는 동아시아 민족주의의 잠재성이다. 동아시아에서는 일본을 제외하면 완성된 민족국가를 건설해본 국가가 없다. 한국과 북한, 중국과 대만은 하나의 민족에 의한 통일국가를 건설하지 못하고, 여전히 통일의 숙명에 잡혀 있다는 점에서 엄밀히 근대적 민족국가는 아니다. 따라서 동아시아에서는 통일된 민족국가를 건설하고자 하는, 상대적으로 강한 민족주의가 잠재되어 있다. 최근에는 일본마저도 잃어버린 20년의 자존심을 민족주의에서 찾으려는 경향까지 보이고 있다. 따라서 어디에서 시작했든 동아시아에서 문화와 역사의 경계 짓기는 국가 간 민족주의 경쟁으로 쉽게 전이될 수 있다. 이렇게 되면 동아시아에서 역사와 문화는 일종의 제로섬 게임으로 나타날 수 있다. 뺏느냐 뺏기냐의 문제로 말이다.

결론적으로 세계화의 파고가 밀려들고, EU가 경제적 통합을 바탕으로 정치적·문화적 통합을 추진하는 지금 동아시아에서는 오히려 역사와 문화의 경계 짓기가 더 심해지고 있다는 사실은 참으로 아이러니한 일이다. 창조가 모방을 바탕으로 하고, 새로운 문화가 기존 문화의 교류와 융합에서 나온다고 했을 때, 이러한 문화의 경계 짓기는 동아시아 문화의 퇴보를 가져올 뿐만 아니라, 국가 간 소모적인 감정대립만 가져올 뿐이다. 그렇다고 중국에게만 그 책임을 돌릴 수는 없다. 앞서 말했듯이 동아시아 각국이 모두 민족주의에 민감하다. 이는 정도의 차이만 있을 뿐 동아시아 각국이 어느 정도 경계 짓기에 익숙하다는 말이기도 하다. 따라서 이제는 땅 따먹기 하듯 하는 이러한 역사와 문화의 경계 짓기를 넘어서 새로운 문화의 공존 방식을 생각해볼 필요가 있다. 이제는 정말 문화와 역사의 경계 넘기가 필요한 시점이다. 그것이 꼭 동아시아의 문화공동체를 의미하는 것은 아니다. 다만, 국가문화에서 동아시아 지역문화로 문화적 지평을 보다 넓혀봐야 할 것 같다.

✤ 참고문헌

공봉진. 2009. 「중국 소수민족주의와 중화민족주의: 티벳과 위구르족의 민족주의 운동을 중심으로」. 《국제정치연구》, 제12집 1호, 127~160쪽.

김성환. 2010. 「華夷 너머의 相生: 中華 관념이 해체된 동아시아는 가능한가?」. 《중국학논총》, 제28집, 253~287쪽.

김소중. 2006. 「중국 민족주의 상황과 전망」. 《한국동북아논총》, 제38집, 209~248쪽.

김인중. 2010. 「민족주의의 개념」. 《프랑스사 연구》, 제22호, 295~322쪽.

김정희. 2008. 「중국의 '다민족 통일 국가론'과 당대의 국제질서」. 《사림》, 제31호, 255~284쪽.

문형진 외. 2008. 『다민족국가의 통합정책과 평화정착의 문제』. 서울: 동북아역사재단.

박원길. 2007. 「북방공정의 논리와 전개과정 연구: 원나라는 몽골의 지배사인가, 중국사인가」. 《高句麗硏究》, 제29집, 381~400쪽.

박찬승. 2010. 『민족·민족주의』. 서울: 소화.

왕커(王柯). 2005. 『민족과 국가: 중국 다민족통일국가 사상의 계보』. 김정희 옮김. 서울: 동북아역사재단.

윤휘탁. 2002. 「中國의 愛國主義와 歷史敎育」. 《中國史硏究》, 제18집, 269~301쪽.

_____. 2006. 『신중화주의: '중화민족 대가정' 만들기와 한반도』. 서울: 푸른역사.

이개석 외. 2005. 『중국의 동북공정과 중화주의』. 서울: 고구려연구재단.

이경희. 2009. 「개혁개방 이후 중국민족주의의 정치적 함의」. 《서석사회과학논총》, 제2집 1호, 135~166쪽.

이동율. 2001. 「중국 민족주의가 대외관계에 미치는 영향: 중미관계를 중심으로」. 《국제정치논총》, 제41집 3호, 257~277쪽.

이성규. 1992. 「中華思想과 民族主義」. 《철학》, 제37집, 31~71쪽.

이희옥. 2005. 「중국의 동북공정 추진현황과 참여기관 실태」. 이개석 외. 『중국의 동북공정과 중화주의』. 서울: 고구려연구재단.

천성림. 2005. 「20세기 중국 민족주의의 형성과 전개: 문화적 민족주의를 중심으로」. 《동양정치사상사》, 제5권 1호, 189~209쪽.

關凱. 2009. 「族群政治的東方神話: 儒家民族主義與中華民族認同」. 《廣西民族大學學報》, 第31卷 2期, pp. 25~31.

李熠煜. 2009. 「中國文化民族主義論略」. 《中共天津市委黨校學報》, 第5期, pp. 60~66.

費孝通. 1989. 『中華民族多元一體格局』. 北京: 中央民族學院出版社.

薛惠文·秦藝. 2010. 「當代中國民族主義視野下的思想政治教育研究」. 《傳奇·傳記》, pp. 81~83.

宋新偉. 2010. 『民族主義在中國的嬗變』. 北京: 社會科學文獻出版社.

俞祖華. 2011. 「近代國際視野下基於中華一體的民族認同, 國家認同與文化認同」. 《人文雜志》, 第1期, pp. 130~137.

陳路芳. 2011. 「少數民族文化政策的功能定位探析」. 《雲南社會科學》, 第3期, pp. 63~67.

馮建勇. 2011. 「構建民族國家: 辛亥革命前後的中國邊疆」. 《中國邊疆史地研究》, 第21卷 3期, pp. 63~72.

Anderson, Benedict. 2006. *Imagined Communities: Reflections on the Origin and Spread of Nationalism*, 2nd ed. London & New York: Verso.

Bernstein, Richard and Munro, Ross H. 1997. "The Coming Conflict with America." *Foreign Affairs*, 76(March/April), pp. 18-32.

Gellner, Ernest. 2006. *Nations and Nationalism*, 2nd ed. Oxford: Blackwell Publishing Ltd.

Greenfeld, Liah. 2006. "Modernity and Nationalism." in Gerard Delanty and Krishan Kumar(eds.). *The SAGE of Handbook of Nations and Nationalim*. London: Sage Publications.

Gries, Peter Hays. 2004. *China's New Nationalism: Pride, Politics, and Diplomacy*. Berkeley and LosAngeles: University of California Press.

_____. 2006. "China and Chinese Nationalism." in Gerard Delanty and Krishan Kumar (eds.). *The SAGE of Handbook of Nations and Nationalim*. London: Sage

82 제1부_ 민족주의와 평화

Publications.

Guang, Lei. 2005. "Realpolitik Nationalism: International Sources of Chinese." *Modern China* Vol. 31, No. 4, pp. 487~514.

Guibernau, Montserrat. 1996. *Nationalism: The Nation-State and Nationalism in the Twentieth Century.* Cambridge: Polity Press.

Hutchinson, John and Smith, Anthony D. 2000. "General Introduction." in John Hutchinson and Anthony D. Smith(eds.). *Nationalism I*. London: Routledge.

Johnton, Chalmer Iain. 1996. "Cultural Realism and Strategy in Maoist China." in Peter J. Katzenstein(ed.). *The Culture of National Security: Norms and Identity in World Politics.* NY: Columbia University Press.

Kohn, Hans. 2000. "The Idea of Nationalism." in John Hutchinson and Anthony D. Smith(eds.). *Nationalism I*. London: Routledge.

Smith, Anthony D. 2006. "Ethnicity and Nationalism," in Gerard Delanty and Krishan Kumar(eds.). *The SAGE of Handbook of Nations and Nationalim.* London: Sage Publications.

Stein, Tønnesson, and Antlöv, Hans. 2000. "Asia in Theories of Nationalism and National Identity." in John Hutchinson and Anthony D. Smith(eds.). *Nationalism III.* London: Routledge.

Tilly, C. 1995. "States and nationalism in Europe, 1492-1992." J. L. Comaroff and P. C. Stern. *Perspectives on Nationalism and War.* Amsterdam: Gordon and Brench Publishers.

Whiting, Allen S. 1995. "Chinese Nationalism and Foreign Policy after Deng." *The China Quarterly*, 142(Jun), pp. 295~316.

Zhao, Suisheng. 2000. "Chinese Nationalism and Its International Orientations." *Political Science Quarterly*, Vol. 115, No. 1(Spring), pp. 1~33.

Zheng, Yongnian. 1999. *Discovering Chinese Nationalism In China: Modernization, Identity, and International Relations.* Cambridge: Cambridge University Press.

4 장

유럽연합의 문화정책과 정체성의 정치

| 최진우

1. 들어가는 글

최근 유럽에서는 유럽 통합의 문화적 측면에 대한 논의가 활발히 진행되고 있다. 법적·제도적 장치의 마련을 통해 추진되어온 경제 및 정치 분야에서의 통합 심화는 물론이요, 유럽 전체를 아우르는 '유럽 문화'의 공유 가능성과 이를 위한 유럽연합(EU)[1] 수준의 문화정책에 대한 논의가 함께 이루어지고 있는 것이다.

'유럽 문화'와 EU 문화정책에 대한 논의는 곧 EU가 경제블록으로서의 기능과 정치 공동체로서의 비전을 수행하는 데서 어떻게 하면 유럽적 정체성

------

1) 유럽연합(EU: European Union)이라는 명칭은 마스트리히트 조약이 발효되기 시작한 1993년 11월 1일부터 사용되었으며, 이 시점 이전에는 일반적으로 유럽공동체 (European Community)로 불려왔다. 하지만 이 글에서는 표현의 일관성과 독자의 편의를 위해 유럽 통합의 발전과정을 설명하기 위해 반드시 시기에 따른 구분이 필요할 경우를 제외하고는 유럽연합(EU)이라는 명칭을 사용하기로 한다.

(European identity)의 형성을 촉진함으로써 통합의 수준을 일상생활의 문화적이고 심리적 영역으로까지 심화시킬 수 있는가의 문제에 대한 고민의 산물이라고 할 수 있다(Shore, 2000: 1). 이러한 고민은 정치적 당위성, 말하자면 유럽 통합의 지속적인 심화를 위해서는 유럽연합의 제도와 통치 거버넌스가 유럽의 시민들로부터 정당성을 인정받아야 한다는 필요성에 의해 촉발된 바 크다. 정치경제적 통합이 원활히 진행되기 위해서는 유럽 통합의 과정이 유럽 시민들로부터 정당성을 확보해야 하고, 이는 EU 회원국의 시민들이 유럽의 일원으로서의 정체성을 느끼는 것이 전제가 되어야 하며, 그러기 위해서는 국가와 민족을 초월한 유럽 수준에서의 문화적 통합이 그 기초가 되어야 한다는 논리라고 할 수 있을 것이다.[2] 범유럽 수준의 문화적 공감대의 형성(또는 재발견)을 통해 유럽적 정체성을 함양하고, 이를 기반으로 유럽 통합의 과정에 대한 정당성을 구축하겠다는 발상이라 하겠다.

지역통합의 가장 성공적인 사례인 유럽연합은 왜, 어떤 배경에서 경제와 정치의 영역을 넘어 문화 분야로까지 정책 권한 영역을 넓혀가고 있는가? EU의 '문화적 역할'은 어떤 과정을 통해 진화해가는가? 그리고 EU의 문화정책 정책은 과연 어떤 성과를 거두고 있으며, 어떤 한계를 갖고 있는가?

본 연구에서는 유럽에서 문화적 통합을 위한 문화정책이 추진되고 있다는 것은 크게 네 가지 인식이 공유되고 있음을 의미한다고 본다. 첫째로 문화적으로 유럽은 분열되어 있다는 현실 인식, 둘째로 문화적 분열은 또한 반드시 해결되어야 할 사안이라는 문제의식, 셋째로는 문화적 분열과 이로

----

2) 이처럼 문화가 정치적 통합이라는 목적을 위해 활용될 수 있다고 하는 관점은 곧 '문화의 도구적 개념'에 근간을 둔 발상이라고 할 수 있다. 유럽연합의 문화정책이 추진되는 이유가 유럽적 정체성의 형성과 이에 따른 유럽연합의 정당성의 확보라는 문화의 도구적 가치에서 찾을 수 있다는 논의는 Sassatelli(2002: 435~436) 참조.

인한 부정적인 정치적 효과는 인위적 정책 수행을 통해 극복될 수 있다는 믿음, 넷째로는 문화적 분열의 극복의 구체적 해법은 유럽이 공유하는 문화적 전통과 가치의 '발견'(또는 '재발견')에서 찾을 수 있다는 인식이 그것이다.

여기에서 기억해야 할 점은 유럽연합이 문화정책을 수행한다고 해서 이것이 곧 유럽연합이 획일적인 유럽 문화의 탄생을 목표로 함을 의미하는 것은 아니라는 것이다. 유럽연합은 오히려 유럽에 존재하는 문화적 다양성이 갖는 이점에 주목하고 있기도 하다. 다양한 문화의 공존과 이들 간의 접촉 및 교류는 문화 발전의 촉매가 될 것이라는 기대에서이다. 이에 따라 유럽의 문화적 통합은 크게 두 가지 방향으로 추진되고 있다. 하나는 문화의 공통분모를 발전시키는 것이며, 또 하나는 다양한 문화가 서로 공존하는 가운데 발전할 수 있도록 하는 것이 그것이다. 말하자면 다양성 속에서의 통일성(unity in diversity)을 추구하고 있다고 하겠다. 여기에서 말하는 '다양성'과 이 글에서 사용하는 '분열성'은 구분되어야 할 개념이다. '다양성'은 다른 문화적 전통에 속하는 문화 담지자들 사이에 적대적 의식이나 문화 간의 서열 의식이 탈색된 경우를 일컬으며, '분열성'이라고 했을 때는 문화적 포용성이 결여되어 이른바 '문화 충돌'의 가능성이 상존하는 긴장관계의 경우를 가리킨다. EU의 문화정책은 적극적 의미에서는 유럽의 문화적 통일성을 강조함으로써 유럽적 정체성의 구축을 도모하는 한편, 소극적 의미에서는 문화적 다양성이 문화적 분열성으로 정치화되는 전이과정을 차단하는 데 목적이 있다고 할 수도 있을 것이다.

본 연구는 다음과 같이 진행된다. 우선 2절에서는 EU가 문화정책 분야에서 법적 관할권을 획득하기까지의 발전과정을 살펴봄으로써 EU 문화정책의 주요 내용을 검토한다. 다음으로 3절에서는 유럽의 문화적 전통 속에는 통일성과 분열성이 혼재되어 있음을 밝히고, 4절에서는 EU의 문화정책이 추진된 배경으로써 유럽의 문화적 분열성과 민족국가 단위의 정치적 정체성이 갖는 위험성에 대한 인식을 소개한 후, EU의 문화정책이 문화적 통일성의 복원을 통해 문화적 분열이 갖는 부정적인 정치적 효과를 상쇄시키고자 하는 목적으로 추진되고 있음을 지적한다. 마지막 5절에서는 EU 문화정책의 성과와 한계를 평가하는 것으로 결론을 맺는다.

2. EU 문화정책의 발전 과정과 법적 근거

1) EU 문화정책의 발전 과정

본 연구에서 사용하는 EU의 '문화정책'의 의미는 정책의 기본 목적이 미학적 효과(aesthetic impact)를 통해 유럽인들 사이에 공동의 정체성을 고양시키는 데 두어지는 EU의 정책을 뜻하는 것으로 한정한다.[3] 이러한 정의는 문화의 개념을 예술과 관련되는 행위에만 국한시키는 좁은 의미로 파악하는 개념과, 인간의 행동과 의식 일반 모두를 포괄하는 넓은 의미로 파악하는 인류학적 개념의 중간 수준의 개념이라 할 수 있을 것이다. 여기에서 '미학적 효과'를 수반한다는 것은 반드시 미(beauty)를 추구한다는 의미가 아니라, 인

---

3) 여기에서 소개하는 문화정책의 개념은 타일러(Tobias Theiler)의 정의를 수용한 것이다(Theiler, 2005: 30 참조). 그러나 유럽연합이 수용 또는 사용하는 문화 및 문화정책의 개념은 분명하게 드러나지 않고 있다. 유럽연합 집행위원회는 문화정책의 입안과 집행을 담당하는 주체임에도 하나의 제도적 기구가 문화의 개념에 대한 정의를 내리는 것은 적절치 않다는 이유로 문화에 대한 '실용적 접근'을 할 것이라고만 하고 있다. 여기서 '실용적 접근'이라 함은 '문화 관련 사안을 염두에 둔 공동체의 문건과 정책'에 국한된 범위 내에서 문화정책을 추진한다는 것으로 이해할 수 있다(Shore, 2000: 53).

간의 감각에 의해 수용되는 정보의 전달을 이행한다는 것으로 해석할 수 있다. 미학적 효과의 예를 들자면 건축물이나 그림이 갖는 시각적 효과, 음악을 통한 청각적 효과, 문학작품이 갖는 언어적 효과, 그리고 연극이나 오페라 등의 시청각적 효과 등을 꼽을 수 있다. 문화정책은 이러한 미학적 효과를 갖는 정치적 상징의 생성과 전달에 관여함으로써 시민의 정체성을 고양시키는 한편, 정치적 제도와 행위의 정당성을 인식시키는 기능을 수행한다.

EU가 이러한 의미에서의 문화정책을 공식적으로 수행하기 시작한 것은 유럽연합조약(일명 마스트리히트 조약) 이후의 일이다. 물론 그 이전에도 문화 관련 정책이 없진 않았다. EU 집행위원회의 주도하에 1960년대와 1970년대에도 이미 유럽적 정체성의 형성이 필요함을 강조하는 선언적 문건이 선을 보인 바 있고,[4] 1976년의 틴더만 보고서(Tindermans Report)에서는 '시민의 유럽(A Citizen's Europe)'이라는 항목에서 유럽 경화증(硬化症)의 극복을 위해서는 유럽공동체가 기술관료적 이미지를 탈피하여 대중의 지지를 동원할 수 있는 방안을 적극적으로 고안할 것을 제안하는가 하면, 틴더만 보고서의 발표에 고무된 집행위원회가 1977년 '문화 분야에서 공동체의 역할(Community Action in the Cultural Sector)'이라는 제안서를 만드는 등 EU 수준에서 문화정책을 추진하려는 여러 시도가 있었던 것이다. 그러나 이러한 시도들은 회원국 정부들의 '지대한 관심(very great interest)'만을 표명하도록 하는 수준에 머무르는 가운데, 제도화되거나 구체적인 정책으로 입안되는 단계에 이르지는 못했다. 다만 이러한 과정을 통해 적어도 수사적 수

---

4) 그 예로는 1968년 7월 1일 발표된 '관세동맹의 완성을 기한 유럽공동체 집행위원회의 선언서(Declaration by the European Commission on the Occasion of the Achievement of the Customs Union)', 1973년 코펜하겐 정상회담에서 채택된 '유럽 정체성에 관한 선언문(Declaration on European Identity)' 등을 들 수 있다.

준에서는 '유럽적 정체성'과 '유럽 공통의 문화'라는 아이디어가 마치 실제로 존재하는 자명한 사실인 것으로 유럽인들의 뇌리 속에 자리 잡게 함으로써, 이후 유럽의 정체성과 유럽의 문화에 대한 담론이 자연스럽게 이루어지는 계기를 마련한 것으로 평가되기도 한다.

EU의 문화정책이 본격적으로 수립되기 시작한 것은 1980년대에 들어서이다. EU 문화정책 발전에 하나의 전기를 이룬 것은 바로 1984년 퐁텐블로(Fontainebleau) 유럽 정상회담에서 합의된 아도니노 위원회(Adonnino Committee)의 설립이라고 할 수 있다. 아도니노 위원회는 1985년 보고서를 발간하여, 문화정책 분야에서 유럽 시민들의 일상생활 속에서 EU의 가시성(visibility)이 높아질 수 있는 일련의 방안을 제안하게 된다. 이러한 제안에는 유럽 우표의 도입, 유럽 과학기술 및 예술원(European Academy of Science, Technology, and Art)의 설립, 유럽 복권 등이 망라되어 있으며, 유럽 기(旗)[5] 채택과 유럽의 노래 도입 또한 포함되었다.[6] 이와 같은 다양한 제안 중 일

----

5) 엄밀하게 말하자면 유럽연합 기(旗)는 정식으로 국가를 상징하는 국기와 같은 개념의 기(flag)는 아니며, 단지 유럽연합의 로고(logo)에 지나지 않는다고 한다(Wallace, 1990: 1~2). 하지만 일반인들의 인식으로는 이러한 엄밀한 구분이 별다른 의미를 갖지 못하리라는 것은 쉽게 짐작할 수 있다. 오늘날 유럽연합의 '로고'는 회원국들의 국기와 나란히 게양되는 경우가 매우 흔하며, 영국을 제외한 다른 국가들은 자동차 번호판에도 유럽연합의 '로고'를 사용하는 등, 유럽연합 '로고'는 유럽연합의 시각적 상징물로서 회원국들의 국기 못지않은 빈도로 광범위하게 사용되고 있다.

6) 짙은 파란색 바탕에 열두 개의 노란색 별이 원을 그리는 모양의 유럽연합 기(旗)는 1986년 5월 29일 브뤼셀의 유럽연합 집행위원회 본부 바깥에 축하의식과 함께 게양되면서 사용되기 시작했다. 12라는 숫자는 성경의 열두 사도를 비롯하여, 야곱의 열두 아들, 로마 입법관의 탁자들, 헤라클레스의 열두 가지 과업, 시간의 단위, 1년의 12개월, 혹은 12궁(宮) 등을 함축하고, 원은 연합을 의미하며, 노랑 별들은 성모 마리아의 후광을 나타내는 그리스도교적 상징이기도 하다(Shore, 2000: 47~48). 유럽의 노래

부는 조소의 대상이 되기도 했으나, 아도니노 보고서에서 제안된 아이디어는 대부분 1985년 6월 밀라노에서 개최된 유럽이사회(European Council)[7]에서 정식으로 채택되었고, 이후 1980년대 중반부터 집행위원회가 주도하는 다양한 정책 제안의 기반을 제공하게 된다.[8]

아도니노 보고서가 채택되고, 집행위원회의 노력 끝에 EU 회원국의 문화장관 회의가 1982년부터 소집된 데 힘입어, 1980년대 중반 이후부터는 집행위원회의 주도로 문화정책 분야에서 다양한 조치들이 시행되기에 이른다. 1985년 문화장관 회의에서 유럽영상물의 해외 판매에 관련한 합의가 이루어지고, 유럽 조각 경연회의 개최가 성사되었으며, 1986년에는 각종 문화행사 지원, 건축 문화유산의 보호, 예술품 보존에 관한 결의안이 채택되는 한편, 유럽영상물 및 텔레비전의 해(Europan Film and Television Year)' 행사와 문학 번역 사업에 대한 지원이 합의되었고, 이후 유럽 문화의 달(European Cultural Month)과 유럽 문화수도의 지정에 대한 결의안이 통과되는가 하면, 기타 다양한 분야의 문화 관련 업무 종사자들의 교환 및 훈련 프로그램의 도입, 건축, 문학, 번역 등의 문화 분야에서의 '유럽 상(賞)'의 시상에 관한 조치들을 마련하게 된다.

로는 베토벤의 제9번 교향곡 〈합창〉 제4악장에 나오는 「환희의 노래」가 채택되었다.

7) 유럽연합 회원국의 정상회담. 매년 6월과 12월에 정기적으로 개최되며, 상반기와 하반기에 적어도 한 번씩 임시 회의가 소집되지만, 필요에 따라 그 이상 소집되기도 한다.

8) 표준화된 유럽여권, 운전면허증, 유럽연합의 상징이 그려진 자동차 번호판, 유럽연합 후원의 스포츠 경기들과 상금, 유럽연합 청소년 오케스트라, 유럽의 건축 유산을 보존하기 위한 프로젝트, '올해의 유럽 여성' 상(賞), '장 모네' 석좌교수제도, ECSC를 설립하는 계기가 된 슈만 선언(Schumann Declaration)이 공표된 날인 5월 9일을 '유럽의 날(Europe Day)'로 지정한 것 등도 이러한 맥락에서 추진된 EU의 문화 사업의 일환이다(이은혜, 2003: 337).

하지만 이런 다양한 정책들은 소수의 예외를 제외하고는 대체로 문화정책의 범주가 아닌 다른 정책분야의 범주에서 산발적으로 시행되었거나 유럽 통합 관련 조약의 틀 바깥에서 시행되는 데 머무르고 있었으며, EU 집행위원회가 아닌 회원국 정부의 주관 하에 집행되는 양상을 보였다. 이 당시에는 유럽공동체가 문화영역에 관여할 수 있는 법적 권한을 갖고 있지 않았으며, 집행위원회는 보통의 경우 옵서버 자격으로만 정책의 집행에 관여하고 있었기 때문이다.

2) 마스트리히트 조약과 EU 문화정책의 법적 근거

문화정책 분야가 법적 근거 위에서 정식으로 EU의 정책 권한 영역에 포함된 것은 마스트리히트 조약에서이다.[9] 이때까지 문화정책이 EU의 정책 권한 영역에서 제외되어 있었던 이유는 문화정책은 엄밀한 의미에서 기본적으로 경제통합의 범위에 속하지 않기 때문이라는 일부 회원국의 이의 제기 때문이었다고 할 수 있다. 문화정책 분야로 EU의 정책 권한을 확대해서는 안 된다고 강력히 주장한 회원국으로는 영국과 덴마크가 대표적이며, 독일도 이에 포함된다. 영국과 덴마크의 경우에는 다른 정책 분야에서 보여주는 바와 같이 유럽 통합의 심화에 대한 양국의 전통적인 회의론(懷疑論)적 입장이 문화정책에도 적용된 것으로 볼 수 있으며, 독일의 경우에는 문화정책 분야에서 거의 배타적인 권한을 행사하고 있는 주(州) 정부들이 자신의 고유 권한을 침해받지 않으려는 방어적 동기에서 EU의 정책 권한이 문화정책 분야로 확대되는 것을 적극 반대했기 때문인 것으로 파악된다. 그러나

---

9) 이하 본 문단의 내용은 주로 Theiler(2005: 68)에서 재인용.

마스트리히트 조약은 유럽 통합의 범위를 경제통합의 범주에 국한시키지 않고 외교안보 및 내무 사법의 분야로 확대시킴으로써, 문화 분야가 경제통합의 대상이 되지 못하기 때문에 EU의 정책권한 영역 속에 포함시킬 필요가 없다는 논리는 이제 힘을 발휘할 수 없게 된다. 아울러 1980년대에 들어서는 그리스, 스페인, 포르투갈이 EU에 새로 가입하여 원래 EU 문화정책에 대한 적극적 지지 입장을 갖고 있던 이탈리아와 프랑스의 주장에 힘을 실어주게 되면서 회원국들 사이의 힘의 균형에 변화가 생긴 것도 문화정책이 EU의 관할권에 포함되게 된 중요한 요인으로 간주된다.

이러한 과정을 거쳐 EU는 마스트리히트 조약에서 문화정책을 수립 및 집행할 수 있는 조약상의 법적 근거를 마련함으로써 유럽적 정체성의 형성과 유럽 문화의 경제적 가치를 극대화할 수 있는 체계적인 방안을 모색하고자 시도하게 된다. 마스트리히트 조약에 명시된 법적 근거 위에서 수행되는 유럽연합 문화정책의 구체적 사례는 2000년을 전후로 하여 제1세대와 제2세대 사업으로 나누어진다.

① 제1세대 문화정책

1992년 마스트리히트 조약 체결 이후 유럽연합은 유럽 문화의 다양성을 유지하는 가운데 통일성을 모색하여, 문화적 활력을 키우는 동시에 유럽인들의 문화적 정체성을 형성하는 데 주력해왔다. 이러한 문화정책의 목표를 달성하기 위해 채택한 구체적인 정책 프로그램으로 세 가지 사업이 있다. 예술 창작 활동을 지원하는 '칼레이도스코프(Kaleidoscope)'(1996~1999), 서적 출판과 독서 및 번역 사업을 지원하는 '아리안(Ariane)'(1997~1999), 문화유산 보존 관련 활동 지원 프로그램인 '라파엘(Raphaël)'(1997~1999)이 그것이다.

'칼레이도스코프'는 EU 내부에서 예술적·문화적 창작을 증진시키기 위한 문화협력 프로젝트를 지원하기 위해 만들어진 프로그램이다. 프로젝트가 지원을 받기 위해서는 최소한 3개 이상 회원국의 조직이 참여하는 것이 조건이다. 이 프로그램의 주된 사업은 ⓐ 협동사업 혹은 네트워크를 통해 수행되는 문화 이벤트와 프로젝트에 대한 지원, ⓑ 대규모 유럽 협력 프로젝트 지원으로 나누어진다. EU 청소년 오케스트라(European Union Youth Orchestra)나 EU 바로크 오케스트라(European Union Baroque Orchestra)에 대한 지원과 해마다 선정되는 유럽 문화 도시(European City of Culture), 유럽 문화의 달(European Culture Month) 행사에 대한 지원이 그것이다.

'아리안'은 유럽 차원의 도서출판과 유통, 그리고 번역 지원 사업을 위한 프로그램이다. 그 주요 내용은 ⓐ 번역 지원 사업(20세기 문학, 희곡, 문화 도서의 보급), ⓑ 협력사업(협동과제의 수행과 시민들의 도서 및 독서에 대한 접근권 확보), ⓒ 진흥 사업(전문가들 사이의 상호 이해 도모 및 유럽 문학의 보급)으로 나누어진다. '아리안'은 유럽연합에서 덜 알려진 언어들을 우선적으로 번역하면서 현대 문학과 극작품들을 광범위하게 보급시키는 데 목표를 두고 있으며, 유럽문학상(European Literature Prize)과 아리스테이온(Aristeion) 상으로 알려진 유럽번역상(European Translation Prize)을 운영하여 중요한 문학 작품의 번역가를 매년 선정, 시상하고 있다(이은혜, 2003: 337).

'라파엘'은 문화유산의 보존과 발전을 위한 프로그램이다. 이 프로그램의 사업 분야는 세 가지로 나뉜다. 첫째, 무형 문화유산의 보존과 보호 및 발전, 둘째, 문화유산 보존 경험과 기술의 교환, 셋째, 유형 문화유산의 개발과 홍보가 그것이다(송도영·이호영, 2003: 303~305). 구체적으로는 해당 고고학적 유산, 건물, 미술관, 고문서 보관소, 유럽문화유산 연구소(European heritage laboratories) 들을 지원한다. 또한 지금까지 제대로 평가를 받아오지 못하던 문화유산에 대한 접근과 아울러 제3국 및 국제기구와의 협력을 추구한다.

이 세 가지 프로그램은 초국가적 파트너십을 확장하고 대중의 문화접근을 용이하게 하는 한편 유럽 문화 활동의 활성화에 기여했다는 평가를 받긴 했지만, 광범위한 활동을 포괄하려는 의욕에서 적은 예산을 지나치게 많은 수혜자에게 분산, 배분한 결과 보급과 가시성의 측면에서 결함이 현저하게 드러났다는 비판을 받기도 했다. 그럼에도 이들 사업은 EU 집행위원회의 각 부서들이 비문화적인 목적의 사업에서 문화의 역할을 인식하기 시작했다는 성과를 거두는 한편, '유럽 경제 공간'과는 구별되는 '유럽 문화 공간'의 조성을 위해 내딛은 첫 걸음이라는 점에서 그 의의를 평가받고 있다(이복남, 2004: 214~215). 유럽연합은 2000년부터 사업의 효율적 수행을 위해 이 세 가지 사업을 통합하여 Culture 2000 사업을 시작하게 된다.

② 제2세대 문화정책: 'Culture 2000'

Culture 2000은 1993년 발효된 유럽연합조약(일명 마스트리히트 조약)에 근거하여 실행되는 유럽연합의 문화정책 관련 주력 프로그램이다. 위에서 소개한 3개 사업이 통합되어 만들어진 이 사업은 원래 5개년 계획에 1억 6,700만 유로가 배정되었으나, 2년 더 연장하기로 결정되어 총 7개년 계획의 프로그램이 되었다. 결과적으로 Culture 2000 프로그램은 2000년에 시작해 2006년까지 지속되어, 총예산 2억 3,600만 유로가 투입되었다. 2007~2013년도 사업을 위해서는 4억 800만 유로의 예산이 책정되어 있다. Culture 2000은 예술가, 문화 산업 종사자, 문화단체 등이 참여하는 최소 3개국 이상의 국가 간 협력 사업에 대한 재정적 지원을 제공한다. 예를 들어 2004년에는 당해년도 역점사업이었던 문화유산 개발 및 보존에 초점을 두어 233

개 사업을 지원하여 약 3,200만 유로의 예산을 집행했다(233개 사업 중 113개 사업이 문화유산 관련 사업임). 이 가운데 단년도 프로젝트 209개 사업에 약 1,850만 유로, 다년간 프로젝트 24건에 약 1,350만 유로가 소요되었다. Culture 2000 프로그램에 의해 지원되는 사업에는 언어, 문학, 공연예술, 시각예술, 건축, 공예, 영화 및 방송 등 다양한 분야가 포함되어 있다.

Culture 2000 프로그램이 추구하는 목표는 아래와 같다(EU, 2000).

- 문화 간 대화 증진 및 유럽 각국 국민 상호 간의 문화·역사에 대한 지식 증진
- 사회적 약자와 젊은 연령층에 대한 지원에 역점을 두는 한편, 문화적 다양성의 보존을 염두에 두는 가운데 문화적 창의성의 고양과 문화의 초국적 확산 및 예술가와 문화 분야 종사자들의 교류 증진
- 문화적 다양성의 부각과 새로운 문화적 표현의 계발
- 주요 유럽 문화유산의 공유, 부각 및 문화유산의 보존과 보호를 위한 기술 보급
- 사회경제적 발전에서 문화의 역할에 대한 인식 고양
- 유럽 문화와 비유럽 문화 간의 대화 및 상호 교류 촉진
- 경제적 요인으로서의 문화 및 사회적 통합과 시민권의 한 요소로서의 문화에 대한 인식 확립
- 최대한의 EU 시민들이 혜택을 볼 수 있도록 하는 것을 목적으로 한 문화에 대한 접근성 개선 및 참여 확대

이러한 목표를 염두에 두고 Culture 2000 사업은 유럽의 문화 분야 종사자들의 연결망을 구축하고, 유럽의 역사와 문화에 대한 이해를 증진시키며, 유럽의 각 지역에 산재한 주요 유적과 문화유산 개발, 보존하는 한편, 상이

한 문화 간의 대화 및 사회적 통합을 촉진시킴으로써, 유럽인들이 국가별·지역별 다양성을 보존하는 동시에 함께 통합을 추진할 수 있는 유럽 문화지대를 형성하고자 한다.

Culture 2000 프로그램은 집행위원회(Commission)의 교육·문화·훈련·언어 담당 총국의 주관 아래 자문위원회의 지원을 받아 사업을 수행한다. 집행위원회는 프로젝트 예산 전체를 지원하지는 않으며, 신청자는 반드시 나머지 재원을 조달할 다른 방도를 찾아야 한다. 아울러 회원국들은 집행위원회의 재정적 지원을 받아서 자발적으로 문화거점기관(Cultural Contact Points: CCPs)을 설립할 수 있다. 이 거점기관들은 문화행사에 보다 많은 사람들이 참여할 수 있도록 홍보하고 회원국의 다양한 문화단체들 간의 네트워킹을 지원하는 역할을 수행한다. 현재 Culture 2000에 참여하는 국가는 유럽연합의 27개 회원국 외에도 유럽경제지대에 속한 아이슬란드, 리히텐슈타인, 노르웨이도 포함되어 총 30개국에 이른다.

집행위원회는 2005년 12월 말 유럽의회에 Culture 2000 프로그램 평가보고서를 제출하도록 의무화되어 있었으며, 이 평가결과에 따라 유럽의회와 각료이사회에서 2004~2007년도 계획의 추진에 대한 검토가 이루어진 바 있다.

EU는 이상과 같은 다양한 정책도구를 활용하여 회원국의 시민들 사이에 유럽인으로서의 정체성을 함양함으로써 유럽 통합의 심화에 대한 지지 기반을 구축하고자 노력을 경주하고 있다. EU는 유럽인으로서의 정체성의 구축은 유럽이 공유하고 있는 문화적 토대 위에서 이루어질 수 있다고 보고, 이러한 문화적 토대를 발굴, 부각 또는 형성시키는 노력의 일환으로 문화정책을 수행하고 있는 것이다.

3. 유럽의 문화적 전통 : 통일성과 분열성

과연 유럽적 정체성의 기반이 될 수 있는 하나의 문화적 통일성을 가진 유럽은 존재하는가? 만일 유럽이 가진 공통의 문화적 전통이 있다면, 오늘날 발견되는 유럽 문화의 다양성은 어디에서 비롯된 것인가?

1) 유럽의 문화적 통일성

유럽의 문화는 통일성과 다양성이라는 양면적 성격을 모두 가지고 있다. 유럽 문화의 통일성의 원천은 무엇보다도 그리스·로마 문화에서 찾을 수 있다. 그리스 시대에 꽃핀 학문과 문학, 건축과 조각, 그리고 민주주의 정치제도 등은 이후 유럽의 역사 속에 깊이 각인되고 있다. 그리스가 유럽의 고대문화를 발흥시켰다고 한다면, 로마는 지리적으로 확대된 공간으로 그리스 문화를 확산시키는 한편, 오늘날까지 살아 숨 쉬는 건축 양식과 로마의 가장 위대한 업적으로 꼽히는 법체계 등을 발전시키게 된다. 이로 인해 오늘날 '로마의 역사가 진정한 의미에서 서양 역사의 참다운 출발점'이라는 평가까지 받고 있기도 하다.[10]

아울러 4세기에 접어들어 로마의 국교로 채택된 기독교는 로마의 쇠퇴

....

10) 고대 그리스 시대에 발현한 인간의 만개한 합리성과 미적 감각의 유산, 그리고 로마 시대에 발전한 법체계와 윤리적 관념에서 '유럽의 정신(European spirit)'의 근원을 찾을 수 있다는 주장이 반드시 보편적으로 수용되고 있다고 할 수는 없을지라도, 적어도 꽤 광범위한 공감대를 형성하고 있다는 점에 대해서만큼은 큰 이견이 없을 것으로 보인다(Rougement, 1966 참조; Sassatelli, 2002: 438에서 재인용). 여기에 더하여 많은 경우 아래에서 소개하는 기독교적 세계관이 유럽의 문화적 정체성을 구성하는 중요한 부분이라는 견해 또한 널리 공유되고 있다(Van Gerven, 2005: 46 참조).

이후 약 800년간에 걸쳐 서유럽의 사상적 길잡이 역할을 하면서(번즈·러너·미첨, 1997: 274) 그리스·로마의 전통과 함께 유럽 문화를 형성하는 또 하나의 축을 구성하게 된다. 기독교가 성속(聖俗)의 패권적 이념으로 풍미하던 중세 시대는 이른바 '암흑시대'로 불리기도 하지만, 사실 이러한 명칭과는 어울리지 않는 중요한 지적 업적이 중세의 전성기에 수립된다. 초등 교육과 문자 해독률의 확대, 대학의 성립과 발전, 고전 지식 및 이슬람 지식의 획득, 그리고 서유럽인에 의한 독자적인 사상적 진보의 성취 등이 바로 그것이다(번즈·러너·미첨, 1997: 421). 이러한 업적들은 곧 중세 전성기가 서유럽의 학문의 역사에서 얼마나 큰 비중을 차지하는지를 웅변해주는 것이며, 이러한 중세의 업적에 힘입어 서유럽은 타 지역에 비해 압도적인 지적 우월성을 누리게 되었고, 그러한 서유럽의 우월성이 후일 근대성의 특징이 되기도 하였던 것이다. 그뿐만 아니라 아울러 중세시대는 십자군 전쟁을 통한 이슬람 세계라는 타자(他者)와의 조우를 통해 유럽의 정체성이 강화되는 시기이기도 하다.[11]

이후 1350년경에서 1550년에 이르는 기간 동안에는 이태리에서 르네상스(Renaissance)가 등장하여 그 후 16세기 전반기 동안 북유럽으로 확산되면서 유럽의 지적·예술적·정치적·경제적·종교적 변화를 가져오게 된다. 르네상스의 지적 이상을 압축적으로 표현한다면 이는 인간의 존엄성과 가능성을 강조하는 '휴머니즘'일 것이다. 르네상스에서 만개한 휴머니즘의 사상은 유럽의 지적·예술적 전통 속에 용해되어 오늘날까지 유럽 문화의 중요한 부분을 구성하게 된다.

---

11) 유럽의 정체성 형성에서 오리엔트(Orient)라는 '타자'의 존재와 이들에 대한 '주변화(marginalization)'가 중요한 역할을 했다는 고전적인 분석으로는 Said(1978) 참조.

이와 같이 유럽은 그리스의 철학과 과학, 로마법, 기독교, 르네상스 등의 전통을 공유하면서 유럽 바깥의 세계와의 상호작용을 통해 독자적인 정체성을 형성했으며, 이러한 공유된 전통의 기반 위에 유럽은 하나의 문화지대(culture-area), 또는 하나의 문화군(文化群, family of cultures)을 형성하고 있는 것이다(Smith, 1993: 133).

그러나 이러한 공통분모를 갖고 있는 유럽이지만, 그 이면에는 극복하기 어려운 분열적 요인도 내재되어 있다. 예를 들자면 "언어와 역사, 그리고 종족 탄생의 신화가 독일 민족을 통합시키는 것과는 달리, 유럽은 같은 요인으로 인해 분열되어 있다"고 한다(Smith, 1992: 8; Shore, 2000: 17에서 재인용). 민족국가에 대한 정체성을 대체할 만한 유럽인으로서의 의식도 아직 형성되지 않고 있으며, 오히려 문화적 요소들은 기존의 민족적 정체성을 강화시키는 작용을 더욱 많이 함으로써 유럽인들을 분열시키고 있는 것이다.

2) 유럽의 문화적 분열성

유럽의 분열은 중세 이후 종교개혁이 그 직접적인 계기가 된다. 개신교와 로마 교황청의 결별이 바로 유럽의 분열을 알리는 서곡이었던 것이다. 유럽이 근대에 진입하기 시작하는 1500년대 초[12])에 시작된 종교개혁의 여파는 가톨릭과 프로테스탄트의 폭력적 대결 양상으로 나타나, 1540년대 초 독일에서의 종교전쟁을 기점으로 하여 이후 약 100년간에 걸쳐 (프랑스, 네

---

12) 이 시기는 유럽이 분열되기 시작한 시점이기도 하면서 한편으로는 유럽이 팽창을 시작한 시점이기도 하다. 콜럼버스가 아메리카 대륙을 '발견'한 것이 1492년이었던 것에서도 볼 수 있는 것처럼, 이 시기 유럽의 각국들은 발달된 항해기술에 힘입어 대외무역을 확대하는 한편 식민지 건설을 추진하기 시작했던 것이다.

딜란드 등에서 있었던 간헐적인 휴전의 기간을 제외하고는) 반복적으로 잔인한 전쟁이 수행되었던 것이다. 1598년 낭트 칙령의 공포, 1604년 영국과 스페인과의 화평, 1609년 스페인과 네덜란드 간의 휴전으로 일단 잦아들었던 가톨릭과 프로테스탄트의 대결은 다시 1618년부터 1648년까지 지속된 30년 전쟁으로 이어져 독일 지역은 말 그대로 초토화되는 운명을 맞이했으며, 강대국이었던 스페인은 몰락의 길을 걷게 되었다.

종교적 분열의 표현이었던 30년 전쟁은 유럽 대륙을 민족국가가 구성단위가 되는 정치적 분열 구조로 더욱 파편화시키게 된다. 종교전쟁의 과정에서 유럽의 군주들은 프로테스탄티즘을 수용하면서 교황 및 귀족세력에 대항해 국가의 주권을 주장하게 되었고(번즈·러너·미첨, 1997: 708), 이를 계기로 유럽에서는 이른바 '절대왕정'이 탄생하게 되었으며, 이제 정치경제적 실체로서 독자적이면서도 통합된 모습을 갖추게 된 '주권국가'를 단위로 하는 국제체제가 성립되었던 것이다. 주권의 원칙을 근간으로 하는 국제질서체제를 유럽에 뿌리내리게 하는 계기가 된 베스트팔렌 조약이 바로 30년 전쟁의 결과였던 것이다. 17~18세기의 절대 군주국가는 이후 19세기에 이르러 융기한 민족주의 이념과 결합되면서 근대 국민국가로 발전하게 된다. 한편 민족주의 이념은 과거를 예찬하고 전통을 중시하는 낭만주의적 사조와 결합하면서 새로운 발전의 국면으로 접어든다. 과거란 현재를 이해하고 미래를 계획할 수 있는 수단이어야 한다는 신념을 근간으로 하는 낭만주의적 민족주의의 전형이 독일에서 표출되었던바 헤르더, 피히테, 헤겔 등이 이러한 독일인의 정서를 대변하는 사상가들이었다. 유럽의 19세기는 가히 민족주의와 국민국가 건설의 세기라고 할 수 있다. 그러나 민족주의 이념에 기반을 둔 국민국가의 완성은 20세기의 비극을 잉태하게 되며(Van Gerven, 2005: 47 참조), 그 비극은 다시 유럽 통합의 씨앗이 된다.

오늘날 유럽 통합의 과정에서 유럽의 문화적 분열이 문제가 되는 이유는 분열의 단위가 민족국가이기 때문이다. 유럽의 문화적 분열이 극복되어야 하는 이유는 민족국가를 단위로 하여 구획 지어진 분열구조의 정치적 위험성 때문인 것이다. 그 위험성은 20세기에 목격된 바와 같이 두 차례에 걸친 세계대전에서 극명하게 표현된 바 있다. 유럽 통합은 바로 이러한 정치적 위험성을 해소하고자 하는 노력의 일환이었다(Herrmann and Brewer, 2004: 1).

4. EU 문화정책의 정치적 배경: 유럽 통합과 정체성의 정치

1) 유럽 통합의 정치적 동인

주지하다시피 유럽 통합은 1950년대 이래 대체로 경제통합의 양상을 띠어온 것이 사실이다. 그러나 교역의 자유화를 지향하는 경제블록의 형성만이 유럽 통합이 지향하는 바의 전부는 아니었다. 경제통합의 이면에는 유럽에서의 항구적 평화의 구현이라는 지극히 정치적 동기가 자리하고 있었다. 평화의 구현이 전쟁 발발의 방지를 전제로 한다고 했을 때, 전쟁의 구조적 요인의 제거가 무엇보다도 급선무가 아닐 수 없었다.

근대 이후 유럽에서 나타난 전쟁의 양상은 무엇보다도 민족국가의 대결이었다. 사실 근대 국가의 등장은 그 자체가 전쟁의 효과적인 수행을 위한 정치적 조직을 추구한 데서 비롯된 동시에, 또한 전쟁의 수행은 하나의 정치단위로서의 근대국가의 지위를 공고화하는 데 지대한 공헌을 할 수 있다고 하겠다. 아울러 산업혁명이 가져다준 기술 발전에 따른 무기체계의 변화

단계에 비추어볼 때 근대 국가는 전쟁 수행을 위한 물적·인적 기반의 조성에 가장 효율적인 정치 단위였던 한편, 민족주의 이념은 전쟁 수행을 위한 일반 시민의 동원을 위한 효과적인 이데올로기적 수단이었던 것이다. 말하자면 산업화의 시대로 진입하면서 민족국가는 전쟁을 산파로 하여 탄생했으며, 전쟁의 수행이야말로 민족국가의 존재이유라고도 할 수 있을 것이다.

따라서 민족국가를 행위단위로 구성된 무정부상태의 국제체제는 항구적으로 전쟁의 가능성이 상존하는 상태를 벗어나기 힘들 수밖에 없다. 그러한 체제적 속성이 가장 격렬하게 표현된 것이 20세기 인류가 경험한 두 차례의 세계대전이었던 것이다. 민족국가를 단위로 결집된 인간의 폭력성이 전대미문의 규모와 심도로 표출된 두 차례의 전쟁을 경험한 유럽인들은, 전쟁의 원인을 바로 배타적인 민족주의 이데올로기로 무장한 국가들 간의 힘의 각축에서 찾았고, 따라서 유럽 대륙에서 전쟁을 종식시키고 평화가 뿌리내리도록 하기 위해서는 민족국가 중심의 국제체제를 극복해야 한다는 당위성에 대한 공감대를 형성하게 된다. 그 해법이 바로 유럽 통합의 노력으로 나타난 것이다.[13]

....

13) 유럽 통합의 근본적 동인을 정치적 배경에서 찾는 이와 같은 견해는 유럽 통합 연구자들 사이에 매우 광범위하게 공유되고 있다. 하지만 유럽 통합을 추진한 동기를 보다 경제적인 이해관계에서 찾아야 한다는 강력한 반론도 있다. 유럽 통합 연구에 중요한 공헌을 하고 있는 모라브치크(Andrew Moravcsik)가 그 대표적인 예이다(Moravcsik, 1998 참조). 모라브치크는 유럽 통합의 근원을 지정학적 안보논리에서 찾는 기존 연구들의 주장을 거부하고, 상업적 이익의 추구가 유럽 통합을 추동한 힘이었음을 지적한다. 이 논문에서는 모라브치크가 주장하는 상업적 이익의 중요성을 부인하지 않으나, 적어도 유럽 통합의 당위성에 대한 유럽인들 사이의 광범위한 공감대의 형성은 유럽 통합이 갖는 안보적 가치에 힘입은 바 크다는 일반적 인식을 따르기로 한다.

2) 유럽 통합과 유럽의 문화적 정체성

유럽 통합이 단순히 경제통합만은 아니며, 유럽연합의 존재 이유가 곧 평화의 구현이라고 하는 점은 유럽 통합의 목표가 "유럽의 국민들 간에 보다 긴밀한 연합(an ever closer union among the peoples of Europe)을 구축할 수 있는 기초를 마련"하는 데 있다는 1957년 로마 조약과 1951년 파리 조약 전문의 언명에서도 잘 나타난다. 나아가 이 조약들의 전문에서는 유럽 통합의 목적이 "해묵은 갈등을 청산하고 다양한 이익을 통합하며, 경제공동체를 설립함으로써 유혈 분쟁을 치르면서 서로 분열되었던 국민들 간에 광범위하고 심층적인 공동체의 건설을 위한 기반을 마련하고, 향후 하나의 운명공동체로서 나아갈 방향을 주도할 제도적 기반을 수립하는 데 있다"는 것을 분명히 하고 있기도 하다.

이와 같이 유럽의 통합이 민족을 초월하는 하나의 공동체를 만들자는 데 목적이 있다고 한다면, 민족적 일체감과 국가에 대한 충성심의 배타적 요소를 초월하는 새로운 사회적·정치적·문화적 정체성을 창출할 필요가 있다. 하나의 정치체제가 원활하게 작동하기 위해서는 구성원으로부터 정통성을 인정받아야 함은 주지의 사실이다. 아울러 정치체제의 정통성은 구성원들의 집합적 정체성이 형성될 때 인정될 수 있는 것이다. 즉 구성원들 상호간의 유대감과 구성원의 정치체제에 대한 일체감이 존재할 때, 정치체제의 정통성이 인정될 수 있는 여지가 생기는 것이다(Risse, 2001: 198). 따라서 유럽연합이 하나의 정치체제로서 원활하게 작동할 수 있기 위해서는 유럽연합의 기층 구성원인 일반시민으로부터의 정통성의 획득이 필요하고, 정통성의 획득을 위해서는 유럽인으로서의 정체성 형성이 전제되어야 하는 것이다. 따라서 EU 문화정책의 목적은 무엇보다도 '유럽인으로서의 정체성 형성'이라고 할 수 있다.

한편 EU의 문화정책은 유럽적 정체성의 형성을 1차적인 목적으로 하는 가운데, 경제적 목적도 아울러 추구하고 있음이 발견된다. 유럽을 비롯한 선진 자본주의 사회에서는 탈근대 후기 산업화 시대로 접어들면서 문화 상품에 대한 일반적인 수요가 급증하는 한편 문화 상품의 다양성과 세련화를 요구하는 추세가 강화되고 있다. 이러한 시대적 변화에 조응하여 유럽연합은 문화정책의 수행을 통해 문화산업을 육성시킴으로써 유럽 고유의 문화적 정체성을 발현하는 한편, 이를 통해 고용을 창출하는 등의 경제적 효과까지 노리는 것이다.

유럽이 경쟁력을 확보하고 있는 문화 산업 분야는 다양하다. 여기에는 영화와 기타 영상물 제작, 출판, 음악, 공예품 생산 등이 포함되는데, 이들 분야는 하나하나가 모두 고용효과가 매우 큰 것으로 평가되며, 실제로 이들 분야에 약 700만 명이 종사하는 것으로 알려져 있다. 따라서 21세기 문화산업은 고용과 수입의 원천이 될 수 있기 때문에 유럽연합은 유럽의 문화산업이 국제적으로 경쟁력을 갖출 수 있는 여건의 마련을 위해 노력을 경주하고 있다. 그러한 노력의 일환으로 유럽연합은 ① 관료적 비효율성 제거, 금전적 지원 제공, 협력사업 지원 등에 역량을 쏟고 있으며, ② 교육, 과학기술, 정보화, 지역 정책 등 여러 정책분야와 문화정책 간의 연결고리를 더욱 계발하기 위한 조치를 강구하고 있다. 이와 아울러 유럽인으로서의 정체성은 '유럽'의 제품에 대한 선호도 제고로 연결될 수 있다는 관점에서 유럽적 정체성 형성 자체가 갖는 경제적 효과도 기대해볼 수 있는 것이다. 그러한 예로는 우리나라의 국산품 애용 캠페인이라든지 미국의 국내제품 구매운동(Buy America)을 들 수 있다. 하지만 유럽의 경우에는 유럽제품 구매운동(Buy Europe)이 아직 하나의 공동체로서의 유럽에 대한 애정과 충성심이 충분히 발달하지 못한 유럽인들 사이에 얼마나 호소력을 가질 수 있는지는 회의적이지 않을 수 없다. 따라서 유럽인으로서의 정체성 수립은 유럽의 경제적 번영에도 긍정적으로 작용할 것으로 기대된다는 점에서 유럽연합의 문화정책은 경제적 목적도 아울러 갖고 있다고 할 것이다.

다만 여기에서 기억해야 할 것은 유럽 수준의 정체성 형성이 반드시 다른 수준에서의 정체성의 약화를 전제로 하지는 않는다는 점이다. 즉 국가나 지역 수준에서의 정체성이나 자신이 속한 국가나 지역집단에 대한 충성심과, 유럽 수준에서의 정체성이나 유럽연합에 대한 충성심이 반드시 제로섬(zero-sum) 관계에 있는 것은 아니라는 것이다. 최근의 연구 결과에 따르면 오히려 한 수준에서의 정체성과 충성심의 강도가 다른 수준에서의 정체성과 충성심의 강도와 비례관계에 있음을 보여주기도 하기 때문이다.[14]

그러나 국가나 지역 수준에서의 정체성과는 별개라 하더라도 만일 유럽인으로서의 정체성 형성 자체가 지극히 어려운 일이라면, 유럽 통합에 대해서도 비관적 관측이 대두될 수밖에 없다. 기존의 기본적 정치단위인 민족국가나 언어·인종·민속적 전통 등을 공유하는 지역 수준(예를 들어, 영국의 스코틀랜드나 웨일즈, 스페인의 바스크나 카탈루냐 등)에서의 정체성의 배타적 관성으로 인해 유럽 수준에서의 정체성이 새로이 형성되는 것이 어렵다면, 결국 유럽을 포괄하는 지역통합체인 유럽연합이 정치체제로서의 정통성을 획득하기는 어려우리라는 것이다.

---

14) 이러한 현상이 존재하고 있음을 경험적으로 검증하고 있는 연구로는 Bruter(2004); Castano(2004: 50~53); Opp(2005) 참조.

3) 유럽적 정체성과 EU 문화정책

유럽은 적어도 아직까지는 정체성의 구축에 성공하지 못하고 있는 것으로 보인다. 〈표 4-1〉에 나타나듯이 유럽인들은 유럽 공통의 문화적 정체성이 존재하는가라는 질문에 그렇다는 대답이 평균 38%밖에 나오지 않았다.

이와 같이 EU 회원국의 시민들이 공통의 정체성을 갖고 있지 못한 채 민족국가를 단위로 하는 상이한 문화적 정체성을 갖고 있다는 것은 유럽 전체를 포괄하는 정치적 단위로 거듭나려 하는 EU에 대해 유럽의 일반 시민들이 소속감과 충성심을 채 발전시키지 못하고 있음을 뜻하기도 한다. 이러한 현상은 하스(Ernst Haas)의 신기능주의 통합이론에서 예측한 바가 이루어지지 않고 있음을 보여준다.

하스의 신기능주의 이론에 의하면 지역통합은 상당부분 확산효과(spillover effect)에 의해 추동된다. 확산효과의 논리에 따르면 어느 특정 경제 분야에서 통합이 이루어질 경우 경제의 여러 분야에서의 상호의존성으로 말미암아 타 분야에서의 통합도 불가피해지고, 궁극적으로는 정치와 경제의 기능적 연계성으로 인해 통합의 모멘텀이 인접 분야로 확산되는 효과를 낳게 되며, 통합의 확산과정은 통합의 과업을 수행하기 위해 설립된 초국가적 기구에 의해 인위적으로 추진되기도 한다. 이와 같은 과정을 통해 초국가적 기구의 권한영역이 점차 확대되면서 보다 많은 사안에서 초국가적 기구의 독자적인 문제해결 능력이 향상되면, 이에 따라 지역통합체 회원국 국민의 초국가적 기구에 대한 기대와 충성심 또한 높아지게 된다고 한다.

그러나 유럽 통합이 첫걸음을 디딘 지 이미 50년이 지나고 있지만, 유럽인들의 유럽연합에 대한 기대와 충성심이 그다지 높아지고 있다고 보이지 않는다. 오히려 통합의 심화에 박차를 가하게 되는 1990년대에 들어오면

〈표 4-1〉 1999년 유럽 공통의 문화적 정체성의 존재 여부에 대한 유럽인의 인식

(단위: 응답자의 %)

	동의함	동의하지 않음
그 리 스	49	42
포 르 투 갈	47	37
독 일	43	43
이 탈 리 아	42	47
스 웨 덴	41	53
아 일 랜 드	41	42
오 스 트 리 아	40	44
룩 셈 부 르 크	39	50
덴 마 크	36	59
프 랑 스	36	59
벨 기 에	35	52
네 덜 란 드	35	57
스 페 인	34	43
핀 란 드	31	65
영 국	28	53
EU 15개국 평균	38	49

자료: *Eurobarometer* 52, April 2000.

서, 유럽인들의 유럽 통합에 대한 지지는 감소 추세를 보인다. 신기능주의
가 예측한 바와는 달리 오히려 유럽 통합의 심화가 진행될수록 유럽인들의
유럽연합에 대한 의구심과 불만은 더욱 커져가는 것이다.

　1992년 마스트리히트 조약에 대한 덴마크의 비준 거부 사태, 2001년 아일
랜드 국민투표에서의 니스 조약 비준안 부결, 2003년 스웨덴 국민들의 유로
화(Euro貨) 가입 거부 등이 유럽 통합에 대한 거부감이 표현된 예라고 할 것
이다. 아울러 유럽 통합에 대한 지지도는 1991년 봄 72%에 달하여 정점에
이르렀으나(Eurobarometer 52, 1999) 그 후 꾸준한 감소 추세를 보여 1997

〈표 4-2〉 유럽연합 회원국 자격에 대한 호감도 변화 추이

(단위: 응답자의 %)

	1995	1996	1997	1998	1999	2000	2001	2002	2003	2004	2005
좋은 것	56	48	46	51	49	49	48	53	54	48	54
나쁜 것	25	28	30	28	27	27	29	28	27	29	27
중립	12	15	15	12	12	14	13	11	11	17	15
무관심	6	9	9	9	12	9	10	8	7	6	4

자료: *Eurobarometer* 63(July 2005).

년 봄 46%를 기록함으로써 1980년대 이후 호감도가 최저로 나타나기도 했다. 그 이래 유럽 통합에 대한 유럽인들의 호감도는 〈표 4-2〉에 나타나듯이 48%에서 54% 사이에서 등락을 거듭할 따름이다.

왜 이런 현상이 빚어지는가? 왜 유럽인들은 신기능주의가 기대했던 바와 같이 유럽 통합이 진전됨에 따라 유럽연합에 대한 기대와 충성심을 발전시키지 않는 것인가? 왜 오히려 유럽 통합에 대한 거부감과 회의론이 지속적으로 강한 목소리를 내는가?

아마 그 대답은 유럽이 통합을 통해 극복하려고 했던 민족국가의 잔영이 아직은 너무도 강하게 남아 있기 때문이라는 점에서 찾을 수 있을 것이다. 시대에 따라, 그리고 관점에 따라 유럽의 통합에 가장 큰 걸림돌이 되는 것이 무엇인지에 대해서는 대답이 다를 수 있다. 그것이 인종일 수도 있고, 종교일 수도 있으며, 언어일 수도 있다. 지역일 수도 있고, 계급일 수도 있으며, 이념일 수도 또한 있다. 하지만 근대 이후 유럽 정치의 지평을 변동시켜 온 요인으로서의 분열구조로 가장 두드러진 것은 민족국가 단위의 분할이었다. 물론 민족국가들 간의 구획은 상당 부분 인종적·언어적·종교적 분열선과 중첩되기도 한다. 그러나 유럽의 정치가 세속화되고 '상상된 공동체(imagined community)'로서의 민족이 국가를 구성하는 기본요소로 상정된

이래,[15] 유럽 대륙에서 정치적으로 가장 의미 있는 대립과 갈등의 축은 역시 민족국가를 단위로 하는 분열구조에서 비롯되고 있었다.

유럽에서는 아직도 중요한 정치적 행위의 공간이 민족국가이다. 정치적 행위의 주공간이 민족국가인 한, 정치인들은 회원국 단위의 선거정치에 민감할 수밖에 없다. 선거의 승리와 정권의 획득 또는 유지를 목표로 하는 정치인들은 그 속성상 국민들의 지지도가 낮은 정책을 추진하는 것을 가능한 한 피하고자 한다. 하지만 불가피하게 국민들의 지지를 동원하기 힘든 정책을 수행할 경우 그 탓을 유럽연합에게 돌리는 이른바 '책임전가' 전략을 사용할 수 있다.[16] 이른바 '브뤼셀 알리바이(Brussels Alibi)'라는 현상이 이를 지칭한다. 회원국의 정부는 고통스러운 정책의 모든 탓을 브뤼셀의 EU 관료에게 돌린다는 뜻이다. 이러한 이유로 인해 유럽연합이 불필요하게 비난과 불만의 대상이 되기도 한다는 점은 부인하기 어렵다.

그런데 정치적 행위의 주공간은 아직도 민족국가이지만, 중요한 정책 결정의 공간은 초국가적 수준으로 이동하고 있다. 이에 따라 발생하는 정치적 공간과 정책적 공간의 괴리가 바로 유럽연합의 민주성 결핍(democratic deficit)의 문제인 것이다. 이러한 문제로 인해, 유럽연합이 유럽인들의 삶에

---

15) 민족을 '상상된 공동체'로 개념화하는 것은 Anderson(1983)에서이다.

16) 때로는 실제 회원국 정부가 반드시 필요한 정책이긴 하지만 국내적 반발로 인해 수행이 어려울 경우, 유럽연합 수준의 힘을 빌려 추진하는 예도 있다. 이탈리아 정부가 통제 불능상태에까지 이른 재정 적자를 타개하는 방안의 일환으로 유럽통화 통합을 적극 지지하고 여기에 참여하기 위해 모든 노력을 경주했던 것이 바로 이에 해당한다. 즉 이탈리아 정부는 유럽연합의 규율을 이탈리아에 적용하여 재정의 적자폭을 축소하고 경제운용을 정상화하려는 의도를 가졌던 것이다. 회원국 정부가 EU를 하나의 '희생양(scapegoat)'으로 사용하는 경우가 있음을 지적하는 예로는 Moravcsik(1998: 75) 참조.

더욱 가까워지면 가까워질수록 그리고 유럽연합의 역할이 커지면 커질수록 유럽인들의 충성심이 민족국가에서 유럽연합으로 전이되는 것이 아니라 오히려 역설적으로 유럽인들은 유럽연합에 대한 거부감이 더 커지는 것이다. 통합 심화와 이에 대한 반발은 궁극적으로 아직도 미완의 단계에 있는 유럽 통합의 과정에 중대한 차질을 빚을 수 있는 장애요인으로 작용할 가능성이 크다는 문제의식하에, 이를 타개하려는 노력이 바로 유럽시민권(European Citizenship)의 도입이며, 유럽연합의 문화정책의 수행이라고 할 수 있다.

5. 나오는 글: EU 문화정책의 평가와 전망

유럽연합의 비전은 여러 민족과 국가를 단위로 분열되어 있는 유럽인들 사이의 연대를 강화하고 궁극적으로 그러한 분열을 극복하여 하나의 공동체를 만드는 데 있다고 할 수 있다. 유럽연합은 이런 맥락에서 문화정책을 추진하는 것이다. 그러나 유럽이 획일적인 문화적 표준을 가진 공동체를 추구하는 것은 아니다. 유럽은 '공동의 유산을 가진 다원적인 유럽(a plural Europe with a common heritage)'을 지향하는 것이다. 문화적 획일성을 강요했을 때 야기될 수 있는 반발의 가능성, 그리고 문화적 다양성에서 비롯되는 문화발전의 잠재력과 삶의 풍요로움과 사고의 유연성을 염두에 두면서, 유럽은 다양성 속에 통일성을 추구하는 것이다. 그럼에도 유럽연합의 문화정책은 '통일성'의 발견에 더욱 비중을 둔다는 느낌이다. 궁극적으로 '유럽'의 완성을 위해서는 '유럽인(European)'의 창조 또는 '유럽인의 유럽화(Europeanization of Europeans)'가 필요하다는 인식, 그리고 그것을 가능하게 하기 위한 경로가 문화적 공감대의 형성이라는 인식에서 '유럽 문화'의 배양, 형성 및 확산을 위해 유럽연합 수준에서 위에서 소개한 여러 가지 노력이 경주되는 것이다.

이런 의미에서 유럽 통합은 이제는 기술적이고 경제적인 의미에서의 통합만은 아니라고 할 수 있다. 이제 유럽 통합은 문화적 과정(cultural process)까지 포함하기 때문이다. 아울러 이는 유럽연합의 제도와 거버넌스가 정통성을 확보하기 위해 필요한 과정이기도 하기 때문에 유럽연합의 관료들이 특히 앞장서서 유럽의 '공동문화'와 '공동정체성'의 형성 또는 부각을 위한 방안을 적극적으로 모색하는 것이다.

그러나 과연 유럽연합 문화정책의 정치적 목적인 유럽적 정체성의 형성이 기대하는 만큼 이루어질지의 여부와, 만일 유의미한 정도의 정체성 형성이 이루어진다면 그것이 언제가 될지는 아직 판단하기에는 이르다.

유럽연합의 문화정책은 일단 무엇이 '유럽'이며, 무엇이 '유럽 문화'인가에 대한 명확한 규정을 하기가 곤란하다는 데 그 어려움을 찾아볼 수 있다. 유럽적 통일성이라는 것도 시각에 따라 달리 이해할 수 있으며, 다양성 또한 어디까지 유럽적인 것으로 인정해줄 수 있는가에 대해 이견이 있을 것이다. 예컨대 이슬람 국가들 중 가장 종교적으로 세속화된 터키의 유럽연합 가입에 대해 극도로 민감하게 반응하는 유럽인들이 이슬람 문화를 어디까지 '다양성'의 이름으로 포용할 수 있을지가 지극히 의문스럽다. 물론 어디까지가 유럽이고 무엇이 유럽적인 것인가에 대한 모호성이 없을 수는 없다. 하지만 그 범위의 규정이 자의적으로 행해질 수 있는 가능성이 크면 클수록 유럽의 '다양성 속의 통일성'이라는 구호가 갖는 실천적 의미가 퇴색할 것이며, 이에 따라 유럽인들의 정체성 형성에는 혼란이 뒤따를 것이다. 유럽적 정체성의 내용이 불분명할 때, 그 결과는 유럽인들이 계속 자신이 속한 국가 또는 지역·인종·종교에 대한 배타적 정체성을 유지할 가능성이 크다.

EU 문화정책의 또 하나의 문제점은 문화적 차원까지 포괄하는 유럽의 통합은 아직 엘리트 중심적 과정이며 위로부터 아래로 향하는 하향식 통합 형태에서 크게 벗어나지 못하고 있다는 점이다. 즉 소수의 유럽 통합주의자들이 주도하는 접근 방식이 아직까지 지배적인 양상을 띠는 것이다. 사실 유럽연합의 문화정책은 유럽연합 집행위원회의 관료들에 의해 주도된다는 인상을 많이 준다. 유럽연합의 관료들은 자신들 사이에서 일종의 '공동체 문화'를 형성하고 있으며, 이들은 속성상 유럽 통합에 대한 긍정적·낙관적 사고를 가지고 있을 뿐 아니라, 유럽 통합의 심화에 대해서도 매우 적극적인 태도로 임하고 있다. 그러나 이른바 '공동체 문화'에 젖어 있는 '탈근대화'된 유럽연합의 엘리트와, 아직도 민족국가에 대한 정체성과 충성심이 더 강한 '근대적 인간'인 일반시민들 사이에 존재하는 인식의 괴리를 고려한다면, 유럽연합의 엘리트들에 의해 고안되고 추진되는 유럽연합 문화정책이 정책의 '대상'이 되는 일반 시민에게 얼마나 의도한 바대로 수용될 수 있을 것인지 의문이 제기되지 않을 수 없다.

나아가 유럽연합이 의도하는 바와 같이 과연 문화적 통합이 가능할 것인가, 그리고 문화 분야에서의 통합은 다른 분야에서도 보다 심층적인 변화를 선도할 것인가의 문제 또한 고려해볼 필요가 있다. 비록 신기능주의적 사고에 입각해 유럽 통합의 출발을 성공시킨 '유럽 통합의 아버지' 장 모네가 "만일 내가 다시 시작할 수만 있다면 문화에서부터 출발할 것"이라고 했다고 하지만, 과연 문화부터 시작하는 것이 가능한 일이며, 문화적 통합이 다른 분야에서의 통합에 우선해서 이루어질 수 있는지에 대해서는 명쾌한 답을 구하기가 쉽지 않다.[17] 사실 문화란 좀체 변화하지 않으며, 그 변화의 속도가 매우 느린 것이 일반적이다. 그리고 문화적 변화는 사회경제적 변화의 파급효과로 나타난다고 보는 시각도 있다. 문화는 마르크스의 상부구조에 해당하는 것으로 하부구조의 변화에 따라 변이의 과정을 겪게 된다는 시각이 그것이다. 이렇게 본다면 문화는 지역 통합에서 변수이기보다는 상수일 가능성이 크다. 그렇다면 유럽에서의 통합은 어쩌면 많은 논자들이 가정하는 것처럼 "문화적 동질성이 존재했기 때문"에 가능했던 것이 아니라, "문화적 이질성에도 불구"하고 이루어진 것으로 생각할 수도 있는 것이다. 유럽의 문화와 역사는 통합의 촉매가 아니라 오히려 분열의 촉매라는 주장은 바로 그러한 점을 지적하는 것이라 하겠다(Shore, 2000: 17; Meyer and Palmowski, 2004: 580). 유럽연합의 문화정책이 이러한 유럽의 문화를 변화시키는데 얼마나 큰 역할을 할 수 있을 것인가 대해 낙관적일 수만은 없는 노릇일 것이다.

이 외에도 유럽연합의 문화정책은 몇몇 기술적 문제에 관련하여 비판의 대상이 되고 있다. 무엇보다도 예산배분에서, 지나치게 많은 프로젝트에 대해 미미한 액수의 예산만을 지원함으로써 목표 달성이 어렵다는 지적에서부터[18] 사업에 대한 홍보의 부족에 대한 비판, 매칭펀드(matching fund) 방식의 지원정책으로 정작 아이디어는 좋지만 재원조달이 어려운 프로젝트들이

---

17) 이러한 관점에서, 지역통합 과정의 역동성을 잘 파악하고 있던 모네가 과연 문화정책을 유럽 통합의 출발점으로 상정하는 발언을 했겠느냐는 의문도 제기된다(Geremek, 2006: 5 참조).

18) 유럽연합의 문화정책 관련 예산은 2005년을 기준으로 했을 때 3,475만 유로(1999년 가격 기준)이다. 2005년 유럽연합의 총예산이 1,060억 유로인 것을 고려한다면, 문화정책 예산은 전체의 0.03%에 지나지 않아, 그야말로 웃음거리밖에 되지 않는다는 지적이 있다(Theiler, 2003: 843). 참고로 유럽연합은 전체 예산의 약 80%를 공동농업정책과 지역개발정책에 투여하고 있으며, 행정비용과 대외정책 등의 기타 항목에 나머지 예산을 배분해서 사용하고 있다.

사장되는 결과를 초래한다는 불만 등이 제기되고 있다. 아울러 회원국들의 문화정책이 나라마다 다른 관계로 유럽연합과의 협조체제가 원활히 이루어지기 어렵다는 문제도 해결해야 할 과제로 보인다. 그러나 이러한 문제점은 해결이 쉽지 않을 것으로 보인다. 무엇보다도 기존의 국가별 문화정책의 틀 속에서 수혜자의 입장에 놓인 문화 세력이 문화정책의 관할권이 유럽연합 수준으로 이행함으로써 생길 수 있는 불이익에 대해 반발할 가능성이 높고, 영국과 덴마크의 중앙정부나 독일의 주정부들처럼 시민의 정체성과 관련된 중요한 정책 영역을 초국가적 기구로 이양하는 것에 대해 강한 거부감을 갖는 입장이 존재하는 한, 문화정책 수행을 위한 예산 확보와 국가별 정책 공조가 쉽지 않을 것이기 때문이다. 앞서 지적한 바와 같이 적어도 유럽인들의 정체성과 충성심의 부분에서 신기능주의가 기대했던 현상이 나타나지 않고 있는 것은 국내 행위자의 역학관계에서 빚어지는 국가 간 이해관계의 동학이 문화정책 분야에서 두드러지게 작용하기 때문일 수도 있는 것이다.

　유럽연합은 통합의 심화를 위해 '새로운 유럽'을 창조하려는 노력을 경주하고 있다. 유럽의 역사가 '발명'되고 있으며, '유럽인의 유럽화'가 진행되는 것이다. 이를 수행하는 것이 바로 유럽연합의 문화정책이다. 다만, 유럽인으로서의 정체성의 구축을 통해 유럽 통합의 정당성을 구축하고자 하는 유럽연합 문화정책의 비전이 얼마나 이루어질 수 있는가는 좀 더 시간이 흐른 다음에 평가가 가능할 것으로 보인다.

❖ 참고문헌

송도영·이호영. 2003. 『프랑스의 문화산업체계』. 서울: 지식마당.
이복남. 2004. 「EU 확대와 시민권의 문화 정책적 실현」. 《유럽연구》, 제19권(여름),

197~225쪽.

이은혜. 2003. 「문화적 시민권을 위한 유럽연합의 노력」. 《유럽연구》, 제17권(여름), 325~348쪽.

번즈, E·M, 러너·R.미첨, S. 1997. 『서양문명의 역사』. 손세호 옮김. 서울: 소나무.

Anderson, Benedict. 1983. *Imagined Communities: Reflections on the Origins and Spread of Nationalism.* London: Verso.

Bruter, Michael. 2004. "Civic and Cultural Components of a European Identity: A Pilot Model of Measurement of Citizens' Levels of European Identity." In Herrmann, Risse, and Brewer(eds.). *Transnational Identities: Becoming European in the EU.* New York: Rowman and Littlefield.

Castano, Emanuele. 2004. "European Identity: A Social-psychological Perspective." In Herrmann, Risse, and Brewer(eds.). *Transnational Identities: Becoming European in the EU.* New York: Rowman and Littlefield.

EU(European Union). Decision No. 508/2000/EC of the European Parliament and of the Council of 14 February 2000, establishing the Culture 2000 Programme.

Geremek, Bronislaw. 2006. "Thinking about Europe as a Community." In Krzysztof Michalski(ed.). *What Holds Europe Together?* Budapest and New York: Central European University Press.

Haas, Ernst B. 1958. *The Uniting of Europe: Political, Social, and Economic Forces, 1950-1957.* Stanford: Stanford University Press.

Herrmann, Richard, Thomas Risse, and Marilynn B. Brewer(eds.). 2004. *Transnational Identities: Becoming European in the EU.* New York: Rowman and Littlefield.

Herrmann, Richard. and Marilynn B. Brewer. 2004. "Identities and Institutions: Becoming European In the EU." In Herrmann, Risse, and Brewer(eds.). *Transnational Identities: Becoming European in the EU.* New York: Rowman and Littlefield.

Ladrech, Robert. 1997. "Partisanship and Party Formation in European Union Politics." *Comparative Politics*, Vol. 29, No. 2, pp. 167~185.

Lodge, Juliet(ed.). 1993. *The European Community and the Challenge of the Future.* New York: St. Martin's.

Lodge, Juliet. 1993. "EC Policymaking: Institutional Dynamics." In Lodge(ed.). *The European Community and the Challenge of the Future*. New York: St. Martin's.

Meyer and Palmowski. 2004. "European Identities and the EU - The Ties that Bind the Peoples of Europe." Journal of Common Market Studies, Vol. 42, No. 3, pp. 573~598.

Moravcsik, Andrew. 1998. *The Choice for Europe: Social Purpose and State Power from Messina to Maastricht*. Ithaca: Cornell University Press.

Opp, Karl-Dieter. 2005. "Decline of the Nation State? How the European Union Creates National and Sub-National Identifications." *Social Forces*, Vol. 84, No. 2, pp. 653~680.

Petersen, Nikolaj. 1996. "Denmark and the European Union 1985-96." *Cooperation and Conflict*, Vol. 31, No. 2, pp. 185~210.

Risse, Thomas. 2001. "A European Identity?: Europeanization and the Evolution of Nation-State Identities." In Maria Green Cowles, James Caporaso, Thomas Risse(eds.). *Transforming Europe: Europeanization and Domestic Change*. Ithaca: Cornell University Press.

_____. 2002. "Identity Politics and European Integration: The Case of Germany." In Anthony Pagden(ed.). *The Idea of Europe: From Antiquity to the European Union*. Washington and Cambridge: Woodrow Wilson Center Press and Cambridge University Press.

Rougement, Denis(de). 1966. *The Idea of Europe*. New York: Collier-Macmillan.

Said, Edward. 1978. *Orientalism*. Harmondsworth: Penguin.

Sassatelli, Monica. 2002. "Imagined Europe: The Shaping of European Cultural Identity through EU Cultural Policy." *European Journal of Social Theory*, Vol. 5, No. 4, pp. 435~451.

Sandholtz, Wayne. 1993. "Choosing Union: Monetary Politics and Maastricht." *International Organization*, Vol. 47, No. 1, pp. 1~39.

Shore, Cris. 2000. *Building Europe: The Cultural Politics of European Integration*. London and New York: Routledge.

Smith, Anthony. 1992. "Europe versus the Nation?" The New Federalist, No. 5~6, pp.

8~9.

_____. 1993. "A Europe of Nations--or the Nations of Europe?" *Journal of Peace Research*, Vol. 30, No. 2, pp. 129~135.

Svensson, Palle. 1994. "The Danish Yes to Maastricht and Edinburgh: The EC Referendum of May 1993." *Scandinavian Political Studies*, Vol. 17, No. 1, pp. 69~82.

Theiler, Tobias. 2003. "Culture and European Integration." *Journal of European Public Policy*, Vol. 10, No. 5, pp, 841~848.

_____. 2005. *Political Symbolism and European Integration*. Manchester: Manchester University Press.

Van Gerven, Walter. 2005. *The European Union: A Polity of States and Peoples*. Stanford: Stanford University Press.

Wallace, William. 1990. *The Transformation of Western Europe*. New York: Royal Institute of International Affairs.

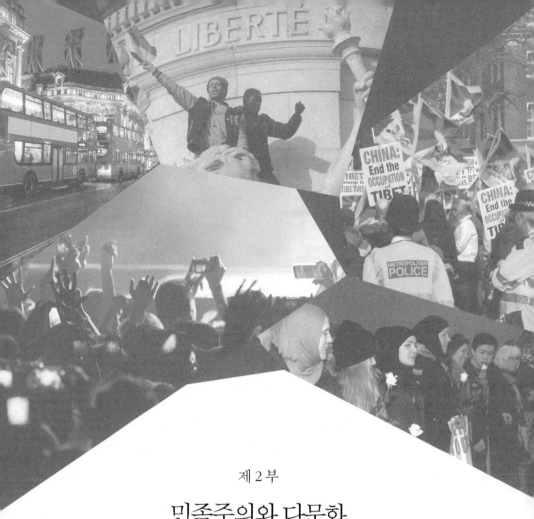

제 2 부

민족주의와 다문화

5장

누가 다문화 사회를 노래하는가?
신자유주의적 통치술로서의 한국 다문화 담론과 그 효과

| 조지영 · 서정민

1. 들어가는 글

1) 상호대립적인 한국의 다문화 담론 현실

지난 2013년 5월, '리틀 싸이'로 잘 알려진 황민우 군이 엄마가 베트남 출신인 다문화가정의 자녀라는 사실이 알려지면서 화제가 되었다. '열등 인종 잡종'과 같은 악성 댓글이 폭주했던 이 사례는 한국 사회에 반다문화 정서가 여전히 얼마나 극심한지를 단적으로 보여준다. 한편 비슷한 시기, 경기도 안산시에서 열린 '안산 글로벌다문화센터 개관식'에서 조윤선 장관은 "다문화 가족의 '다름'은 다양성과 개방성이 중요시되는 오늘날 훌륭한 경쟁력"이라고 강조한 바 있다. 위와 같이 한국의 다문화 사회에 대해 다양한 관점을 보여주는 기사는 2000년 이후 한국 남성과 국제결혼을 선택한 이주 여성이 증가하면서 각종 매체에서 범람하기 시작하였다.

이와 같은 다문화사회에 대한 언론 매체의 기사에서 몇 가지 특이점을 발견할 수 있다. 우선, 2006년 이전의 기사는 외국인 노동자에 대한 인권 침해 문제를 가시화하는 동시에 이들에 의한 범죄 급증 현상을 빈번하게 제시한다. 이 시기의 기사들은 임금 체불이나 노동력 착취와 같이 외국인 노동자들이 경험하는 부당한 인권침해를 범죄 급증의 한 원인으로 제시하는 한편, '불법·살인·강간·강도·강력범죄·범죄조직화·확산' 등의 표현으로 서술해서 이주 노동자 전체가 본국인의 신변에 위협이 되는 '공포스러운 소수'로 재현하는 특징을 보인다.[1] 또한 이들에 대한 인권침해 문제를 개선하기 위해 2004년 고용허가제가 실시됨에도, 실질적 권리보호 및 지원에 대한 정부의 태도는 미온적이라고 기사화된다. 이에 비해 2006년 '여성결혼이민자가족의 사회통합 기본대책'을 기점으로 정부의 태도가 굉장히 적극적으로 전환되고 있음을 알 수 있다.[2] 이러한 경향은 2006년 이후 관련 기사량이 폭증하는 것으로 나타나는데, 기사들은 주로 2005년 프랑스에서 발생한 이민자 폭동과 2006년 하인스 워드의 한국 방문, 한국의 저출산 위기 등

....

1) 물질과 이념이 초국가적으로 순환하는 상황에서 사회적 삶은 개인에게 불확실성을 유발한다는 아파두라이(Appadurai, 2006: 1~7)의 견해처럼, 노동이주나 국제결혼 등을 통해 한국 내 체류 외국인이 증가하는 상황은 내국인들이 그동안 동질적 범주로 상정하였던 '우리나라' 혹은 '한 민족'이라는 단단한 경계를 유동적으로 만드는 계기로 작용한다. 불안정한 경계에 놓인 내국인들은 '단일민족국가'라는 정체성 수호를 강조하는가 하면, 다문화 사회로의 발 빠른 전환을 지지하기도 한다.

2) 이혜경(Lee, 2008: 116~119)은 이러한 정부 정책 기조의 급격한 변화 원인을 외부적 및 내부적 요인으로 나누어 설명한다. 프랑스의 인종 폭동 발생 및 하인스 워드의 방한이 한국의 국제결혼자녀에 대한 대중의 인식을 고취시키는 외부적인 계기가 되었다면, 내부적으로는 한국에 이주 노동자가 유입된 지 거의 20년이 흘러 한국 내 거주하는 이주자가 상당히 많아짐에 따라, 정부가 이들에 대한 체계적 관리 시스템 정비의 필요성을 인식하였기 때문에 정책 기조가 변화하는 계기가 되었다고 본다.

의 사례를 통해, 결혼이주여성 및 그 가정에 대한 처우 개선이 이루어지지 않을 경우 한국에 도래할 디스토피아적 전망을 제시하고 있다.

이와 더불어 2009년을 전후로 결혼이주여성과 그 가정에 대한 기사 담론에 또 다른 변화가 감지된다. 이전의 기사들에서 결혼이주여성들은 주로 한국의 저출산 위기를 해결하는 존재로 담론화되고, 한국적 정체성 및 젠더 역할을 충실하게 수행하는 '모범적 사례'를 통해 재현되며, 정부나 시민단체 그리고 내국인들이 베푸는 각종 시혜적 지원을 받는 '취약 계층'으로 규정되는 경향이 강하다. 이에 반해, 2009년 전후에는 결혼이주여성 및 다문화 가정이 희소성 있는 '글로벌 자원'으로 기사화하는 것을 빈번하게 발견할 수 있다.

이처럼 외국인 노동자들에 비해 '한국인'으로 더 환대되는 결혼이주여성과 그 가정에 대한 기사의 시각이 일관적이지 않고, 취약 계층 혹은 글로벌 자본이라는 언뜻 모순적인 관점으로 담론화되는 이유는 무엇일까? 이 질문에 대한 답을 구하는 것은 한국이 어떠한 전략 혹은 준거로 동일화/타자화의 경계에 놓인 사람들을 '우리 민족'의 범주로 포섭하는지, 그리고 해당 범주 내에서 또 차이를 발생시키는 지표는 무엇인지를 분석하는 과정이 될 것이다. 그런데 이러한 구분 짓기 및 차이는 사회 내 형성된 담론들 간의 끊임없는 경합 과정을 통해 형성된다는 점을 떠올려 본다면, 생활 속에서 유포되는 다문화 담론이 어떠한 효과를 가질 것인지 의문을 제기할 수 있다. 과연 누가 한국의 다문화 사회를 노래하는가?3)

---

3) 본고의 제목이기도 한 이 질문은 버틀러와 스피박(Butler and Spivak)의 대담을 엮은 책 *Who sings the nation-state?: language, politics, belonging*에서 착안하였다. 국가는 특정한 방식으로 민족의 기억을 구성하거나 불러내고 구성원들을 결속시키는 한편, 권리를 박탈하거나 추방하기도 한다. 이러한 이 책의 논의가 본 연구에서 한국

2) 다문화주의와 민족

위에서 본 바와 같이 한국 내 거주 외국인의 약 6.3%를 차지하는 결혼 이주여성이 한국 다문화 담론의 중심을 차지하고 있다는 점은 주목할 만하다.[4] 결혼이주여성은 한국 남성의 아이를 낳고 한국 가족으로 편입된다는 점에서 '우리 민족'의 범주로 비교적 쉽게 수용되지만, 외국인 노동자들은 한국에 대한 애착이나 적응정도와 무관하게 한국인에게 위협이 되는 '외국인'으로 상상되며 쉽사리 정주가 허용되지 않는다. 다문화주의에 대한 이론적 논의가 공통적으로 다양한 민족의 존재와 문화를 서로 존중하고 인정하는 '인정의 정치(the politics of recognition)'를 중요 개념이자 실천 원칙이 되어야 한다고 주장하는 것을 염두에 둔다면(Taylor and Gutmann, 1994), 결국 현실 속에서의 다문화 담론을 분석할 때 그 핵심 대상이 되는 것은 '민족'이다.

'민족'은 '국가'와 상당 부분 중첩되는 것처럼 보이지만 동의어로 규정되지는 않는다. 앤더슨(Anderson, 1991: 12)이 '상상의 공동체(Imagined Com-

---

의 다문화 담론에 대해 주장하고자 하는 바와 유사한 지점을 향해 있다고 생각했기 때문이다. 즉, 본고는 시기마다 그 언술의 차이는 있더라도, 한국의 다문화 담론은 공동체의 경계를 유동적으로 만드는 신자유주의 '상태/국가(state)'에서 '다문화 가정'이라는 호명을 통해 '민족국가'의 경계를 재구성 혹은 강화하는 새로운 통치술로 작용함을 밝히고자 한다. 이러한 담론화 과정에서, 국가의 통치성이 설정한 규범에 부응하는 '모범적'인 주체들은 국가에 적법한 성원으로 포섭되는 반면, 그렇지 않은 주체들은 방치되거나 권력 행사를 통해 국가의 바깥 영역에 위치하게 된다.

4) 「2012 출입국·외국인 정책 통계연보」에 따르면 2012년 12월 31일 기준으로 국내에 거주하는 등록 외국인은 총 93만 2,983명이고, 이 중 약 6.3%인 14만 8,498명이 결혼 이주여성에 해당한다(출입국·외국인정책본부, 2013).

munity)'라고 표현하는 민족은 보편적이고 본질적인 실체라기보다는 각 개인을 '우리'로 엮어내는 담론적 구성물이다. 18세기 '인쇄 자본주의(print capitalism)'의 출현으로 인쇄매체를 통해 연결된 대중들이 '민족'이라는 추상적 개념과의 동일시가 가능하게 되었다는 견해는, 언론 매체가 민족 정체성 형성에 미치는 영향력을 짐작하게 한다. 따라서 어떤 '민족'에 대한 이해는 해당 문화의 체계 속에서 언론 매체가 형성하는 담론 분석을 통해 가능할 것이다.

버틀러와 스피박(Butler and Spivak, 2007: 1~11)은 민족국가 혹은 국민국가(nation-state)를 지칭할 때 'state'가 '국가'와 '상태'라는 이중의 의미를 가진다는 것에 주목한다. 그에 따르면 '국가'는 개인의 심리나 미시적 상황을 나타내는 '상태'와 긴밀히 연결되어 있다. 즉 국가는 권력이 집약되는 지점이지만 권력의 총체가 아니며, 민족과 일치한다고 여겨지는 민족국가(nation-state)도 아니라는 점에서 국가라는 단어는 민족이라는 단어와 분리된다. 국가는 민족의 이름으로 구성원을 결속하면서 특정한 방식으로 구성된 민족의 기억을 불러내기도 하고, 다른 한편으로는 속박을 풀거나 권리를 박탈하고 추방하기도 한다. 이렇게 결속되지 못하거나 추방당한 자들의 상황은 박탈의 조건과 상태를 생산해내고 유지하도록 고안된 어떤 전략의 결과라고 할 수 있다. 따라서 버틀러와 스피박(Butler and Spivak, 2007: 28~31)이 논하였던 아렌트의 '국가 없음(stateless)'에 대한 의미는 '신자유주의 상태'에 놓인 '민족국가'의 전략적 특성을 잘 보여준다. 즉, 신자유주의 국가는 전 지구적 자본 유통을 원활하게 하기 위한 관리 국가의 성격을 띠므로 국가가 직접 수행하는 복지나 재분배 역할을 구조적으로 최소화하며, 기존에 수행하던 복지 기능은 다른 행위자가 대신 수행하게끔 하거나 소멸됨에 따라 '국가 없음'의 상태를 만들어낸다는 것이다.[5] 이러한 관점은 한국에 유입된 이주자들의 역사를 비추어볼 때에도 유의미한 시사점을 제공한다. 이주노동자들은 한국 '안'에 있으면서도 지속적으로 그 바깥의 범주로 분리되어 권리를 보장받지 못하는 상태에 놓였던 반면, 시기마다 담론 방식상 차이는 있더라도 '다문화 가정'이라는 호명하에 한국인이 되기에 적합한 주체로 환대되는 결혼이주여성과 그 자녀들은 적극적으로 국가의 안으로 포용되었다. 그와 동시에 다문화 가정 구성원들에 대한 담론화 방식에는 통치성이 지향하는 이상적인 주체상이 투영되어, 이 규준에 따라 포용된 집단 내부에서도 위계화가 이루어질 뿐 아니라 모범적인 주체상의 전형에 부응하지 못하는 구성원은 또 다른 방식의 배제를 경험하게 된다.

3) 선행 연구 검토

한국의 다문화사회에 대한 기존 연구를 살펴보면, 2000년대 중반 이후 결혼이주여성에 대한 논의가 활발해지기 전에도 외국인 노동자들이 겪는 차별과 그 원인을 분석하는 연구가 이루어졌다(설동훈, 2007; 2009; Seol and Han, 2004; 한건수, 2003; 2011). 이에 따르면, 외국인 노동자들은 노동 유연화와 비용 감소라는 기업의 필요를 충족시켜주는 존재지만, 불법체류자·한민족의 순수혈통을 오염시키고 범죄와 질병의 온상이 되는 존재로 인식됨으로써 무차별적인 차별의 희생자가 된다. 이 연구들은 외국인 노동자에 대한 차별의 원인을 '민족주의', '인종적 위계', '제노포비아(xenophobia)' 그리고 '낮은 사회적 위신'으로 체계화했으나, 한국의 다문화 사회를 구성하는 또 다른 주체인 결혼이주여성은 외국인 이주자임에도 왜 한국사회로 적극

---

5) 신자유주의 체제하의 '국가 없음'에 대한 상세한 논의는 김현미(2010)를 참조.

환대되는지에 대한 설명은 부재하다는 한계가 있다.

한편 이주민의 유입 경로, 민족국가 체제의 안정성, 민주주의 수준, 종교 의제와의 결합 정도 등에 따라 다문화 환경을 유형화한 오경석(2007: 22~56)과 서구의 관주도형 다문화주의 유형에 비추어 한국의 현실을 분석한 김희정(2007: 58~79)의 연구는 각각 한국의 다문화 현실이 미국, 캐나다, 호주, 유럽과 같이 이주의 경험이 긴 국가들과 무엇이 유사하고 다른지를 논의한다. 한국은 캐나다나 호주처럼 저출산·고령화에 대한 해결책인 인구 정책의 일환으로 공식적(official) 다문화 정책을 도입했으나, 뿌리 깊은 순혈주의와 분단, 반공과 결합된 민족주의 이데올로기로 인해 결혼이주자가 아닌 다른 주체들은 다문화 사회에서 배제되고 있음을 밝히고 있다. 오랜 이주의 역사를 가진 나라와 비교했을 때 이주자를 수용하는 방식상 한국이 가진 특이성에 대해 설동훈과 스크렌트니(Seol and Skrentny, 2009)는 한국은 '한 핏줄'이라는 순혈주의적 인식뿐 아니라 '경제적 이익 추구'가 이주자에 대한 수용성을 가늠하는 '위계적 민족성(hierarchical nationhood)' 형성에 밀접한 연관이 있다는 새로운 견해를 제시한다. 이와 관련하여, 동아시아의 '위계적 시민권' 또는 인종적 선호의 범주가 형성되는 맥락으로 '개발 정치(develop-mental politics)', '세계화(globalization)', 그리고 '민족 통합과 사회정치적 분화 사이의 경합(national unity versus sociopolitical division)'을 제시하는 연구가 있다.[6] 장경섭(Chang, 2012: 182~202)과 김현미(Kim, 2012: 203~217)는 한

---

6) 장경섭과 터너(Chang and Turner, 2012: 1~11)에 따르면, 한국·일본·중국은 권위주의적 정부에 의해 국가경제 발전이 강조되고 지지되는 반면, 재분배적 사회정의나 자유주의적 정치 질서의 조직화는 미약했다. 세계화의 진전이 동아시아 국가들의 발전주의적 토대를 동요시키는 요인으로 작용했으나, 동시에 국가경제의 경쟁력을 강조하는 민족주의가 분출된 결과 고용안정성이나 복지에 대한 개인의 시민권 요구는

국의 경우 각각 '개발 시민권(developmental citizenship)', '젠더화된 시민권 (gendered citizenship)'의 양상을 보인다고 주장하는데, 위 연구들은 한국의 다문화 현실을 분석하는 데 고려해야 할 역사적·개념적 토대를 제공해준다.

한편 결혼이주여성에 초점을 맞추어 한국의 다문화사회를 분석한 연구 중 김혜순(2008: 36~71)은 다문화 담론을 주도하는 중앙정부, 지방정부, 언론, 민간단체 간의 상호 역학관계와 이해관계 ── 이를테면 부처 간 정책과 예산 선점 경쟁, 지방정부의 인구정치, 정책성과 측정방식의 단순성, 뉴스가치를 극대화하기 위한 사례 선정과 보도방식, 단체의 필요에 따른 언론기관과의 협조 등 ── 가 어떻게 결혼이주여성을 다문화 담론의 중심으로 부각시키고, 온정적·시혜적 대상으로 담론화하는지를 분석한다. 또한 아시아에서 두드러지는 '이주의 젠더화(gendered migration)' 혹은 '이주의 여성화(feminization of migration)'7)에 주목하는 연구는 이주 과정에서 많은 여성들이 전통적인 가사 영역에서 벗어날 수 있는 능력을 보유하고 있음에도, 국제이주를 선택한 결과 전형적인 '여성의 일'로 취급되는 가사, 돌봄, 유흥 노동의 영역으로 재편입되는 역설적 상황에 놓임을 보여준다(김영옥, 2007; 김영옥 외, 2009; 김영주, 2010; 김현미, 2001, 2010; 김현미·손승영, 2003; 김현미·김민정·김정선, 2008; 문경희, 2006; 이혜경, 2005; 이혜경 외, 2006; 황정미, 2009). 위 연구들은 한국의 결혼이주여성과 다문화 사회를 각각 국가와 언론의 관계, 신자유주의라는 구조적 관점에 초점을 맞추어 고찰했다는 의의가 있으나, 이주를 선택한 여성을 지나치게 국가 권력에 대한 피해자적 시각으로만 분석했다는 한계

─────────────

좌절되는 양상을 보인다.

7) 이주의 여성화란 1980년대 이후 본격화된 신자유주의 경제 질서 이후 등장한 현상으로, 여성 이주자가 남성보다 압도적으로 많고, 여성 스스로가 생계부양자로서 독자적인 이주를 꾀하는 현상을 지칭하는 개념이다(Parrenas, 2001; Piper, 2008: 249~250).

가 있으며 그 이후의 현실은 어떠한지 후속 논의가 필요하다.

따라서 본 연구는 결혼이주여성 및 그 가정에 대한 일상적 담론의 논조가 2009년을 기점으로 변화한다는 점에 초점을 맞추고자 한다. 특히 기사의 담론은 이주자를 취약 계층/희소한 글로벌 자원이라는 일견 상호 대립적인 방식으로 재현하여 지속적으로 차이와 위계화를 유발하고 있음을 고려할 때, 이러한 담론 전략이 민족 국가의 통치성과 관련하여 어떠한 효과를 가지는가를 밝히고자 한다. 왜냐하면 수용과 배제, 차이와 위계화를 설정하는 상호대립적인 기사의 담론은 그 자체로 권력이 투사된 지점임과 동시에 일상적 담론 수용자인 사회 구성원들에게도 영향을 미치기 때문이다.

본 연구가 시도하는 다문화 '담론'에 대한 연구는 주로 언론정보학계에서 활발히 이루어져 왔다. 뉴스, 신문 기사, 텔레비전 프로그램이 결혼이주여성을 재현하는 방식을 분석한 연구에 따르면, 미디어 속에서 결혼이주여성은 한국 전통 문화를 체현하고, 출산과 양육을 통해 한국의 저출산 위기를 해결하며, 돌봄 노동과 같은 젠더 역할을 수행하는 존재로 그려진다. 이처럼 엄격한 가부장적 가치의 실천자임과 동시에 한국인이 베푸는 각종 시혜 정책의 수혜자임을 부각시켜서 결혼이주여성을 재현하는 사례들은 미디어가 한국이 원하는 방식으로 다른 문화를 식민화하는 오리엔탈리즘적 특성을 보이고 있다고 밝힌다(김경희, 2009; 양정혜, 2007; 이경숙, 2006; 홍지아, 2010). 무엇보다도 안지현의 석사학위논문(2007)은 한국의 다문화 담론을 주도하는 언론, 정부, 학계가 어떠한 다문화 담론을 배치하고 있는지, 그리고 그 과정에서 이주노동자로부터 다문화 가정으로의 담론 변환이 왜 발생하게 되었으며 어떠한 인종적 질서를 형성하고 있는지를 푸코의 관점에서 분석했다는 점에서 본 연구의 연구 목표와 유사한 지점이 많다. 그러나 위연구들은 결혼이주여성이나 이주노동자들이 인구 관리 차원에서 어떻게 포섭 혹은 배제의 대상으로 담론화되는지 풍부하게 논의하고 있으나, 역시 연구 시점 이후 변화된 담론이 추가적으로 분석될 필요가 있다. 따라서 본고는 담론 주도의 여러 주체 중에서 특히 언론에 초점을 맞추어,[8] 결혼이주여성과 그 자녀들이 '글로벌 경쟁력 제고'라는 통치 목표와 결부되어 어떠한 방식으로 '지속적 성장을 담보하는 차별화된 글로벌 자원'으로 담론화되고 있는지를 푸코(M. Foucault)의 '통치성(governmentality)'[9] 관점에서 분석하고자 한다.

4) 신자유주의적 통치성과 비판적 담론 분석

인구를 대상으로 개인의 삶에 관여하는 통치 기술로 푸코가 제시한 '생명관리권력(bio-power)'은 육체의 유용성과 순응성을 증대시키는 '규율을 통한 권력'을 한 축으로, 출생률·사망률·공중보건·수명·이주 등의 문제와 이들을 변화시키는 조건에 작용하는 '인구에 대한 생체정치'를 또 다른 한 축으로 한다. 이전의 주권과 법질서가 '죽음에 대한 권력'을 상정했다면, 이렇게 두 축으로 이루어진 생명관리 권력은 특정 '규준'을 바탕으로 자격을 정

---

8) 특히 언론에 초점을 맞춘 이유는 가장 일상적으로 광범위하게 담론 수용자에 영향을 미치는 주체가 언론이라고 생각하였기 때문이며, 김혜순(2008)과 안지현(2007)의 연구에도 논의되어 있듯이 언론, 학계, 그리고 정부의 논의 간에 명확한 경계를 짓기 어려울 정도로 서로 중첩되는 측면이 많기 때문이기도 하다.

9) 푸코(Foucault, 2007: 108)는 통치성에 대해 다음과 같이 정의하였다. "통치성이란, 매우 난해하지만 구체적으로 권력 행사를 가능케 하는 제도, 절차, 분석, 계측, 전략의 총체이다, 이 권력은 인구를 대상으로 행사하고, 정치경제학을 중요한 지식 기반으로 삼으며, 안전 장치(apparatuses of security)를 필수 기제로 한다." 통치성에 대한 더 자세한 논의는 본문의 분석 과정에서 언급하기로 한다.

하고 헤아리고 평가하는 등 살아 있는 사람들을 '유용성'의 영역 안에서 배분하는 것이 문제가 된다. 이러한 생명관리 권력의 일환으로 푸코(Foucault, 2008: 129~150)가 제시한 '신자유주의적 통치성(neoliberal governmentality)' 논의는 그 시대적 배경이 일치하지 않음에도 현재의 신자유주의 논의와 더불어 한국의 다문화사회를 조망하는 데 유의미한 시각을 제공한다. 국가 운영의 근원적 원리에 시장이 자리하게 된 것이 시장 혹은 자유의 의미가 시대에 따라 다르게 변하는 것과 맞물려 있다는 점을 계보학적으로 분석한 푸코는, 18세기 자유주의 통치성에서는 자연적 시장 메커니즘에 따른 공정한 교환이 시장을 규정하고 그 유의미함을 보장했다고 설명한다. 이에 비해 20세기 이후 신자유주의가 국가를 정초하는 원리가 되면 '경쟁' 메커니즘이 시장의 특성과 존재이유가 되는 것을 넘어서, 전 사회 영역을 운영하는 방식이자 원리가 된다. 그리고 이러한 운영 시스템이 제대로 작동될 수 있도록 국가는 원조의 형식이 아니라, 사회의 기본 골격 혹은 틀(framework)에 해당하는 인구, 기술, 교육, 법률 체계 등에 개입하여 조절한다. 따라서 신자유주의적 통치성을 근간으로 삼는 국가는 평등화 혹은 균등한 조절을 목표로 하는 사회정책은 설정할 수 없음을 시사한다.

푸코의 논의에 입각한 담론 분석적 접근은 다문화 담론을 정치적 관점에서 분석하는 경험적 연구가 여전히 미진하고, 이를 통해 사회 내 권력 작용에 의해 은폐된 원인이나 소외된 집단을 수면 위로 드러낼 수 있다는 점에서 의미가 있다.[10] 푸코의 담론 분석 논의를 계승하여 발전한 비판적 담론

....
10) 페어클라우(Fairclough, 2001: 121~138; 2003: 19~62)에 따르면 비판적 담론분석은 몇 가지 강조점을 가진다. 첫째, 비판적 담론분석은 사회적 문제에 대해 발언한다. 둘째, 권력관계는 담론적으로 형성된다. 셋째, 담론은 사회와 문화를 구성한다. 넷째, 담론은 이데올로기적 역할을 수행한다. 다섯째, 텍스트와 사회 간의 연결은 매개된

분석은 특히 지배적으로 사회 내에 순환되는 담론들 속에 배치되는 특정 용어나 기표가 어떻게 이데올로기적이면서 계급적인 요소를 담고 있고, 어떤 방식으로 일종의 현대판 '신화'를 형성하는지를 탐색하는 데 초점을 맞춘다 (Fairclough, 1995: 187~205). 즉, 미디어를 비롯한 여러 제도적 장치가 사용하는 전술적 언어가 특정 사회의 일상 영역에서 어떻게 기존의 지배적 담론이 선호하는 방향으로 사회적 재생산 및 헤게모니[11] 유지에 기여하는지를 분석한다.

이러한 분석 과정은 첫째, 텍스트 안에서 발견할 수 있는 특정 키워드나 대명사, 지배적 목소리 혹은 수사학적 스타일과 같은 의미론적 요소에 집중한다. 둘째, 다문화 담론이 발생하는 상황을 넘어 더 포괄적인 맥락 속에서 지배적 담론이 연계되는 방식을 분석하고, 이들 담론을 통해 어떻게 '차이'가 위계적 질서 속으로 구성되고 있는지를 규명한다. 이를 위해 구체적으로 요구되는 분석 기준은 ① 기사 제목, 헤드라인 또는 본문에서 어떠한 단어가 사용되는지, ② 전체 기사 구성에 사용된 단어들이 어떠한 의미와 접합되며 담론을 구성하는지, ③ 그리고 이렇게 생산된 담론이 수용자에게 미치

다. 여섯째, 담론은 사회적 행동의 한 형태이다.

11) 헤게모니 개념에 대해 그람시(Gramsci, 1992)는 피지배 집단의 동의를 가능케 하는 지배 집단의 문화적 지도력이라고 보았다면, 윌리암스(Williams, 1985: 144~145)는 '정상' 혹은 '상식'이라고 수용되는 지배적 관습 및 의식을 의미한다고 보았다. 또한 코마로프와 코마로프(Comaroff and Comaroff, 1991: 23)는 "경험된 실재를 형성하는 삶의 의미와 가치, 관계와 실천들로 이루어진 지배 체계"라고 정의하였다. 사회 구성원들은 이러한 지배체계를 당연하고 자연스러운 것으로 여기므로 어떠한 의문도 제기하지 않는다. 서정민(Seo, 2005: 141~182)은 코마로프의 개념을 바탕으로 일상에서의 헤게모니 영향력이 가지는 세 가지 특징을 제시한 바 있다. 본 연구 역시 일상에서 개인에게 자연스러운 것으로 침투하는 지배적 담론의 효과를 분석한다는 점에서 코마로프의 시각을 따르기로 한다.

는 효과가 무엇인가를 포함한다.

이에 따라 본 연구는 2000년 1월 1일부터 2012년 9월 30일에 해당하는 기간 동안 《경향신문》, 《동아일보》, 《조선일보》, 《한겨레》를 '다문화'와 '이주'를 키워드로 검색된 기사들이 어떠한 프레임으로 다문화주의를 인식하고 독자에게 전달하고 있는지를 추적한다.[12] 검색 결과 제목과 본문에 '다문화'와 '이주'를 포함한 기사는 《경향신문》 445건, 《동아일보》 573건, 《조선일보》 430건, 《한겨레》 431건이다. 이 중에는 본 연구 목적과 직접적 관련이 없지만 본문에 한 번이라도 키워드가 언급되었기 때문에 포함된 기사도 있으므로, 전체 기사를 애벌 읽기 하여 단순히 다문화와 관련된 행사를 간략하게 홍보하는 기사나 주된 토픽이 다문화와 이주가 아닌 기사는 제외하고, 기고자의 견해를 담은 칼럼 및 사설은 분석대상에 포함하였다.[13] 해

----

[12] 외국인 노동자 및 결혼이주여성을 비롯한 이주민이 한국에 급격히 유입하기 시작한 시기는 1993년 이후지만, 신문 기사에서 해당 논의가 '다문화'와 관련하여 등장하기 시작한 것은 2000년부터이며 활발한 논의가 개진된 것은 2006년 전후이다. 이를 고려하여 분석 시점을 2000년 1월 1일로 설정하였다. 검색 키워드는 선행 연구를 참고하여 한국 내 거주하는 외국인에 대한 기사를 광범위하게 포괄할 수 있다는 판단에서 '다문화'와 '이주'로 하였다.

[13] 특정 사실, 정보를 알리는 기사는 구체적 사건 전달을 목적으로 하므로 비교적 객관적이라고 할 수 있는 데 비해, 필자의 견해나 주장을 담은 특집 기사·사설·논평이나 이주민들과의 인터뷰를 인용하여 작성한 기사들은 보다 생생하게 이주자의 삶을 전달하며, 작성자의 주관적 관점을 거쳐 기사가 구성된다는 점에서 수용자에게 미치는 담론적 힘은 더 강하다. 특정 방향성을 가진 기사가 수용자의 이슈 지각 및 판단에 미치는 영향력을 분석한 유홍식(2009: 176~198)에 따르면, 수용자들은 중립적 기사제목을 가진 기사의 내용을 더 정확하고 신뢰할 만하다고 판단함에도, 특정한 방향을 가지는 기사에서 보도되는 이슈를 더 중요하게 지각한다. 따라서 국내의 뉴스 소비 현상과 관련하여 다양한 매체들이 제공하는 기사들을 제목 위주로 선택하거나 이렇게 선택한 기사의 일부만 읽는 '제목 소비자'가 증가하고 있다는 점을 고려하면, 필자

당 기간의 전체 기사를 살펴본 후 본 연구에서 집중적으로 다룰 분석 시점을 2009년을 전후로 설정하였다.

또한 위 4개 신문사를 분석 대상으로 선정한 이유는 《조선일보》과 《동아일보》는 보수언론으로, 《경향신문》과 《한겨레》는 진보언론으로 표방되고 있다는 점에서 담론 생산에서 서로 다른 성향을 가진 언론의 관점을 보다 포괄적으로 분석할 수 있기 때문이다.[14] 《경향신문》, 《동아일보》, 《한겨레》의 기사는 한국언론진흥재단에서 제공하는 기사 통합 검색 서비스를 이용하여 수집하였고, 《조선일보》는 해당 신문사 홈페이지의 검색 서비스를 통하여 수집하였다.

분석 결과 한국 사회에서 '다문화'라는 개념은 합의된 의미나 기준이 정립되어 있기보다는, 정부의 통치 목표에 따라 유동적으로 흐르는 상태에 있으며, 그 과정에서도 개발지향적 정치구조 및 가부장 중심의 가족질서라는 헤게모니는 지속적인 의미의 장으로 공유되고 있다는 결론에 이른다. '기업국가'적 면모를 보이는 정부가 추진하는 신설 사업이 2009년 전후 다문화 담론의 논조 변화에 밀접하게 영향을 미치고 있는데, 이 과정에서 이주자가 지닌 '차이'는 국가가 지향하는 통치목표를 얼마나 효율적으로 지지할 수 있는가의 여부에 따라 '차별'적으로 포착되어 위계적인 담론 질서에 배치된

의 견해가 담긴 기사의 영향력이 훨씬 강하게 작용할 것이라고 판단할 수 있다. 본 연구 또한 이러한 점을 고려하여 기사를 선별하고 본문에 제시하였다.

14) 신문 보도의 이념적 다양성을 고찰한 연구 중에서 최현주(2010: 399~426)는 각 이슈마다 이념적 스펙트럼의 차이가 나타나지만 대체적으로 《동아일보》, 《조선일보》, 《중앙일보》는 보수적인 성향을 보이는 반면 《한겨레》와 《경향신문》은 진보적 관점에 위치한다는 것을 밝혔다. 그러나 언론의 성향에 따라 다문화 담론 배치에 차이가 있는지, 차이가 있다면 어떻게 다른지에 대한 분석은 본 연구의 논의 대상이 아니라는 점을 덧붙이고 싶다.

다. 이에 따라 전략적 주체화를 시도하는 결혼이주여성들은 국가가 설정한 제도적 장치의 '틀' 내에서 그 역할이 위계적으로 선호, 규정되는 특징을 보이며, 실질적 담론 수용자인 본국인들도 스스로가 기업국가적 통치 목표를 지지, 강화하는 방식으로 주체화하는 구조를 형성한다. 이러한 논의를 바탕으로 본 연구는 공동체의 경계를 유동적으로 만드는 신자유주의 '상태/국가(state)'에서 한국의 '다문화' 사회는 '민족국가'의 경계 및 통치성을 재구성/강화하는 새로운 통치술로서 유동적으로 주창되고 있음을 밝힌다.

2. 결혼이주여성의 신자유주의적 호모에코노미쿠스 되기

결혼이주여성에 대한 기사는 2009년을 기점으로 새로운 경향을 보인다. 2009년 이전 기사들이 한국 전통 문화 및 전형적 젠더 역할을 체현하는 사례에 초점을 맞추어 이들을 주로 취약 계층으로 담론화했다면, 그 이후의 기사들은 결혼이주여성의 '생애주기'에 따른 다변화된 지원체계의 필요성을 강조하고, 이와 더불어 지속적 자기계발의 결과 다양한 분야로 진출하는 결혼이주여성의 성공적인 주체화 사례를 빈번하게 재현한다. 이러한 담론상의 변화는 여러 기사에서 언급되는 2008년 10월 30일 보건복지가족부(현 보건복지부)가 발표한 「다문화가족 생애주기별 맞춤형 지원 강화대책」과 무관하지 않다.15) 결혼이주여성의 주체화 과정을 다루는 기사에서 특히 두드러지는 점은 이전 시기와 다르게 출신국의 언어구사능력이나 고유한 문화

---

15) 「다문화가족 생애주기별 맞춤형 지원 강화대책」의 세부 사항은 보건복지가족부 및 정책 브리핑 홈페이지 참조(보건복지가족부. 2010; 정책 브리핑, 2008).

적 배경이 차별화된 자질로 부각되고 있다는 점이다. 이러한 담론 경향은 한국 사회가 다중언어 능력이나 풍부한 문화적 경험을 글로벌 시대의 인적 자원이 갖추어야 할 경쟁력으로 담론화하는 것과 같은 맥락으로 해석된다.

이처럼 새롭게 경쟁력 있는 인적자원으로 포착된 결혼이주여성의 사회 진출 확대는 다문화 사회에 대한 한국 사회의 인식의 지평이 보다 넓어진 결과라는 해석도 있다. 그러나 결혼이주여성의 지속적 교육과 자기계발이 중시되고, 이들에게 각종 지원이 제공되는 주된 근거가 '안정적 결혼생활 유지 및 자녀교육문제'로 제시되는 점을 고려해본다면, 궁극적으로 통치성 관점에서 이상적인 결혼이주여성의 주체화는 글로벌 인재로의 자녀 양육과 가족 관리 역할이라는 (젠더화된) 영역으로 규범화되고 있다는 비판이 가능하다. 이혜경(Lee, 2008: 120) 역시 결혼이주여성에 대한 지원체계가 지나치게 다문화 '가정'의 테두리로 설정되면 결혼이주여성이 독립적 자아로서 주체화하기보다 아내, 며느리, 엄마와 같은 젠더 역할에 치우쳐 이루어질 수 있다는 우려를 제기한 바 있다. 이와 더불어, 자기 주도적으로 삶의 능력을 계발하고 실현하는 결혼이주여성에 대한 담론은 이들에 대한 본국인들의 자발적인 지원에 대한 담론의 배치로 이어진다. 기사에서는 시민들이 자원봉사나 멘토 프로그램에 참여함으로써 결혼이주여성들의 자립을 지원하는 것을 의미 있게 여기며, 자조단체를 구성함으로써 이주여성들과의 네트워크를 활성화하는 사례를 빈번하게 제시한다.

담론이 언어적 '실천'을 동반하는 개념임을 주지해본다면, 다문화 가정 구성원들의 특정한 주체화 방식과 이들에 대한 자발적 지원을 사회적으로 가치 있는 행위로 재현하는 기사들은 다문화 가정 구성원뿐 아니라 담론 수용자인 본국인들의 행위 규범과 실천 방향을 제시하는 효과를 가진다고 해석할 수 있다.

1) 생애주기에 따른 가족 관리자

여성개발원이 (…) 이주여성 지원 프로그램을 조사한 결과 한국어 교육이 608 개(74%)로 가장 많았다. 요리강습(44.6%), 전통문화 체험(34.7%), 예절 교육 (24.0%)이 뒤를 이었다. 반면 취업 교육, 법률 지원, 의료 상담은 각각 10%에도 미치지 못했다. (…) 김이선 한국여성개발원 연구위원은 "이주여성이 빨리 한 국문화를 익힐 수 있도록 돕는 프로그램은 공급 과잉인 반면 어느 정도 한국 생 활에 익숙해진 여성의 경제적 자립을 돕고 인권을 보호하는 프로그램은 태부 족"이라고 지적했다(《동아일보》, 2008.1.16).

위 기사는 결혼이주여성에 대한 지원 프로그램이 빠른 시일 내 '한국인 만들기'에 제한되어 있음을 비판하면서 어느 정도 정착 단계에 접어든 이주 여성의 경제적 자립과 인권을 지원하는 프로그램이 마련되어야 함을 촉구 한다. 이주와 적응이라는 자기 향상을 실천한 이후 정착 단계에서 자신의 삶을 새롭게 혁신하려는 결혼이주여성의 욕망은 다시 국가의 통치가능성의 격자 안으로 조절되어야 할 상황에 놓인다. 이와 관련하여 2008년 10월 30 일 보건복지가족부가 발표한 「다문화가족 생애주기별 맞춤형 지원 강화대 책」의 내용은 이주여성들에게 국가가 어떠한 자기계발의 형태를 제공하고 있는지를 파악할 수 있다.

〈표 5-1〉에서도 볼 수 있듯이 이 대책은 결혼이주여성의 생애주기를 결 혼준비기 - 가족형성기 - 자녀양육기 - 자녀교육기 - 자녀 역량강화기 - 가족 해체 시 - 전(全) 단계로 나눈다. 생애주기에서 특히 자녀양육기부터는 지출 이 늘어날 것으로 계측되므로, 대부분 월평균 가구소득이 낮은 편에 속하는 다문화 가정은 자발적이든 아니든 결혼이주여성의 경제활동이 필수적인 상

〈표 5-1〉 다문화가족 생애주기별 정책과제

주기	정책과제	세부추진과제
결혼준비기	결혼중개 탈법 방지 및 결혼예정자 사전준비 지원	- 국제결혼 탈법방지 및 결혼당사자 인권 보호 - 결혼이민예정자 사전정보 제공 - 한국인 예비배우자 사전교육
가족형성기	결혼이민자 조기적응 및 다문화가족의 안정적 생활지원	- 결혼이민자 의사소통 지원 - 다양한 생활정보 제공 - 다문화가족 생활보장 - 가족관계 증진 및 가족위기
자녀양육기	다문화가족 자녀임신·출산·양육 지원	- 임신·출산 지원 - 부모의 자녀양육 능력배양 - 영유아 보육·교육 강화 - 부모·자녀 건강관리
자녀교육기	다문화아동·청소년 학습발달 및 역량개발강화	- 아동 언어·학습·정서발달 지원 - 아동·청소년 역량개발 지원 - 빈곤·위기 아동·청소년 지원 - 부모의 자녀교육 역량강화
가족역량 강화기	결혼이민자 경제·사회적 자립 역량 강화	- 결혼이민자 경제적 자립 역량강화 - 결혼이민자 사회 연계 강화
가족해체 시	해체 다문화가족 자녀 및 한부모가족 보호·지원	- 한부모가족 지원 - 요보호 아동 지원
전(全) 단계	다문화사회 이행을 위한 기반 구축	- 사업추진체계 정비 - 대국민 다문화 인식 제고

자료: 보건복지부, 「다문화가족 생애주기별 맞춤형 지원 강화대책」(2008.10.30).

황에 놓인다.[16] 위에 제시된 '생애주기별 맞춤지원'은 이전보다 결혼이주자의 다변화된 수요에 부응한 고객 중심의 지원체계로 개편되었다고 평가할

---

16) '2009년 전국 다문화가족실태조사' 자료에 따르면 여성 결혼이민자의 월평균 가구소득은 50만 원 미만 5.1%, 50만 원 이상~100만 원 미만 16.4%, 100만 원 이상~200만 원 미만 38.6%, 200만 원 이상~300만 원 미만 18.5%, 300만 원 이상 8.8%, 모르겠다 12.5%로 나타났다. 이 자료를 통해 결혼이민자의 월평균 가구소득이 하위 3분위(200만 원 이하)에만 55.1%가 몰려 있음을 알 수 있다. 김승권(2010: 15)에서 재인용.

수도 있다.[17] 이처럼 현실적으로 절실한 입장과 수요를 반영하기 위한 노력과 변화를 인정함에도, 생애별 추진과제의 세부내용을 살펴보면 '한국인 남성의 아이를 출산하고 양육하는 여성의 삶'만이 지원 대상이 된다는 한계를 지닌다. 이 지원 제도는 모든 결혼이주여성에게 규준이 되는 생의 단계를 제시하여 여기에 부합하는 결혼이주여성에게는 개입과 배분이 이루어지고, 그와 다른 경로의 삶을 살아가는 주체에 대해서는 침묵한다. 출생과 사망률, 건강 수준, 수명 등과 더불어 이들 요소를 변화시킬 수 있는 모든 조건인 생물학적 과정을 담지하는 '종으로서의 육체(the species body)'를 생명권력의 개입 대상이라고 개념화한 푸코(Foucault, 1990: 135~145)의 논의에 비추어볼 때, 생명 권력이 인구 관리의 측면에서 결혼이주여성 및 그 자녀의 생애주기를 규범화하고, 통계적으로 계측하여 그에 요구되는 자원과 유통을 예견한 결과 위와 같은 지원 대책 및 기사들로 담론적 배치가 이루어졌다고 해석할 수 있다. 이러한 관점에서 보면, 한국에서 적극 살게 하는 '유용성 있는' 결혼이주여성은 한국인의 자녀를 생산하고 인재로 양성해내는 자원으로서의 여성이다. 이에 따라 결혼이주여성의 출신국 문화에 대한 고려 없이 건강한 2세를 위해 전문적·체계적 교육을 강조하는 담론으로 이어진다.[18]

---

17) 이민 관련 정책의 유형에 따라 입법과정이 상이함을 밝힌 이병하(2011: 71~104)에 따르면, '외국인근로자의 고용 등에 관한 법률'과 같이 이민통제에 해당하는 이민정책의 입법은 이익집단정치의 특성을 보이는 반면 '재한외국인처우기본법'이나 '다문화가족지원법'처럼 이민자 통합에 속하는 이민정책의 입법은 고객정치의 특성을 나타낸다.

18) 이와 관련하여 결혼이주여성이 지속적인 교육을 받을수록 자기효능감과 존중감이 높아져서 가정의 안정적인 유지를 가능케 하고 국제결혼에서 특히 높은 이혼율을 줄일 수 있으며, 그 결과 자녀 교육에도 긍정적인 영향을 미칠 수 있다는 연구가 제시된 바 있다(Kim Jin Young, 2012: 271~274). 이와 같은 전문가의 견해는 해당 정책의 정당

이주여성의 적응과 정착을 돕기 위한 교육의 필요성이 강조되고 있는 것은 반가운 일이다. (…) 이주여성이 (…) 우리 2세의 어머니로서 역할을 하려면 더 전문화되고 체계적인 교육을 받아야 한다. (…) 이주여성의 고등교육은 무엇보다도 혼혈인 2세를 위해서 필수불가결한 것이다. 어머니가 사회의 떳떳한 구성원으로 활동하는 모습을 보면서 성장하는 것이 훨씬 더 건강한 2세를 만든다(《경향신문》, 2006.8.2).

위 기사에서 결혼이주여성이 자기계발과 교육을 통해 사회에 공헌하는 것이 중요시되는 이유는 자녀에게 존중받는 어머니가 되기 위해 필수불가결하다는 점 때문이다. 이러한 담론 속에서 결혼이주여성의 능력 계발과 사회참여는 궁극적으로 '좋은 어머니'가 되기 위한 장치로 경계 지워진다. 이처럼 인구를 관리하는 신자유주의적 통치가 결혼이주여성에 대한 전 생애에 걸친 지원을 '가족'의 범주 안에서 배치한다는 것은, 가족을 관리하고 자녀를 성공적으로 양육하는 여성의 몸을 가장 생산적인 것으로 상정하고 있음을 반영한다.

2) 결혼이주여성에 의한 다문화사회 관리

앞 절에서 제시된 담론상의 변화는 결혼이주여성들의 일상에 대한 재현방식에도 영향을 미친다. 이전 시기의 기사들이 결혼이주여성을 전통적 한국적 정체성을 체현하면서 돌봄 노동을 수행하는 존재로 담론화했다면, 2009년 전후의 기사들은 출산과 양육의 역할을 수행함과 동시에 지속적인

성에 힘을 싣는 담론적 실천으로 작용할 수 있다.

역량계발을 통해 경제 주체로 거듭나는 주체로 형상화된다. 이것은 한국사회에 정착하여 '한국인'으로 적응할 만큼의 시간이 흘렀다는 사실과 무관하지 않다. '생애주기' 담론이 결혼이주여성의 삶을 수평축으로 격자화했다면, 혁신적 '호모에코노미쿠스(Homo Economicus)'의 삶으로 연결되는 축은 노동주체로서의 삶뿐 아니라 학생, 시민, 개인으로써의 삶 등을 모두 아우르는 담론 공간을 형성한다. 신자유주의적 통치성하의 호모에코노미쿠스는 개인과 집단 모두가 최대의 효용을 위해 움직이는 혁신적 주체이다 (Foucault, 2008: 147).

이중언어 강사 교육과정 수료식에서 최우등상을 받는 오가키 도모미는 (…) "두 아이를 키우며 아침 일찍부터 공부에 매달리기가 쉽지 않았다" (…) 이중언어 교육과정을 이수한 14개국 출신의 이주여성 70명은 (…) '다문화 교육 거점 초등학교'의 방과 후 프로그램에서 이주아동 자녀를 위한 이중언어 교수 요원으로 활동하게 된다. (…) 박 가비니(타이)는 (…) "다문화 어린이들을 잘 가르치는 훌륭한 교사이자 자랑스러운 엄마가 되고 싶다"고 말했다(《한겨레》, 2009. 8.29).

기사에서도 사례로 제시된 것처럼 결혼이주여성들이 진출하는 대표적인 분야는 이중언어 교사 혹은 다문화 강사이다. 특히 한국어를 잘 구사하게 된 결혼이주여성들은 모국어를 가르치는 강사가 되기를 선호하며, 학생들에게 모국 문화에 대해 소개하는 다문화이해강사로 활약하는 사례가 기사 속에서 빈번하게 제시된다.[19] 이처럼 결혼이주여성이 지닌 경험과

....
19) 이와 관련하여 김진영(Kim Jin Young, 2012: 269~306)은 결혼이주여성은 고등 교육

능력들이 경제적 행위자가 되는 과정에 반영이 된다는 것은 이전에 비해 고무할 만한 현상이다. 이와 더불어 다음 기사들이 제시하는 여성들의 주체화 사례에서 특이한 점이 발견된다.

다문화 강사로 일하는 '베트남댁' 전정숙 씨(38) (…) 살림과 육아, 봉사활동까지 하는 틈틈이 공부를 해 미용·재봉틀·컴퓨터 등 각종 자격증도 땄다. 2006년 한국 국적을 취득했고 2년 뒤에는 디지털응용정보학을 공부했다. 이어 대한민국 다문화에 대한 체계적인 공부를 위해 대학원에 진학해 2년간 다문화가족복지를 공부했다. (…) 그는 "이민자, 다문화가정에 대한 무조건적인 지원보다는 그들이 사회에서 공정하게 경쟁하며 살 수 있도록 하는 것이 중요하며 그러려면 배움의 기회를 충분히 제공해야 한다"고 강조했다(《동아일보》, 2012. 5.14).

아리옹 씨는 지난 6월 실시된 공개특별채용을 통해 경기도에서 결혼이주여성 출신 최초로 시간제 계약직 공무원으로 일하게 됐다, (…) 1년간 도내 다문화가정 지원업무를 하게 된다. (…) 아리옹 씨는 이주여성긴급전화 1366센터 상담원과 인터넷 다문화방송국에서의 몽골어 전담 기자 경험을 통해 결혼이주여성들의 어려움을 직접 경험했고 이를 바탕으로 마침내 경기도청 다문화정책 담당 공무원으로 채용될 수 있었다. (…) 아리옹 씨는 한국어 외에도 러시아어와 영어에 능숙하다(《조선일보》, 2009.8.8).

이 필요한 전문직으로 인식되는 선생님을 가장 희망하는 직업으로 꼽는다는 연구 결과를 제시한 바 있다.

위 기사들에서 결혼이주여성들은 살림과 육아는 기본이며 봉사활동, 자격증 취득, 다문화 강사, 대학(원) 진학, 시간제 다문화정책 담당 공무원과 같이 다방면에서 일정한 향상을 실현하는 '자기 자신의 기업가'이다. 이렇게 적극적으로 스스로를 계발하며 사회에 참여하는 결혼이주여성은 기사 속에서 '모범이주여성'으로 사례화된다. 즉 이러한 담론 속에서 결혼이주여성의 주체성은 신자유주의적 '국민 만들기'와 '행복한 주체가 되기'가 결합하여 탄생함을 알 수 있다. 행복한 주체가 되기 위한 자기와의 관계는 스스로 책임지고, 스스로 독립하며, 스스로를 존중하는 주체성을 지향한다(서동진, 2009: 122). 이러한 주체화 사례에서 특이할 만한 사항은 "이중 언어강사, 어학 선생님, 다문화 전문강사, 이주여성 공무원" 등의 언표에서도 확인할 수 있듯이, 결혼이주여성이 진출하는 분야가 다문화가정의 자녀들에게 언어와 문화를 가르치거나 한국사회로 새로 진입하는 결혼이주여성들의 적응을 돕는 역할로 배치된다는 점이다. 이와 같은 역할은 「다문화가족 생애주기별 맞춤형 지원 강화대책」에서 자녀양육기나 자녀교육기의 세부과제로 설정한 '아동 언어·학습·정서 발달 지원'이나 '방과 후 인프라를 활용한 학습·성장 지원'의 하부 계획에 해당된다는 것도 주목할 만하다. 즉, 다문화가족을 위한 생애주기별 지원이 다름 아닌 선발 결혼이주여성과 그 가족에 의해 이루어진다는 사실을 통해, 국가가 이들에 대한 지원의 틀은 제시하지만 최대한 자체적인 해결을 요구하고 있음을 알 수 있다. 이 과정에서 (선발) 결혼이주여성이 지닌 다중언어 능력과 문화적 자질은 한국의 글로벌 욕망을 충족시키는 자원으로 설정되어, 자녀들의 잠재적 역량을 강화시키고 한국사회로 계속 유입되는 (후발) 결혼이주여성을 지원하기에 효율적인 인적 자본으로 제시된다.

요컨대 정부가 결혼이주여성의 경제적 자립을 지원하기 위해 제공하는 교육프로그램들은 이들을 다문화사회의 문제를 해결하고 지지하는 역할로 배치하고 있음을 보여준다. 이를 통해 정부는 통치의 합리화를 위해 가능한 한 비용은 절감하되 효용 극대화를 지향하고 있다. 이러한 점에서, 끊임없이 자신을 혁신하고 자신을 실현하려고 하는 자아, 즉 기업가적 자아는 새로운 주체화의 권력에 예속된 주체임을 반증한다.

이주여성들은 지난달부터 초등학교 5학년 체육(필리핀 민 무용 티니클링 춤), 초등학교 6학년 사회(3개국 음식체험), 중학교 체육(중국 양걸 춤) 과목에서 수업을 하고 있다. (…) 이주여성들 가운데 모국에서 교직에 재직했던 사람이나 고학력자를 강사로 선발해 9월부터 교수학습법에 대한 교육을 실시했다(《동아일보》, 2011.11.16).

누엔티년(21, 베트남)은 한창 산후조리 중이다. 한국에 온 지는 7개월째. 아직 한국말이 익숙하지 않다. (…) 산모 도우미로 온 사람은 같은 베트남 출신인 나 레티디엠(38). (…) 누엔티년의 집에서 3일간 '현장 교육'을 받으면 이달 말부터 직접 산모 도우미로 일하게 된다. "저는 한국에서 혼자 아기 낳고 키우는 게 힘들었는데 전문적으로 산모 도우미 과정을 거쳐 같은 나라 출신을 돕게 돼 굉장히 기쁩니다"(《경향신문》, 2010.8.27).

한편, 위 기사는 결혼이주여성의 문화적 배경과 이중언어 능력이 다문화교육과 한국이 아직 생경한 결혼이주여성의 도우미로 활용되는 사례를 보여준다. 그런데 결혼이주여성이 산모 도우미나 다문화 지원 서비스 등과 같은 일종의 돌봄 노동을 후발결혼이주여성이나 다문화가정 자녀에게 제공하는 것을 볼 때, '이주의 여성화 현상'에서 나타나는 '돌봄 노동의 국제적 연쇄(global care chain)'[20])가 한국에서는 다문화관리 담론이라는 맥락과 중첩되어 나타난다고 해석할 수 있다.

3) 종족성의 상품화(commodification of ethnicity)

한편 결혼이주여성들의 이주 과정에서 지속적으로 진행되는 것은 떠나온 고향과 거주하는 타향 사이에 존재하는 문화적 차이를 사이에 두고 일어나는 문화의 접속과 교섭, 적응과 갈등, 수용과 배제의 역학이다. 이는 결과적으로 결혼이주여성의 정체성을 형성하거나 변형하면서 다양한 주체를 만들어가는데, 탈식민주의 페미니즘 이론은 이주여성의 경우 특히 하위주체(subaltern)적 지위가 크게 달라지지 않는 상황에서 문화 혼성성을 경험하게 된다고 주장한다(이수자, 2004: 198~199). 그러나 한국의 다문화 가정 담론에서 결혼이주여성의 지위 역시 획일적으로 하위주체에만 머무른다고 일반화하기 어렵다. 왜냐하면 이들이 내국인들과 '다르다'고 인식되는 요인들이 차별과 배제의 원인으로 작용하기도 하지만, 이러한 요인들을 전략적으로 활용하여 스스로를 '차별화된' 존재로 주체화할 수도 있다고 해석할 수 있기 때문이다.[21] 홀(Hall, 1996)이 지적한대로 이주 과정에서 개인들은 변형

....

20) 호흐실드(Hochschild, 2000)가 개념화한 '돌봄 노동의 국제적 연쇄'란 유급 혹은 무급의 돌봄 노동에 근거한, 사람들 사이의 전 지구적인 인적 연계관계이다. 선진국에서 대두된 '돌봄의 위기(care crisis)'를 '돌봄 노동의 신국제분업'에 따라 개발도상국의 이주여성이 담당하게 되는 것을 지칭한다.

21) 이에 대해 결혼이주여성이 주체화 과정에서 직면하는 제도적 장치가 얼마나 기존의 헤게모니를 지지하는가에 대한 비판이 제기될 수 있으며, 본 연구 역시 동의하는 바이다. 이러한 비판적 견해가 현실에 자리한 가부장질서, 위계적 젠더, 인종의 서열화, 사회 곳곳에 침투한 신자유주의 등의 모순점을 뛰어넘게 하는 첫걸음임에는 의심의

과 차이를 통해 끊임없이 스스로의 정체성을 새롭게 생산하고 재생산한다. 그럼에도 결혼이주여성이 인종적 자질을 통해 스스로를 차별화하는 이면에는 그들에 대한 한국 사회의 단절적 시선이 존재하기에 가능하다는 점은 부인할 수 없다.

대구 달서구 신당동 마을기업 '맛나다' (…) '맛으로 만나는 다문화'라는 뜻을 담았다, (…) 이주여성 4명과 주부 등 6명이 직원 (…) 작지만 음식은 '글로벌'이다. 베트남 쌀국수와 파인애플 볶음밥, 인도 카레, 일본식 주먹밥, 캄보디아 닭죽 같은 각국의 전통음식을 요리할 수 있다. (…) "다문화 공동체를 버무리는 소중한 계기가 될 것으로 기대한다"고 말했다(《동아일보》, 2012.6.5).

(사)한국음식관광연구원이 식당을 운영하고 있다. 현재 이곳에서 일하는 주부는 (…) 중국 출신 3명, 일본 및 베트남 출신이 각각 1명씩 있다. 이곳에서 파는 음식은 (…) 한국 멸치국수, 비빔국수, 중국 닭곰탕, 손만두, 베트남 닭쌀국수, 일본 해물볶음우동, 판모밀 등 각국을 대표하는 요리들이다. 개업 초기 하루 100명 이상의 손님이 몰리면서 70만 원 안팎의 매출을 올렸다. (…) 요즘도 점심시간에는 빈자리를 찾기 어려울 정도로 인기다(《동아일보》, 2011.5.24).

'오가니제이션 요리' 직원은 베트남·인도네시아·필리핀·러시아 등지에서 한국인 남편과 함께 우리 사회에 정착한 '외국계 한국여성'이다. (…) '킬러 아이

....
여지가 없다. 그러나 기존의 모순을 전복 혹은 개선하는 것은 비판을 토대로 한 해당 주체들의 적극적인 전략적 실천 없이는 불가능하다. 따라서 본 연구는 결혼이주여성이 통치대상 혹은 하위주체에 무력하게 머물지 않고 '사이에 낀' 공간에서 새로운 세력으로 주체화하여 구조적 한계 내부로 지속적으로 침투하는 사례에 주목하고자 한다.

템'은 다문화요리 메뉴로 (…) '다다르굴룽'을 비롯해 '딸랑 우비'(인도네시아 떡), 베트남 춘권 등 한국인 입맛에 맞게 살짝 변용된 여러 나라의 요리로 구성된 다양한 메뉴는 분명 상당한 경쟁력을 지닌다. 이주여성과 다문화라는 태생적인 조건을 경쟁력으로 승화해 (…) 지난해 전체 매출은 1억 5,000만원에 불과했지만 2009년에는 케이터링 서비스 매출 5억 원 등 전체 매출이 8억 원에 이를 것이라고 말했다(《경향신문》, 2009.9.13).

충북 청주시 상당구 남문로2가 청주시다문화가족지원센터 지하 1층 입구. 치파오(중국), 기모노(일본), 델(몽골) 등 세계 각국의 전통의상을 곱게 차려입은 여성들이 반갑게 손님들을 맞이하고 있다. (…) 다문화 멀티마켓인 '떴다 무지개'의 가족들이다. (…) 시루떡에서 이름을 따 온 다문화 식당인 '무지개 시루'에서는 중국, 일본, 베트남 등의 이주여성 8명이 한국음식을 비롯해 다양한 전통음식을 직접 만들어 판매한다. '무지개 나라'에서는 8개국 전통공예품과 민속의상, 향신료 등을 수입해 판매하며 '무지개 고리'는 각국의 전통공예품과 한지, 규방공예품 등을 생산한다. 한국에 온 지 6년째인 장류보뤼 씨(36, 우즈베키스탄)는 "한국인에게 각국의 다양한 음식과 문화를 알리는 좋은 계기가 되길 바란다"고 말했다(《동아일보》, 2009.4.14).

위 기사들은 결혼이주여성들이 지닌 출신국 문화가 경제적 자립 과정에서 차별화된 자원이 되고 그들의 정체성을 생산하는 기제로 작용하고 있음을 보여준다. 출신국의 전통음식, 전통 민속의상, 전통공예품과 같은 문화적 자원들을 시장화하여 다문화식당이나 다문화 상품점으로 개업하는 사례들은 결혼이주여성이 지닌 '다문화'가 '킬러 아이템'이 되어 '매출을 올리는' 경쟁력 있는 '글로벌' 자원이라는 담론을 형성한다. 특히 결혼이주여성은

'전통의상을 곱게 차려입은' 모습으로 상징되는 종족적 진정성(authenticity)을 상품화하여 경제적 생존뿐 아니라 정체성의 생존 역시 꾀하고 있다.

코마로프와 코마로프(Comaroff and Comaroff, 2009: 6~21)에 따르면 자본주의 헤게모니에서는 종족성(ethnicity)의 상품화를 통해 자아 구성과 자기 주체화가 가능해진다. 종족성이라는 정체성의 상품화가 반드시 정체성을 조악한 물품처럼 격하시키는 것을 의미하지 않는다고 본다. 오히려 전통적인 것을 시장화시킴으로써 이를테면 한국적인 것, 베트남적인 것과 같은 '~됨'을 생산하며, 자아를 구성(self-construction)하는 방식이 될 수 있다는 것이다. 이에 따르면 문화를 상업화하는 것은 과거의 유산을 통해 '진짜 자아'를 추구하는 한 수단으로써 정통성을 찾는 긍정적 메커니즘이다. 즉 서로 다른 종족성의 정수를 이루는 고유한 전통이나 삶의 방식을 그들을 보는 사람들의 기억 속에 살게 함으로써 생존·유지시킬 수 있다는 것이다. 고유성 자체가 일종의 브랜드가 되고, '보는 것(seeing)'은 시장에 의해 매개된다. 상품화된 종족성은 종종 그 자체가 민족국가의 필요라고 표현된다. 그러나 이국적인 요리·의상·의례 등이 물신화된 대상이 될 경우 시장은 항상 그 대상을 특별한 선호대상으로 '남겨놓아야 할' 동기가 생긴다는 점에서 구조적 차별을 상시화하게 되며, 코스모폴리탄적 소비주의 이데올로기와 깊이 결합될 수 있다(김현미, 2008: 64).

3. '글로벌 인재'로 호명되는 다문화가정 자녀

신자유주의적 통치성에 따라 기업화된 국가는 사회 전 영역에 기업 원리를 일반화하고 이것이 원활하게 작동할 수 있도록 제도화한다. 각 개인 또한 미래 수익 산출의 원천으로 포착되어 인적 자본으로 관리되며, 회사나 시장에만 한정되었던 잣대가 사회의 전 영역으로 확산된다(Foucault, 2008: 244~245). 이러한 점은 다문화 담론에 '글로벌 코리아' 담론이 결합되어 나타나는 현상에서도 보이는데, 지속적 성장을 통한 세계 일류국가를 지향하는 한국은 그것을 가능케 할 글로벌 인적자원 양성 및 확보가 핵심적 사안으로 부각된다. 이것은 어떤 주체가 경쟁력이 있는지를 규정하는 '글로벌 인재'라는 담론적 실천을 경유한다. 즉 다문화 정체성이 '글로벌 코리아'를 표상하고 있는 한국의 다문화 담론에서는 다문화가정 자녀(이하 다문화자녀)에 대한 주체성 규정 방식을 통해 글로벌 인재상에 대한 담론적 실천이 행해진다.

이 과정에서 다문화자녀의 문화적 혼종성과 다중언어 능력은 향후 이들이 '글로벌 인재'로 성장할 것임을 기정사실화하는 핵심 역량으로 상정된다. 이와 동시에 글로벌 인재의 성장을 저해하는 요인들은 새로운 담론 전략들에 의해 적극적으로 수정되어야 할 대상으로 포착되며, 사회·문화·교육 정책 등 다방면의 혁신을 추동하는 계기가 된다. 다문화자녀의 성장을 저해하는 주된 원인으로 담론화되는 것은 본국인들의 순혈주의 혹은 단일민족주의에 입각한 차별적 시선, 학교에서의 따돌림과 부적응, 언어(발달)장애 등이다.

1) 잊어야 할 순혈주의

본국인들의 순혈주의적 혹은 위계적 인종관에서 비롯한 다문화가정 자녀에 대한 차별적 인식은 이들이 가진 역량이 계발되지 못한 채 한국사회의 주변화된 존재로 내모는 주된 원인으로 담론화된다. 반다문화주의를 불러

일으키는 순혈주의는 글로벌 경쟁력에 부합하지 않는 시대착오적 관념으로
규정된다.

> 오바마가 한국에서 혼혈아로 태어났다면 한국 대통령이 될 수 있었을까요(《경
> 향신문》, 2009. 1. 19).

> '다문화'라는 말이 어느새 귀에 익은 용어가 됐으나 어느 분야에서나 '순혈주의'
> 는 여전하다. (…) 이주자들의 기본 인권도 지켜주지 못하면서 그들이 가져다줄
> 도전과 혁신의 에너지를 기대하는 건 염치없는 일인지 모르겠다(《경향신문》,
> 2011. 7. 4).

> 혼혈인은 지금까지 한국사회의 주변인이었지만, 그들을 포용하고 적극적으로
> 교육한다면 더 쉽게 사회의 주역으로 성장할 수 있다. (…) 다문화주의를 부정
> 하고 소수민족에 교육의 기회를 주지 않고 차별해온 국가는 경제적으로 성장하
> 지 못했음을 역사는 보여준다(《경향신문》, 2006. 8. 2).

르낭(Renan, 1996: 19)에 의하면, 민족의 소망이란 대개의 경우 유일한 정
당성을 가진 판별 기준이며 항상 이 기준으로 회귀한다. 이에 따르면 하나
로 수렴되는 국민의식에 대한 소망은 매일 매일의 국민투표와 같이 동일한
시간성 속에서 순환한다. 그러나 이처럼 국민을 접합시키는 요소로 작용하
는 민족의식에 대한 의지는 그 자체가 국가의 과거 역사를 기묘하게 망각하
는 자리이다. 위 기사들은 '다문화·다민족' 상황을 맞이한 한국은 그동안
오랫동안 지속되어온 순혈주의를 '잊어야 한다'고 말한다. '경제성장'을 위
해 잊어야 하는 것으로 규정되는 순혈주의는 국민을 총체화하고 국민의지

를 통합시키는 역할을 새롭게 수행하는 다문화 담론에 의해 대체된다. 즉 잊어야 하는 것은 국가를 잊지 않기 위한 토대가 된다.

2) 다문화 정체성의 경쟁력

글로벌 시대 국가 경쟁력을 증진시킬 수 있는 인적 자본으로서 포착된 자녀들에 대한 담론은 자연스럽게 인재 관리/양성에 대한 논의로 확대된다. 특히 이들에 대해 적절한 교육의 기회를 제공하는 것은 한국이 국가경쟁력을 강화시킬 수 있는 기회라는 이유로 정당화하는 담론적 실천이 이루어진다.

다문화 가정과 외국인 노동자에 대한 정책적 지원은 단순한 시혜가 아니라 국가의 미래를 좌우할 핵심 경쟁력이 될 수 있다. (…) 머지않은 장래에 국가 간에도 인구 확보를 위한 이민유치 경쟁이 벌어질 것이다. 다문화라는 토양을 잘 갖춘 나라가 그 경쟁에서 승리할 것이다(《조선일보》, 2009.2.26).

아랍어, 중앙아시아어, 슬로바키아어 등 특수 외국어를 할 줄 아는 사람을 찾는 구인광고가 줄을 잇고 있다. 기업들이 미국·중국·일본 외에도 다양한 국가로 진출하면서 (…) 다양한 언어와 해외경험을 가진, 이른바 '멀티컬처(multi-culture, 키워드 참조)'형 인재 확보 여부는 기업의 새로운 경쟁력으로 떠올랐다. (…) 그룹 관계자는 "매출의 90%가 해외에서 발생하는데, 해당 국가 언어와 문화를 아는 인재가 부족한 실정"이라고 말했다. (…) "다국적 기업들이 세계의 소비자들과 만나게 되면서 다양한 문화를 접하고 보다 '특이한' 언어를 구사하는 인재를 찾는 데 골몰하고 있다"(《조선일보》, 2008.4.25).

위 기사처럼 다문화 자녀에 대한 지원은 한국의 지속적인 성장 동력을 제공한다는 점에서 그 중요성이 강조되며, 글로벌 시대에 국가가 지향하는 경쟁력 있는 인재가 갖추어야 할 자질이 무엇인지를 제시한다. 특히 다중언어 능력과 다양한 문화 체험을 갖춘 인재에 대한 기업의 수요가 증가하고 있다는 기사는 다문화 자녀가 장차 사회의 수요에 부합하는 인재로 포섭되어야 한다는 당위적 담론을 더욱 강화한다.

> 애플의 스티브 잡스는 (⋯) 시리아계 이민 2세로 태어났다. (⋯) 미국 내 500대 기업을 들여다보니, 이주자나 그 자녀가 세운 회사가 전체의 40.8%인 204곳이었다. (⋯) AT&T를 세운 알렉산더 그레이엄 벨, 골드만삭스의 마커스 골드만, 포드 자동차의 헨리 포드 등이 이주자 출신이다. 인텔을 세운 앤드루 그로브는 헝가리, 구글의 공동창업자 세르게이 브린은 러시아 출신이다. (⋯) 이주자 가정 출신들 중 성공한 창업자가 많은 이유에 대해 포브스는 "위험을 감수하면서 도전하는 기질이 있기 때문"이라고 분석했다(《경향신문》, 2011.7.4).

위 기사에서 성공한 사례로 제시하는 인물들은 모두 다문화 배경을 가진 이주자 가정 출신 사람이다. 그런데 미국 내 500대 기업이라는 국제경제를 선도하는 최전선의 인물을 다문화의 성공 표본으로 제시하는 점을 통해, 막대한 경제적 이익을 창출하는 기업적 인재를 국가경쟁력을 강화시키는 주체로 규정하고 있음을 알 수 있다. 자본의 보이지 않는 손을 통해 한국의 '국가 브랜드'를 전 세계로 침투시키고 제고하려는 국가의 욕망은 기업이 그 활동 무대를 더욱 확장시킬수록 가능하고, 이 과정에서 창출되는 경제적 이윤은 또 다른 확장을 가능케 하며, 이는 또다시 국가브랜드를 제고할 수 있는 선순환적 자원을 형성하기 때문이다. 그런데 기업의 이윤 극대화 추구와 국가의 글로벌화 욕망이 교차하는 지점에서 외국인 또는 내국인 노동자의 인권은 부차적인 것으로 전락하거나, 국가가 있지만 국가가 없는 '벌거벗은 삶'으로 죽게 내버려둘 수 있다는 우려가 제기될 수 있다.

3) 다문화가정 자녀 교육과 가족주의

다문화가정자녀는 기사 속에서 "우리 자산, 한국 다문화의 미래, 장차 한국사회에 활력을 불어넣는 복덩어리, 2개 언어 능통한 글로벌 인재, 이중문화 융합형 글로벌 인재, 멀티컬처 인재, 미래의 한국형 잡스, 잠재적 국제전문가, 미래의 외교사절단" 등으로 칭해진다. 이와 같은 기호화는 공통적으로 다문화 자녀를 '한국의 경쟁력 있는 글로벌 인적자원'으로 호명하고 있다. 이렇게 호명하는 순간 병리적 문제 혹은 장애를 가지고 있는 것으로 판별되고, 차별의 원인으로 작용했던 다문화 자녀의 혼종적 정체성은 '차별화되는 희소 자본'으로 치환된다. 한편 다문화 자녀를 희소한 글로벌 자원으로 담론화하는 방식과는 대비적으로, 학습 과정에서 '정상적'인 발달 경로보다 더딘 다문화 자녀들이 사회적 문제로 부각되어 장차 폭동을 일으킬 수 있는 불만세력으로 성장할 우려를 표명하는 기사도 지속적으로 나타난다. 일견 반대 축을 향하는 듯한 두 가지 담론 방식은 모두 다문화 자녀에 대한 지원을 정당화하는 한편, 주체를 위계화 하는 서로 다른 기제를 보여준다.

어린이집은 (…) 아이들 재능을 되살려 주기 위해 일주일 내내 국악 발레 영어 체육 미술 논술 등 안 가르치는 게 없다. 예술심리치료 과정까지 마련했다. 권 수녀는 (…) "다행히 상당수 아이가 조금씩 개선되고 있다"고 말했다. "대부분 콤플렉스가 많다 보니 불만도 큽니다. 점점 자기들끼리만 어울리며 거칠어지죠. 조만간 엄청난 사회적 문제가 될지도 모른단 생각을 멈출 수 없습니다"(《동아일보》, 2009.3.3).

김영화 강동소아정신과의원 (…) 병원을 찾는 다문화가정 아이들이 늘어났다. (…) 대부분 또래 아이보다 말을 잘 못하는 언어발달장애를 앓고 있었다. 검사해보면 지능지수가 높은데도 학교 공부를 따라가지 못하는 학습발달장애 아동도 많았다. (…) "우리보다 다문화를 먼저 경험한 선진국은 엄마와 아빠 나라의 문화를 동시에 배울 수 있도록 가르친다"며 "아이가 5세 이전일 때 두 문화에 적극 노출시킬 필요가 있다"고 말했다. "(아버지가 아프리카인이었던) 버락 오바마가 미국 대통령으로 성장할 수 있었던 것처럼 우리도 풍요로운 정신을 갖춘 다문화 아이들을 키워낼 수 있다"고 말했다(《동아일보》, 2010.4.26).

위 기사들과 대비적으로 아래 기사들은 다문화 자녀를 장차 이중 언어능력과 풍부한 문화적 배경을 갖춘 '외교관', '국제전문가', '미래의 한국형 잡스', '한국의 오바마'로 키워질 인재라고 규정한다. 자녀를 이상적인 '세계적 인재'로 키우기 위해 이중 언어능력이 필수라고 강조하는 담론은 성장 과정에서 엄마의 역할은 물론이고 가정 내 '아빠의 역할'이 중요하다는 것을 강조하기 시작한다. 남편이나 시부모님이 가정 내에서 한국말만 사용하게 하여 한국어가 서툰 결혼이주여성이 자녀들과 대화를 많이 나누지 못할 경우 여성과 자녀, 가족 모두에게 부정적인 영향을 미친다는 이유에서다. 이처럼 '엄마 나라 언어'를 자녀에게 자연스럽게 교육시킬 경우 자녀 개인, 가족, 국가 모두에게 '윈 - 윈(win-win)'이라는 담론을 통해 '가족'을 신자유주의 세계화의 회로에 끌어들인다.

현재 국내 거주 중인 제3세계 외국인은 약 80만 명. (…) 박 목사는 "코시안 등 이주민 2세들은 태국어·인도어 등 모국어와 한국어 2개 국어를 배울 수 있어요. 그들이 크면 양국 간 외교사절단 역할을 톡톡히 할 수도 있죠." (…) 화두를 '소수자 보호'에서 '다수자 변화'로 바꿀 때라는 것이다(《조선일보》, 2006.9.27).

요즘 다문화가정 아빠들은 자녀들에게 일방적으로 한국사회에 적응하라고 닦달하기보다 "엄마 나라의 말과 문화를 익혀 '바이링구얼(bilingual, 이중언어 구사자)'이 되라"고 한다. 한국말만 강요하면 같은 또래 한국 아이들보다 뒤처지기 쉽지만, 두 나라 말을 모두 하면 장차 '글로벌 인재'로 자라날 가능성이 커진다. (…) "다문화가정 아이들은 진흙 속의 보석 같은 존재"라며 "이들에게 엄마의 언어를 가르치는 것은 아이와 가정과 국가가 모두 '윈 - 윈'할 수 있는 방법"이라고 했다. (…) 장차 문화적·언어적 강점을 살려 외교와 무역 등에서 두각을 나타낼 잠재력이 충분하다는 것이다(《조선일보》, 2009.8.13).

한국은 가족이 오랫동안 학력자본의 생산자 역할을 수행해왔으며 어머니들은 학력 자본을 통한 계층이동이라는 '가족 사업'의 총관리자 역할을 담당해왔다(조은, 2008: 20~21). 불확실성이 극대화되는 세계화에서 글로벌 경쟁력을 강조하는 기업 국가적 통치성은 '다문화사회'를 매개로 또 다른 교육투자의 중요성을 부각시킨다. 언어능력과 풍부한 문화적 배경을 세계화 시대의 적합한 인재상으로 제시하는 담론은 자녀의 미래 성공을 담보하기 위해 가족 차원의 역량을 투입하도록 촉진하는 힘을 가진다. 여기서 다문화 가정은 초국적 자원을 획득할 수 있는, 전략적으로 유리한 가족 형태라는 점에서 국가의 글로벌 욕망이 극명하게 드러나는 지점이 되고 있다.

이처럼 다문화 가정을 통해 가정 내에서 이중언어 능력을 가진 인재 양성을 유도하는 것은 비용 관점에서도 엄청난 효율성을 달성할 수 있다. 이때 교육열과 세계화와 가족주의를 총체적으로 연결하는 기제는 자녀를 '잡스' 혹은 '오바마'와 같은 글로벌 인재로 양육할 것을 위임받은 어머니의 돌봄 역할이다. 이러한 점은 앞에서 결혼이주여성이 다문화자녀들에게 다중언어와 문화를 가르치는 분야로 배치되고 있다는 것과도 연결되어 있다.

4) '조직적 시민 사회' 조성을 통한 다문화가정자녀 관리

푸코에 따르면 신자유주의적 통치는 시민사회에 대한 직접 개입이 불가능하므로, 규제적 혹은 조직적 개입으로 환경을 조성하는 방식으로 시민사회를 통해 개입한다. 따라서 신자유주의하의 시민사회는 보다 적극적으로 호모에코노미쿠스를 양성해내고 통치 목표에 따라 그들의 행동을 이끌어내려고 한다(Foucault, 2008: 291~297). 다문화자녀에 대한 교육 관리 역시 시민사회를 '통한' 자원봉사나 멘토링 활동으로 이루어짐을 볼 수 있는데, 기사에서는 국가가 설정한 지원 프로그램에 대학생 멘토, 전직교사, 다문화 학부모들이 자발적으로 다문화자녀에게 교육 기회를 제공하는 사례를 빈번하게 재현한다.

'세이브더칠드런'은 (…) 다문화가정 유아 대상 이중언어 교육 지원 사업을 펼치고 있다. (…) "이중언어 교육을 통해 다문화가정 출신이라는 게 약점이 아니라 강점이 될 수 있다는 자신감을 심어줄 것"이라 기대했다. (…) 원어민 자원봉사자 28명이 각 가정을 찾아 동화책 읽어주기 시범을 보여주기도 한다. (…) "다문화가정 아이들이 미래 한국의 큰 인재가 될 수 있도록 이 프로그램을 오랫동안 이어가고 싶다"고 밝혔다(《경향신문》, 2010.6.23).

교육과학기술부는 (…) 대학생 2,500명을 멘터로 선정해 다문화가정 학생들을 일대일로 지도하도록 할 예정이다. (…) 대학생 멘터가 아이들에게 한국어와 기초적인 교과 및 생활 교육을 하게 된다. (…) 다문화가정 학생들을 글로벌 인재로 키우기 위한 (…) '국제 지도자 육성 프로그램'은 최근 급증하는 베트남 출신 부모를 둔 학생들을 대상으로 베트남 학생과의 교류, 베트남 유학생 멘터링 등을 진행할 계획이다(《동아일보》, 2009.7.22).

시민 사회의 환경 조성을 통해 개입하는 신자유주의적 통치는 지원 수급자가 스스로의 삶을 기획하고 효용을 극대화하는 주체로 키워내는 것을 목표로 한다. 위의 기사들에서 국가는 최대한 인구를 방임하되, 그들이 가진 동기가 '좋은' 방향으로 발휘되어 집단 전체가 더 나은 방향으로 순환하도록 통치기제를 배치하고 있다고 판단할 수 있다. 우선, 글로벌 인재에 대한 수요가 높아짐에 따라 우수 인재 확보를 위한 경쟁이 치열해지는 기업의 입장에서는, 다문화 자녀에 대한 지원이 장기적으로 유리한 투자가 된다. 다문화 자녀가 글로벌 인재로 성장할 수 있도록 지원하는 것은 자사에 대한 이미지 제고뿐 아니라 기업의 사회적 책임 및 직원의 자긍심 증진 효과라는 효용을 얻을 수 있으며 이에 따라 더 우수한 인재 확보가 가능할 수 있다는 동기를 가지기 때문이다(최운열·이호선·홍찬선, 2009: 407~432). 한편 시민 봉사자들은 자원봉사업무가 무급이지만 유급처럼 훌륭하게 일을 수행하고 그 일을 통해 개인적인 가치를 실현하여 사회적·정서적·지적으로 성장할 수 있는 계기가 된다는 점에서 자원봉사에 참여할 동기를 가진다(홍연숙, 2010: 103~128).

하나금융그룹이 (…) 마련한 '베트남 - 한국 가족의 날' 행사(…)를 직접 기획한

김승유(66) 회장이 행사를 시작한 이유는 베트남인 엄마와 한국인 아빠 사이에서 자란 어린이들이 장차 두 나라를 잇는 '인적자원'으로 성장했으면 하는 바람 때문 (…) 그는 "베트남과 한국의 언어와 문화를 함께 이해할 수 있는 어린이들을 인재로 키워야 한다"면서 "그러려면 혼혈 가정에 대한 지원이 그저 '봉사'에 그치지 않고 인적 투자로 이어져야 한다"고 강조했다(《동아일보》, 2008.5.27).

에스티엑스(STX)그룹의 '나눔 철학'은 (…) 다문화가정에 대한 지원을 아끼지 않는다. (…) 다문화어린이도서관 '모두'를 세워 다문화도서 1만여 권을 채워 넣고, 자원봉사자들이 다문화가정 어린이들의 우리말 배우기를 돕고 있다(《한겨레》, 2009.12.29).

"다문화가정 아이들과 여성들이 마음으로 고마움을 전할 때 가장 보람을 느낍니다." (…) 다문화가정을 위한 대안학교인 광주새날학교에서 교사로 자원봉사를 시작한 김영경 실장(…)(《동아일보》, 2009.6.17).

다문화가정 자녀를 위한 대안학교인 부산 아시아공동체학교 (…) 수업은 한국어, 모국어, 교차수업, 한국문화 적응 프로그램으로 꾸며진다. (…) 정규 교사 6명과 자원봉사 교사 20명, 외국인 교사 8명이 각 나라의 언어를 섞어가며 '소통과 융합교육'을 실천하고 있다. (…) "현재 후원자 350명과 1,500여 명의 자원봉사자 및 서포터스가 이 학교의 주인입니다."(《동아일보》, 2010.3.15).

다문화가정의 자녀인 초등학교 3학년 김 모 양은 매주 화·목요일이면 마음이 설렌다. (…) '다문화 공부방'이 열리는 날이기 때문이다. (…) 자원봉사 선생님들이 다문화가정 자녀들의 든든한 울타리가 되어주다 보니 사내면 다문화공부방에선 항상 웃음꽃이 피어난다. (…) 교사 및 보육교사 자격증을 소지하고 있는 자원봉사자 8명이 한글·수학반 25명, 영어반 30명을 가르친다. (…) "다문화가정의 아이들이 지역사회와 학교생활에 적응을 잘할 수 있도록 도우미 역할을 한다는 생각으로 즐겁게 봉사활동을 하고 있다"(《경향신문》, 2011.10.7).

위 기사들에서도 볼 수 있듯 '국민 만들기'의 관점에서 신자유주의적 통치를 통한 호모에코노미쿠스 육성은 개인에 대한 직접적 개입이 아닌, 시민사회라는 사회적 환경에 대한 개입을 통해 이루어진다. 시민사회에 대한 조절과 관리를 통해 국가 권력의 지향점이 개인에게 내면화될 뿐만 아니라, 개인은 그 권력의 기준을 스스로 생산해낼 수 있는 존재가 되도록 자신을 통치하고 있음을 알 수 있다. 이에 따라 효용극대화와 생존을 추구하는 개인의 끊임없는 자기 혁신은 결과적으로 국가가 자기 경영을 통해 추구하는 방향과 맞닿게 된다. 즉 신자유주의 통치성이 만들어내는 국가는 편익극대화를 통한 경쟁력 강화에 초점을 맞추어 기업적 논리를 사회의 전 영역으로 침투시키고, 그 결과 통치비용 관점에서의 효율성은 굉장히 증진된다(Foucault, 2008: 231).

이처럼 한국의 다문화 담론은 다문화자녀에 대한 사회의 자발적 지원과 관리라는 형태로 통치성을 발휘하고 있다고 해석된다. 이러한 사례가 기사를 통해 빈번하게 담론화될수록 담론 수용자들은 이를 더욱 자연스럽게 내재화하게 될 것이다. 그러나 여기서 개인이 달성하는 혁신적 주체화는 특정 가치 기준 혹은 헤게모니적 규준을 공고하게 지지하면서 이루어진다는 점에서, 기존의 체제나 가치를 비판하는 혁신은 구조적으로 달성하기 어려워진다는 점 역시 추측할 수 있다.

4. 나오는 글 : 경쟁력 있는 글로벌 한국을 향한 통치기제로서의 다문화 담론

이상의 논의에서 본 연구는 2009년 이후 다문화 관련 기사의 담론을 추적하여 민족 국가 한국이 추구하는 글로벌 욕망의 축을 분석하였다. 신자유주의를 표방하는 국가는 세계시장에서 다른 국가들과 대비되는 실체로서 경쟁적 지위를 향상시키기 위해 끊임없이 내적 재조직화를 시도하며 새로운 제도적 편제들을 마련하고자 노력한다는 하비(Harvey, 2005: 65)의 논의처럼, 세계화라는 위계적 국제질서의 사다리에서 보다 상층부를 향한 한국의 욕망은 다문화가정에 대한 담론적 실천에도 고스란히 투영된다. '글로벌 한국'과 동일시되는 '다문화 경쟁력' 담론을 통해 '글로벌 인재'로 상정되는 주체들은 우리 내부로 포용되는 한편 다른 주체들은 바깥에 머물게 된다. 이러한 경계 짓기에서 적법하고 동질적인 집단은 결국 권력 작용에 의해 구조화되며, 그 규준은 국가의 국민주체 지배와 더불어 국민주체의 자기지배로 담론화되고 있다.

기사에서 '글로벌 한국, 국가경쟁력, 선진국, 강대국, 국가이익' 등과 같은 언표는 '다문화 수용'의 당위성에 대한 논의와 결부되어 국가가 지향하는 새로운 현재와 미래지향점을 구성한다. 이러한 담론은 일종의 '규제 장치'로 작용하여 국가가 지향하는 욕망의 틀에 따라 인구를 구조화하고, 구조화된 조건하의 개인 스스로가 '경쟁력 있는 글로벌 한국'을 달성하기 위해 내달리는 주체로 탄생한다. 이에 따라 한국 다문화 담론의 핵심을 차지하는 결혼이주여성은 끊임없는 자기 계발과 경제적 자립을 꾀한 결과, 후발 결혼이주여성 및 다문화 자녀를 관리하고 교육하는 역할로 배치되고 있음을 확인할 수 있다. 여기서 결혼이주여성의 주체화 방식 및 사회 진출 분야는 상당부분 국가가 설정한 지원제도에 따라 틀 지워지고, 그 결과 다문화 사회의 난관들은 결혼이주여성 스스로에 의해 해결하게 되는 구조가 형성되고 있다. 특히 결혼이주여성에게 강조되는 역할은 잠재적인 글로벌 인재로 호명되는 다문화자녀를 실질적인 글로벌 인재로 육성하는 어머니로서의 자질과 역할이다. 다문화자녀는 언어발달 등의 학습 수준이 현재로서는 '정상적'인 발달과정에 비해 뒤처지고 차별의 대상이 되지만, 어머니의 다중언어 능력 및 문화적 혼종성을 제대로 물려받는다면 오바마나 잡스 같은 글로벌 인재로 성장할 수 있다는 담론이 강화되어 나타난다. 이때 다문화 자녀에 대한 교육은 어머니를 필두로 하는 가족과 더불어 기업, 시민사회의 자발적 지원을 통해 이루어진다.

여기서 주목할 만한 사항은 결혼이주여성의 생애주기에 따른 자기계발 및 사회주체화가 궁극적으로 자녀를 글로벌 인재로 양육하는 젠더화된 몸으로 귀결된다는 점이다. 따라서 글로벌 욕망을 실현하려는 국가의 통치성은 결국 이전 시기의 다문화 담론에서부터 지속적으로 나타났던 한국적 가족이데올로기 강화 효과와 맞물려 있음을 알 수 있다. 민족 국가 강화와 글로벌 국가를 향한 욕망은 언뜻 서로 상반된 지점을 향하는 것으로 보이지만, 한국의 다문화 담론에서 두 가지 통치 목표는 상호보완적으로 서로의 결핍을 충족시키며 그 헤게모니적 지위를 강화하고 있다는 결론을 얻을 수 있다.

한편 국가경쟁력 차원에서 다문화 포용성을 강조하는 담론은 국가브랜드가치 제고에 대한 논의로 연결된다.[22] 국가브랜드가치 향상에 대한 한국

---

22) 국가브랜드가치 제고에 대한 정부의 비전은 2009년 1월 출범한 국가브랜드위원회 홈페이지 참고(http://www.koreabrand.net/gokr/kr/cms/selectKbrdCmsPageTbl.do?cd=0148&m1=3&m2=1).

의 욕망은 곧 '세계에서 잘 팔리는' 국가를 지향하고 있음을 짐작케 한다. 이러한 맥락에서 다문화 포용이 국가브랜드의 일환으로 담론화되는 것은 다문화가족을 타 국가에 대한 자국의 위상을 차별화하는 요소로 포착하고 있음을 알 수 있다. 한국이 글로벌 경쟁력을 확보하여 국가의 위상을 높일 수 있으려면 각 개인은 순혈주의를 잊고 글로벌 시민으로서 의식을 향상시켜야 한다고 담론화된다. 그런데 글로벌 시민 의식 및 국가브랜드 제고를 통해 궁극적으로 지향하는 바가 한국 기업을 세계 시장에서 더 좋은 조건으로 상품화하는 것이라면, 국가는 '판매능력 제고를 통한 이익 창출 극대화'라는 기업의 논리를 국가 통치 행위의 규준으로 삼고 있음을 판단할 수 있다. 이는 다문화 포용을 내세우지만, 특정 국가를 시장 논리에 따라 서열화하는 인식을 자연스럽게 하여 다양한 출신국의 다문화 구성원들을 차별화하는 기제로 작용할 수도 있다는 점에서 역설적이다. 즉 '살고 싶은'(국적을 얻고 싶은) 혹은 '가지고 싶은'(한국 제품을 소비하고 싶은) 대상으로서의 한국은 기업 친화적 개발정치를 범국민적인 지향점으로 삼고, 여기서 '다문화'는 한국의 국제적 상품력을 증진할 수 있는 자본으로 파악된다. 이주자와 그 자녀들이 지닌 잠재적 역량도 수익성을 창출할 수 있는 자본이며 계발되어야 할 주체이다. 이를 통해 결과적으로 이주자들을 국민으로 포섭하는 기준에 '개발시민권'적 요소가 작용함을 짐작할 수 있다. [23]

---

23) 장경섭(Chang, 2012: 182~202)이 개념화한 '개발시민권(developmental citizenship)'
은 군부정권이 중상주의적 개발정치를 범국민적인 지향점으로 승화시킴으로써 기업
가 및 노동자들 모두가 물질적 이익 증진을 향해 전력투구하고, 이러한 개발의 보장
이 정권의 정치적 정당성을 담보해주는 것이 한국사회의 지배적 정치이념으로 착근
된 현상을 말한다. 즉 개발시민권의 실질적 내용은 자유권, 정치권, 사회권이라기보
다 경제개발 추진 및 그 시장이익의 향유로 집약되는 것에 집중되어 있다.

이상의 분석을 통해 한국의 다문화 담론은 국제사회 내 한국의 경쟁력 강화를 촉진시키는 신자유주의적 통치성의 일환으로 진행되고 있음을 확인하였다. 이러한 결론은 이주의 급증이 세계화로 인해 촉발되었고, 다양한 출신국의 이주자들이 정착함에 따라 민족 국가의 정체성에 새로운 압력으로 작용한다는 점을 고려해본다면 매우 흥미로운 지점이 아닐 수 없다. 신자유주의적 세계화가 '비용 대비 효용 극대화'라는 규범을 사회 전 분야에 확산시켰다면, 그로 인해 새롭게 대두되는 사회문제 또한 외국인 노동자 및 결혼이주여성 스스로에 의해 '저비용 고효율'로 봉합하는 구조가 형성되고 있기 때문이다. 그러나 신자유주의적 통치술이 발휘하는 효율적인 인구의 배치 및 관리가 다문화의 조화로운 공존이나 인권의 보장 및 확대와 비례하는 것은 아니다.

따라서 한국의 '지속적인 발전'을 위해 향후 '다문화' 사회의 유지 및 확대가 필수불가결하다면, 신자유주의적 통치술 하의 선순환적인 '자원'의 배치가 어떻게 다문화사회 구성원의 조화로운 공존 및 인권 보장과 양립할 수 있을지에 대한 문제의식은 향후 연구에서도 계속되어야 할 것이다. 본 연구는 생활 속 권력 관계 형성에 영향력을 발휘하는 기사의 담론을 분석 대상으로 삼았으나, 실질적으로 자원 배치 방식을 규정하는 법제적 측면에 초점을 맞추어 개편 과정 및 그 과정에서 나타난 정부의 담화를 분석하는 것 또한 유의미한 연구일 것이다. 이와 더불어 오랜 이주 역사를 가진 국가들의 이주자에 대한 담론화 방식이나 재외한인들에 대한 현지의 담론양상을 한국과 비교적 시각으로 고찰해보는 작업도 이후의 과제로 가능하며, 이를 통해 국가별 '민족'의 기준에 어떤 차이 혹은 공통점이 있는지 포착할 수 있을 것으로 예측된다. 또한 본 연구에서는 다문화 담론에서 나타나는 각 언론사의 논조 차이를 분석하지는 않았으나, 언론사의 프레임 차이가 존재하는지

그리고 그에 따른 정치적 효과가 무엇인지를 중심으로 다문화 담론을 분석하는 것 역시 후속 연구로 가능하다. 마지막으로, 본 연구는 분석 대상이 되었던 기사를 분량 제한 상 모두 제시할 수 없었기 때문에, 불가피하게 연구목적에 더욱 부합하는 기사가 주관적으로 채택되었을 수 있다는 한계점을 지적하고 싶다.

❖ 참고문헌

1. 국내 문헌

김경희. 2009. 「텔레비전 뉴스 내러티브에 나타난 재한 이주민의 특성: 뉴스초점이주민과 주변인물(한국인·이주민) 분석을 중심으로」.《한국방송학보》, 제23집 3호, 7~46쪽.

김승권. 2010. 「한국 다문화가족의 사회경제적 특성과 정책적 함의」.《보건복지포럼》, 제165집, 5~18쪽.

김영옥. 2007. 「새로운 '시민들'의 등장과 다문화주의 논의」.《아시아여성연구》, 제46집 2호, 129~159쪽.

김영옥·김현미·양민석·윤혜린·정진주·황정미. 2009.『국경을 넘는 아시아 여성들: 다문화 사회를 만들다』. 서울: 이화여자대학교출판부.

김영주. 2010. 「결혼이주여성의 자녀 출산·양육 정책에 대한 비판적 고찰: 젠더 관점과 다문화관점을 중심으로」.《한국인구학》, 제33집 1호, 51~73쪽.

김유경·최창원·이효복. 2011. 「국가 브랜드 가치 평가를 위한 선행요인에 관한 연구: 국가브랜드 자산 구성요소」.《광고학연구》, 제22집 6호, 29~52쪽.

김정선. 2010. 「아래로부터의 초국적 귀속의 정치학: 필리핀 결혼이주 여성의 경험을 중심으로」.《한국여성학》, 제6집 2호, 1~39쪽.

_____. 2011. 「시민권 없는 복지정책으로서 "한국식" 다문화주의에 대한 비판적 고찰」.《경제와사회》, 제92집, 205~246쪽.

김현미. 2001. 「글로벌 사회는 새로운 신분제 사회인가?: 전 지구적 자본주의의 확산과

‘성별화된 계급(gendered class)’의 출현」.《진보평론》, 제7집, 76~96쪽.

_____. 2006. 「국제결혼의 전 지구적 젠더 정치학: 한국 남성과 베트남 여성의 사례를 중심으로」.《경제와 사회》, 제70집, 10-37쪽.

_____. 2008. 「이주자와 다문화주의」.《현대사회와 문화》, 제26집, 57-78쪽.

_____. 2009. 「신자유주의적 권위주의 국가와 생활정치」.《창작과 비평》, 제145집, 94~113쪽.

_____. 2010. 「글로벌 신자유주의 경제 질서와 이동하는 여성들」.《여성과 평화》, 제5집, 121~142쪽.

김현미·손승영. 2003. 「성별화된 시공간적 노동 개념과 한국 여성노동의 ‘유연화’」.《한국여성학》, 제19집 2호, 63~96쪽.

김현미·김민정·김정선. 2008. 「안전한 결혼이주’?: 몽골 여성들의 한국으로의 이주 과정과 경험」.《한국여성학》, 제24집 1호, 121~155쪽.

김혜순. 2008. 「결혼이주여성과 한국의 다문화사회 실험: 최근 다문화담론의 사회학」.《한국사회학》, 제42집 2호, 36~71쪽.

김희정. 2007. 「한국의 관주도형 다문화주의: 다문화주의 이론과 한국적 적용」. 오경석 외 저.『한국에서의 다문화주의: 현실과 쟁점』. 파주: 한울. 57~79쪽.

문경희. 2006. 「국제결혼 이주여성을 계기로 살펴보는 다문화주의와 한국의 다문화현상」.《21세기정치학회보》, 제16집 3호, 67~93쪽.

바우만, 지그문트(Zygmunt_Bauman). 2008.『쓰레기가 되는 삶들: 모더니티와 그 추방자들』. 정일준 역. 서울: 새물결.

박미선. 2008. 「지구지역시대 젠더이론의 쟁점: 여성, 민족, 국가, 그리고 재기억의 텍스트 정치」.《탈경계 인문학》, 제1집, 29~58쪽.

발리바르, 에티엔(Étienne Balibar). 2010.『우리, 유럽의 시민들?』. 진태원 역. 서울: 후마니타스.

_____. 2011.『정치체에 대한 권리』. 진태원 역. 서울: 후마니타스.

서동진. 2009.『자유의 의지 자기계발의 의지: 신자유주의 한국사회에서 자기계발하는 주체의 탄생』. 파주: 돌베개.

설동훈·한영혜. 2006. 「국민·민족·인종」. 한국사회학회 편.《동북아 "다문화" 시대 한국사회의 변화와 통합》, 동북아시대위원회 용역과제 제6집 12호, 79~99쪽.

설동훈. 2007. 「혼혈인의 사회학: 한국인의 위계적 민족성」.《인문연구》, 제52집, 125~

160쪽.

_____. 2009. 「한국사회의 외국인 이주노동자: 새로운 '소수자 집단'에 대한 사회학적 설명」. 《사림》, 제34집, 53~77쪽.

안지현. 2007. 「한국에서 다문화주의 담론의 배치와 그 성격에 관한 연구」. 연세대학교 커뮤니케이션 대학원 영상커뮤니케이션 전공 석사학위 논문.

양정혜. 2007. 「소수민족 이주여성의 재현: 국제결혼 이주여성에 관한 뉴스보도 분석」. 《미디어, 젠더&문화》, 제7집, 47~77쪽.

오경석. 2007. 「어떤 다문화주의인가?: 다문화사회 논의에 관한 비판적 조망」. 오경석 외 저. 『한국에서의 다문화주의: 현실과 쟁점』. 파주: 한울. 21~56쪽.

유홍식. 2009. 「기사제목과 예시가 수용자의 뉴스가치 평가와 이슈지각에 미치는 영향」. 《한국언론학보》, 제53집 5호, 176~198쪽.

윤인진. 2008. 「한국적 다문화주의의 전개와 특성: 국가와 시민사회의 관계를 중심으로」. 《한국사회학》, 제42집 2호, 72~103쪽.

이경숙. 2006. 「혼종적 리얼리티 프로그램에 포섭된 '이산인'의 정체성: 〈러브 人 아시아〉의 텍스트 분석」. 《한국방송학보》, 제20집 3호, 239~276쪽.

이기형. 2006. 「담론분석과 담론의 정치학」. 《언론과 사회》, 제14집 3호, 106~145쪽.

이병하. 2011. 「한국 이민관련 정책의 입법과정에 관한 연구」. 《의정연구》, 제17집 1호, 71~104쪽.

이수자. 2004. 「이주여성 디아스포라: 국제성별분업, 문화혼성성, 타자화와 섹슈얼리티」. 《한국사회학》, 제38집 2호, 189~219쪽.

이혜경. 2005. 「혼인이주와 혼인이주 가정의 문제와 대응」. 《한국인구학》, 제28집 1호, 73~106쪽.

_____. 2008. 「한국 이민정책의 수렴현상- 확대와 포섭의 방향으로」. 《한국사회학》, 제42집 2호, 104~137쪽.

이혜경·정기선·유명기·김민정. 2006. 「이주의 여성화와 초국가적 가족: 조선족 사례를 중심으로」. 《한국사회학》, 제40집 5호, 258~298쪽.

장승진. 2010. 「다문화주의에 대한 한국인들의 태도: 경제적 이해관계와 국가정체성의 영향을 중심으로」. 《한국정치학회보》, 제44집 3호, 97~119쪽.

전형권. 2012. 「초국가 이주와 국민국가: 한국의 국제결혼이주여성 정책을 중심으로」. 《한국동북아논총》, 제63집, 283~310쪽.

조 은. 2008. 「신자유주의 세계화와 가족 정치의 지형: 계급과 젠더의 경합」. 《한국여성학》, 제24집 2호, 5~37쪽.

_____. 2010. 「젠더불평등 또는 젠더 패러독스: 신자유주의 통치성과 모성의 정치경제학」. 《한국여성학》, 제26집 1호, 69~95쪽.

최운열·이호선·홍찬선. 2009. 「기업의 사회공헌활동이 기업 가치에 미치는 영향」. 《경영학연구》, 제38집 2호, 407~432쪽.

최현주. 2010. 「한국 신문 보도의 이념적 다양성에 대한 고찰: 6개 종합일간지의 3개 주요 이슈에 대한 보도 성향 분석을 중심으로」. 《한국언론학보》, 제54집 3호, 399~426쪽.

한건수. 2003. 「"타자만들기": 한국사회와 이주노동자의 재현」. 《비교문화연구》, 제9집 2호, 157~193쪽.

_____. 2011. 「한국의 다문화사회 이행과 이주노동자」. 《철학과 현실》, 제91집, 21~31쪽.

홍연숙. 2010. 「대학생 자원봉사자가 지각한 슈퍼바이저의 자율성 지지, 자원봉사동기 및 지속의도 간의 관계 분석」. 《한국사회복지학》, 제62집 4호, 103~128쪽.

홍지아. 2010. 「젠더적 시각에서 바라본 한국 언론의 다문화 담론: 경향, 동아, 조선, 한겨레 기사 분석을 중심으로」. 《언론과학연구》, 제10집 4호, 644~678쪽.

황정미. 2009. 「'이주의 여성화' 현상과 한국 내 결혼이주에 대한 이론적 고찰」. 《페미니즘연구》, 제9집 2호, 1~37쪽.

2. 보도 자료

곽민영. 2008.5.27. "베트남 - 한국 가정의 2세들은 양국교류의 소중한 인적자원". 《동아일보》, 28면.

구정은. 2011.7.4. "〈아침을 열며〉 한국에서 잡스가 나오려면". 《경향신문》, 30면.

김현진. 2008.4.25. "글로벌 시대 '멀티컬처 인재' 뜬다, 아랍어·베트남어 등 특수외국어 가능한 사람들 인기". 《조선일보》, 3면.

류 정. 2006.9.27. "안산외국인노동자센터 박천응 목사, 농촌 국제결혼 50% 파경". 《조선일보》, 14면.

안치용. 2009.9.13. "사회적 기업이 희망이다(24) 오가니제이션 요리". 《경향신문》.

양희동. 2009.8.8. "경기도 공무원 몽골인 아리옹씨, 한국과 몽골을 한집안처럼 만들터". 《조선일보》, 30면.

우경임. 2012.5.14. "달라도 다함께 1부. 당당히 일어서는 다문화 가족〈1〉 결혼이주여성들의 활약 그리고 소망". 《동아일보》, 8면.

유인경. 2010.6.23. "다문화가정 아이들에 자신감 심어줄 것". 《경향신문》, 29면.

유인화. 2009.1.19. "〈아침을 열며〉 다문화 가정". 《경향신문》, 30면.

윤희각. 2009.3.11. "달라도 다함께 —— 글로벌 코리아, 다문화가 힘이다 1부. 〈7〉 다문화 대안학교". 《동아일보》, 10면.

이성호. 2011.5.24. "아시아 4개국 아줌마 손맛 소문났네". 《동아일보》, 16면.

이성호 외. 2009.6.17. "달라도 다함께 —— 글로벌 코리아, 다문화가 힘이다 2부〈10. 끝〉 건강한 다문화 사회를 만드는 사람들". 《동아일보》, 12면.

이지연. 2009.7.22. "달라도 다함께/대학생 2500명 멘터 투입, 다문화학생 1대 1지도". 《동아일보》, 8면.

이형주. 2011.11.16. "이주여성에게 배우는 다문화". 《동아일보》, 16면.

임아영. 2010.7.27. "서울 강북구, 베트남 이주여성 도우미에 자국 출신 산모 맡겨보니". 《경향신문》, 16면.

장기우. 2009.4.14. "달라도 다함께 —— 글로벌 코리아, 다문화가 힘이다/세계 각국 음식 - 공예품 다 모았어요". 《동아일보》, 16면.

정미경. 2008.1.16. "새 이웃사촌 '다문화 가정' 이주여성 지원정책 문제없나". 《동아일보》, 23면.

정양환. 2009.6.3. "달라도 다함께 —— 글로벌 코리아, 다문화가 힘이다 2부. 〈8〉 서울 성북동 합숙 교육기관 베들레헴 어린이집". 《동아일보》, 10면.

조경진. 2006.8.2. "이주여성 정착, 교육에 달려 있다". 《경향신문》, 31면.

조용휘. 2010.3.15. "다문화에 사는 사람들. 9개국 학생 40명 무상 수업…하늘이 도왔죠". 《동아일보》, 27면.

조찬호. 2011.2.14. "사회적 기업가 이지혜씨, 착한 일로 돈 벌어 착한 일에 쓰는 기업이죠". 《조선일보》, 17면.

주성원·노지현. 2010.4.26. "다문화에 사는 사람들 / 희망을 주는 교실, 행복을 여는 강의". 《동아일보》, 31면.

차학봉. 2009.2.26. "인구유치에 사활을 걸라". 《조선일보》, 26면.

최승현. 2011.10.7. "언어·문화 벽 녹이는 용광로 '다문화공부방'". 《경향신문》, 61면.

특별취재팀. 2009.8.13. "다문화 가정의 미래, 아빠 손에 달렸다(1) 두 나라 모두 아는 아이로 키우자 '엄마나라의 말' 가르치면 '한국의 글로벌 인재'로 자란다". 《조선일보》, 5면.

《한겨레》, 2009.8.29. "이주여성들 '어학선생님' 되다". 19면.

황예랑. 2009.12.29. "한겨레 특집 —— 나눔경영/대기업 사회공헌 활발/STX그룹/글로벌 인재·다문화가정 '위하여!'. 《한겨레》, 35면.

3. 정부기관 자료

보건복지부(현 보건복지가족부). 2010. "외국국적동포·외국인력활용".
   http://www.mw.go.kr/front_new/jc/sjc0109mn.jsp?PAR_MENU_ID=06&MEN
   U_ID=0609040102&page=1(검색일: 2015.1.15).

정책 브리핑. 2008. "다문화가족 생애주기별 맞춤형 지원 강화대책".
   http://www.korea.kr/archive/searchView.do?where=policy&dtype=EDT01002
   %2CEDT01004%2CEDT02002&oldKeyword=%EB%8B%A4%EB%AC%B8%ED%
   99%94&pageIndex=2&tblKey=EDN&newsId=12940&htype=R&keyword=%EB
   %8B%A4%EB%AC%B8%ED%99%94&pageUnit=10(검색일: 2015.1.15).

출입국·외국인 정책본부. 2012. 「2012 출입국·외국인 정책 통계연보」.
   http://www.immigration.go.kr/HP/COM/bbs_003/ListShowData.do?strNbodC
   d=noti0096&strWrtNo=124&strAnsNo=A&strOrgGbnCd=104000&strRtnURL=IM
   M_6050&strAllOrgYn=N&strThisPage=1&strFilePath=imm/(검색일: 2015.1.15).

4. 국외 문헌

Anderson, Benedict. 1991. *Imagined Communities: Reflections of the Origins and Spread of Nationalism*. London: Verso.

Appadurai, Arjun. 2006. *Fear of Small numbers: an essay on the geography of anger*. Durham: Duke University Press.

Bauman, Zygmunt. 2000. *Liquid Modernity*. MA: Blackwell Publishers.

Butler, Judith, and Gayatri Chakravorty Spivak. 2007. *Who sings the nation-state?: language, politics, belonging*. London; New York: Seagull Books.

Chang, Kyung-Sup. 2012. "Developmental citizenship in perspective: the South

Korean case and beyond." in *Contested Citizenship in East Asia: Developmental politics, national unity, and globalization*, Kyung-Sup Chang and Bryan S. Turner(eds.). New York: Routledge. pp. 182~202.

Chang, Kyung-Sup and Bryan S. Turner(eds.). 2012. *Contested Citizenship in East Asia: Developmental politics, national unity, and globalization*. New York: Routledge.

Comaroff, Jean., and John L. Comaroff. 1991. *Of Revelation and Revolution Volume 1: Christianity, Colonialism, and Consciousness in South Africa*. Chicago: University of Chicago Press.

_____. 2009. *Ethnicity, Inc*. Chicago: University of Chicago Press.

Fairclough, Norman. 1989. *Language and Power*. London: Longman.

_____. 1995. *Critical Discourse Analysis: The Critical Study of Language*. London: Longman.

_____. 2001. "Critical discourse analysis as a method in social scientific research." pp. 121~138 in *Methods of Critical Discourse Analysis*, edited by Ruth Wodak and Michael Meyer. London: Sage.

_____. 2003. *Analysing Discourse: Textual Analysis for Social Research*. London; New York: Routledge.

Foucault, Michel. 1990. *The history of sexuality volume 1: An introduction*, translated by Robert Hurley. New York: Vintage Books.

_____. 2007. *Security, Territory, Population: Lectures at the Collège de France, 1977-1978*, edited by Michel Senellart, translated by Graham Burchell. New York: Palgrave Macmillan.

_____. 2008. *The Birth of Biopolitics: Lectures at the Collège de France, 1978-1979*, edited by Michel Senellart, translated by Graham Burchel. New York: Palgrave Macmillan.

Gellner, Ernest. 1983. *Nations and Nationalism*. Ithaca: Cornell University Press.

Gramsci, Antonio. 1992. *Prison Notebooks, Volume 1*, Joseph A. Buttigieg(ed.), translated by Joseph A. Buttigieg and Antonio Callari. New York: Columbia University Press.

Hall, Stuart. 1996. "Ethnicity: Identity and Difference." in *Becoming National*, edited by Geoff Eley and Ronald Grigor Suny. Oxford University Press. pp. 339~351.

Harvey, David. 2005. *A Brief History of Neoliberalism*. Oxford; New York: Oxford University Press.

Hochschild, Arlie. 2000. "Global Care Chains and Emotional Surplus Value." in *On the Edge: Living with Global Capitalism*, edited by Will Hutton and Anthony Giddens. London: Jonathan Cape. pp. 130~146

Kim, Hyun-Mee. 2007. "The State and Migrant Women: Diverging Hopes in the Making of "Multicultural Families" in Contemporary Korea." *Korea Journal*, Vol. 47, No. 4, pp. 100~122.

Kim, Hyun-Mee. 2012. "The emergence of the 'multicultural family' and genderized citizenship in South Korea." in *Contested Citizenship in East Asia: Developmental politics, national unity, and globalization*, Kyung-Sup Chang and Bryan S. Turner(eds.). New York: Routledge. pp. 203~217.

Kim, Jin Young. 2012. "Development of Academic Career for Marriage Immigrants by Utilizing Air and Correspondence High School Programs." *Academic Association of Global Cultural Contents* 8, pp. 269~306.

Laclau, Ernesto., and Chantal Mouffe. 1985. *Hegemony & socialist strategy: towards a radical democratic politics*, translated by Winston Moore, and Paul Cammack. London: Verso.

Lee, Hye-Kyung. 2008. "International marriage and the state in South Korea: focusing on governmental policy." *Citizenship Studies*, Vol. 12, No. 1, pp. 107~123.

Ong, Aihwa. 1999. *Flexible Citizenship: the cultural logics of transnationality*. Durham: Duke University Press.

Parrenas, Rhacel Salazar. 2001. *Servants of Globalization: Women, Migration and Domestic Work*. Stanford, Calif.: Stanford University Press.

Piper, Nicola. 2006. "Gendering the Politics of Migration." *International Migration Review*, Vol. 40, No. 1, pp. 133~164.

_____(ed.). 2008. *New Perspectives on Gender and Migration: Livelihood, Rights and Entitlements*. New York: Routledge.

Renan, Ernest. 1996. "What Is a Nation?" pp. 42~56 in *Becoming National: A Reader*, Geoff Eley and Ronald Grigor Suny(eds.). New York: Oxford University Press.

Seo, Jungmin. 2005. "Nationalism and the Problem of Political Legitimacy in China." in *Legitimacy: Ambiguities of Political Success or Failure in East and Southeast Asia*, Lynn White(ed.). Singapore: World Scientific Publishing. pp. 141~182.

Seol, Dong-Hoon and Geon-Soo Han. 2004. "Foreign Migrant Workers and Social Discrimination in Korea." *Harvard Asia Quarterly*, Vol. 8, No. 1, pp. 45~50.

Seol, Dong-Hoon and John D. Skrentny. 2009. "Ethnic Return Migration and Hierarchical Nationhood: Korean Chinese Foreign Workers in South Korea." *Ethnicities*, Vol. 9, No. 2, pp. 147~174.

Taylor, Charles and Amy Gutmann. 1994. *Multiculturalism: examining the politics of recognition*. Princeton: Princeton University Press.

Williams, Raymond. 1985. *Keywords: A vocabulary of culture and society*. New York: Oxford University Press.

Wodak, Ruth. 2001. "What CDA is about – a summary of its history, important concepts and its development." in *Methods of Critical Discourse Analysis*, Ruth Wodak and Michael Meyer(eds.). London: Sage. pp. 1~14

Yuval-Davis, Nira. 1993. "Gender and Nation." *Ethnic and Racial Studies*, Vol. 16, No. 4, pp. 621~633.

6장

중화(中華) 민족주의와 다문화

중국식 다문화주의 '다원일체문화론(多元一體文化論)'

| 박정수

1. 문제제기

민족주의는 국가수준의 문화갈등에 어떤 영향을 미칠까? 다양한 문화갈등이 있겠지만, 문화의 주된 갈등선은 문화의 보편성(universalism)과 특수성(particularism), 동질성(homogeneity)과 이질성(heterogeneity), 통합(integration)과 분열(disintegration), 또는 단일성(unity)과 다양성(diversity)을 중심으로 전개된다(Featherstone, 1990: 2). 즉, 문화적 단일성과 다양성 간의 갈등이 문화갈등의 주된 흐름을 형성한다는 것이다. 이러한 문화갈등의 문제는 문화연구의 범위를 넘어서 정치적으로도 대단히 중요한 의미를 갖는다. 그 이유는 이것이 정체성의 문제와 직결되기 때문이다. 정체성이 기본적으로 문화에 기반을 둔다는 점에서 정체성의 갈등은 문화적 단일성과 다양성, 즉 문화적 통합과 분열의 문제에 귀결된다.

그렇다면 민족주의는 문화적 단일성과 다양성에 어떤 영향을 미치는 것일까? 이 문제에서 민족주의는 국제, 그리고 국가 수준에 따라서 이중적 자세를 취하고 있다. 우선, 국제 수준에서 민족주의는 문화의 다양성을 강조한다. 민족주의는 세계화와 상업문화의 확산 속에서 파괴되어가는 자국 민족문화의 보호와 발전을 주장하나, 민족주의가 국가 수준으로 들어오면 완전히 상반된 자세를 취한다. 국가 수준에서 민족주의는 민족국가의 통합과 단결을 위해서 단일의 국가문화 또는 민족문화를 강조한다. 이는 국가 수준에서 민족주의가 문화의 단일성을 강조하면서 하나의 통합된 정체성을 추구하기 때문이다. 따라서 국가 수준에서 민족주의는 기본적으로 문화적 다양성과 대립적 관계를 형성한다.

이 글은 바로 국가 수준에서 파생되는 민족주의와 문화다양성, 즉 문화적 단일성과 다양성의 갈등에 주목한다. 세계화의 심화 속에서도 민족주의는 여전히 많은 지역에서 그 생명력을 지속하고 있을 뿐 아니라, 많은 다민족 국가들이 탈냉전 이후 오히려 강화된 소수민족 민족주의의 분리 움직임에 직면하고 있다. 또한 단일 민족국가라 하더라도 세계화의 빈번한 인구이동 속에서 인구 구성의 급격한 다문화적 변동을 경험하고 있다. 즉, 대부분의 민족국가들이 민족주의와 다문화의 출현과 심화에 직면하고 있는 것이다. 따라서 문화적 단일성을 통해 보다 통합된 국가를 형성하고자 하는 민족국가들의 민족주의적 노력은, 자신의 문화적 정체성을 주장하는 국가 내 소수민족들과 다양한 하위집단들의 문화적 다양성 요구와 충돌될 수밖에 없다. 이는 문화적 단일성과 다양성의 문제가 앞으로 민족국가의 통합과 분열의 문제를 다루는 매우 중요한 배경이 될 것이라는 것을 의미한다.

이러한 문제를 다루는 데 이 글은 직접적 개념인 '문화다양성(cultural diversity)'[1] 논리보다는 이것과 논리적 맥을 같이하면서도 국가 수준의 문화다양성 문제에 주로 적용되고 있는 '다문화주의(multiculturalism)' 개념을 사용하고자 한다. 왜냐하면 '문화다양성' 논리가 그 목적에서는 타당성을 가지고 있지만, 그 현실적 적용에서는 심각한 한계가 있기 때문이다. 최근 국제사회에서 대두되는 문화다양성 논리는 현실 적용에 국가 단위가 주를 이루면서, 문화다양성의 대상이 국가문화 또는 민족문화로 국한되거나(이상우 외, 2003: 71~72), 자국 문화산업을 보호하기 위한 산업적 논리(박선희, 2009; 영화진흥위원회, 2002)로 사용됨으로써 오히려 민족주의의 문화적 논리를 강화하는 수단이 될 위험성이 높기 때문이다.

반면에 다문화주의는 한 국가 내에 존재하는 다양한 인종과 종족, 또는 집단들 간의 문화적 차이에 대한 인정과 존중 속에서 공존을 모색하고자 하는 이념이나 이와 관련된 다양한 정책, 프로그램 등의 실천적 측면을 포괄하는 개념이다(권금상 외, 2012; 김호연, 2011; 최성환, 2009). 문화 간 공존을 추구한다는 점에서 다문화주의는 민족주의의 주된 문화원리인 '동화주의'의 상대적 개념이다. 따라서 국가 수준에서 민족주의와 문화다양성과의 관계는 민족주의와 다문화주의를 통해서 보다 적실성 있게 설명할 수 있다.

이와 함께 이 글은 중국을 그 대표적 사례로 분석한다. 중국의 사례가 주는 유용성은 개혁·개방 이후 중국에서 민족문화정책과 다문화정책이 함께

---

1) 최근 유네스코(UNESCO)를 중심으로 활발히 제기되는 '문화다양성(cultural diversity)' 논의는, 유네스코의 정의를 따르자면 본질적으로 '생물다양성' 혹은 '종다양성'이라는 생물학적 개념에서 나온 것으로, 생물의 다양성이 확보될 때 자연생태계가 건강하고 균형 있게 발전하듯이 문화도 그 다양성이 보장되어야 인류도 건강하게 발전할 수 있다는 내용을 담고 있다. 따라서 문화다양성은 세계화의 급속한 확산과 문화의 상품화 속에서 나타나는 국가, 민족, 사회의 다양한 문화적 자산의 파괴와 상실에 대한 우려 속에서 파생된 것이다. "UNESCO Universal Declaration on Cultural Diversity," adopted by the 31st session of the UNESCO General Conference —— Paris, 2 November, 2001.

추진되고 있기 때문에 양자의 관계를 보다 구체적으로 살펴볼 수 있다는 점에서 유용하다. 특히, 이러한 정책적 노력에도 불구하고 오히려 소수민족의 정체성이 약화되어 한족(漢族)에 동화되거나, 또는 소수민족의 정체성이 강화되어 분리주의가 심화되는 극단의 부정적 결과들이 나타나기 때문이다. 여기서 문화적 동화 또는 저항들은 사실 민족주의의 동화정책이 가져오는 이중적 결과들이다. 비주류집단이 주류집단의 문화와 정체성에 편입됨으로써 자신의 정체성이 약화되는 현상은 어느 정도 불가피한 현상이라고 보았을 때 중요한 문제는 분리주의의 심화에 있다.

중국 내 소수민족의 갈등에 대한 연구는 국내에서도 다양하게 진행되어 왔다.[2] 그런데 이들 연구에서 흥미로운 점은 갈등의 정책적 원인을 제시함에서 관점에 따라 결론이 상이하게 나타난다는 것이다. 민족주의 관점에서 분석한 연구들은 '한족화(漢族化)'와 '중국화'를 추구하는 중화(中華) 민족주의의 동화주의적 정책이 이들 지역에서 저항적 소수 민족주의를 가져왔다고 본다(박정수, 2012; 공봉진 2009; 최지영, 2009). 반면에 다문화적 관점에서 보는 연구들은 개혁·개방 이후 소수민족의 전통문화를 허용하고 인정하는 중국의 완화된, 즉 다문화적 정책이 오히려 이들 소수민족의 정체성을 부활시키는 요인이 되었다고 주장한다(전선홍, 2010; 이동률, 2003).

여기서 중요한 점은 상호 모순되어 보이는 이 주장들 역시 민족주의를 통해서 연결될 수 있다는 것이다. 전자는 말할 것도 없고 후자의 경우도 소수민족 정체성의 부활은 다문화주의의 결과라고 볼 수 있지만 이것이 분리운동으로 전향되고 있다는 점에서 중화 민족주의에 대한 저항으로 볼 수 있

----

2) 이러한 연구에는 박정수(2012), 전선홍(2010), 최지영(2009), 공봉진(2009), 이민자(2009), 이경희(2008), 김재기(2004), 이동률(2003) 등이 있다.

다. 따라서 이는 중국 정부의 다문화주의에도 불구하고 이러한 부정적 결과들이 심화되는 이유가 결국 중화 민족주의에 있음을 보여준다고 할 수 있다. 따라서 본 연구는 중국의 민족문화정책과 다문화정책에 투영된 이념과 논리를 분석함으로써 앞서의 실증적 연구들이 도출한 개별적 결과들을 포괄하는 논리적 설명을 제시해보고자 한다. 그리고 이를 통해서 다문화의 노력에도 불구하고 민족주의가 강하거나 심화되는 국가에서 다문화가 제한받거나 위협받을 수 있음을 설명하고자 한다.

2. 민족주의와 다문화

1) 민족주의와 다문화

민족주의와 다문화를 설명하기 위해서는 우선, 민족주의와 문화의 관계에서부터 시작해야 한다. 그중에서도 왜 민족주의가 문화적 단일성에 집착하는지를 설명해야 한다. 그런데 피상적으로도 이해할 수 있는 이 논의에 대하여 우리가 지면을 할애하고자 하는 것은 민족주의와 다문화의 이론적 접점, 즉 공존의 가능성을 찾고자 함이다.

민족주의에 대한 다양한 정의가 존재하지만, 가장 명쾌하면서도 일반적으로 받아들여지고 있는 것은 역시 어니스트 겔너(Ernest Gellner)의 정의로 보인다. 그는 민족주의를 "정치적 단위와 민족적 단위가 일치해야 한다는 정치적 원리(political principle)"(Gellner, 2006: 1)로 정의한다. 따라서 민족주의는 민족(nation)과 국가(state)가 일치하는 '하나의 공동체'로서 민족국가(nation-state)를 건설하고자 하는 정치적 운동이나 의지로 볼 수 있다.

여기에서 가장 중요한 것은 하나의 공동체를 구성한다는 의식, 즉 공동체 의식이다. 우리는 이것을 '정체성(identity)'이라 부를 수 있을 것이다. 공동체 의식으로서 정체성은 오랜 시간 지속되면서 형성된 다른 집단들과의 차별적 특성을 말한다(Guibernau, 1996: 73). 하나의 집단이 그 집단의 모든 구성원에게 공유되는 뚜렷한 특성들에 의해 다른 집단들과 다르게 구분되거나 규정될 수 있다면 그 집단은 정체성을 가지고 있다고 할 수 있다(Segal and Handler, 2006: 58). 이러한 특성을 구성하는 요소에는 상징, 가치, 신념, 관습 등이 있는데, 바로 이런 요소들을 포괄하는 개념이 문화인 것이다. 하나의 집단 속에 공유되는 공통문화(common culture)는 구성원들의 연대감을 창조한다. 그뿐만 아니라 그런 문화의 일부분으로서 자신을 인식하게 되면서 정체성을 형성한다. 이렇게 본다면 민족주의는 공통문화를 형성함으로써 공동체 의식, 즉 민족적 정체성을 강화시키는 과정이라고 할 수 있다.

따라서 민족국가는 정체성을 강화하기 위해서 표준(standard) 문화의 생산을 통한 민족문화 형성에 집중한다. 정체성은 기본적으로 문화적 동일화(homogenization)를 수반한다. 여기서 민족국가가 내적으로 동일화하는 공통문화를 국가문화 또는 민족문화라 부른다. 그리고 이를 위해서 공교육, 언어정책, 집단의례, 매스미디어 등이 중요한 수단으로 작용한다(Guibernau, 1996; Hall, 2006; Smith, 2001). 민족국가가 이러한 수단들을 사용하여 구성원들의 통합과 충성을 이끌어내면 낼수록 문화는 더욱더 국가통합의 강력한 메커니즘으로 작용한다. 이에 따라 민족국가가 더는 문화적 정체성과 떨어져서 이해되거나 정의될 수 없는 것이다(Flew, 2005: 244에서 재인용). 우리가 전통이라고 인식했던 많은 문화들도 실은 근대 민족국가 형성과정에서 그 나라의 문화와 역사로 선택되어 재해석되거나 만들어졌다. 이렇게 '만들어진 전통'은 교육과 인쇄물, 매스미디어 등을 통해 국민문화 또는 민족문화로 재생산됨으로써 국민에게 공유되었다고 할 수 있다(Smith, 2006; 홉스봄, 2004). 그리고 이렇게 형성된 공통문화로서 국가문화 또는 민족문화가 민족국가 통합의 강력한 이데올로기로서 다시 작동하는 것이다. 이렇듯 민족주의는 문화적 단일성과 불가분의 관계를 갖는다.

　민족주의와 다문화의 문제는 바로 여기서 나타난다. 민족국가가 자신의 정체성을 강화하기 위해서 단일의 국가문화를 강조하면 할수록 상대적으로 하위의 다문화는 약화될 수밖에 없다. 이는 다민족국가에서 더욱 강하게 나타날 수 있다. 다민족국가가 국가의 통합을 강화하는 문화적 방식에는 대표적으로 동화주의와 다문화주의를 제시할 수 있다. 동화주의는 하나의 지배민족 문화에 다른 민족들의 문화가 흡수, 통합되어 결과적으로 지배민족의 문화만이 남는 것을 말한다. 다민족국가에서 민족주의는 다민족을 통합하는 하나의 민족문화와 민족정체성을 형성하고자 한다는 점에서 기본적으로 동화주의적 성격을 갖는다. 이런 점에서 동화주의는 기본적으로 문화다양성과 배치되는 개념이라고 할 수 있다. 반면에 다문화주의는 다민족국가에서 소수민족들의 고유한 문화정체성의 인정과 공존을 추구한다는 점에서 민족주의와는 기본적으로 양립하기 어려운 개념이다. 이는 국가통합의 관점에서 다문화주의를 비판하는 다양한 논의에서 제기되고 있다(킴리카, 2005; Parekh, 2000; 권금상 외, 2012). 따라서 민족주의적 성향이 강하거나 혹은 강화되고 있는 국가에서 다문화는 상대적으로 약화될 수 있다.

　그렇다면 결국 다문화를 위해서는 민족주의를 넘어서야만 하는 것일까? 그러나 현실적으로 민족주의는 여전히 많은 지역에서 지속되고 있으며, 동아시아와 같은 지역들에서는 오히려 강화되는 모습을 보인다. 그뿐만 아니라 다문화사회 역시도 자신의 사회를 유지하기 위해서는 어느 정도 공유된 문화가 필요하다. 즉, 다문화도 자신의 문화적 다양성을 존중하고 발전시켜야 할 뿐 아니라 그것들을 통합할 필요가 있다는 것이다(Parekh, 2000: 2019). 이와 같이 민족주의와 다문화주의 모두, 정도의 차이는 있겠지만 공통문화를 필요로 한다는 점에서 민족주의와 다문화 간의 공존의 필요성과 가능성이 제기된다. 따라서 중요한 것은 어떠한 공통문화가 민족주의와 다문화의 공존을 가져올 수 있는 것인가에 있다고 할 수 있다.

2) 민족주의와 다문화에서의 '공통문화(common culture)'

이를 위해서는 민족주의가 강조하는 공통문화를 유형화함으로써 그 특성을 분석해볼 필요가 있다. 여기에는 다시 민족주의를 국가(state)와 민족(nation)을 일치시키려는 정치적 원리로 정의한 겔너의 민족주의 개념이 유용한 수단이 된다. 겔너의 정의에 따라 보면 민족주의의 발생은 논리적으로 다음 두 가지 흐름을 갖는다. 하나는 이미 존재하는 국가 또는 국가구성원들에서 민족주의가 발생해서 민족국가를 형성하는 것이고, 다른 하나는 이미 존재하는 민족 또는 종족(ethnicity)이 민족주의를 일으켜서 민족국가를 만드는 것이다.[3]

전자의 흐름에서는 민족주의가 민족을 형성하기 때문에 민족을 실체라기보다는 다분히 새롭게 창조된 구성적 존재로 인식한다. 그리고 이미 존재하는 국가 또는 국가구성원을 기반으로 민족이 형성되기 때문에 민족은 '명확한 영토성'과 '국민주권, 대중참여 등과 같은 근대성'을 강조한다. 따라서

---

3) 이를 정리한다면 전자는 '국가(state) 또는 국가구성원 → 민족주의(nationalism) → 민족(nation) → 민족국가(nation-state)'의 흐름으로 나타나고, 후자는 '민족 또는 종족(ethnicity) → 민족주의 → 국가(state) → 민족국가'의 흐름으로 나타난다(박정수, 2012: 71~73).

전자에서의 민족은 근대주의적 민족주의 연구의 '시민적 민족주의'가 주장하는 '법적 - 정치적 공동체'로서 '시민적 민족(civic nation)'과 이론적 맥을 같이한다. 반면에 후자의 흐름에서 민족은 민족주의의 이전부터 존재하는 역사적 실체로 인식된다. 민족이 역사적 실체이기 때문에 여기서 민족은 '역사성'과 '혈연의 계보(系譜)적 연대'을 강조한다. 따라서 후자의 민족은 민족을 근대 이전의 산물로 보는 역사주의적 민족주의 연구의 '종족적 민족주의'가 주장하는 '역사적-문화적 공동체'로서 '종족적 민족(ethnic nation)'과 연결된다(Smith, 2006; Greenfeld, 2006; Kohn, 2000; 박정수, 2012 참조).[4]

이러한 두 가지 흐름에 따라 민족주의 안에서도 상호 대조적인 공통문화가 나타난다. 전자에서 국가 내의 다양한 사회적 집단들이나 혈연적 집단(종족)들을 포괄하기 위해서는 특정집단에 구속되지 않고, 이 집단들이 거부감 없이 받아들일 수 있는 다분히 새로운 공통문화의 구성이 필요하다.[5] 따라서 전자의 공통문화는 시민적 민족주의에서 강조하는 구성적 성격의 '공공문화(public culture)'와 논리적으로 연결된다. 여기서 공공문화란 공공교육제도에 의해 보급되는 표준화된 문화로서 자유와 평등, 국민주권, 국민참여 등의 근대성을 기반으로 하는, 어느 정도 새롭게 창조된 현대문화(modern culture)를 말한다(Greenfeld, 2006: 161).[6] 따라서 공공문화는 문화

---

4) 스미스(Smith)가 제시하는 이 구분은 쿤(Kohn)과 플라메나츠(Plamenatz)의 전통적 구분을 반영한다(Tønnesson and Antlöv, 2000: 852).

5) 이러한 시각은 근대주의자인 겔너(Gellner, 1983)가 잘 말해주는데, 그는 민족국가 형성에서 무엇보다도 문화적 합의(cultural consensus)가 선행되어야 한다고 주장하면서, 이를 바탕으로 하는 문화적 동질화 과정이 민족주의 역사의 핵심이라고 강조한다(Hall, 2006: 35~38).

6) 겔너의 경우는 이러한 문화를 고위문화(high culture)라고 지칭한다. 그는 표준화되고 활자화된 언어를 창조하고, 민족의 역사와 전통을 생산하는 것을 고위문화라고 말

의 정치적·제도적 측면이 강조되면서 다른 문화에 대한 개방성이 높다고 할 수 있다. 반면에 후자에서는 기존의 민족이나 종족이 역사적으로 공유하고 체화한 언어, 관습, 종교, 민속문화 등과 같은 실체적 문화가 공통문화로 작용한다. 이는 종족적 민족이 강조하는 전통문화 또는 고유문화를 의미한다. 이러한 전통문화나 고유문화는 운명적인 것, 쉽게 바뀔 수 없는 것으로 인식되기 때문에 다른 문화에 대한 배타성과 폐쇄성이 높다고 할 수 있다. 결론적으로 공공문화이든 고유문화이든 간에 민족주의는 기본적으로 단일의 공통문화를 강조하지만, 시민적 민족주의의 '공공문화'가 종족적 민족주의의 '고유문화'보다 다문화에 대한 관용도와 포용력이 높다고 할 수 있다.

그렇다면 여기서 시민적 민족주의가 강조하는 '공공문화'를 중심으로 민족주의와 다문화와의 관계를 설정해볼 수 있을 것이다. 즉, 공공문화가 소수민족이나 여타 하위집단들의 문화와 문화정체성에 대하여 비교적 개방적이고 관용도가 높다고 한다면 다문화와도 어느 정도 접점을 찾을 수 있을 것이기 때문이다. 킴리카(2006: 455~507)는 다문화주의를 세 단계로 설명하면서, 세 번째 단계로서 다문화주의를 '민족 - 만들기(nation-building)의 응답'으로서 설명한다. 여기서 그는 민족 - 만들기의 정치, 즉 민족주의와 연관해서 볼 때에만 다문화주의를 이해할 수 있다고 보았다. 그는 다문화주의가 민족국가의 '민족 - 만들기' 정책에서 파생되는 소수집단들에 대한 억압과 부정의에 대한 대응으로서 간주될 수 있다고 보았다. 즉, 민족 - 만들기가 파생하는 다양한 부정의들 —— 메틱들(metics)[7]에 대한 배제, 이민자들의 동

한다. 그는 민족주의가 민속문화(folk culture)를 고위문화로 전환시킨다고 주장한다 (Gellner, 2006: 52~61).

7) 킴리카(2006: 493~494)는 서구 민주사회에서 발견되는 인종문화적 소수자 집단을 다섯 가지 양태로 구분하는데, 그중에서 메틱은 불법 이민, 임시 이주자와 같이 시민이

화, 소수자 민족주의의 억압 등 ── 에 대한 대안을 모색함으로써 민족 - 만들기의 정당성을 부여하고, 보다 정의로운 민족국가를 건립할 수 있다는 것이다. 이는 강력한 동화주의를 기반으로 한 국가통합이 오히려 다수집단과 소수집단들 간의 갈등과 분열을 초래했다는 경험적 사실들에 기초한다.

킴리카 역시 민족국가가 국가통합을 위해서는 어느 정도 동화가 필요함을 인정하면서, 국민적 정체성과 통합을 위한 일종의 국가문화로서 '사회적 문화(societal culture)[8]'을 제시한다. 그러나 그는 "현대 자유민주주의에서 사회적 문화는 불가피하게 다원주의적"이어야 함을 강조하면서 "이러한 다양성은 언어적이고 제도적인 결속을 통해서만 균형과 제한을 받아야 한다"고 주장한다. 이렇게 본다면 킴리카가 주장하는 '사회적 문화'와 시민적 민족주의가 제시하는 '공공문화'는 어느 정도 논리적 맥을 같이한다고 할 수 있다. 그리고 바로 여기에서 시민적 민족주의와 다문화주의는 서로 양립할 수 있는 공간적 접점을 찾을 수 있다. 이런 논리 선상에서 시민적 민족주의는 킴리카가 말하는 '자유주의적 형태의 민족 - 만들기'와 또한 자연스럽게 연계될 수 있을 것이다.

다만 주의를 두어야 할 것은 일반적으로 종족적 민족과 시민적 민족 성향은 혼재되어 나타난다는 것이다(Smith, 2001: 99~102). 이는 민족주의의 공통 문화에도 공공문화적 성격과 고유문화적 성격이 혼재되어 있음을 의미한다.

....

될 수 있는 기회를 한 번도 부여받지 못한 이주자들을 지칭한다.
8) 킴리카(2006: 480, 499~501)는 사회적 문화를 '공유된 언어를 중심으로 형성된 지역적으로 집중된 문화'로 규정하면서, 이것이 공통의 언어 및 사회적 제도와 관련된 것임을 강조한다. 그러면서 그는 공통의 언어로 운용되는 공통의 제도로의 통합은 개인적 그리고 집단적 상이성을 표현할 최대한의 공간을 남겨놓아야 한다고 말한다. 즉 이는 사회문화적 통합이 주로 제도와 언어의 통합에만 연관되어야 하며, 그 밖의 특정한 문화들에 대해서는 최대한 다원주의적이고 관용적이어야 한다는 것이다.

현실적으로 온전히 종족적 성격을 갖는 민족이나 시민적 성격을 갖는 민족은 존재하기 어렵다. 마찬가지로 완전히 공공문화나 고유문화만으로 구성되는 공통문화 역시 지극히 이론적인 형태에 지나지 않는다. 따라서 현실에서는 공공문화와 고유문화의 양 극단을 잇는 선상에서 각 민족국가들이 처한 환경과 국가 내 지배집단과 하위집단들 간의 문화적 권력관계에 따라 다양한 스펙트럼을 형성할 것이다. 이 문화적 선상에서 킴리카가 제시한 '사회적 문화'라는 이상적이고 당위론적 모델은 사실 순수 공공문화에 가깝다고 할 수 있다. 따라서 민족주의의 순수 공공문화나 다문화주의의 사회적 문화라는 것이 현실에서 완전히 실현되기란 지극히 어려운 과제임을 알 수 있다.

이러한 이론적 설명을 중국의 사례에 적용해보았을 때, 중국에서도 문제의 핵심은 중국의 민족문화인 '중화민족문화(中華民族文化)'에 있다고 할 수 있다. 즉, 공통문화로서 중화민족문화가 공공문화와 고유문화의 문화적 선상에서 어디에 위치되어 있느냐 하는 것이다. 당연히 공공문화에 가까울수록 문화적 개방과 관용이 높기 때문에 다문화의 포용력은 높을 것이다. 이를 증명하기 위해서 이 글은 다음 두 가지 가정을 바탕으로 진행할 것이다.

첫째, 개혁 · 개방 이후 중국은 민족주의와 다문화의 접목을 시도하고 있다고 본다. 중국 정부가 상호 상충적 논리인 민족주의와 다문화를 각기 개별적으로 사용했다고는 볼 수 없다. 다민족국가인 중국에서 민족주의와 다문화의 문제는 항상 국가통합의 선결조건으로서 많은 시행착오를 경험해왔기 때문이다. 민족주의는 개혁 · 개방 이후 국가통합 이데올로기로서 사회주의를 대체하고 있다. 그뿐만 아니라 다문화정책 역시 문화대혁명 시기에 있었던 동화정책의 실패를 대체한다는 점에서, 둘 다 중국 정부에서는 포기할 수 없는 것이다. 따라서 중국은 민족주의의 안으로 다문화주의를 끌어들임으로써 단일의 중화민족 정체성과 다양한 소수민족 정체성의 공존을 도

모했을 것이라는 것이다.

둘째, 중국의 이러한 노력이 현실적으로 민족주의와 다문화의 갈등관계를 극복하지 못함으로써 소수민족 문제가 파생되었다고 본다. 그리고 그 이유가 공통문화로서 중화민족문화가 공공문화나 사회적 문화보다는 지배민족인 한족(漢族)의 종족적 고유문화에 가까웠기 때문임을 밝히고자 한다. 결론적으로 이 글은 중화 민족주의의 종족적 성격이 다문화를 제한하거나 왜곡시키고 있다고 본다.

3. 중화(中華) 민족주의와 다문화

1) 중화민족주의와 다문화: 다원일체문화론(多元一體文化論)

중국 민족주의에서 다문화는 어떤 의미를 가진 것일까? 이를 위해서는 우선 중국 민족주의의 기본적 성격에 대한 분석이 필요하다. 흥미로운 것은 중국이 주장하는 중국 민족주의가 형식적으로는 시민적 민족주의의 특성을 보인다는 것이다. 시민적 민족주의에서 민족은 다양한 종족 또는 집단을 포괄하는 다분히 새롭게 만들어진 것이다. 즉, 민족 내의 특정 종족에 귀속되지 않는다는 것을 말한다. 물론 이것은 시민적 민족주의가 민족을 근대 이후에 생성된 것으로 보기 때문에 나타나는 당연한 귀결이다. 중국 민족주의 역시 다수민족인 한족과 55개 소수민족을 아우르는 단일의 중국민족 개념으로 '중화민족(中華民族)'을 내세운다. 여기서 중화민족은 중화민족 내의 특정 민족이나 종족에 구속되지 않는 새롭게 생성된 포괄적 민족의 개념을 갖는다. 이렇게 중화민족을 강조한다는 점에서 중국 민족주의를 특별히 '중화

민족주의'라고도 부른다.

그러나 중화민족의 내용을 구체적으로 보면 다분히 종족적 민족주의의 특성을 보임을 알 수 있다. 이에 대한 가장 핵심적인 논거는 중국이 중화민족을 근대 이전, 보다 정확히는 수천 년 전 선진(先秦)시대부터 존재한 역사적 실체로 주장하고 있다는 데에 있다. 중화민족의 개념은 신중국 건립부터 중국 민족주의의 중요한 원리로 작용한 '통일적 다민족국가론(統一的多民族國家論)'과 1980년대 말 중국의 저명한 민족주의 학자인 페이샤오퉁(費孝通)이 주장한 '중화민족 다원일체론(中華民族多元一體論)'에서 자세히 설명하고 있다. '통일적 다민족국가론'은 중국이 근대 이전부터 이미 다민족 통일국가였다고 주장한다. 비록 한족과 다수의 비한족이 경쟁하면서 분열되기도 했지만, 이미 오랜 역사 속에서 여러 민족이 융합되어 통일된 다민족국가를 형성해왔다는 것이다(윤휘탁, 2006: 113~117). 선진(先秦)시대는 통일적 다민족국가의 맹아기였고, 진(秦)과 한(漢) 시기에는 이미 완벽한 통일적 다민족국가를 형성했다는 것이다(왕커, 2005).

중화민족은 바로 이 통일적 다민족국가의 형성과정에서 생성되었다고 말한다. 즉, 중국이 아주 오래 전부터 다민족이 결합하여 단일의 중국민족을 형성해왔고 이를 바탕으로 하나의 통일된 다민족국가를 건설해왔다는 것이다. 페이샤오퉁(費孝通, 1989)은 그의 '중화민족 다원일체론' 속에서 중화민족을 다음과 같이 설명하고 있다. 그는 중화민족이 "자각된 민족 실체로서 수천 년의 역사 과정 속에서 형성된 것"이며, "한족이 지속적으로 이민족을 동화, 흡수함으로써 다민족이 융합되어 불가분의 통일체를 형성한 것"이라고 주장한다. 이는 중화민족이 중화 민족주의 이후에 만들어진 것이 아니라 민족주의 이전에 이미 역사 속에 실존했던 실체라는 것을 강조하는 것이다. 중국은 통일적 다민족국가를 성립하는 과정에서 이미 중화민족을 형성해왔으며, 따라서 중화민족은 현존 영토 안에 있는 56개 민족뿐만 아니라 중국의 역사적 영토 안에 살았던 모든 민족 집단들을 포괄하는 다원일체의 민족 실체라는 것이다. 비록 중화민족이라는 민족적 개념이 청말(淸末) 시기에 들어온 서구의 민족 개념과 전통적 중화사상(中華思想)이 합쳐져서 만들어진 것(俞祖華, 2011; 關凱, 2009)이고 본격적으로 대두되기 시작한 것은 1980년대 말부터지만 이것은 학문적이고 이론적인 정비를 의미할 뿐이다.

다민족이 통합되어 중화민족을 형성했다는 점에서 중화 민족주의는 민족 구분에서 혈연이 아니라 '문화'를 강조한다. 이는 혈연을 강조하는 종족적 민족주의와는 다소 구분되는 중화 민족주의의 특징이 된다. 중화민족은 전통적 중화사상을 토대로 한다. 그리고 중화사상은 화이사상(華夷思想)을 그 핵심적 기반으로 한다. 화이사상은 기본적으로 중국민족을 의미하는 '화(華)'와 주변 이민족을 의미하는 '이(夷)'를 차별적으로 구분하는 사상이다. 그런데 중화사상에서 중요한 것은 이들을 구별하는 기준이 혈연이 아니라 바로 '문화'였다는 사실이다. 높은 문화를 가진 '화'는 문명으로 중국인을, 문화를 갖지 못한 '이'는 야만으로 비(非)중국인을 상징하였다. 여기서 중국인과 비중국인을 나누는 문화가 예교(禮敎)를 강조하는 유교문화였다. 비록 화이사상이 문명인 '화'의 야만인 '이'에 대한 우월과 지배를 강조하긴 했지만, 중화사상은 이렇듯 민족을 구분하는 기준을 문화에 두었음을 보여준다(宋新偉, 2010; 이성규, 1992; 이정남, 2006). 따라서 중화 민족주의에서 문화는 중화민족을 형성하는 구심점으로서, 문화정체성이 곧 민족정체성이 되는 것이다. 이런 점에서 문화는 중화 민족주의에서 '민족의 뿌리이자 민족의 혼(民族之根 民族之魂)'이라고 할 수 있다(何旭娜, 2010: 66).

문화가 중화민족 형성의 근본이라고 한다면 56개 민족 모두를 하나의 정체성으로 묶을 국가문화 혹은 민족문화의 형성이 바로 중화 민족주의의 가장 핵심이라고 할 수 있다. 중국은 민족문화로서 '중화민족문화(中華民族文化)'를 제시한다. 중국은 중화민족이 오랜 역사 과정에서 다민족이 융합되어 형성되었듯이 중화민족문화 역시 이들 다민족의 문화가 융합되어 형성되었다고 말한다. 즉, 중화민족문화는 56개 민족문화가 통합되고 융합되어 형성된 문화인 것이다(於海峰·何曉薇, 2012; 何星亮, 2010; 陳立明, 2009). 이렇게 본다면 중화민족문화는 중국 내의 특정 민족에 귀속되지 않는다는 점에서 시민적 민족에서 말하는 공공문화적 성격을 갖는 것처럼 보인다. 그러나 근대성을 기반으로 하지 않는다는 점에서 공공문화와는 분명히 다르다. 오히려 중화민족이 중국이 주장하는 바대로 역사적 실체라고 한다면 중화민족문화는 중화민족의 고유문화라고 보는 것이 보다 합당하다.

그렇다면 중화민족문화와 하위 민족문화와의 관계는 어떻게 될까? 이는 중화 민족주의의 다문화적 측면을 의미한다. 중국은 중화민족문화와 하위 민족문화와의 관계를 페이샤오퉁이 제시한 '다원일체론'에서 파생된 '다원일체문화(多元一體文化)' 구조를 통해서 설명하고 있다. 앞서 살펴보았듯이 중화 민족주의는 중화민족을, 무수히 많은 민족이 융합되어 하나의 민족을 형성한 다원일체의 민족이라고 주장한다. 여기서 일체(一體)는 중화민족을, 다원(多元)은 한족을 포함한 56개 민족을 말한다. 이 논리에 따라 중국은 중국문화 역시 '다원일체문화(多元一體文化)'라고 말하는 것이다. 여기서도 물론 다원(多元)은 56개 민족의 문화를, 일체는 중화민족문화를 의미한다. 결론적으로 중화민족문화는 국가문화로서 한족문화뿐만 아니라 모든 소수민족문화를 포괄하는 상위의 문화로서 존재한다. 상위문화로서 중화민족문화와 하위문화로서 한족문화를 포함한 56개 민족문화가 계서(階序)적 구조를 갖는 것이다(於海峰·何曉薇, 2012; 何星亮, 2010; 陳立明, 2009). 중국학자들은 이러한 계서적 '다원일체문화 구조(多元一體文化格局)'를 중화문화의 기원

모델이자 중국 특색의 다문화 모델이라고 말한다(王驕華, 2005; 牟岱, 2000; 徐飛, 2008).

중국의 '다원일체문화' 구조는 중국학자들이 주장하는 것처럼 다문화주의적 성격을 갖는다고 볼 수 있다. 특히 이는 킴리카가 말하는 다문화주의의 세 번째 단계인 '민족-만들기의 응답'으로서의 다문화주의와 일련의 관계를 갖는다. '민족-만들기의 응답'으로서 다문화주의는 다문화주의가 국가통합을 강조하는 민족주의와 양립할 수 있음을 보여준다. 이러한 논리 선상에서 다원일체문화는, 한족문화와 소수민족문화가 평등한 다문화적 관계를 형성하고, 이들이 융합되어 일종의 공통문화인 중화민족문화를 형성함으로써 민족국가 통합에 기여하고 있다는 점에서 그 논리적 맥을 같이한다.

따라서 여기서 공통문화로서 중화민족문화는 킴리카가 말하는 국민적 정체성과 통합을 위한 국가문화로서 '사회적 문화'와 자연스럽게 연결될 수 있다. 즉, 중국의 다원일체문화는 다문화를 함유하면서도 국가통합을 위한 공통문화도 제시하고 있는 것이다. 중국학자들은 다원일체문화의 특징이 바로 문화적 다양성과 동일성의 공존에 있음을 강조한다. 이는 소수민족의 문화정체성과 중화민족 문화정체성의 공존을 의미한다. 다원일체문화에서 다양성은 개개 민족의 문화정체성의 기초가 되고, 동일성은 중화민족 문화정체성의 기초가 된다. 따라서 중화민족의 모든 구성원들은 중화민족의 정체성과 개개 민족의 정체성이라는 이중의 정체성을 가지게 되는데, 중화민족의 정체성이 상위의 정체성을 형성하고 개개 민족의 정체성은 그 하위에 자리매김함으로써 상충되는 것이 아니라 상호 보완적 관계를 형성한다고 말한다(何星亮, 2010: 9~14).

그러나 중국의 다원일체문화가 일반적 다문화주의와 구분되는 독특한 특성이 있다. 그것은 계서적 구조의 절대성을 강조한다는 것이다. 다원일체문화에서 가장 중요한 것은 일체로서의 문화, 즉 중화민족문화이다. 이는 중화 민족주의에서 중화민족으로서의 통일된 문화정체성이 소수민족의 문화정체성보다 절대적으로 우선한다는 것을 의미한다. 샤오야오커(肖耀科, 2011: 16~17)는 서구의 다문화주의가 문화다양성의 보호와 발전, 소수민족의 권리 보호와 정체성 강화 등의 긍정적 기능을 하고 있음을 인정하지만, 서구의 다문화주의가 근본적으로 문화의 차이만을 강조함으로써 전체 사회의 분열과 갈등을 초래할 수 있다고 주장한다. 이러한 논리는 천루팡(陳路芳, 2011: 66)에게서도 나타난다. 그는 문화정체성이 민족문제 해결의 관건이기 때문에 문화적 차이가 민족 차이를 만들고 민족 차이의 확대가 국가정체성의 위기를 초래할 수 있다고 주장한다. 이와 함께 위주화(俞祖華, 2011: 130~137)는 '중화'라는 말이 민족, 국가, 그리고 문화의 일체화를 일컫는 말로서, 같은 의미에서 중화민족은 민족공동체, 정치공동체 그리고 문화공동체의 삼위일체(三位一體)로서 세 정체성의 종합이라고 주장한다. 이는 중화민족의 문화정체성이 곧 국가정체성의 기반이기 때문에 현대 민족국가 건설에 필수불가결한 요소라는 것이다. 따라서 이들은 중국과 같은 다민족국가에서는 각각의 소수민족문화가 교류와 융합을 통해서 단일의 문화를 형성하는 것이 무엇보다도 중요하다고 주장한다.

결국 이러한 주장들은 모두 국가정체성이 중국 문화정책의 근본적 목표라는 것을 말하고 있다. 이는 소수민족문화가 중화민족문화의 일부분으로서만이 의미를 갖는다는 것이고, 또한 각각의 소수민족문화가 중화민족의 문화정체성을 고양할 때만 의미를 갖는다는 말이기도 하다. 천루팡(陳路芳, 2011)은 만약 소수민족문화의 발전과 번영이 국가적 정체성과 통일을 수반하지 않는다면 그러한 소수민족 문화정책, 즉 다문화정책은 실패한 것이라고 단언한다. 이는 소수민족 문화정책을 규정하는 문건에서도 드러난다.

2009년 발표된 「소수민족 문화사업 진일보 발전과 번영에 관한 몇 가지 의견(關於進一步繁榮發展少數民族文化事業的若幹意見)」에서는 소수민족 문화사업의 의의가 중화민족의 문화정체성과 구심력에 있음을 밝히고, 중화민족문화의 발전과 진보를 위해 각 소수민족 모두가 노력할 것을 주문하고 있다.

2) 개혁기 중국의 다문화정책: 소수민족 문화정책

다문화정책으로서 소수민족 문화정책은 어떻게 전개되고 있을까? 중국의 소수민족 문화정책은 역사적으로 크게 세 시기로 구분해볼 수 있다. 세 시기 동안 중국의 소수민족 문화정책은 기본적으로 다문화주의에서 동화주의로 그리고 다시 다문화주의로의 변화를 보여준다.

첫 시기는 신중국이 건립된 1949년에서 1957년까지를 말한다. 이 시기에는 소수민족의 정체성을 보장해주는 정책을 추진하였다. 이에 따라 소수민족의 언어와 문자 사용의 자유를 보장하고, 이들 소수민족의 종교, 풍습 등의 전통문화를 보호하였다. 그뿐만 아니라 소수민족 문화기구의 설립, 소수민족 문화예술인의 육성, 그리고 소수민족 출판사업 등의 지원도 이루어졌다. 그러나 이러한 다문화주의적 접근 방법은 두 번째 시기인 1958년에서 1976년까지 철저한 동화주의로 바뀐다. 대약진운동과 문화대혁명의 혼동 속에서 이 시기 소수민족 문화정책은 소수민족 정체성의 철저한 말살과 이들의 전통문화에 대한 부정을 통해 한족문화로의 동화를 강력히 추진하였다. 그리고 세 번째 시기로서 개혁·개방이 시작된 1979년부터 지금까지 중국은 다시 소수민족의 정체성과 문화를 보호, 육성하는 다문화주의적 문화정책을 추진해오고 있다(刘源泉·李資源, 2012; 龙毅, 2010; 박병광, 2000).

개혁·개방 이후 중국의 소수민족 문화정책에 대한 포괄적이고 기본적인 정책은 1982년의 '중화인민공화국헌법(中華人民共和國憲法)'(이하 헌법)과 1984년의 '중화인민공화국민족구역자치법(中華人民共和國民族區域自治法)'(이하 민족구역자치법)에서 규정하고 있다. 우선 헌법 총칙 제4조에서는 중국 내 모든 민족의 평등과 소수민족의 문화발전에 대한 국가의 의무를, 그리고 제119조에서는 민족자치지방에서 소수민족 문화유산의 보호와 정리, 그리고 소수민족문화의 발전과 번영에 대한 자치기관의 의무를 명시했다. 이는 중국이 소수민족 문화에 대하여 기본적으로 다문화주의적 접근을 취하고 있음을 헌법에서 보여주는 것이다. 이와 함께 민족구역자치법에서는 소수민족 문화정책에 대하여 보다 구체적으로 명시하고 있다. 동법 제6조에서는 "민족자치지방의 자치기관은 소수민족문화의 우수한 전통을 지속하고 발전시켜야 한다"고 규정하고, 제10조에서는 "민족자치지방의 자치기관이 각 지방의 소수민족들에게 모두 자신의 고유한 언어와 문자를 사용하고 발전시킬 자유, 그리고 자신들의 풍습을 보호하고 개혁할 자유를 보장해야 한다"고 규정했다.

이러한 상위법의 다문화주의적 기조를 바탕으로 소수민족 문화정책에 대한 보다 구체적이고 실천적인 방안들이 개혁·개방 이후 지속적으로 제시되었다. 〈표 6-1〉은 개혁·개방 이후 나온 소수민족 문화정책과 관련된 주요 규정들을 정리한 것이다. 다양한 방면에서 꾸준히 규정이 제시되고 있지만, 특히 최근 2000년대에 들어서 부쩍 늘어났음을 볼 수 있다. 이 규정들 중에서도 소수민족 문화정책의 구체적 방안을 집대성한 것이 바로 2009년에 발표된 '소수민족 문화사업 진일보 발전과 번영에 관한 약간의 의견'이다. 여기에서는 소수민족 문화사업의 목적과 기본원칙을 제시함과 아울러 몇 가지 주요한 정책조치를 제시하고 있다.

이 규정에서 다루는 정책내용을 살펴보면, 소수민족과 민족지역 공공문

〈표 6-1〉 연도별 소수민족 문화정책 관련 주요 규정

연도	소수민족 문화정책 관련 주요 규정
1980	- 당면한 민족문화사업 완성에 관한 의견 (關於做好當前民族文化工作得意見)
1981	- 민족예술교육사업에 관한 의견(關於加強民族藝術教育工作得意見) - 소수민족 문자, 도서, 출판 사업 강화에 관한 보고 (關於大力加強少數民族文字圖書出版工作的報告)
1991	- 문화사업에 대한 약간의 경제정책의견에 관한 보고 (關於文化事業若幹經濟政策意見的報告)
1998	- 소수민족 문물사업 강화에 관한 의견(關於加強少數民族文物工作得意見)
2000	- 서부대개발 중 문물보호와 관리사업에 관한 통지 (關於西部大開發中加強文物保護和管理工作的通知) - 운남성 민족민간 전통문화 보호 조례(雲南省民族民間傳統文化保護條例)
2004	- 중국민족민간 문화보호 사업실시에 관한 통지 (關於實施中國民族民間文化保護工程的通知)
2007	- 소수민족사업 "11.5"계획(少數民族事業 "十一五" 規劃) - 소수민족 문자출판 사업지원 역량 증대에 관한 통지 (關於進一步加大對少數民族文字出版事業扶持力度的通知)
2009	- 소수민족 문화사업 진일보 발전과 번영에 관한 약간의 의견 (關於進一步繁榮發展少數民族文化事業的若幹意見)

화 지역기반시설 구축, 소수민족 신문출판사업의 발전, 소수민족 방송영상
산업의 발전, 소수민족 문예원과 박물관 건설, 소수민족 문화유산의 발굴과
보호, 소수민족 우수 전통문화의 계승과 발전, 소수민족문화의 창달, 소수
민족 문화산업 발전, 소수민족문화의 대외교류 등에 대한 지원 등으로 나타
난다. 이와 함께 지속적인 소수민족 문화사업을 위한 법제도적·행정적 체
제 정비와 개편을 또한 담고 있다. 이렇듯 다양하게 전개되는 중국의 소수
민족 문화정책을 크게 두 가지로 정리해본다면, 하나는 소수민족 언어와 문
화의 사용과 발전에 대한 보장, 다른 하나는 소수민족의 유무형 문화유산에
대한 발굴과 보호이다.

중국의 이러한 다문화정책은 몇 가지 부문에서 가시적인 성과를 내고 있는 것으로 보인다. 첫째는 소수민족들의 방대한 문화예술 자료와 고서들에 대한 수집과 정리 작업이다. 중국은 개혁·개방 이후부터 막대한 인력과 재원을 투입해서 각 민족의 문화예술 자료, 고서, 음악, 무용 등 유무형의 문화들을 수집, 정리하여 이들을 집대성한 자료집을 출간해오고 있다. 둘째는 소수민족의 우수한 유물과 유산에 대한 보호가 강화된 점이다. 중국 정부는 지속적으로 그 재원을 증대시키면서 중국 각지 소수민족의 주요 유물과 유산에 대한 보호와 보수작업을 진행해오고 있다. 특히 최근에는 무형유산에 대한 보호를 강화하고 있는데, 보호대상으로 지정된 무형유산 중 대략 95% 이상이 소수민족과 관련 것으로 알려져 있다(정준호, 2010: 11). 마지막으로 다수의 문화유산을 세계문화유산에 등재시킨 점이다. 중국은 1985년 '세계문화 및 자연유산 보호 협약'과 2004년 유네스코의 '무형문화유산 보호 협약'에 가입하면서 문화유산 등재에 노력하였다. 그 성과로서 최근까지 30여 개의 유산을 세계문화유산에 등재시키는 데 성공하였다. 이 중에서 두 곳이 소수민족 유산으로 알려져 있다(馬青青, 2010: 146~147). 그뿐 아니라 유네스코 인류무형문화유산에 등재된 중국유산 26건 중 10건이 소수민족의 무형유산이다(정준호, 2010: 11).

4. 중국식 다문화주의의 한계

개혁·개방 이후 중국의 소수민족에 대한 다문화정책은 이렇듯 정부 차원에서 매우 적극적으로 추진되는 것으로 보인다. 그러나 중국의 이러한 다문화정책에도 불구하고 소수민족의 정체성이 약화되거나 오히려 민족분규가 더욱 빈발하는 이유는 무엇일까? 인구 비중상 한족이 90% 이상을 차지하는 엄연한 현실에서 아무리 다문화정책을 추진한다고 하더라도 소수민족의 정체성 약화는 일견 불가피한 현상으로 보인다. 그러나 극단적 분리 움직임 또한 나타난다는 사실은 다문화 문제를 그렇게 단순히 치부해버릴 수 없음을 보여준다. 부연하자면 개혁·개방 이후 30년이 넘는 기간 동안 추진된 다문화정책의 결과가 소수민족의 정체성 약화와 민족분규의 심화라는 양 극단의 모습으로 나타난다는 것은 중국이 추진하는 다문화정책에 무언가 중요한 한계가 있다는 것이다.

중국의 다문화정책을 살펴보기 위해서는 무엇보다도 다원일체문화 구조의 그 정점에 있는 중화민족문화에 주목해볼 필요가 있다. 과연 중화민족문화는 무엇을 말하는 것일까? 많은 중국 측 자료들이 중화민족문화를 강조하지만, 구체적으로 중화민족문화가 무엇을 의미하는지는 명확히 나와 있지 않다. 의미를 좀 더 확실하게 하기 위해서 달리 질문을 던져보자. 한족문화와 소수민족문화는 명확히 구별된다. 그러면 한족문화와 중화민족문화는 명확히 구별될 수 있는 것인가? 한족의 문화가 주류문화이기 때문에 중화민족문화와의 차이가 거의 없다는 설명은 궁색하다. 왜냐하면 중국이 주장하는 바대로 중화민족과 중화민족문화가 수천 년에 걸쳐 형성된 역사적 실체라고 한다면 문화적 차이가 존재하지 않을 수 없기 때문이다. 더욱이 중국과 비교할 수 없을 정도로 짧은 역사를 갖고 있는 미국조차도 앵글로색슨(Anglo-Saxon)의 문화를 기반으로 하지만 엄연히 원류인 영국문화와 다른, 그 나름의 국가문화를 형성하고 있다. 따라서 중화민족문화와 한족문화는 분명히 구분되어야 한다.

중화민족문화와 한족문화가 구분될 수 있는가를 보기 위해서는 먼저 중화민족의 존재를 명확히 하는 것이 필요할 것이다. 그리고 이는 한족(漢族)

과의 구분에서부터 출발해야 한다. 그렇다면 중국은 어떻게 민족을 구분하고 있을까? 공봉진(2004)은 민족 식별과 소수민족의 정체성에 관한 연구에서 중국이 1950년대 초 민족 식별을 추진하면서 문화를 민족 식별의 가장 중요한 기준으로 삼았다고 말한다. 그런데 그에 의하면 중국은 민족 식별 과정에서 한족문화를 기준으로, 한족에 동화되지 않고 자신들의 정체성과 문화를 유지하는 민족들을 소수민족으로 분리했다고 한다. 같은 논리에서 한족의 문화에 동화되어 자신들의 문화적 정체성을 상실한 소수민족들은 모두 한족에 편입시켰다는 것이다. 실지로 독립된 민족임을 주장했던 많은 소수민족들 중에는 한족과의 문화적 차이가 없다는 이유로 한족으로 분류된 경우가 많았다고 한다.

이렇게 중국이 추진했던 민족 식별 작업을 살펴보게 되면 중요한 두 가지 의구심을 갖게 된다. 첫째는 역사적 실체라는 중화민족이 민족 식별 과정에서 하나의 민족 실체로 제시되고 있지 않다는 것이다. 중화민족이 수천년 전의 오랜 역사 속에서 문화를 기반으로 다민족이 융합된 역사적 실체라면 그것은 단순한 민족의 물리적 합이 아니라 화학적 융합을 의미한다. 즉, 민족 식별상 중화민족 역시 독립된 하나의 단위로 상정되어야 한다는 것이다. 이는 한족도, 소수민족도 아닌 순수한 중화민족의 구성원도 존재해야 한다는 것이다. 왜냐하면 혈연을 기준으로 민족을 구분한다면 소속 민족은 변할 수 없는 것이겠지만, 중국과 같이 문화를 기준으로 한다면 문화정체성의 변화에 따라 소속 민족도 변화될 수 있기 때문이다. 따라서 소수민족이 자신의 고유한 문화적 정체성을 상실했다고 했을 경우 그것이 중화민족문화에 편입된 것인지 아니면 한족문화에 편입된 것인지를 먼저 밝혀야 한다는 것이다. 그럼에도 자신의 고유한 문화적 정체성을 상실한 소수민족을 모두 한족에 편입시켰다는 것은 중국 정부 스스로가 중화민족과 중화민족문화의 역사적 실존을 부정한다는 것이 된다.

둘째는 중국의 민족 식별 작업에서 나타나는 한족의 형성과정이 중화민족의 그것과 차이가 없다는 것이다. 문화를 기준으로 고유의 문화적 정체성을 상실한 소수민족을 모두 한족에 편입시켰다는 것은 한족 역시 중화민족과 마찬가지로 다양한 민족이 한족문화로의 편입 또는 동화됨으로써 형성되었다는 것을 보여주고 있다. 이렇게 되면 역사적 민족 실체로서 중화민족과 한족의 경계선은 더욱 모호해진다. 앞선 연구에서 공봉진(2004)은 중국의 민족 식별 작업 진행에서 한족에 대해서도 명확하고 객관적인 기준을 가지고 있지 않았다고 밝히고 있다.

중화민족과 한족과의 이러한 모호성은 중국이 주장하는 중화 민족주의의 논리에서도 나타난다. 중화민족의 개념을 가장 잘 정비한 페이샤오통은 앞서 그의 '중화민족 다원일체설'에서 중화민족은 한족이 지속적으로 이민족을 동화, 흡수하는 과정에서 형성되었다고 주장한다. 그의 논리대로라면 한족과 중화민족의 형성에 별반 차이가 없어진다. 한족이든 중화민족이든 모두 중화사상을 기반으로 한다. 그리고 중화사상은 기본적으로 문화를 기준으로 '화(華)'와 '이(夷)'를 구분한다. 중화 민족주의는 바로 '화'가 중화민족이라고 주장한다. 즉 페이샤오통이 주장하는 바대로 '화'가 역사 속에서 무수한 '이'를 동화, 흡수하면서 중화민족이 되었다는 것인데, 이는 한족 역시 마찬가지다. 따라서 한족과 중화민족은 동일한 역사와 문화 그리고 이를 기반으로 하는 동일한 민족형성 과정을 갖는다. '화'가 한족도 되고 중화민족도 되는 것인데, 결국 중화민족은 한족의 다른 이름일 뿐이라는 논리적 귀결이 나올 수밖에 없다.

결론적으로 중화민족이 한족의 다른 이름이라면 역사 속의 중화민족이라는 것은 곧 한족으로의 동화과정, 즉 한족화(漢族化)를 의미한다고 할 수 있다. 중국이 역사적으로 통일적 다민족국가였다고 주장하는 왕커(2005: 306~ 307, 393) 역시도 '이적(夷狄)의 중화화(中華化)'라는 중화민족의 생성과정은 한족 중심의 동화과정이었다고 말한다.

중화민족의 형성이 곧 한족의 형성과정이라면, 현 55개 소수민족을 포괄하는 중국민족이 역사적 실체였다는 중화 민족주의의 주장은 사실과 다른 것이 된다. 민족주의의 가장 대표적 개념정의로서 겔너의 정의를 바탕으로 본다면, 중화민족주의에서 제시하는 중화민족은 현존 중국의 정치적 단위와 그 위에 살고 있는 모든 구성원의 민족적 단위를 일치시키고자 한족을 인위적으로 확대한 개념에 지나지 않는다. 그리고 이는 중화 민족주의가 한족 중심의 민족주의이며, 중화민족문화라는 것이 곧 한족 중심의 문화라는 것을 의미한다. 정리하자면 국가문화로서 중화민족문화가 한족문화라는 것이다.

따라서 다원일체문화 구조라는 것은 지배민족인 한족이 문화적 헤게모니를 쥐고 한족 중심의 민족정체성을 형성하기 위한 문화체계라고 볼 수 있다. 그런 의미에서 다원일체문화 구조는 한족 중심의 민족국가를 형성하기 위한 강력한 문화적 토대라고 할 수 있다. 국가문화는 지배문화로서, 지배문화와 비지배문화와의 관계에는 그것을 둘러싼 지배집단과 비지배집단 간의 권력관계가 형성된다. 문화가 계서적으로 구분된다는 것은 다양한 사회집단이 문화적 헤게모니를 위해 끊임없이 경쟁하고 있음을 의미하기 때문이다(원용진, 2010: 264). 다양한 집단 간의 권력관계가 설정될 수 있겠지만 다민족국가에서 국가문화를 둘러싼 권력관계는 크게 지배민족과 비지배민족 간의 민족문화 헤게모니로 볼 수 있다. 중국에서는 이것이 지배민족인 한족과 비지배민족인 55개 소수민족 간의 관계로 볼 수 있다. 앞서 언급했듯이 중국의 다원일체문화론은 한족을 포함한 56개 하위민족들의 문화가 중화민족문화라는 하나의 통일된 문화를 이루어야 한다는 것을 강조한다.

그러나 그 정점에 있는 중화민족문화가 한족 중심의 문화라면 결국 다원일체문화는 지배민족인 한족 중심 문화로의 통일과 융합, 즉 동화를 의미한다. 더욱이 다원일체문화 구조가 앞서 살펴본 바와 같이 국가차원에서의 절대성이 부여되는 것이라면 그것은 강력한 동화주의와 다르지 않다. 결론적으로 다원일체문화론이 외형적으로는 다문화주의로 포장되었지만, 실제로는 강력한 동화주의로 작용한다는 것이다.

결국 중화 민족주의는 한족 중심의 종족적 민족주의임을 알 수 있다. 앞서의 설명에서 중화 민족주의가 형식에서는 시민적 민족주의를, 그러나 그 본질적 내용에서는 종족적 민족주의의 성격을 가지고 있음을 밝혔다. 이에 대하여 여기에서의 논의는 그러한 성격적 혼동이 바로 위장된 한족 민족주의에서 나옴을 보여준다. 다시 말하면 이론적으로는 중화민족이 중화민족 내의 특정한 종족의 혈연과 전통문화를 기반으로 하지 않는 시민적 민족으로 가장하고 있지만, 실제로는 중화민족을 한족의 역사와 문화 속에서 끄집어내고 있기 때문에 결국 한족의 종족적 성격을 가질 수밖에 없다는 것이다. 이는 다원일체문화로서 중화민족문화가 곧 소수민족을 한족의 역사와 문화에 편입 또는 동화시키는 강력한 동화주의 기제로 작용함을 또한 반증한다. 그리고 바로 이 지점에서 중화민족문화가 외형적으로는 보다 개방적이고 포괄적인 문화로서 시민적 민족주의의 공공문화나 킴리카의 사회적 문화와 비슷해 보이지만, 그 근본에서는 깊은 거리를 두고 있음을 보여준다.

그렇다면 왜 중국은 국가문화를 근대성에 기반을 둔 공공문화 또는 사회적 문화로 만들지 못하고, 한족의 전통문화 속에서 끄집어내려는 것일까? 여기에는 여러 가지 원인이 복합적으로 작용하겠지만, 정리해본다면 다음 세 가지 이유를 제시할 수 있을 것이다. 첫째는 중국이 기본적으로 강력한 한족 민족주의를 갖고 있다는 점이다. 사실 중국은 다민족국가이긴 하지만 인구비중으로 보면 한족이 전체 인구의 90% 이상을 차지하는, 다민족국가 중에서도 지배민족의 비중이 월등이 높은 국가다. 따라서 한족문화가 강력한 지배문화로 작용할 수밖에 없다는 것이다. 둘째는 중국의 민족주의가 홍콩, 마카오, 특히 대만을 향한 통일 이데올로기라는 점이다. 따라서 한족이 하나의 통일국가를 건설해야 한다는 통일의 당위성을 주장하기 위해서는 한족의 역사와 문화를 강조할 수밖에 없다. 셋째는 중국이 공산당 일당독재의 사회주의 국가라는 점이다. 따라서 국민주권, 개인적 자유와 평등과 같은 정치적 권리와 제도를 강조하는 공공문화와 사회적 문화는 체제의 위협으로 받아들여진다(박정수, 2012: 75~80). 결론적으로 이러한 원인들로 말미암아 중화민족문화가 한족 지향적일 수밖에 없고, 이것이 궁극적으로 중국식 다문화주의 한계를 만드는 것이다. 따라서 소수민족들은 한족문화에 동화되어 그들의 문화정체성을 상실하거나 아니면 이에 반발하여 분리독립을 주장하게 되는 것이다.

5. 나오는 글

개혁·개방 이후의 중국은 민족주의와 다문화주의가 모두 강화되면서 공존하는 독특한 국가의 모습을 보이고 있다. 그러나 중국의 사례분석은 중국식 다문화주의가 다문화주의 본연의 기능을 수행하지 못하고 오히려 한족의 문화정체성을 강화함으로써 소수민족의 문화정체성을 훼손하는 왜곡된 기제로 작용할 수 있음을 보여주었다. 즉, 중국이 소수민족문화에 대한 다양한 다문화정책을 추진하고는 있지만 그 기저에 강력한 동화주의를 내재하는 한, 의도했든 그렇지 않았든 간에 실제에서는 오히려 소수민족문화가 자생할 수 있는 근원적 생태계로서 소수민족의 문화정체성을 파괴할 소지가 높다는 것이다. 그리고 이는 궁극적으로 다문화의 훼손을 초래하게 될 것이다. 따라서 이러한 시각에서 본다면 최근 2000년대에 들어 중국 정부가 보여주는 소수민족문화의 발굴, 보호 등의 다문화정책들은 진지한 다문화주의적 노력이라기보다는 자국의 문화자본을 확보하려는 문화산업정책의 일환으로도 볼 수 있다.

결국 이는 국가수준에서 민족주의와 다문화의 공존이 얼마나 어려운 일인가를 잘 보여준다고 할 수 있다. 사실 이것은 중국만의 문제는 아니다. 중국뿐만 아니라 다문화주의의 성공적 사례라 일컫는 유럽에서도 최근 민족주의가 재부상하면서 다문화주의가 후퇴하는 모습이 곳곳에서 나타난다.

그렇다면 문화다양성을 위해서는 민족주의나 민족국가를 뛰어넘어야만 하는 것인가? 그러나 이것은 쉽게 말할 수 있는 문제가 아니다. 민족국가의 약화나 해체는 국가 간 문화다양성에 부정적 영향을 미칠 수 있다. 그러나 더욱 중요한 것은 현재 민족주의가 가지고 있는 사회통합적 기능을 무시할 수 없다는 것이다. 이는 중국과 한국과 같이 통일을 염두에 두고 있는 국가들에게는 더욱 그렇다. 즉, 문화다양성 또는 문화적 권리를 위해서 사회적 통합을 훼손시킬 수는 없다는 것이다.

따라서 우리가 추구해야 하는 것은 결국 민족주의와 다문화의 공존에 있다. 민족주의는 사회통합을 위해서 단일의 국가문화 또는 민족문화를 필요로 한다. 반면에 다문화는 다양한 문화정체성을 바탕으로 한다. 따라서 민족주의와 다문화의 공존은 다양한 하위의 문화정체성과 그것들을 아우르면서 통합할 수 있는 상위의 문화정체성의 공존을 의미한다. 그런 점에서 중국이 강조하는 다원일체문화론은 매우 중요한 의미를 갖는다고 할 수 있다. 따라서 이 문제의 본질은 공통문화로서 국가문화가 어떤 문화이어야 하는

가에 있다고 할 수 있다. 즉, 그것이 중화민족문화와 같이 특정의 민족이나 종족의 전통문화를 기반으로 하는 폐쇄적 문화인지, 아니면 공공문화나 사회적 문화와 같이 보편적 원리를 기반으로 하는 개방적 문화인지가 중요하다는 것이다. 공통문화로서 국가문화가 핵심적 가치의 공유와 제도적 통합에 주력하면서 여타의 문화적 가치에 개방적일수록 다양한 문화와의 공존 가능성이 그만큼 높을 수 있다.

결론적으로 이것이 현재 한국사회에 주는 함의는 대단히 높다. 한국은 앞으로 남북한의 통일이라는 민족적 숙원과 함께 다문화사회로의 급속한 전환에 직면하고 있다. 통일을 위해서 우리에게는 민족정체성의 유지와 강화가 무엇보다도 필요하다. 특히나 통일 이후 이질화된 남과 북의 정체성을 하나로 통합하기 위해서는 냉전의 이데올로기 시기 이전으로의 한민족 문화의 복원과 통합이 절실하다. 이는 단일민족으로서 한민족 민족주의의 강화를 의미한다. 그러나 이러한 한민족 민족주의의 강화는 현재 한국이 직면한 다문화사회와의 갈등을 보다 심화시키게 될 것이다. 그렇다면 한국에서도 중요한 것은 민족주의와 다문화주의의 공존의 문제일 것이며, 여기서 핵심은 역시 어떤 새로운 국가문화 또는 민족문화를 만들 것인가에 있을 것이다. 즉, 한민족(韓民族)을 넘어서 한국민족(韓國民族)으로서의 새로운 민족문화와 민족정체성의 형성이 그것이다. 그리고 그것이 곧 한국사회의 진정한 다문화를 함양하는 최선의 길이기도 하다. 따라서 한족(漢族)을 넘어 55개 소수민족을 포괄하는 새로운 중국민족(中國民族)을 만들기 위해 고심해온 중국의 선행적 사례는 앞으로 우리의 문제를 예측하고 해결하는 데 중요한 나침반이 될 것이라 생각한다. 특히나 단일민족국가로서 단일문화에 보다 익숙한 한국에서 중국의 앞선 다양한 다문화정책들과 포용력은 그것의 한계에도 불구하고 다문화사회에 직면한 우리에게 많은 시사점을 제공해준다고 본다.

❖ 참고문헌

공봉진. 2004. 「중국 '민족식별'과 소수민족의 정체성에 관한 연구」. 《국제정치연구》, 제7
　　집 1호, 185~205쪽.

_____. 2009. 「중국 소수민족주의와 중화민족주의: 티벳과 위구르족의 민족주의 운동
　　을 중심으로」. 《국제정치연구》, 제12집 1호, 137~160쪽.

권금상 외. 2012. 『다문화사회의 이해』. 서울: 태영출판사.

김성환. 2010. 「華夷 너머의 相生: 中華 관념이 해체된 동아시아는 가능한가?」. 《중국학논
　　총》, 제28집, 253~287쪽.

김재기. 2004. 「중국의 민족문제와 티베트 이슈: '화평해방 17개조 협의'을 중심으로」. 《한
　　국동북아논총》, 제30집, 75~101쪽.

김정희. 2008. 「중국의 '다민족 통일 국가론'과 당대의 국제질서」. 《사림》, 제31호, 255~
　　284쪽.

바버, 벤자민. 2003. 『지하드와 맥월드』. 박의경 옮김. 서울: 문화디자인.

박병광. 2000. 「중국 소수민족정책의 형성과 전개: 민족동화와 융화의 변주곡에 관하여」.
　　《국제정치논총》, 제40집 4호, 425~446쪽.

박선희. 2009. 「유네스코 문화다양성협약과 프랑스의 전략」. 《한국정치학회보》, 제43집
　　3호, 195~306쪽.

박정수. 2012. 「중화(中華) 민족주의와 동아시아 문화갈등: 역사와 문화의 경계 짓기」.
　　《국제정치논총》, 제52집 2호, 69~92쪽.

영화진흥위원회. 2003. 『국제 문화다양성 협정 체결에 대한 연구』. 서울: 영화진흥위원회.

왕커(王柯). 2005. 『민족과 국가: 중국 다민족통일국가 사상의 계보』. 김정희 옮김. 서울:
　　동북아역사재단.

원용진. 2010. 『새로 쓴 대중문화의 패러다임』. 서울: 한나래.

윤휘탁. 2006. 『신중화주의: '중화민족 대가정' 만들기와 한반도』. 서울: 푸른역사.

이경희. 2008. 「중국의 위구르자치구 민족정책에 관한 연구」. 《한국동북아논총》, 제49
　　집, 207~231쪽.

_____. 2009. 「중국 문화민족주의와 그 실천전략」. 《한국동북아논총》, 제52집, 51~79쪽.

이동률. 2003. 「중국 신장의 분리주의 운동: 현황과 영향력」. 《국제정치논총》, 제43집 3
　　호, 318~338쪽.

이민자. 2009. 「2008년 티베트인 시위를 통해 본 중국의 티베트문제」. 《현대중국연구》, 제11집 1호, 1~43쪽.

이상우 외. 2003. 『WTO 체제하의 방송산업 변화에 대한 연구(Ⅰ)』. 서울: 정부통신정책 연구원.

이성규. 1992. 「中華思想과 民族主義」. 《철학》, 제37집, 31~71쪽.

이정남. 2006. 「천하에서 민족국가로: 중국의 근대민족주의의 형성 및 현재적 의의를 중심으로」. 《중소연구》, 통권 109호, 67~87쪽.

전선홍. 2010. 「중국의 소수민족 문제: 저항 운동의 원인과 중앙 정부의 대응」. 《동아연구》, 제58집, 151~182쪽.

정준호. 2010. 「중국의 비물질문화유산정책」. 한국행정학회 2010 공동학술대회 자료집.

조경란. 2006. 「현대 중국의 소수민족에 대한 '국민화' 이데올로기: 중화민족론을 중심으로」. 《시대와 철학》, 제17권 3호, 65~85쪽.

천성림. 2005. 「20세기 중국 민족주의의 형성과 전개: 문화적 민족주의를 중심으로」. 《동양정치사상사》, 제5권 1호, 189~207쪽.

최성환. 2009. 「다문화주의의 개념과 전망: 문화 형식(이해)의 변동을 중심으로」. 문화콘텐츠기술연구원 다문화콘텐츠연구사업단 엮음. 『다문화의 이해: 주체와 타자의 존재방식과 재현양상』. 서울: 경진.

최지영. 2009. 「중국의 티베트 정책 고찰(1949-2008): 민족문제에 대한 중국 공산당의 인식을 중심으로」. 《국제정치논총》, 제49집 5호, 273~299쪽.

킴리카, 윌(Will Kymlicka). 2006. 『현대 정치철학의 이해』. 장동진 외 옮김. 서울: 동명사.

홉스봄, 에릭(Hobsbawm, Eric). 2004. 『만들어진 전통』. 박지향·장문석 옮김. 서울: 휴머니스트.

關凱. 2009. 「族群政治的東方神話: 儒家民族主義與中華民族認同」. 《廣西民族大學學報》, 第31卷 2期, pp. 25~31.

龍毅. 2010. 「新中國少數民族文化政策發展與創新研究」. 湘潭大學 碩士論文.

劉源泉·李資源. 2012. 「建國初期中國共産黨少數民族文化政策與實踐」. 《中國浦東幹部學院學報》, 第6卷 第4期, pp. 105~110.

李熠煜. 2009. 「中國文化民族主義論略」. 《中共天津市委黨校學報》, 第5期, pp. 60~66.

馬青青. 2010. 「民族文化政策與少數民族文化遺産保護」. 《傳承》, 第8期, pp. 146~147.

牟 岱. 2000.「多元一體文化概論」.《中國社會科學院研究生學報》, 第3期, pp. 68~80.

費孝通. 1989.『中華民族多元一體格局』. 北京: 中央民族學院出版社.

徐 飛. 2008.「多元文化關系中少數民族文化保護的法理思考」. 新疆大學 碩士論文.

宋新偉. 2010.『民族主義在中國的嬗變』. 北京: 社會科學文獻出版社.

於海峰・何曉薇. 2012.「論少數民族文化多樣性與中國特色社會主義文化建設的關系」.《理論界》, 第1期, pp. 148~149.

王豔華. 2005.「重評'中體西用': 多元一體文化重組模式的新談素」.《瓊洲大學學報》, 第12卷 第6期, pp. 83~85.

俞祖華. 2011.「近代國際視野下基於中華一體的民族認同, 國家認同與文化認同」.《人文雜志》, 1期, pp. 130~137.

張銘麗. 2007.「文化多樣性與民族文化的保護」.《廣東技術師範學院學報》, 第5期, pp. 20~23.

陳路芳. 2011.「少數民族文化政策的功能定位探析」.《雲南社會科學》, 第3期, pp. 63~67.

陳立明. 2009.「中華民族文化的多元一體格局」.《四川省社會主義學院學報》, 第4期, pp. 48~50.

肖耀科. 2011.「多元文化主義的反思及對我國民族文化政策的啟示」.《學術研究》, pp. 16~17.

馮建勇. 2011.「構建民族國家: 辛亥革命前後的中國邊疆」.《中國邊疆史地研究》, 第21卷 3期, pp. 63~72.

何星亮. 2010.「中華民族文化的多樣性, 同一性與互補性」.《思想戰線》, 第1期 第36卷, pp. 9~14.

何旭娜. 2010.「少數民族文化 對於構建 中華民族共有精神家園的影響」.《文化藝術研究》, 6月號, pp. 66~67.

Anderson, Benedict. 2006. *Imagined Communities: Reflections on the Origin and Spread of Nationalism, Revised Edition*. London & New York: Verso.

Featherstone, Mike. 1990. "Global culture: An Introduction." in Mike Featherstone (ed.). *Global culture: Nationalism, globalization and modernity*. London: Sage Publications.

Flew, Terry. 2005. "Sovereignty and Software." *International Journal of Cultural Policy*, Vol. 11, No. 3, pp. 243~260.

Gellner, Ernest. 2006. *Nations and Nationalism*, second edition. Oxford: Blackwell Publishing Ltd.

Greenfeld, Liah. 2006. "Modernity and Nationalism." in Gerard Delanty and Krishan

Kumar(eds.). *The SAGE of Handbook of Nations and Nationalim.* London: Sage Publications Ltd.

Gries, Peter Hays. 2004. *China's New Nationalism: Pride, Politics, and Diplomacy.* Berkeley and LosAngeles: University of California Press.

Guibernau, Montserrat. 1996. *Nationalism: The Nation-State and Nationalism in the Twentieth Century.* Cambridge: Polity Press.

Hall, John A. 2006. "Structual Approaches to Nations and Nationalism." in Gerard Delanty and Krishan Kumar(eds.). *The SAGE of Handbook of Nations and Nationalim.* London: Sage Publications Ltd.

Kohn, Hans. 2000. "The Idea of Nationalism." in John Hutchinson and Anthony D. Smith(eds.). *Nationalism I.* London: Routledge.

Parekh, Baikhu. 2000. *Rethinking Multiculturalism: Cultural Diversity and Political Theory.* Massachusetts: Harvard University Press.

Schudson, Michael. 1994. "Culture and the Integration of National Societies." *International Social Science Journal*, Vol. 46, No. 1.

Segal, Daniel A. 2006. "Cultural Approaches to Nationalism." in Gerard Delanty and Krishan Kumar(eds.). *The SAGE of Handbook of Nations and Nationalim*, 57-65. London: Sage Publications Ltd.

Smith, Anthony D. 2001. *Nationalism: Theory, Ideology, History.* Cambridge: Polity Press.

_____. 2006. "Ethnicity and Nationalism," in Gerard Delanty and Krishan Kumar (eds.). *The SAGE of Handbook of Nations and Nationalim.* London: Sage Publications Ltd.

Stein, Tønnesson and Hans Antlöv. 2000. "Asia in Theories of Nationalism and National Identity." in John Hutchinson and Anthony D. Smith(eds.). *Nationalism III.* London: Routledge.

Tilly, C. 1995. "States and nationalism in Europe, 1492-1992." J. L. Comaroff and P. C. Stern. *Perspectives on Nationalism and War.* Amsterdam: Gordon and Brench Publishers.

Zheng, Yongnian. 1999. *Discovering Chinese Nationalism In China: Modernization, Identity, and International Relations.* Cambridge: Cambridge University Press.

7장

유럽 다문화사회의 위기와 유럽 통합

| 최진우

1. 들어가는 글

유럽에서는 다문화사회의 긴장관계를 보여주는 일련의 사건이 지속적으로 발생하고 있다. 1998년 독일 바덴 - 뷔르템베르크 주의 한 실업학교에서 독일 국적의 아프가니스탄계 교사가 히잡을 착용하고 수업을 했다는 이유로 교사 자격을 박탈당하는 사건이 있었으며, 프랑스에서는 2004년 학교 내에서 히잡, 키파(유대교 남성 모자), 큰 십자가 등 종교적 상징물의 착용을 금지하는 법안이 상하원에서 모두 통과되었다. 2005년 10월에는 파리 교외에서 이주민 폭동이 일어나 약 한 달간에 걸쳐 전국적으로 확산되어 274개 도시가 방화 및 파괴 행위로 몸살을 겪으면서 차량 만여 대가 소실되었고 약 3,000명이 경찰에 체포되었다. 2011년 노르웨이에서는 반(反)이슬람주의와 다문화정책 폐기를 명분으로 내건 인종주의자 테러리스트가 오슬로 북서쪽 휴양지 우토야 섬에서 노동당 캠프에 참가한 청소년들에게 총기를 난사해 76명이 사망하고 90여 명이 부상을 당한 학살 사건이 발생했으며, 같은 해 독일에서는 2000년부터 2007년 사이 10명의 희생자를 낸 '케밥 살인사건'의 용의자로 3명의 극우주의자가 체포되었다.[1] 2015년 1월 프랑스에서는 이슬람 풍자 만평을 실은 주간지 《샤를리 에브도(Charlie Ebdo)》를 발행하는 언론사가 이슬람 극단주의를 표방하는 무장 괴한 세 명의 공격을 받아 언론인 열 명과 경관 두 명이 살해당하는 사건이 발생했다.

본 연구는 유럽에서 목격되고 있는 다문화성의 정치화와 문화적 갈등의 증폭이 유럽 통합에는 어떤 영향을 미치는지를 진단하는 것을 목적으로 한다. 이 문제에 주목하는 이유는 다문화사회의 위기로 표현되는 사회적 변화가 앞으로 유럽 통합의 과정에 중요한 변수로 작용할 수 있다고 생각되기 때문이다. 다문화사회의 갈등에 대응하는 방식에 따라 하나의 정치적 거버넌스 단위로서의 EU의 작동 양상, 정체성, 정당성 등에 변화가 초래될 수도 있는 것이다.

과거 유럽 통합이 엘리트 프로젝트로서 일반대중의 호의적 무관심이라는 여론 환경 속에서 진행되어왔다면, 1991~1993년 마스트리히트 조약의 체결과 비준과정을 겪으면서 유럽 통합은 이제 엘리트들의 전유물이 아니라 대중들의 지대한 관심의 대상이자 회원국 국내정치 차원의 중요한 쟁점이 되었다.[2] 정치인과 관료, 기업인들의 담론 세계에서 주로 머물던 유럽

---

1) 이 사건은 살해된 열 명 중 여덟 명이 터키인이어서 터키 전통음식의 이름을 따 '케밥 살인사건'이라 불린다.
2) 극단적인 예이긴 하지만 유로존 재정위기 발생 이후 EU 회원국에서 도미노처럼 집권 세력이 교체되었는가 하면 그리스에 대해 구제금융의 조건으로 제시된 EU의 긴축이 행안의 수용 여부가 2012년 그리스 총선의 최대 쟁점이 되고 있음을 보더라도, 유럽 통합의 문제가 각 회원국 국내정치에서 극도로 민감한 정치적 사안이 될 수 있음을 알 수 있다.

통합의 이슈가 대중정치의 장으로 진입하는 거시적 변화가 나타났던 것이다. 일반 대중이 유럽 이슈를 둘러싼 담론의 장에 참여하면서 나타난 새로운 현상 중 하나는 과거 유럽 통합의 주된 동력이 경제적 이익 구현을 위한 노력에서 도출되었던 것과 달리 이제는 정체성의 문제가 유럽 통합의 과정에서 중요한 작용을 하게 되었다는 점이다.[3] 거버넌스란 효율성을 추구하기 위한 제도적 디자인이기도 하지만, 한편으로는 구성원들의 정체성의 집합적 표현이기도 하다는 점에서 사실 새로운 거버넌스의 등장으로 볼 수 있는 유럽 통합의 과정은 정체성의 변화 문제와 밀접하게 연관되어 있다고 하겠다.

유럽 다문화사회의 위기 현상은 유럽의 정체성이 변화를 겪고 있음을 보여준다. 유럽은 무엇이며 유럽인은 누구인가, 이민자의 권리는 어디까지 인정되고 보호되어야 하는가, 소수자 집단의 문화적 권리가 민주국가의 이념적 근간인 보편적 인권의 가치와 충돌할 때 이를 어떻게 해결할 것인가 등에 대한 논란은 곧 정체성의 문제이며, 이를 둘러싼 갈등과 대립이 다문화사회의 위기로 표현되는 것이다.

다문화사회의 위기는 유럽 통합에 어떤 영향을 미치는가? 현재 유럽에서는 다문화사회의 위기가 반(反)이민 정서에서 자양분을 얻고 있는 극우 정당의 출현과 성장으로 이어지는 양상이다. 극우 정당의 신장세가 다문화사회의 위기를 반영하는 것이라면, 결국 다문화사회의 위기와 유럽 통합의 관계에 대한 논의는 극우 정당의 성장과 유럽 통합의 관계에 대한 논의로 치환될 수 있다.

---

3) 유럽 통합의 정치화 현상과 유럽 통합 과정에서 나타나는 정체성 문제의 부상에 대해서는 Hooghe and Marks(2008) 참조.

본 연구에서는 극우 정당의 성장이 적어도 세 차원에서 유럽 통합에 영향을 미칠 가능성이 있는 것으로 진단한다. 첫째, 극우 정당의 성장은 EU 이민정책 및 소수자 정책의 보수화를 야기할 가능성이 있다. 둘째, 극우 정당의 성장은 유럽회의론의 확산을 부추겨 유럽 통합의 심화에 걸림돌로 작용할 수 있다. 셋째, 극우 정당의 성장과 이에 따른 파급효과는 규범세력(normative power)으로서의 대외정책적 정체성을 구축해가는 EU의 연성권력(soft power)과 국제적 위상에 변화를 가져올 수 있다. 말하자면 극우 정당의 성장은 EU의 정책 차원(policy process), 통합의 동력 차원(integration process), 대외적 영향력의 차원(external process)에 모두 영향을 미칠 가능성이 있다는 것이다.

이하에서는 우선 유럽 다문화사회의 위기 현상과 극우 정당의 세력 확대 현황을 살펴본 다음, 극우 정당의 성장이 유럽 통합에 어떤 영향을 미칠 것인지를 점검한다.

2. 유럽 다문화 사회의 위기와 극우 정당의 성장

1) 유럽 다문화사회의 위기

유럽에서는 다문화 사회의 갈등이 고조되는 가운데 각국의 지도층 인사들의 다문화주의에 대한 비판 발언도 연이어 나오고 있다. 2010년 8월 독일 분데스방크 이사를 역임했던 틸로 사라진(Thilo Sarrazin)이 이민자들은 독일의 복지예산을 갉아먹는 존재이며 독일인의 지능을 떨어뜨리고 있다는 주장을 담은 책을 출판해 독일 사회에서 큰 파장을 불러일으킨 바 있다. 이어서 2010년 10월에는 메르켈 독일 총리가 우경화되어가는 독일의 사회적 분위기를 반영해, 독일식 다문화주의는 철저하게 실패했으며 이질적인 문화가 평화롭게 공존하기는 어렵다는 견해를 밝혔다. 2011년 2월에는 영국의 캐머런 수상이 "다문화주의 정책은 접을 때"가 되었으며 "영국이 필요로 하는 것은 문화적 차이의 수동적 관용이 아닌 자유주의의 적극적 실천"임을 선언했고, 사르코지 프랑스 대통령도 공중파 채널인 TF1에 출연해 "프랑스에서 다문화주의 정책은 실패"했다는 입장을 밝혔다.[4]

이러한 사회적 동향과 정치적 분위기를 반영해 유럽의 다문화주의는 심각하게 후퇴하고 있다는 진단과(Joppke, 2004) 다문화사회의 긴장과 갈등을 해결하기 위해서는 다문화주의에 대한 대안을 모색해야 한다는 제안도 꾸준히 제기되는 실정이다(Vertovec, 2010; Alibhai-Brown, 2000; 2004). 그러나 다문화주의가 실패했다는 선언이나 후퇴하고 있다는 관찰은 사실과 다르다는 주장도 제기된다. 실제 다문화주의 정책은 유럽 다수 국가에서 꾸준히 증가해왔으며, 다문화주의 정책에 따른 사회통합 효과 또한 긍정적이었다는 것이다(Kymlicka, 2012). 다문화주의의 성공과 실패, 발전과 후퇴가 실제로 일어나고 있는 일인지에 대해서는 보다 더 심층적인 경험적 연구가 수반되어야 하겠지만, 적어도 이민자 증가로 인한 다문화 관련 쟁점이 과거에

---

4) 사실 소수민족을 대상으로 독일은 배제정책을, 프랑스는 동화정책을 견지해왔기 때문에 독일과 프랑스의 다문화주의 실패 선언은 '어불성설'이라는 견해가 많다(홍태영, 2011: 236). 그러나 독일의 경우 1999년 개정된 국적취득법(부모 중 1인 8년 이상 합법 체류, 또는 무기한 체류허가나 영주권 소지자일 경우 자녀들은 자동적으로 독일 국적 부여), 2005년 시행된 이민법(이주민의 고유한 민속적·문화적 정체성을 인정하는 다문화 공존에 기반을 둔 통합 노력)은 차별과 배제에 근거한 이민정책에서 다문화주의로의 전환을 알리는 신호탄으로 간주할 수 있으며 메르켈이 다문화주의의 실패를 선언한 것은 이러한 맥락일 것으로 생각할 수도 있다.

비해 훨씬 더 정치화되고 있으며 이에 따라 다문화 현상에 대한 반감과 다문화주의에 대한 비판적 인식의 표출이 증가하고 있음은 부인하기 어려운 사실인 것으로 보인다.

서유럽 국가들에서는 이미 1990년대 전반 이민(그리고 이민자) 관련 문제가 가장 가시적이고도 논란이 많은 정치적 쟁점으로 등장했다. 정치적 저항 및 시위의 3분의 1가량이 이민 문제와 연관된 것으로 나타나는데, 이는 실업 등의 노동 관련 쟁점이나 전쟁과 평화, 민주주의, 환경 등등 다른 어떤 쟁점에 비해서도 정치적 갈등을 야기하는 빈도가 높은 것이다(Koopmans, et al., 2005: 3~4). 유럽의 다문화사회는 오늘날 거센 도전에 직면한 것이다.

다문화사회의 위기를 증폭시키고 다문화주의에 대한 반감을 격화시키는 요인으로는 여러 가지가 있다. 킴리카는 최근 연구에서 다섯 가지를 들고 있다(Kymlicka, 2012: 22~24).

첫째, 이민 문제의 '안보화(securitization)'이다. 이민이 사회정책의 범주에서 논의되는 쟁점이 아니라 안보정책의 범주에서 다루어지는 쟁점이 되는 순간 이민자의 수용과 통합을 지향하는 다문화주의 정책에 대한 거부감이 증폭될 수 있다. 이민자가 바로 안보 위협이 될 수 있기 때문이다. 이러한 경향은 특히 9·11 테러 이후 주로 나타나는 현상이다.

둘째, 이민자들이 자신들의 문화에 집착해 이민 수용국의 민주주의와 인권의 가치에 배치되는 행동을 할 때 다문화주의에 대한 거부감이 커진다. 다문화주의에 대한 최근의 비판적 견해는 상당 부분 무슬림 공동체가 개인의 자유와 인권을 인정하지 않는다는 인식에서 비롯된 바가 크다.

셋째, 국경 통제가 느슨하다고 느낄 때 다문화주의에 대한 반감이 커진다. 국경 통제가 제대로 이루어지지 않거나, 누구의 이민을 허용해줄 것인지에 대한 기준이 명확하지 못해 난민이나 불법이민자와 같은 원치 않는 이민자가 다수 유입될 가능성이 증가하면 다문화주의에 대한 거부감이 커진다.

넷째, 이민자 집단이 그야말로 '다문화적'일 때 다문화주의에 대한 거부 감이 줄어든다. 이민자의 출신 국가와 문화적 배경이 다양할수록 다문화주 의 정책에 대한 지지가 올라간다. 반면 특정 국가 출신이나 특정 종교 집단 에 속한 이민자의 규모가 클수록 주류 문화에 대한 위협이 될 수도 있다고 생각해 다문화주의 정책에 대한 회의론이 커진다.

다섯째, 국가 경제에 대한 이민자의 기여가 크다고 생각할수록 다문화주 의 정책에 대한 호감도가 올라간다. 반면 이민자는 국가경제 발전에 기여하 는 바가 없이 복지 예산만을 축내는 존재인 것으로 간주되면 다문화주의 정 책에 대한 반감이 커진다.

전체적으로 다문화사회에 대한 반발과 유럽 각국의 사회적 긴장은 이민 자의 빠른 증가와 관련이 있다(〈표 7-1〉 참조). 독일은 주민 다섯 명 중 한 명 이 이민 가정 출신이며, 영국은 여덟 명 중 한 명이 이민자의 후손이라고 한 다. 프랑스도 전체 인구의 9%가 국적 미보유의 외국인이며, 프랑스 국적을 보유한 이민 2·3세를 포함하면 이민자의 수는 인구의 15%에 달한다고 한 다.[5] 이러한 이민의 유입은 유럽 사회의 주류 집단과 소수자 집단 간의 정 체성의 갈등과 문화적 충돌을 야기하고 있다. 과거에는 이민자들이 주로 저 숙련 노동시장에서의 경합과 거주의 문제를 야기했다면, 최근에는 이민이 정체성의 갈등을 야기함으로써 우파 정당 성장의 환경을 제공한다. 고령화 로 인한 경제성장 동력의 둔화와 재정부담의 증가로 국가경제의 운영에 난

---

5) 이는 공식 집계는 아니다. 프랑스는 국적자의 경우 인종을 따로 표시하지 않고 통계 도 내지 않는데, 이는 공화주의 원칙에 입각한 동화주의 정책에 따른 것이다. 그러나 이러한 정책은 이민자의 존재 자체를 외면함으로써 이념적 비차별의 이면에 존재하 는 차별의 현실을 방치한다는 비판을 받고 있다.

〈표 7-1〉 2010년 유럽 각국의 외국인 시민권자 인구 규모

국가	총인구	외국인 시민권자	
		인구	비율(%)
E U 2 7	501,098,000	324,932,000	6.5
벨 기 에	10,839,900	1,052,800	9.7
불 가 리 아	7,563,700	—	—
체 코	10,506,800	424,400	4.0
덴 마 크	5,534,700	329,800	6.0
독 일	81,802,300	7,130,900	8.7
에스토니아	1,340,100	212,700	15.9
아일랜드	4,467,900	384,400	8.6
그 리 스	11,305,100	954,800	8.4
스 페 인	45,989,000	5,663,500	12.3
프 랑 스	64,716,300	3,769,000	5.8
이탈리아	60,340,300	4,235,100	7.0
키프로스	803,100	127,300	15.9
라투비아	2,248,400	392,200	17.4
리투아니아	3,329,000	37,000	1.1
룩셈부르크	502,100	215,700	43.0
헝 가 리	10,014,300	200,000	2.0
몰 타	413,000	16,700	4.0
네덜란드	16,575,000	652,200	3.9
오스트리아	8,367,700	876,400	10.5
폴 란 드	38,167,300	45,500	0.1
포르투갈	10,637,700	457,300	4.3
루 마 니 아	21,462,200	—	—
슬로베니아	2,047,000	82,200	4.0
슬로바키아	5,424,900	62,900	1.2
핀 란 드	5,351,400	154,600	2.9
스 웨 덴	9,340,700	590,500	6.3
영 국	62,008,000	4,367,600	7.0
아일랜드	317,600	21,700	6.8
리히텐슈타인	35,900	—	—
노르웨이	4,854,500	331,600	6.8
스 위 스	7,785,800	1,714,000	22.0

자료: *Eurostat.*

관이 더해지는 가운데 현재 유럽이 경험하고 있는 재정 위기로 인한 긴축 정책은 실업의 증가로 이어지면서 이민자들에 대한 반감을 더욱 증폭시킬 것으로 예상된다.

경제학적 관점에서 볼 때 이민에 의한 노동력의 수급은 수용국의 입장에게는 후생증가의 효과가 있다. 이민이 유입되어 부족한 노동력을 채워주게 되면 노동비용이 하락해 다른 생산요소들이 보다 효율적으로 활용될 수 있기 때문이다. 특히 개방경제에서는 자본과 토지의 소유자는 이민의 유입을 환영한다. 노동력 공급의 증가로 노동비용이 내려갈 것이기 때문에 생산비용 절감 효과가 있고 이는 곧 수출 경쟁력의 강화로 이어질 것이며, 아울러 국내적으로도 저렴한 노동력이 제공하는 서비스를 향유할 수 있기 때문이다. 반면 이민자와 경쟁해야 하는 노동자들은 이민의 유입이 달갑지 않다. 노동시장에서 일자리 경쟁이 치열해지고 임금 하락의 가능성이 높아지기 때문이다(Hiscox, 2011: 102).

그렇지만 모든 노동이 서로 대체 가능한 것은 아니기에 노동자 집단을 좀 더 세분해서 볼 필요가 있다. 노동자는 기술숙련도에 따라 숙련노동자와 비숙련노동자로 나눠진다. 두 집단의 노동자는 각각 자신들과 같은 숙련도의 노동자가 이민해 오는 것을 반기지 않는다. 숙련노동자는 숙련노동자 이민에 대해, 그리고 비숙련노동자는 비숙련노동자 이민에 대해 적대적 태도를 가지게 된다. 반면 숙련노동자는 비숙련노동자의 이민을, 비숙련노동자는 숙련노동자의 이민을 환영한다. 자신의 일자리와 임금에는 별다른 영향 없이 숙련도가 다른 노동자들이 제공하는 상품이나 용역을 보다 값싸게 이용할 수 있기 때문이다.

이처럼 경제학적 관점에서 볼 때 유럽인들의 이민에 대한 태도는 어떠한 직업군에 속해 있는가에 따라 달라질 수 있다. 유럽인 중 숙련노동자는 비숙련 이민을 환영할 것이고 숙련 이민은 막으려고 할 것이다. 반면 비숙련 유럽노동자는 숙련 이민을 환영할 것이고 비숙련 이민은 막으려고 할 것이다. 과연 이러한 경제학적 가설이 유럽의 현실을 정확하게 반영하는가?

최근에 발표되는 일련의 연구에 의하면 이 가설은 타당성이 없는 것으로 밝혀지고 있다. 이민자의 숙련도에 관계없이 유럽의 고학력자와 숙련 노동자는 이민에 대해 우호적인 태도를 보이고, 유럽의 저학력자와 비숙련노동자는 이민에 대해 적대적인 태도를 취하는 것으로 나타난다. 적어도 숙련노동자는 노동시장에서 자신들과 경쟁관계에 있을 수도 있는 숙련 이민 또한 거부하지 않는 것으로 나타나고 있다(Hainmueller et al., 2007). 왜 숙련노동자는 숙련 이민을 거부하지 않는가?

이는 교육의 효과 때문이라고 한다. 교육수준이 높을수록 인종주의적 편견을 극복할 가능성이 높고, 문화적 다양성의 가치를 높이 평가하며, 이민의 유입이 국가경제에 긍정적인 작용을 한다는 믿음을 가질 확률이 높다고 한다(Hainmueller et al., 2007: 437). 반면 교육수준이 낮은 경우 이민자를 정체성과 문화적 전통에 대한 위협으로 인식하며 이민의 유입이 국가경제에 부정적인 영향을 미친다고 생각하는 경향이 높다고 한다. 말하자면 이민에 대한 호불호는 노동시장에서의 경쟁보다는 정체성과 문화적 다양성에 대한 태도에서 비롯되는 바가 큰데, 고학력의 숙련노동자는 이민에 대해 우호적이고, 교육 연한이 짧은 미숙련노동자는 반이민 정서가 강할 확률이 높다는 것이다.

따라서 반이민 정서에 호소하는 극우 정당에 대한 지지 기반은 주로 저학력, 미숙련, 저소득층에서 형성될 가능성이 높다. 그렇지만 극우 정당의 지지기반이 반드시 이들에게만 한정되지는 않는다(Van der Brug et al., 2009: 603). 만일 저학력, 미숙련, 저소득층만이 이민을 반대한다면 이는 경제학적 설명이 어느 정도 타당함을 입증하는 것이 될 수도 있다. 최근 유럽으로 유입되는 이민의 대부분이 노동시장에서 미숙련 노동자와 일자리를 놓고 다투는 경쟁자가 될 것이기 때문이다. 고학력 숙련 노동자는 경제적 이유가 아니라 교육의 힘에 따른 문화적 이유로 이민을 지지하지만, 저학력 미숙련 노동자의 경우에는 경제적 요인이 결정적일 수 있는 것이다.

오늘날 유럽에서 주로 논쟁의 대상이 되는 이민자는 유럽 역외 지역에서 들어오는 이민, 특히 그중에서도 무슬림 이민인데, 이들 중 많은 수가 기존 이민자와의 가족 재결합을 위해 유입되는 2차적 이민이거나 냉전 종식에 따른 국제정세의 변화로 인한 망명자와 난민이라고 한다(이옥연, 2011: 245). 어떤 경우든 이들이 유럽으로 들어와 숙련노동자들의 일자리를 위협할 가능성은 그다지 크지 않다. 우선 이들이 미숙련 노동자일 가능성이 크고, 설령 출신국에서는 고학력에 숙련노동자였다 하더라도 유럽 땅에 들어와서 충분한 언어구사능력을 가지고 출신국에서의 기술과 지식을 바로 활용할 수 있는 이민자는 지극히 제한적일 것이며 따라서 이들은 대체로 비숙련 노동에 종사하게 될 확률이 높기 때문이다. 따라서 무슬림 이민은 노동시장에서 비숙련 노동자와 경합할 가능성이 크므로 유럽의 저학력, 비숙련, 저소득층이 이민의 유입에 우호적이지 않은 것은 경제적 이유로도 설명할 수 있는 것이다.

그러나 앞서 밝힌 바와 같이 이민에 대한 태도를 결정하는 데 중요한 것이 경제적 요인이기보다는 문화적 요인임을 감안한다면 고학력, 고소득의 유럽인도 어떠한 계기에서든 반이민 정서를 가질 수 있는 가능성이 항상 존재한다. 앞에서 예로 들었던 독일 분데스방크의 이사였던 사라진이 그 예가 될 수 있을 것이다. 따라서 문화적 관점에서 봤을 때 극우 정당의 지지기반이 다양한 계층을 포함하는 것은 예측 불가능한 일은 아니다. 아울러 오늘날의 유럽 극우 정당은 기존의 주요정당들이 미처 관심을 두지 않는 다양한 틈새 의제를 발굴해 지지기반을 넓히기도 하고, 또 기존 정치 구도에 대해 불만을 가진 유권자들의 항의 투표(protest vote)의 수혜자가 되기도 하기 때문에 지지기반의 폭이 어느 정도 넓어지는 것은 얼마든지 가능하다(Cutts et al., 2011).

이처럼 반이민 정서가 일자리의 문제와는 크게 관련이 없고, 오히려 그보다는 정체성과 같은 문화적 가치의 문제와 더욱 밀접하게 관련이 있는 것으로 나타난다면, 문제는 사실 더 복잡하다. 유럽의 반이민 정서가 쉽게 가라앉지 않을 가능성이 크기 때문이다. 만일 경제적인 문제로 인해 반이민 정서가 생성된 것이라면 경제적 타깃 그룹에 대한 집중적인 정책 처방으로 문제를 해결할 수 있겠으나, 문화적 문제로 그러한 것이라면 정책적 해결 방법을 찾기가 쉽지 않다. 물론 교육을 통해 관용과 열린 마음을 갖도록 하자는 제안이 나올 수 있지만, 이는 단기적 해법이 되기는 어렵다.

유럽은 저출산 고령화의 장기적 인구구조 변화 속에 노동력 부족 상황을 맞이하고 있으며 이를 극복하기 위해서는 이민의 유입이 필수적이다(〈표 7-2〉 참조). 그러나 이민의 유입은 주류 집단과 소수자 집단 간의 정체성의 갈등과 문화적 충돌을 야기하고 있다. 더욱이 경제위기의 여파로 가뜩이나 높았던 실업률이 더 높아지고 있으며, 특히 고공행진을 하고 있던 청년 실업률이 더욱 악화되는 양상을 보이고 있다(〈표 7-2〉 참조). 이러한 상황에서 긴축정책으로 인한 고용시장의 위축은 주류집단의 소수자 집단에 대한 적대감을 증폭시키면서 극우 정당의 주장에 호소력을 더해주고 있기도 하다. 경제위기로 인한 실업의 증가, 저출산 고령화, 이민의 유입 문제가 복합적으로 작용하면서 유럽에서는 인종주의적 민족주의, 문화민족주의가 다시 부활하는 조짐을 보이는 것이다.

〈표 7-2〉 EU 회원국과 주요국의 실업률

	실업률		청년실업률	
	2010년 10월	2011년 10월	2010년 10년	2011년 10월
Euro 17	10.1	10.3	20.6	21.4
E U 2 7	9.6	9.8	20.9	22.0
벨 기 에	8.1	6.6	21.3	17.7
불가리아	11.0	12.1	24.7	27.2
체코 공화국	6.9	6.7	17.3	18.8
덴 마 크	7.7	—	14.3	—
독 일	6.8	5.5	9.3	8.5
에스토니아	14.5		25.7	—
아일랜드	14.2	14.3	28.9	30.2
그 리 스	13.9		35.3	—
스 페 인	20.5	22.8	42.6	48.9
프 랑 스	9.7	9.8	23.1	24.2
이탈리아	8.4	8.5	27.7	29.2
키프로스	6.0	8.2	15.1	—
라트비아	17.0	—	30.8	—
리투아니아	17.4	—	34.2	—
룩셈부르크	4.6	4.7	14.0	14.4
헝 가 리	11.1	9.8	25.7	23.2
몰 타	7.0	6.7	13.6	16.1
네덜란드	4.4	4.8	8.5	8.2
오스트리아	4.2	4.1	7.6	9.1
폴 란 드	9.6	9.9	23.9	27.2
포르투갈	12.3e	12.9	27.8e	30.4
루마니아	7.2	7.3	23.3	—
슬로베니아	7.6	7.9	14.6	—
슬로바키아	14.2	13.6	33.8	31.3
핀 란 드	8.1	7.8	20.7	20.3
스 웨 덴	8.0	7.5	23.8	22.2
영 국	7.8	—	20.0	—
노르웨이	3.5	—	8.6	—
미 국	9.7	9.0	18.6	16.7
일 본	5.1	—	—	—

자료: *Eurostat*.

이와 같은 다문화 사회에 대한 도전은 유럽 통합에 어떤 의미를 갖는가? 무엇보다도 다문화에 대한 반감은 현재 극우 정당의 출현과 성장으로 이어지고 있다. 극우 정당 활동의 주된 초점은 이민 반대에 있지만, 아울러 반유럽 정서 또한 중요한 부분을 차지한다. 따라서 극우 정당의 성장은 곧 반유럽 정서의 확산 가능성을 수반하며 이는 유럽 통합의 미래에 부정적인 영향을 미칠 것으로 보인다.

2) 극우 정당의 성장

2012년 4월 프랑스 대통령 선거 1차 투표의 최대 이변은 극우 정당 국민전선(Front Nationale)의 약진이었다. 국민전선의 마린 르펜(Marine Le Pen) 후보가 17.9%의 득표율로 사회당 후보 프랑수아 올랑드(François Hollande)(28.6%)와 현직 우파 대통령 니콜라 사르코지(Nicholas Sarkozy)(27.1%)에 이어 3위를 차지한 것이다. 국민전선은 1972년 창당된 이후 1980년대에 들어 꾸준한 성장세를 보이다가 마침내 2002년에는 창당의 주역이었던 장 마리 르펜(Jean-Marie Le Pen)이 대선 1차 투표에서 16.9%의 득표로 사회당 리오넬 조스팽(Lionel Jospin) 후보를 앞질러 2위를 차지해 당시 재선에 도전했던 자크 시라크 대통령과 결선투표에서 맞붙는 기염을 토하기도 했다.[6] 하지만 득표율로 따져볼 때 2012년 대선은 국민전선이 창당된 이래 최대의 성과를 거둔 선거이고, 2007년 대선에서 장 마리 르펜이 올린 득표율에 비하면 두 배가 넘는 신장세이기도 하다. 이에 고무된 국민전선 지지자들은 10년 후인 2022년 대선에서는 국민전선이 승리할 수도 있다는 희망을 공공연

---

6) 국민전선의 탄생과 성장에 대해서는 박재정(2007); 조홍식(2010) 참조.

히 피력하고 있다.

프랑스 국민전선의 선전은 2012년 대선에서 그치지 않았다. 뒤이어 열린 6월 총선에서도 국민전선은 1988년 비례대표로 하원에 진출하는 기록을 세운 지 24년 만에 이번에는 지역구 당선자를 두 명이나 하원에 진출시키는 성과를 이루었다. 국민전선의 대표인 마린 르펜은 사회당 후보와 자신의 지역구에서 접전 끝에 패배했지만 마린 르펜의 조카인 마리옹 마레샬 르펜(Marion Maréchal-Le Pen)이 22세의 나이로 국민전선 후보로 당선되어 역대 최연소 하원의원이 되는 영광을 누리게 되었다.

극우 정당의 약진은 프랑스에 국한된 현상이 아니다. 오스트리아에서는 자유당(Freiheitliche Partei Österreichs)이 1999년 선거에서 27%의 득표율을 확보해 중도보수정당과 함께 연정을 구성했으며 2008년 총선에서도 극우 정당 연합이 28%의 투표를 획득했다. 스위스에서는 2003년 극우 국민당(Schweizerische Volkspartei)이 23.7%의 득표로 제1당의 지위에 올라섰으며 2007년 선거에서는 지지율을 더 높여 제1당의 지위를 더욱 공고히 한 바 있다.[7] 네덜란드에서도 2005년도에 창설된 자유당(Partij voor de Vrijheid: PVV)이 2010년 총선에서 24석을 차지하며 제3당의 지위를 차지해 연정에 참여했고, 관용의 정신으로 널리 알려진 북유럽의 국가들과 사회주의에서 자본주의로 이행한 중동부 유럽 국가들에서도 극우 정당의 세력이 꾸준히 확장되고 있다. 극우 정당의 약진은 전 유럽적인 현상으로 번져나가고 있다.[8]

극우 정당의 이념적 스펙트럼은 매우 다양하다. 파시즘을 표방하는 정당도 있고, 반면에 직접민주주의를 요구하는 정당도 있는가 하면, 자유시장경

---

7) 스위스 국민당은 2011년 선거에서는 25.9%를 득표해 세력을 더 강화하는 데는 실패했지만 최다득표 정당의 자리는 지켰다.

8) 유럽 극우 정당의 성장 과정과 그 배경에 대한 심층적 논의는 Bornschier(2010) 참조.

제에 대해서도 찬반을 달리하는 정당들이 모두 극우 정당의 테두리 안에 존재한다. 다양한 스펙트럼에도 불구하고 각국의 극우 정당을 하나의 범주로 묶어주는 공통점이 있다. 반(反)이민 정서와 유럽회의론이 바로 그것이며, 이 두 가지 정서를 잇는 연결고리가 바로 민족주의이다(Van der Brug et al., 2009: 590).

유럽의 민족주의는 프랑스 혁명의 산물이라는 것이 많은 학자들의 견해이다. 물론 그 이전부터 그 원형을 찾아볼 수 있다는 견해도 있지만, 근대 국가 성립의 정치 이데올로기로서의 위력을 발휘하게 된 것은 프랑스 혁명과 이에 따른 프랑스 혁명 전쟁이 그 계기이다. 그중에서도 특히 1892년의 발미(Valmy) 전투는 민족주의 정서가 구체적으로 표현된 최초의 사건이라는 상징성을 갖는다. 이 전투에서 프랑스의 혁명을 무효화하려는 연합군에 맞선 프랑스군 장병들의 전투 의욕을 고취시키기 위해 사용된 구호가 바로 우리말로는 '우리나라 만세'에 해당하는 '비브 라 나시옹!(Vive la Nation!)'이었던 것이다. 그 이래 민족은 하나의 '상상된 공동체'로서(Anderson, 2006) 많은 사람들에 의해 국가 구성의 가장 자연스러운 단위인 것으로 간주되기 시작했고, 프랑스에서의 민족 국가 수립은 저항과 모방의 과정을 거쳐 유럽 전역으로 확산되면서 19세기 말 유럽은 민족 국가로 구획된 지역의 모습을 갖추게 된다.

그러나 유럽의 민족주의는 1차 대전과 2차 대전, 그리고 전쟁 수행 과정에서 자행된 유태인과 소수민족 600만 명의 학살이라는 전대미문의 참상을 낳게 되었다. 2차 대전이 끝난 다음, 민족은 갈등과 파괴의 원인으로 지목되면서 유럽에서는 일종의 금기어가 되고 만다. 아울러 민족국가의 경계를 희석시킴으로써 전쟁의 원인을 제거하고자 하는 노력이 바로 유럽 통합으로 나타났으며, 공교롭게도 발미 전투가 벌어졌던 시점으로부터 정확히

200년 후인 1992년 유럽 단일시장이 완성됨으로써 유럽 대륙에서는 이제 민족 공동체의 정치적 유효성이 공식적으로 폐기되는 것처럼 보였다. 그러나 유럽 통합이 시작된 지 60년이 지난 오늘날 민족주의는 다시 정치적 담론의 중심부로 진입해 들어오고 있다.

그런데 오늘날의 극우 정당은 과거의 나치즘같이 적나라한 인종주의를 표방하지 않는 경우가 많다. 오히려 인종적 다원주의나 문화적 다원주의를 옹호하기도 한다. 다만 이들은 이민자들에 의해 기존의 주류집단의 정체성과 문화적 전통이 위협받는 것에 대해 민감한 반응을 보인다(Bornschier, 2010: 2). 말하자면 적어도 수사적으로는 '타자'에 대한 배척이라기보다는 '우리'의 것을 지키려는 방어적 동기에서 극우 프로그램을 옹호한다는 것이다. 이들이 터키의 EU 가입에 반대하는 이유는, (영원한 타자일 수밖에 없는) 비기독교 무슬림 국가인 터키가 유럽의 기독교 문명에 위협이 된다는 인식을 기반으로 한다(Risse 2010: 6). 이러한 논리는 유럽 통합에도 적용될 수 있다. EU로 대변되는 초국가적 통합은 유럽적 표준을 강요함으로써 국가적 정체성과 자율성 및 고유의 문화적 특성 등을 위협할 수 있다고 보기 때문에 (Fligstein et al., 2012: 108) 극우 정당들은 대체로 유럽 통합에 대한 회의론적 입장을 견지하고 있다. 아울러 유럽 통합에 따른 국경철폐는 이민자의 유입을 더욱 용이하게 해 유럽의 순수성을 훼손하게 된다는 인식 또한 유럽 통합의 심화에 부정적 태도를 강화시키는 원인이 되고 있다.

3. 극우 정당의 성장과 유럽 통합

1) 유럽 이민정책의 보수화

다문화에 대한 반감이 날로 확산되는 현상은 유럽 통합에 어두운 그림자를 드리울 수도 있다. 특히 유럽 통합을 견인하는 쌍두마차인 독일과 프랑스, 그리고 유럽 통합의 초창기 멤버인 네덜란드와 같은 EU의 핵심국가에서 다문화의 위기가 두드러지게 나타난다는 점은 유럽 통합의 속도와 방향성에 상당한 파급효과를 가져올 수 있다. 무엇보다도 반이민 정서에 호소하는 극우 정당의 세력이 커지면서 중도우파 정당들도 극우파가 선점한 이민정책 및 이민자정책에 편승하려는 움직임을 보이고 있다. 극우파에 의해 우파의 지지기반이 잠식됨으로써 좌파와의 득표 경쟁에서 불리한 위치에 놓이게 된 중도우파가 극우파의 어젠다를 수용해 다문화주의에 대한 비판적 입장을 취하게 되는 것이다. 즉 다문화 사회의 위기는 극우파의 성장을 촉발했을 뿐만 아니라 극우파 정책 프로그램이 우파 전체의 어젠다로 침윤해들어가 중도우파의 우경화를 촉진하며 그 결과 이민자 정책의 보수화를 야기하고 있는 것이다. 2012년 대선에서 우파 사르코지 대통령이 극우파 민족전선의 지지자를 흡수하기 위한 몸부림으로 지극히 보수적인 이민정책을 주창한 것이 그 예이다. 이민정책의 특성상 한 회원국에서 채택된 이민정책이 이웃 국가로 확산되는 전염효과가 발생할 개연성이 높다는 점을 감안한다면,[9] 주요 회원국 이민정책의 보수화 경향은 다른 회원국으로 급속하게

---

9) 각국이 이민 수용의 기준을 설정할 때 이민자들의 성분을 정확하게 파악할 수 있는 정보가 결여되어 있기 때문에, 이웃국가가 채택하고 있는 정책을 모방하는 경향이 있어 이민정책의 확산 효과가 발생한다고 한다(Brücker et al., 2011).

퍼져나갈 가능성이 있다.

아울러 EU 회원국들의 우경화 현상은 유럽연합의 의사결정과정에 반영되어 EU 수준의 이민정책 또한 보수화될 가능성이 있다. 이민정책의 경우 '유럽화(Europeanization)'가 빠른 속도로 진행되는 분야 중 하나이다. 유럽화의 의미는 다양하게 이해될 수 있지만 주로 의사결정의 수준이 초국가기구로 이양되는 것, 그리고 초국가적 수준에서 이루어진 의사결정이 회원국의 정책과 제도는 물론 나아가 가치와 신념 그리고 정체성에까지 영향을 미치는 과정을 뜻한다.

암스테르담 조약 이후 이민정책은 EU의 관할권에 포함되었고 '공동체적 의사결정제도'인 공동결정절차가 적용되기 시작했다는 점에서 이민정책이 유럽화된 것은 이미 상당 기간이 지났다고 볼 수 있다. 그 결과 '국경 없는 유럽'과 '자유로운 이동'을 기치로 내건 유럽 통합의 구도하에서는 이민에 대한 관용적이고 유연한 정책이 입안될 가능성이 높은 것으로 평가된다. 실제 EU는 이민 또는 이민자 관련 정책에 진보적 경향을 많이 보여온 것이 사실이다. 그렇지만 설령 EU의 초국가적 기구들이 이민정책 및 이민자정책에서 진보적인 성향을 보인다고 하더라도 회원국 정치의 우경화가 지속적으로 강화된다면 초국가적 행위자 및 접근 방식이 반드시 이민과 관련해 진보적 색채를 띠거나 이민자들에게 친화적인 정책을 산출하는 것으로 이어지기 어려울 수 있다. 그 이유는 EU 정책결정과정의 특성상 핵심 회원국 정부 및 이민 관련 특정 사안에 대한 민감한 이해관계를 가진 회원국 정부의 영향력이 입법과정에 반영될 개연성이 크기 때문이다.

회원국 정부의 입장이 반영되는 방식에는 여러 가지가 있을 수 있다. 때로는 특정 회원국 정부가 자신들이 선호하는 정책 아이디어를 EU 의사결정과정에 '업로드(upload)'시켜 EU의 이름으로 정책이 수립되게 하는 경우도 있고, 자국의 상황이 특수함을 역설해 EU 수준의 의사결정의 적용을 받지 않는 예외성을 인정받기도 하며, 국내정치적 상황을 이유로 EU 수준의 의사결정을 지연시키거나 심지어 방해하는 경우도 있다(Menz, 2010: 438).

이러한 가능성이 현실화될 수 있는 것은 기본적으로 EU 의사결정에서 정부 간 협력의 논리가 작동할 수 있는 여지가 적지 않기 때문이다. 비록 이민정책이 암스테르담 조약 이후 집행위원회와 유럽의회의 역할이 커진 '공동결정절차(co-decision procedure)'가 적용되는 정책 분야에 포함되긴 했지만,10) 이 절차가 진행되는 과정에서 EU의 초국가성을 강화시킬 것으로 기대되는 이사회에서의 가중다수결은 별로 활용되지 않는다. 이사회에서는 표 대결을 통한 편 가르기보다는 가능한 한 합의를 통해 의사결정을 하려는 심리적 경향이 있기 때문에 사실상 만장일치에 의한 의사결정을 지향하게 되고, 따라서 결국 정부 간 협력(intergovernmentalism)의 논리가 작동하는 것이다(Acosta, 2009: 21).

나아가 공동결정절차에 규정된 유럽의회와 이사회의 협력 과정 또한 의사결정의 초국가성을 담보하지 못하고 있다. 공동결정절차에 의하면 유럽의회와 이사회, 그리고 집행위원회는 세 차례에 걸친 독회를 통해 상대의 입장에 수정을 요구하면서 자신의 입장을 개진해 최종적인 합의에 도달하게 되는데, 이 과정에서 유럽의회와 이사회의 대표들 간의 비공식적인 회합을 통해 합의를 도출하는 경우가 많다고 한다(Acosta, 2009: 24). 비공식적인 회합을 통한 사안의 타결은 효율성의 측면에서는 긍정적일 수 있으나 지극히 폐쇄적이고 투명성이 낮다는 점에서는 책임성(accountability)의 문제가

---

10) 기존의 공동결정절차는 2009년 12월 1일 발효한 리스본 조약에서는 '보통입법절차(Ordinary Legislation Procedure)'라는 명칭으로 바뀌었다.

있을 수 있다. 나아가 이러한 비공식적 회합에서 합의된 사항은 유럽의회 본회의에서는 거의 토의도 거치지 않고 그대로 채택되는데 그 이유는 비공식적 회합의 합의사항이 유럽의회 본회의에서 논란이 될 경우 이사회가 차후 비공식적 회합을 갖는 것을 거부하거나 아니면 과거에 비해 이사회 대표의 협상에 임하는 태도가 강경해질 수 있기 때문이라고 한다(Acosta, 2009: 25). 이 과정에서 결국 이사회 대표의 영향력이 비대칭적으로 강해질 수밖에 없으며(Acosta, 2009: 39), 그렇다면 의사결정 자체가 초국가성의 논리보다는 정부 간 협력의 논리에 따라 좌우될 가능성이 큰 것이다.

아울러 이민정책은 과거 '저위정치(low politics)'의 영역에 머물러 있었으나 지금은 '고위정치(high politics)'의 영역으로 진입한 관계로 회원국 정부가 자신들의 권한을 최대한 지키려고 노력하는 '민감 분야' 중 하나이다. 회원국 정부들이 "이민정책을 EU 집행위원회에게 전적으로 맡겨놓기에는 중요성이 너무 크다"고 여긴다는 것이다(Reslow, 2012: 225). 이에 따라 회원국들은 이민정책 분야에서 집행위원회, 유럽의회, 유럽사법재판소와 같은 EU의 초국가적 기구의 역할을 제한하기 위한 노력을 해왔다고 한다.[11]

유럽의 이민정책과 망명정책의 수립이, 많은 논란의 대상이 되면서도 상대적으로 지지부진하게 진행되었던 이유는 이러한 제도적 한계와 기존의 정책 패턴을 계속 유지하고자 하는 회원국 정부의 기득권적 입장이 걸림돌로 작용했기 때문이었던 것으로 파악된다(Menz, 2010: 441). 이처럼 회원국 정부들이 이민정책과 망명정책에서 계속 영향력을 유지하고자 하는 이유는 국내정치적 상황과도 밀접한 관련이 있다. 예컨대 적정 숙련도의 노동력이

---

11) 회원국들이 이민정책 분야에서 집행위원회, 유럽의회, 유럽사법재판소의 역할을 제한하기 위해 어떤 움직임을 보여 왔는지에 대한 구체적인 설명은 Reslow(2012: 225~226) 참조.

풍부하게 유입되기를 원하는 고용주 중심의 이익집단이나 인도주의적 가치
실현에 앞장서는 NGO들조차도 이민망명정책이 국가차원에서 이루어지길
바란다. 왜냐하면 EU 수준에서 모든 이민망명정책이 수립될 경우, 정책결
정과정에서 그들의 접근 가능성과 영향력 행사 가능성이 낮아지기 때문이
다. 이들은 정보 획득이 용이하고 정책결정과정에 대한 접근성이 높은 국내
정치과정 수준에서 이민망명정책이 만들어지는 것을 더욱 선호하며, 자국
정부를 상대로 로비활동을 전개해 EU 수준에서의 입법을 차단하려는 시도
를 하기도 한다(Menz, 2010: 442). 이에 따라 회원국 정부들은 이민 및 망명
관련 정책 분야에서 최대한의 영향력을 확보하려는 노력을 해왔고, 멘즈에
따르면 적어도 가족결합정책, 망명정책, 노동이민정책 분야에서 그러한 노
력은 '매우 성공적'이었던 것으로 평가된다(Menz, 2010: 458).[12]

요약하자면 회원국 정부들은 이민정책 분야에서의 자율성을 최대한 확
보하려는 노력을 지속적으로 경주하였고, 이러한 회원국 정부의 노력은 EU
의사결정과정에서 이사회가 보유한 비대칭적인 영향력에 힘입어 EU 이민
정책의 초국가적 성격을 크게 제약하게 되었으며, 이에 따라 이민 문제에
진보적이고 관용적인 태도를 보이는 초국가적 기구들보다는 더 엄격한 이
민정책을 지향하는 이사회의 입장(Acosta, 2009: 39)이 더욱 강하게 반영되
는 경향을 보여왔다고 할 수 있다. 따라서 EU 회원국들에서 목격되는 극우

---

12) 그럼에도 그동안 EU는 이민정책 분야에서 꾸준히 역할을 확대해왔고, 회원국들은
EU 수준에서의 협력에 동참해온 경우가 적지 않다. 왜 회원국 정부들은 이처럼 이중
적인 행태를 보인 것일까? 이는 회원국들이 정책 목표를 실현시키는 데 EU 수준의 입
법이 더욱 효과적이라고 간주할 때 그렇게 된다고 한다. 회원국 정부는 국가 수준과
초국가 수준의 정책을 병행적으로 활용함으로써 자신들의 이민정책 관련 역할과 권
한을 더욱 강화시킬 수 있었다고 한다(Reslow, 2012 참조).

정당의 세력 신장에 따른 전반적인 정치적 우경화는 그렇지 않아도 보수적인 이사회의 이민정책을 더욱 보수화시키게 될 가능성이 있는 것이다.

2) 유럽회의론의 성장

극우 정당의 부상은 이민정책의 보수화 가능성을 높일 뿐 아니라 대중들 사이에 유럽회의론을 확산시켜 유럽 통합 과정 자체를 지연시키거나 EU의 정체성에 변화를 가져올 수도 있다. 이미 유럽 통합이 대중정치의 이슈로 자리매김을 한 상태에서 유럽 통합에 대한 부정적 여론이 조성된다면 향후 유럽 통합의 심화는 여론의 저항에 부딪혀 난관에 봉착하게 될 가능성이 높다. 2006년 유럽헌법조약이 프랑스와 네덜란드 국민들의 반대로 비준이 무산되었던 것이나 리스본 조약이 아일랜드 국민의 비준 거부로 발효가 지체되었던 것 등이 그 예다.

유럽회의론은 원래 특수한 역사적 배경과 정치적 정체성에서 비롯된 영국의 유럽 통합에 대한 유보적 입장을 일컬었으나, 1990년대 초반에 접어들면서 유럽 통합에 대한 신중하거나 부정적인 태도가 유럽대륙의 국가들에게도 확산되는 양상을 보이면서 보다 광범위하게 쓰이게 된 말이다. 유럽회의론은 유럽 통합에 대한 근본적인 반대에서부터 온건한 개혁주의적 비판까지 여러 가지 다양한 양상으로 나타나고 있다. 유럽회의론의 존재는 이미 상당 기간 경과했고 그 강도가 나라에 따라 다르고 상황에 따라 가변적이긴 하지만, 부인할 수 없는 것은 유럽 통합에 대한 비판적 인식이 전반적으로 꾸준히 강화되고 있다는 사실이다(Harmsen et al., 2005: 15).[13]

----

13) 유럽 시민들의 유럽에 대한 태도는 다양한 스펙트럼을 보이고 있다. 유럽 통합 전반

유럽회의론의 성장은 유럽 통합의 성공이 수반하는 역설적 결과이기도 하다. EU의 정책 권한 확대는 필연적으로 EU 수준에서 생성되는 정책의 급속한 양적 증가를 가져왔고, 이에 따라 EU 결정 사항의 영향권에 놓이는 행위자의 범위가 커지고 빈도가 늘어나면서 EU의 정책을 둘러싼 갈등의 전선이 넓혀질 수밖에 없었던 것이다. 아울러 거듭된 조약 개정 과정에서의 '존재론적' 논쟁에서 제기된 통합의 목적과 방향에 관한 반복적인 논의들 또한 통합에 대한 거부반응을 일으키는 데 적지 않은 기여를 한 것으로 여겨진다 (Harmsen et al., 2005: 13). 그렇다면 유럽에 대한 회의론적 입장을 견지하는 사람들은 누구인가?

유럽인에는 두 부류가 있다고 한다. 코스모폴리탄 유럽인과 내셔널리스트 유럽인이다(Checkel et al., 2009: 11~14). 코스모폴리탄 유럽인은 문화다양성을 옹호하고, 이민을 환영하며, 유럽 통합의 심화를 지지한다. 나아가 이들은 유럽의 정치적 정체성을 민족국가적 관념보다는 인권과 같은 보편적 가치에 기초하여 구성하려는 경향을 갖는다. 한편 후자는 유럽 문명의 지킴이를 자처하면서 유럽의 전통적 타자인 무슬림에 대해 배타적 입장을 취하며, 민족주의적 정체성을 계속 유지한다.

그런데 이러한 내셔널리스트 유럽인은 다시 두 종류로 나눌 수 있다. '유러피언 내셔널리스트'와 '내셔널리스트 내셔널리스트'이다. 전자는 유럽 수

에 대해 적극적 지지를 표명하는 사람도 있고(euroentusiasts), 대체로 호의적이나 자신의 이해관계에 부합되지 않을 경우 선택적으로 반대 입장을 표명하는 실용주의자도 있으며(europragmatists), 유럽 통합의 상당 부분에 대해 비판적이고 부정적인 입장을 취하는 경향을 보이는 유럽회의론자도 있는가 하면(eurosceptics), 유럽 통합 일체를 거부하는 극단적인 강경반대론자도 있다(eurorejects)(Harmsen and Spiering, 2005: 15).

준에서 타 문명의 위협으로부터 유럽 문명의 전통을 보호하기 위해 무슬림과 같은 '타자'에 대한 배타성을 보이지만 기독교적 전통에 기반을 둔 유럽은 하나의 공동체로 인식한다. 무슬림 헤드스카프가 정치적 쟁점이 되었던 것은 바로 이러한 맥락에서였다. 이들은 유럽 통합을 지지하는데 이들이 지향하는 유럽은 '유럽인의 유럽'이며, 이들에게 통합된 유럽이란 곧 확대된 민족국가를 의미한다. 리스본 조약의 전문에 유럽 통합의 근간으로 기독교적 가치를 천명하는 내용을 삽입해야 한다는 주장이 바로 이런 입장을 대변한다.

한편 후자는 국가 단위의 민족주의를 옹호하며 유럽연합도 민족 공동체에 대해 위협적인 존재라고 생각한다. 따라서 이들은 이민자들에 대해서도 적대적이고, 유럽 통합에도 반감을 보인다. EU의 동구권 확대 이후 서유럽으로 유입되어 들어온 소위 '폴란드 배관공(polish plumber)'에 대한 차별적 배타성을 보인 것이 그 예다. 유러피언 내셔널리스트가 유럽 역외로부터의 이민과 다문화사회에 대해서는 보수적인 입장을 취하지만 유럽 통합에 대해서는 호의적 태도를 갖고 있다면, 내셔널리스트 내셔널리스트는 이민과 다문화사회는 물론 유럽 통합에 대해서도 부정적인 입장을 견지한다. 이들이 바로 유럽회의론자들이라 할 수 있다.

유럽 통합을 지지하는 이른바 '유럽인'은 주로 상위급 사회경제적 지위를 누리는 사람들인 것으로 나타난다. 기업가, 경영인, 전문인, 화이트칼라 근로자 등이 바로 그들이다. 이들은 유럽 전역을 다니거나 아니면 모국 이외의 다른 유럽 국가에 체류한 경험이 있는 사람들인 경우가 대부분이다. 이들은 두세 개의 유럽언어를 구사하는 능력이 있으며, 젊은 시절부터 이웃나라에 교환학생으로 가거나 직장생활을 해본 경험, 아니면 적어도 관광을 위한 여행이라도 가본 경우가 많다. 그리고 고소득층의 경우 아무래도 유럽 전반의 다양한 문화를 접할 여행의 기회가 더욱 많기 때문에 범유럽적 사고방식과 생활방식을 가지게 될 가능성이 크다(Risse, 2010: 46; Fligstein et al., 2012: 109~110).

반면 유럽 통합에 대해 회의적인 입장을 지니는 사람들의 상당수는 블루칼라 노동자, 저소득의 서비스업 종사자, 그리고 고연령층에 많이 분포되어 있다. 블루칼라 노동자들과 저소득의 서비스업 종사자들은 상대적으로 이웃 국가들의 동종 업계 근로자들과 교류의 기회나 경험이 적고, 나이가 많은 사람들은 젊은 사람들에 비해 외국어 습득 비율이 낮은 동시에 전쟁의 경험으로 인해 아직 이웃 국가에 대한 좋지 않은 기억을 아직도 가지고 있을 가능성이 높아 유럽인으로서의 정체성 형성이 잘 이루어지지 않는다는 것이다(Fligstein et al., 2012: 110). 아울러 이들이 유럽 통합에 대해 거부감을 갖는 경제적 이유도 있다. 유럽 통합이 상품, 용역, 자본, 노동의 이동을 자유롭게 해 경쟁을 심화시켜 이들의 소득을 끌어내리거나 일자리를 위협하기 때문이다. 유럽 통합은 이들의 삶이 개선될 수 있는 기회를 가져다주지 못하고 있으며, 오히려 이들은 국가의 보호 하에 일을 하고 연금을 받아 생활하기를 원하는 사람들로서 국가적 정체성에 대한 강한 애착을 가지고 있다. 따라서 이들은 국민으로서의 정체성과 EU 시민으로서의 정체성 사이에 상당한 긴장관계를 가진 사람들이라고 할 수 있다. 이들의 태도는 경제적 변수에 의해 어느 정도 설명될 수 있지만 또한 교육과 삶의 경험에서 형성된 문화적 태도의 작용이기도 하다.

이렇게 볼 때 국가적 단위의 민족주의적 성향에 기초한 유럽회의론적 태도는 교육수준이 낮은 저소득층 주민들 사이에서 보다 광범위하게 발견된다고 할 수 있다. 그런데 배타적 민족주의는 비단 반유럽 정서를 파생시킬 뿐만 아니라 앞서 언급한 바와 같이 외국인이나 이민자를 자국 문화에 대한 위협으로 간주해 강한 적대감과 혐오감을 갖는 경향을 수반하기도 한다. 결국 저학력의 저소득층과 비숙련 노동자들 사이에서는 배타적 민족주의를 뿌리로 하여 반이민 정서와 반유럽 정서가 공유될 가능성이 높고, 이들의 반이민 정서와 반유럽 정서가 자양분이 되어 극우 정당이 성장하게 되는 기초가 마련된 것이다. 이처럼 극우 정당의 성장은 곧 반이민 정서와 반유럽 정서를 반영하고 있음과 동시에 정체성과 유럽 통합의 문제를 지속적으로 정치화시킴으로써 이들 정서를 더욱 강화시키는 역할을 수행할 개연성이 높다. 이와 아울러 앞서 지적했던 것처럼 극우 정당의 출현과 성장으로 인해 표밭을 잠식당한 중도우파가 좌파와의 경쟁에서 승리연합을 구축하기 위해 극우 정당과의 연대를 구축하거나 또는 극우 정당의 반유럽적 어젠다를 일정 부분이나마 선점함으로써 표를 되찾아오려는 시도를 함으로써 유럽회의론적 입장을 적극적으로 표명할 수도 있는 노릇이다. 이러한 메커니즘이 작동할 경우 다문화사회의 위기로 촉발되고 있는 극우 정당의 성장은 유럽 통합의 미래를 어둡게 할 가능성이 있다고 하겠다.

그러나 지금까지는 이러한 우려가 현실화되고 있지 않으며, 앞으로도 극우 정당의 성장, 유럽회의론의 확산, 유럽적 정체성의 부재 등이 유럽 통합의 심화를 저해할 가능성은 그다지 크지 않다는 견해도 있다. 사실 지금까지도 EU 시민들 사이에 높은 수준의 유럽친화적 정체성이 형성되어 있지 않았지만 통합에는 큰 문제가 없었으며, 유럽적 정체성의 계발과 함양이 없이도 경제통합과 EU 수준의 각종 규제정책의 수립은 얼마든지 이루어져 왔던 것이다(Fligstein et al., 2012: 120). 유럽적 정체성이 없이도 통합이 진행되어 왔으며 앞으로도 계속 그럴 수밖에 없는 것은 각국의 엘리트들이 계속 높은 수준의 통합을 유지 및 발전시켜나가야 할 정치적·경제적 필요성에 대해 동의하고 있으며 국가정체성에 대한 논란이 있더라도 통합이 국가이익에 저해되는 것이 아니라는 점을 계속 자국 국민들에게 인식시키는 방법을 찾아낼 것으로 기대되기 때문이다.

그렇다면 유럽 다문화사회의 위기는 유럽 통합 과정에 아무런 영향도 미치지 않을 것인가? 적어도 당분간은 그다지 큰 영향을 미치지는 않을 것으로 보인다. 이미 회원국 간의 상호의존도가 매우 높고, 밀도 높은 제도망을 통해 각국의 정책이 조정되는 메커니즘을 갖고 있기 때문에 기존의 통합성과가 역전되거나 특정 회원국이 국가정체성의 보호 또는 유지를 위해 유럽연합으로부터 탈퇴를 선언하는 일 등이 일어나기는 힘들 것으로 보이기 때문이다.

그러나 장기적으로는 유럽회의론의 확산이 유럽 통합의 속도와 방향에 영향을 미칠 가능성을 배제하기 힘들다. 유럽 통합이 심화됨에 따라 유럽 이슈의 정치화 현상이 일반화되는 것이 불가피한 현실이라고 한다면, 유럽을 희생양으로 삼은 대중영합적인 캠페인으로 유권자들의 표심을 얻고자 하는 유혹을 뿌리치지 못하는 정치인들의 수가 점차 늘어날 수도 있는 노릇이고, 이들에 의해 유럽회의론적 태도가 확대 재생산될 경우 유럽 통합은 궁극적으로 여론의 정치라는 걸림돌에 맞닥뜨리게 될 것이기 때문이다.

2010년 발생한 유로존 재정위기 이후의 유럽 각국 국내정치의 전개 과정이 그 예가 될 수 있다. 유로존 재정위기는 그 어느 때보다 유럽 이슈의 정치화를 촉진시키고 있다. 재정위기의 해법이 유럽수준에서 수립될 수밖에 없으며, 유럽수준의 결정이 재정위기의 영향권 내에 있는 국가의 시민들의 삶에 직접적인 영향을 미치게 되기 때문이다. 예를 들어 유로존 재정위기의 진앙지였던 그리스의 경우 EU가 주체가 된 구제금융 지원의 대가로 혹독한 긴축정책을 수행하는 가운데 2012년 두 차례에 걸쳐 실시된 총선은 사실상 유로존 잔류 여부에 대한 국민들의 판단을 묻는 선거가 되었다. 유럽이 선거의 최대 쟁점이었던 것이다. 이 과정에서 그리스에서는 유럽회의론적 입장을 표명하는 좌와 우의 정당들이 약진하는 현상이 나타났다. 유럽이 강요하는 긴축에 대한 국민들의 반발에 이들 정당이 편승했던 것이다. 결국 이 선거에서 친유럽적 정당들이 근소한 차이로 승리했지만, 선거 결과가 반대로 나왔을 경우 유럽 통합 전반에 걸친 파장은 심각했을 것으로 추정된다. 그뿐 아니라 선거 과정에서 나타난 반유럽적 정서와 선거 결과에 반영된 반유럽적 정당들의 무시 못 할 정치적 비중은 그리스의 국내정치에 큰 부담으로 작용할 가능성이 높아, 총선 종료 이후에도 그리스가 유럽 통합의 걸림돌이 될 가능성의 불씨는 여전히 남아 있다고 하겠다.

3) 규범적 유럽과의 괴리

이상에서 밝힌 바와 같이 장기적으로는 모르되 적어도 아직까지는 다문화사회의 위기와 극우 정당의 성장이 유럽연합의 내적 통합 과정에 직접적인 타격을 주고 있지는 않은 것으로 보인다. 하지만 유럽 정치의 우경화 현상이 지속될 경우 이는 유럽의 소프트 파워에 지대한 영향을 미칠 가능성이 있다. 문화다양성에 대한 배제와 차별과 억압의 논리를 내포하는 극우 정당의 성장과 이들의 정치적 영향력의 증대는 보편적 가치를 수호하고 전파하는 규범세력으로서의 유럽의 위상에 부정적 영향을 끼칠 가능성이 있는 것이다.[14] 이하에서는 규범세력으로서의 유럽의 정체성과 극우 정당의 성장과의 관계를 살펴본다.

---

14) 범세력으로서의 유럽에 대한 본격적 논의는 Manners(2002)가 그 시작이라고 볼 수 있다.

유럽연합이 경제적으로는 거인일지 모르지만 외교적으로는 난쟁이라는 조롱을 많이 받아왔다는 것은 주지의 사실이다. 군사력의 결여, 정책 중심의 부재가 그 이유였다. 그러나 21세기에 접어들면서 유럽은 과거의 위축된 모습과는 달리 국제정치 무대에서 발언권을 적극적으로 행사하는 모습을 보여주고 있다. 물론 유럽연합은 교역 규모로서는 세계 최대이고, 인구규모 또한 초강대국인 미국보다 크다. 경제와 인구 규모로만 본다면 유럽은 단연 세계 최강이라 할 수 있다. 하지만 유럽이 국제정치의 주요 행위자로 간주되고 있는 것은 반드시 이러한 점들 때문은 아니다.

유럽의 힘은 유럽이 추구하는 외교정책 목표 및 외교정책 수단의 차별성에서 비롯된다. 유럽은 특히 전통적 관념에 입각한 외교정책을 수행하는 미국과의 차별성을 토대로 유럽 고유의 외교정책적 정체성을 획득해가고 있다고 한다. 단적으로 말해 미국은 국가 이익 중심의 외교정책 목표를 설정하고, 그 실현을 위한 문제 해결 방법으로 무력 사용에 빈번하게 의존하는 반면, 유럽은 보편성을 주장할 수 있는 평화, 자유, 법치주의, 차별 철폐, 환경 보호, 인권 옹호 등의 규범적 가치의 구현을 외교정책의 주요 목표로 상정하면서 연성권력과 외교 협상, 그리고 다자주의적 국제기구의 통로를 활용해 국제정치적 쟁점에 대한 해법을 모색하려는 한다는 점에서 양자는 서로 구별된다는 것이다.[15]

---

15) 미국은 2009년 버락 오바마 대통령이 취임한 이후 과거 조지 W. 부시 대통령 재임 시의 일방주의적 강경외교노선과는 크게 다른 외교정책 스타일을 보여주고 있다. 오바마 정부는 다자주의적 기구의 활용에 보다 적극적이며, 외교적 채널을 통해 문제 해결을 시도하는 모습을 보여주기도 한다. 하지만 설령 오바마 정부하에서 군사적 수단보다는 외교적 수단의 비중이 과거보다 커지긴 하더라도, 기본적으로 전 세계 군사력의 약 50%에 달하는 막강한 군사력을 보유한 미국은 언제라도 다시 군사력의 압도적 우위를 활용하는 외교정책을 수행할 개연성이 있다는 점에서 미국과 유럽의 차이는

국제정치의 전통적 관점에서는 외교 활동을 뒷받침하는 가장 중요한 힘의 원천은 군사력이다. 따라서 전통적 관점에 따르면 유럽은 실질적인 군사력을 보유하고 있지 않다는 점에서 '정치적 난쟁이'에 지나지 않으며, 이러한 상황은 앞으로도 크게 변화하지 않을 것으로 관측된다. 무엇보다도 EU 회원국들이 안보와 국방과 같은 민감한 분야에서 EU 수준의 초국가적 기구로 자신들의 주권을 이양하는 것을 원하지 않기 때문이기도 하며, 탈냉전 이후 발생한 이른바 평화 지분(peace dividend)을 포기하지 않는 한 유럽연합이 군사력을 갖춘 존재가 되기는 힘들기 때문이다.

그러나 규범적 설득력이 힘의 중요한 요소임을 인정하는 새로운 관점에서 보면 유럽연합을 단순히 '말잔치(talk shop)'일 뿐이라고 폄하하기는 어려운 노릇이다. 유럽연합의 외교정책적 자산은 유럽연합이 외교정책의 목표로서 민주주의, 법의 지배, 인권 향상 등의 가치의 구현에 역점을 둔다는 점, 그리고 이러한 가치의 구현을 위한 방법으로 군사력이 아닌 문민적 외교정책 도구를 활용한다는 점에서 찾아진다. 말하자면 유럽의 국제정치적 영향력은 규범적 가치를 설정할 수 있는 능력과 권위에서 비롯된다는 것이다. 더욱이 유럽은 기존의 강대국의 외교 행태와는 달리 자신이 추구하는 규범적 가치의 구현을 위해 경제적 도구와 외교적 협력, 그리고 다자주의적 국제기구를 활용한다는 점에서 그 영향력이 배가되고 있다고 볼 수 있다. 이러한 관점에서 유럽은 '규범 세력(normative power)'으로 불린다는 것이다.

과연 유럽이 규범세력이라는 명성에 걸맞은 외교적 행태를 보이고 있는지는 물론 논란의 여지가 있을 수 있다. 유럽 또한 다른 행위자들과 마찬가지로 가치의 구현보다는 이익의 실현에 우선순위를 두는 것은 아닌지, 유럽

구조적인 것이라고 볼 수 있을 것이다.

이 내세우는 규범적 가치란 결국 이익 실현을 위한 도구가 아닌지, 그리고 사활적 이해관계가 걸린 상황에서도 과연 유럽이 내세우는 규범외교가 의미를 가질 수 있을지에 대한 의문이 제기될 수 있는 것이다.

그럼에도 규범세력으로서의 유럽의 국제정치적 역할이 주목받는 것은 외교정책의 양상을 좌우하는 것이 힘과 이익이 아닌 가치일 수도 있다는 가능성을 보여주기 때문이다. 바꾸어 말하면 유럽 이외의 다른 주요 국가, 특히 미국의 외교정책은 규범적 가치보다는 힘과 이익의 논리에 현저히 경도되어 있음을 의미하기도 한다. 지구상의 많은 나라들이 국제관계에서 힘의 논리가 지배하는 근대 또는 전근대의 세계에 머물고 있는 것과는 달리 유럽은 한 발 앞서 탈근대의 세계에 진입해 외교와 국제관계의 새로운 지평을 열고 있는 것이라면, 유럽적 접근은 국제 평화와 공동의 번영을 위한 새로운 방법론의 개척이라는 의미를 가질 것이다. 이러한 기대가 규범세력으로서의 유럽의 행보를 주목하게 되는 이유이다.

규범세력의 영향력은 크게 세 가지 방식을 통해 행사된다. 첫째로 규범적 가치를 체현하고 있는 존재 양식 그 자체가 타국의 모델이 됨으로써, 둘째로는 국제사회에서 규범적 가치의 당위성을 환기하는 언술적 행위를 통해, 셋째로는 보편적 가치의 구현을 지향하는 실천적 행위를 통해 타국의 인식과 행동을 바꾸려는 노력을 함으로써 국제정치적 영향력을 행사한다.

그런데 현재 유럽에서 진행되는 다문화사회의 위기와 극우 정당의 성장은 하나의 모델로서의 유럽의 모습과는 잘 맞지 않는다. 다문화사회의 위기는 문화다양성이나 소수자의 권리 등에 대한 거부반응에서 비롯된 것이며, 극우 정당의 성장은 '우리'가 아닌 '타자'에 대한 차별과 억압, 그리고 배제의 논리가 설득력을 얻고 있음을 방증하는 것이라는 점에서 차별 철폐, 인권 옹호 등의 '유럽적 가치'를 공허하게 만들기 때문이다. 인권과 민주주의의 가치를 소수자, 이민자에 대해 구현한 것이 다문화주의라고 했을 때, 유럽 다문화주의의 후퇴는 곧 규범적 유럽으로서의 정체성의 자기 부정일 뿐이다. 따라서 폐쇄적이고 배타적인 민족주의 정치 이념의 저변이 확대되면서 다문화사회의 위기가 심화되고 극우 정당의 세력이 확대되는 현상이 지속된다면 이는 궁극적으로 규범세력으로서의 유럽의 정체성을 훼손하는 결과를 가져올 것이고 이에 따라 유럽의 국제정치적 위상과 영향력 또한 감소될 수밖에 없는 것이다.

물론 현 상황에서 유럽 다문화사회의 위기와 극우 정당의 성장이 유럽의 소프트 파워에 얼마나 부정적인 영향을 미치고 있는지를 가늠하기는 힘들다. 다만 2010년 유로존 재정위기 이후 가뜩이나 하나의 통합모델로서의 유럽연합의 효능성에 대한 의구심이 전 세계적으로 확산되는 가운데 유럽에서의 다문화주의의 후퇴 조짐은 유럽의 국제적 입지를 더욱 위축시키는 결과를 가져올 수 있는 것이다.

4. 나오는 글

이민의 꾸준한 유입과 이민 1세대의 출산에 따른 이민 사회의 규모 확대, 다문화성의 정치화, 문화적 갈등의 재생산은 유럽 다문화사회의 위기를 초래하고 있다. 다문화사회에 대한 반감이 폭력적 양상으로까지 이어지고 유럽 각국의 지도자급 인사들이 다문화주의 정책의 효능성에 대해 연이어 회의론을 제기하고 있다. 이와 함께 반이민 정서와 반유럽 정서에서 정치적 자양분을 얻고 있는 극우 정당이 유럽 각국에서 세력을 확장하면서 유럽 통합의 과정에도 적지 않은 영향을 미칠 것으로 생각된다. 무엇보다도 극우 정당의 어젠다가 회원국 국내정치에서 설득력을 가지면서 EU 이민정책의 보수화를 야기할 가능성이 있으며, 극우 정당이 견지하는 유럽회의론적 입장이 유럽의 유권자들에게 확산될 경우 유럽 통합은 여론의 바다에서 거대한 암초와 맞닥뜨릴 수 있고, 극우 정당의 다문화사회에 대한 반감은 민주주의와 인권, 차별철폐와 인도주의 등의 규범적 가치를 중심으로 구성된 규범세력으로서의 유럽 정체성을 훼손함으로써 유럽의 소프트 파워에 타격을 줄 가능성도 있다.

물론 현 단계에서 유럽 극우·정당의 세력이 기존의 정치 지형을 근본적으로 변화시키거나 유럽 통합의 미래를 좌초시킬 정도의 위력을 갖고 있지는 않은 것으로 보인다. 다만 주류 사회와 소수자 집단 간의 문화적 갈등이 지속되고 이에 따라 극우 정당의 세력이 더욱 확대될 수 있는 비옥한 토양이 마련될 가능성을 배제하기는 어렵다. 더욱이 재정위기 등으로 인해 유럽 통합 이슈가 과거에 비해 현저히 정치화되어 있는 오늘날 배타적 민족주의에 기반을 둔 우파적 유럽회의론이 더욱 힘을 받을 수 있는 조건이 현실적으로 존재한다.

사실 다문화사회에 대한 반감은 유럽사회의 폐쇄성을 강화해 장기적으로 유럽의 침체를 더욱 심화시킬 부작용으로 이어질 가능성이 있다. 유럽이 하루 빨리 작금의 경제적 난관을 벗어나기 위해서는 유럽의 문호를 지금보다 더 개방할 필요가 있을지도 모른다. 교육, 사업, 관광 등의 목적으로 유럽을 방문하는 사람의 수가 늘수록 유럽의 경제적 수입이 늘어날 것이고 경제의 활력을 되찾는 데 기여할 수 있을 것이기 때문이다. 그럼에도 유럽은 지금 과거에 비해 비자 발급 기준을 강화함으로써 인근 국가의 원성을 사고 있다고 한다(Economist, 2011.12.31: 36). 유럽 국가들은 안보를 이유로 내세우지만 사실 유럽의 안보에 위협이 될 인물들은 합법적 절차로 비자를 획득하기보다는 은밀한 경로를 통해 유럽에 잠입하는 경우가 훨씬 많다는 점에서 설득력이 없다(Economist, 2011.12.31: 36). 유럽은 이민자는 물론이요 관광객과 사업가, 그리고 유학생들에 대한 문호를 활짝 개방해야 하는 바로 그 시점에 오히려 이들에 대한 문을 닫음으로써 스스로 침체의 늪으로 더욱 깊이 빠져 들어가는 경향을 보이고 있는 것이다.

결국 유럽 통합의 미래는 상당 부분 다문화사회의 위기에 대한 유럽의 대응이 어떻게 이루어지는가에 따라 달라질 수 있다. 분명한 것은 폐쇄적이고 배타적인 극우 정당의 목소리가 지금보다 더욱 커진다면 유럽 통합은 지금까지보다 더욱 험난한 과정을 거치게 될 것이라는 점이다. 다문화사회의 도전에 대한 효과적인 대응전략이 어느 때보다도 요구되는 시점이 아닐 수 없다.

❖ 참고문헌

박재정. 2007. 「프랑스 극우정당에 대한 연구: 국민전선(Front National)을 중심으로」. 《유럽연구》, 제25권 2호, 69~95쪽.

이옥연. 2011. 「연방주의와 이민문제: 유럽연합에 주는 시사점 일고」. 《세계지역연구논총》, 제29권 3호, 241~267쪽.

조홍식. 2010. 「프랑스 극우 민족주의 정치세력과 유럽통합: 민족전선의 사례」. 《프랑스학연구》, 제54권, 317~340쪽.

홍태영. 2011. 「유럽의 시민권, 정체성, 그리고 문화적 인종주의」. 《한국정치연구》, 제20권 2호, 235~260쪽.

Acosta, Diego. 2009. "The Good, the Bad and the Ugly in EU Migration Law: Is the European Parliament Becoming Bad and Ugly?(The Adoption of Directive

2998/15: The Returns Directive)." *European Journal of Migration and Law*, 11: 1, pp.119~139.

Alibhai-Brown, Yasmin. 2000. *After Multiculturalism*. London: Foreign Policy Centre.

_____. 2004. "Beyond Multiculturalism," *Canadian Diversity*, 3: 2, pp.51~54.

Anderson, Benedict. 2006. *Imagined Communities: Reflections on the Origin and Spread of Nationalism*, New Edition. New York: Verso.

Bornschier, Simon. 2010. *Cleavage Politics and the Populist Right*. Philadelphia: Temple University Press.

Brücker, Herbert and Philipp J.H. Schröder. 2011. "Migration Regulation Contagion." *European Union Politics*, 12: 3, pp.315~335.

Checkel, Jeffrey T. and Peter J. Katzenstein. 2009. "The Politicization of European Identities." In Jeffrey T. Checkel and Peter J. Katzenstein(eds.). European Identity. Cambridge: Cambridge University Press.

Cutts, David, Robert Ford, and Matthew J. Goodwin. 2011. "Anti-immigrant, politically disaffected or still racist after all? Examining the attitudinal drivers of extreme right support in Britain in the 2009 European elections." *European Journal of Political Research,* 50, pp.418~440.

Fligstein, Neil, Alina Polyakova and Wayne Sandholtz. 2012. "European Integration, Nationalism, and European Identity." *Journal of Common Market Studies*, 50: S1, pp.106~122.

Hainmueller, Jens and Michael J. Hiscox. 2007. "Educated Preferences: Explaining Attitudes toward Immigration in Europe." *International Organization,* 61: 2, pp.399~442.

Harmsen, Robert, and Spiering, Menno(eds.). 2005. *Euroscepticism: Party Politics, National Identity and European Integration*. Amsterdam and New York: Rodopi.

Hixcox, Michael J. 2011. "The Domestic Sources of Foreign Economic Policies." In John Ravelhill(ed.). *Global Political Economy*, 3rd ed. Oxford: Oxford University Press.

Hooghe, Liesbet and Gary Marks. 2008. "A Postfunctionalist Theory of European

Integration from Permissive Consensus to Constraining Dissensus." *British Journal of Political Science*, 39: 1, pp.1~23.

Joppke, Christian. 2004. "The Retreat of Multiculturalism in the Liberal State: Theory and Policy." *British Journal of Sociology*, 55: 2, pp.237~257.

Koopmans, Ruud, Paul Statham, Marco Giugni and Florence Passy. 2005. *Contested Citizenship: Immigration and Cultural Diversity*. Minneapolis: University of Minnesota Press.

Kymlicka, Will. 2012. *Multiculturalism: Success, Failure, and the Future*. Washington, DC: Migration Policy Institute.

Manners, Ian. 2002. "Normative Power Europe: A Contradiction in Terms?" *Journal of Common Market Studies*, 40: 2, pp.235~258.

Menz, Georg. 2010. "Stopping, Shaping and Moulding Europe: Two-Level Games, Non-state Actors and the Europeanization of Migration Policies." *Journal of Common Market Studies*, 49: 2, pp.437~462.

Reslow, Natasja. 2012. "Deciding onEU External Migration Policy: The Member States and the Mobility Partnerships." *European Integration* 34: 3, pp.223~239.

Risse, Thomas. 2010. *A Community of Europeans?: Transnational Identities and Public Sphere*. Ithaca: Cornell University Press.

Van der Brug, Wouter, and Meindert Fennema. 2009. "The Support Base of Radical Right Parties in the Enlarged European Union." *European Integration*, 31: 5, pp.589~608.

Vertovec, Steven. 2010. "Towards Post-multiculturalism? Changing Communities, Conditions and Contexts of Diversity." *International Social Science Journal,* 61, pp.83~95.

8장

프랑스의 무슬림과 다문화주의

| 박선희

1. 들어가는 글

2015년 1월에 발생한 프랑스 시사만평 주간지 샤를리 에브도(Charlie Hebdo) 사에 대한 테러는 극단적 무슬림주의자의 행동으로 국한지어야 할 것이다. 무슬림 극단주의자의 테러와 프랑스 내 무슬림 이민자와 동일시하는 것은 경계되어야 한다. 테러에 대한 규탄이 무슬림에 대한 혐오로 변질되어서는 안 될 것이다. 하지만 샤를리 에브도 사가 테러의 대상이 된 주요한 이유가 무슬림 창시자인 마호메트에 대한 풍자이며 무슬림에게는 마호메트를 그리는 것만으로 신성모독이라는 점에서, 이 사건은 반문명적 테러면서도 동시에 문화 갈등의 관점에서 유심히 바라볼 여지가 있다. 또한 이 테러는 이미 합법적으로 프랑스인이 된 내부자이면서 동시에 무슬림 정체성으로 여전히 프랑스에서 이방인인 무슬림 프랑스인에 대해 생각하게 한다. 샤를리 에브도를 공격한 두 청년은 프랑스인으로 프랑스에서 태어나고 프랑스에서 교육받고 자란 프랑스 시민이다. 다만 뿌리가 알제리일 뿐이다.

마뉘엘 발스(Manuel Valls) 총리는 1월 20일 신년사에서 "프랑스 내부에 지역적·사회적·인종적 차별(apartheid)이 존재한다"(*Le Monde*, 2015.1.20)고 시인했다. 그의 발언은 테러를 계기로 프랑스의 이민통합 정책의 문제점을 다시 한 번 짚어봐야 한다는 의미로 해석될 수 있다. 이민정책에 성공적이라고 평가받는 프랑스가 다인종, 다문화 사회에서 왜 인종적·종교적 차별에 적극적으로 대처하지 못했다는 비난을 받는 것일까? 프랑스의 이민통합 문제는 무슬림 이주민, 그중에서도 마그레브 출신 이주민의 문제가 가장 주요하다. 무슬림 프랑스인에 의한 테러는 프랑스가 그들을 사회 안으로 충분히 포용하지 않았기 때문에 일어난 측면은 없나?

오늘날 서구 유럽국가중에 사실상의 다문화주의(de facto multiculturalism) 국가가 아닌 나라는 없다(Vertovec et al., 2006: 184). 사실상의 다문화주의 국가인지 공식적(formal) 다문화국가인지에 대한 차이가 있을 뿐 모든 유럽 사회는 다문화주의 사회를 구성하고 있다. 하지만 프랑스는 다문화주의라는 용어에 대한 거부감이 크다. 이는 프랑스가 전통적으로 갖고 있는 공화주의 원칙과 다문화주의적 정책을 적용하는 데 둘 간의 긴장관계가 존재하기 때문이다. 통합을 위한 고등이사회(Haut Conseil à l'intégration)[1]에 의하면 프랑스 보편주의는 '소수자의 권리' 혹은 공동체의 '특수주의'를 인정할 수 없으며 프랑스는 특정집단과 소수자에 집단적 권리를 인정하는 것을 거부한다(Haut Conseil à l'intégration, 1997: 14). 이는 제닝스(Jennings, 2000: 583)의 주장처럼 '소수자의 권리'를 지켜내는 것보다는 '법 앞의 평등'을 우

---

1) 1989년 '통합을 위한 고등이사회(Haut Conseil à l'intégration)'가 설립되었는데 이는 공화주의적 통합의 원칙과 사회통합의 문제를 심의하고 제안하는 기관이다.

선적으로 지켜내려는 프랑스적인 방식이다. 홍태영(2010: 372)에 따르면 "다문화주의는 프랑스적이지 않으며, 그것은 불평등의 권리를 인정하는 것이다. 그것은 정치 앞에 문화를 우선시하는 것이며, 개인보다 집단을 우선시하는 것이다". 또한 페나 루이즈에 의하면(Pena-Ruiz, 2003: 177) '문화적 차이(Difference culturel)'라고 불리는 것에 대한 지나친 강조는 결국 공화국 자체에 대한 부정으로 이어질 수 있는 위험이 있다. 다문화주의적 관점에서 본다면 공화주의는 문화적 차이의 인정에 대한 요구에 취약하다. 김남국 (2005: 111)은 "다수의 전제 가능성(tyranny of majority)은 공동체에의 소속감을 강조하는 공화주의 전통에서 언제든지 발생할 수 있다"고 지적한다. 이는 공화주의에서는 정치공동체에 지배적인 의견을 중심으로 일체감 형성과 인간의 평등성이 강조됨을 의미한다. 따라서 사회적 소수자의 집단의식을 강화하는 것은 통합보다는 분리라고 생각한다. 하지만 상호이해 없이 통합이 가능할까? 내부자에 대한 상호이해 없이 일체감을 형성하는 통합이 가능할까?

그릴로(Grillo, 2005)의 기준에 의하면 프랑스는 '약한 다문화주의(Weak Multiculturalism)'에 속한다. 이는 문화의 다양성과 특수성이 사적 영역에서만 인정되고 공적 영역에서는 높은 수준의 동화가 요구되기 때문이다. 이는 공적 영역에서의 문화 간 차이에 대한 제도적 인정(recognition)을 증진하려는 '강한 다문화주의(Strong Multiculturalism)'와 비교된다. 사적 영역에 비해 공적 영역에 지나친 중요성을 두는 것은 다문화주의를 기피하는 것으로 설명될 수 있다. 오늘날 프랑스가 공화주의 원칙하에 적용하는 기준은 평등한 공적 인간(public similars)에 지나치게 치중되어 있고 차이를 지닌 사적 인간 (private others)은 간과되는 것처럼 보인다(Laborde, 2001: 719). 코스로카바르(Khosrokhavar, 1996: 148)는 공화주의 원칙의 이름으로 추상적인 보편주의라는 폭력이 자행될 수 있는 위험성을 지적했다. 이는 특히 공화주의 원칙의 적용에서 본질 없는 보편주의를 내세움으로 오히려 배제적인 성격을 떠올 수 있음을 지적한 것이다. 라보르드(C. Laborde)에 의하면 공적 영역에 비해 사적 영역을 경시하여 문화에 무감한(culture-blind) 보편주의를 강조하는 것은 후기 제국주의의 모습일 수 있으며 무슬림을 동화할 수 없는 타자로 간주하는 것으로 보일 수 있다(Laborde, 2001: 721).

이 장은 이와 같은 문제의식을 바탕으로 사회적 다수를 구성하는 기존의 주류 프랑스인과 프랑스 국적을 취득하고 이미 2~3세대를 프랑스에서 살아온 무슬림 프랑스인이 함께 공존할 수 있는 방법에 대해서 다음과 같은 부문에서 고민해보고자 한다. 먼저 프랑스 사회의 제 2의 종교를 구성하며 동시에 이민자 사회의 절대 다수를 차지하는 무슬림 프랑스인(마그레브 출신 이주민, 2절 〈표 8-1〉과 〈표 8-2〉 참조)이 프랑스 안에서 갖는 위상을 고찰할 것이다. 이를 통해 프랑스가 이질적인 집단에 대한 관용정신을 가져 다른 유럽국가보다 무슬림에 대해 호의적이지만 프랑스 사회 안으로 이들이 통합될 수 있는 가능성에 대해서는 회의적임을 살펴볼 것이다. 1980년대 중반부터 개진된 국적법 개정 논의가 마그레브 이민자가 자동적으로 국적을 취득하는 것을 막기 위한 방법으로 추진되었음을 살펴볼 것이다. 마그레브 출신은 프랑스 사회에서 배제의 대상이었다. 마그레브 출신은 비록 국적 취득이 가능했지만 다른 비이주민 출신 국적자와 비교했을 때 제한적인 시민권을 향유한다. 이를 보완하기 위해 사실상의 다문화주의 사회에서는 전통적인 시민권 개념의 확장이 필요하다. 이러한 논의를 뒷받침하기 위해 공화주의자이지만 소수 문화집단의 다양성과 특수성을 향유할 수 있는 문화권(cultural rights) 인정을 주장한 슈나페르(Schnapper)의 논의에 주목할 것이다. 문화권을 인정하는 것이 공화주의 원칙을 적용하는 방식과 양립 가능하지 않다는 것이 일반적인 생각이다. 차이와의 공존을 요구하는 다문화·다인종 사회에서 새로운 접점을 모색해야 할 것이다. 시민권 개념의 확장과 더불어서 프랑스의 비종교성 원칙도 무슬림과 공존할 수 있는 방법에 대한 더 적극적인 고민을 기울여야 프랑스 민주주의의 토대인 공화주의 원칙이 사실상의 다문화 사회 속에서 계속해서 유효한 원칙이 될 수 있음을 고찰할 것이다.

2. 프랑스 내 무슬림에 대한 인식

유럽에서 가장 많은 무슬림이 살고 있는 나라는 프랑스이다(〈표 8-1〉). 2010년 기준 무슬림의 수는 프랑스 전체 인구의 7.5퍼센트를 차지한다. 이는 독일(5.0%)과 영국(4.6%)보다 높은 수치이며 프랑스 다음으로는 벨기에(6.0%)에 무슬림 인구가 많음을 알 수 있다. 그런데 퓨 연구소(Pew Center)가 2011년에 제시한 2030년 전망을 보면 프랑스(10.3%)와 벨기에(10.2%)에서의 무슬림의 인구가 10%를 상회하는 것으로 드러났다.

무슬림 인구의 유입은 2차 대전이 끝난 후 탈식민화 과정과 유럽의 경제 부흥이 시작되는 시점, 즉 1960~1990년에 집중되었으며 프랑스에만 국한된 것이 아니라 전 유럽국가가 대상이었다(Laurence et al., 2006: x). 하지만 다른 유럽국가보다 프랑스에 무슬림 인구가 가장 많은 이유는 프랑스와 북아프리카, 즉 마그레브 지역과의 역사적 관계 때문이다. 프랑스는 1830년에 알제리를 정복했고 1881년 튀니지, 1912년 모로코 등 식민지 점령을 이어갔다.

....

2) 추정 인구는 천 자리까지 반올림했으며 인구 비율은 반올림하지 않고 계산하여 합계가 정확하지 않을 수 있다. 유럽의 50개 나라/영토 중 17개를 표기하였다.

〈표 8-1〉 유럽국가의 무슬림 인구 수

국가	추정 무슬림 인구(2010년)		예상 무슬림 인구(2030년)	
	인구(명)	인구비율(%)	인구(명)	인구비율(%)
오스트리아	475,000	5.7	799,000	9.3
벨 기 에	638,000	6.0	1,149,000	10.2
덴 마 크	226,000	4.1	317,000	5.6
핀 란 드	42,000	0.8	105,000	1.9
프 랑 스	4,704,000	7.5	6,860,000	10.3
독 일	4,119,000	5.0	5,545,000	7.1
그 리 스	527,000	4.7	772,000	6.9
아 일 랜 드	43,000	0.9	125,000	2.2
이 탈 리 아	1,583,000	2.6	3,199,000	5.4
룩셈부르크	11,000	2.3	14,000	2.3
네 덜 란 드	914,000	5.5	1,365,000	7.8
노 르 웨 이	144,000	3.0	359,000	6.5
포 르 투 갈	65,000	0.6	65,000	0.6
스 페 인	1,021,000	2.3	1,859,000	3.7
스 웨 덴	451,000	4.9	993,000	9.9
스 위 스	433,000	5.7	663,000	8.1
영 국	2,869,000	4.6	5,567,000	8.2
합 계	18,267,000	4.5	29,759,000	7.1

자료: Pew Research Center's Forum on Religion & Public Life(2011).[2]

알제리인의 경우는 1947년 9월 20일 법령으로 프랑스로의 이주가 자유로워짐에 따라 이민이 꾸준히 증가하기 시작했다. 알제리 독립전쟁(1954~1962)으로 주춤한 시기가 있었지만 1962년 정전협정인 에비앙(Evian)협정 이후 다시 크게 증가해서 오늘날 무슬림 인구의 다수를 차지하고 있다(〈표 8-2〉).

이민자 사회의 절대 다수를 차지하는 마그레브 출신 이민자들은 문화적·종교적으로 프랑스인과 상이하다. 1980년대에 들어 이민 2세대가 본격적으로 등장했고 이들을 통합하는 것이 프랑스 사회의 가장 큰 도전이 되었다.

〈표 8-2〉 무슬림의 다수를 차지하는 마그레브 출신 무슬림

마그레브 출신 무슬림	2,900,000
그중 알제리	1,550,000
그중 모로코	1,000,000
그중 튀니지	350,000
중동 지역 출신 무슬림	100,000
중동 출신 외 무슬림(즉 터키)	315,000
아프리카 무슬림	250,000
프랑스 출신 개종자	40,000
망명 요청자 및 불법체류자	350,000
아시아 지역 출신 무슬림	100,000
기타	100,000
(무슬림) 총인구 수	4,155,000

자료: Haut Conseil à l'intégration(2000, 17).

프랑스 본래의 종교·문화와 충돌을 일으키는 무슬림의 도전은 박단(2005: 제2장)이 논했듯이 '프랑스 - 프랑스 전쟁'으로 일컬어지는 히잡 사건과 같은 문화전쟁을 일으켰다. 비록 극단주의가 자행한 테러의 양상으로 나타났기에 무슬림과 테러와 연관 짓는 것은 조심스럽지 않을 수 없지만 무슬림과 관련된 테러[1995년 파리 생 미셸(St. Michel) 역 폭탄 테러 사건, 2001년 미국 9·11 테러]는 전 유럽 영역에 걸쳐서 무슬림에 대한 호감도가 낮아질 수밖에 없게 만든 배경이다.

이와 같은 일련의 사건이 발생한 이후 실시한 두 연구소(Pew Centre와 Friedrich Ebert Stiftung)의 설문조사 결과(〈표 8-3〉과 〈표 8-4〉)는 프랑스 사회에서 무슬림에 대한 시선이 다른 유럽국가보다 호의적임을 보여준다. 퓨 연구소의 조사(〈표 8-3〉)에 의하면 프랑스는 무슬림에 대한 인식이 이탈리아보다 44%나 더 호의적이고 영국(64%)과 독일(58%)보다도 더 호의적임을 알

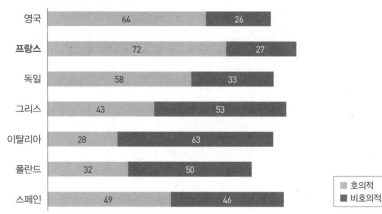

〈표 8-3〉 무슬림을 향한 유럽 각국의 시선

국가	호의적	비호의적
영국	64	26
프랑스	72	27
독일	58	33
그리스	43	53
이탈리아	28	63
폴란드	32	50
스페인	49	46

자료: Pew Research Center, Global Attitude Survey(2014).

〈표 8-4〉 유럽 각국의 반무슬림 의견

	독일	영국	프랑스	네덜란드	이탈리아	포르투갈	폴란드	헝가리
(나라에) 무슬림 인구가 너무 많다	46.1	44.7	36.2	41.5	49.7	27.1	47.1	60.7
무슬림들은 요구사항이 너무 많다	54.1	50.0	52.8	51.8	64.7	34.4	62.3	60.0

자료: Friedrich Ebert Stiftung(2011: 61).[3]

수 있다. 퓨 연구소에 비해 프리드리히 에베르트 슈티프퉁의 설문조사(〈표 8-4〉) 결과는 〈표 8-3〉만큼 확연하지는 않지만 영국과 독일에 비해 무슬림 인구수가 프랑스에 더 많다는 점을 감안하다면 프랑스의 경우(36.2%)가 영국(44.7%)과 독일(46.1%)보다 더 호의적이라고 해석할 수 있을 것이다. 다른 인접 유럽국가에 비해 프랑스가 무슬림에 대해 가진 호감도는 일반적으로

3) 동의하는 사람의 비율을 %로 표시했다.

<표 8-5> 소수 인종집단에 대한 프랑스인의 인식(1984년)

질문: 프랑스에 살고 있는 인종 공동체 리스트이다. 각각에 대해 그들이 전체적으로 프랑스 사회에 얼마나 잘 통합되었는지 답하시오.

	A 잘 (통합됨)(%)	B 잘못 (통합됨)(%)	C (무응답)(%)	D (A−B)
이탈리아인	81	9	10	+72
스 페 인 인	81	9	10	+72
폴 란 드 인	75	8	17	+67
포르투갈인	70	18	12	+52
알제리 출신 프랑스인	66	21	13	+45
서인도제도인	57	20	23	+37
동유럽 출신 유태인	49	16	35	+33
유고슬라비아인	43	20	37	+23
아 시 아 인	47	25	28	+22
아르메니아인	37	28	35	+9
튀 니 지 인	37	42	21	−5
아프리카 흑인	36	48	16	−12
모 로 코 인	33	48	19	−15
터 키 인	19	43	38	−24
집 시	21	64	15	−43
알 제 리 인	21	70	9	−49

자료: 인종차별 철폐와 우정 협회(Mouvement contre le racisme et pour l'amitié: MRAP)를 위한 SOFRES 1984 여론조사(Hargreaves, 1995: 155).

높은 편으로 나타났다.

하지만 이와 같은 무슬림에 대한 프랑스인의 인식은 복합적인 측면이 있다. 왜냐하면 또 다른 유형의 설문조사(〈표 8-5〉)에 의하면 프랑스인은 마그레브 지역 사람들이 프랑스에 가장 통합되기 어렵다고 생각하는 것으로 나타났기 때문이다. 무슬림 이민자의 존재가 위협적으로 느껴지기 시작했던 1980년대의 설문조사를 보면 프랑스에 가장 잘 통합될 수 있는 사람은 이

〈표 8-6〉 무슬림의 통합에 대한 인식

질문: 당신은 오늘날 무슬림이 프랑스 사회에 통합이 잘 되었다고 생각하나요?

		2010년 12월(%)	2012년 10월(%)
예	합계	32	33
	완전히 그렇다	4	3
	대체로 그렇다	28	30
아니오	합계	68	67
	대체로 그렇지 않다	48	48
	전혀 그렇지 않다	20	19
	합계	100	100

자료: Ifop pour le Figaro(2012: 7).

탈리아, 스페인, 폴란드 포르투갈 등 백인 유럽인이며 알제리인인 경우는 아르메니아, 아시아 사람보다 훨씬 낮고 집시와 동일한 비율로 통합 가능성을 보고 있음이 조사되었다. 통합정도가 가장 높을 것이라고 조사된 이탈리아인/스페인과 알제리인의 차이는 무려 60%나 났다. 프랑스 사회에 가장 통합되기 어려울 것이라고 보는 항목에서도 비슷한 결과가 나왔다. 백인 유럽인의 경우(이탈리아, 스페인, 폴란드, 포르투갈)가 프랑스 사회에 통합되는 데 무리가 없을 것으로 조사되었다. 알제리인의 경우 통합되는 데 어려움이 집시(64%)보다도 더 크게 따를 것(70%)이라고 조사되었다. 〈표 8-5〉보다 훨씬 더 최근에 실시한 자료 〈표 8-6〉은 앞서 1984년도에 실시한 〈표 8-5〉의 결과에 신빙성을 더해준다. 〈표 8-6〉은 프랑스 사회에 무슬림이 통합하는 데 어려움이 클 것이라는 점을 확인시켜준다.

이상에서 살펴본 여섯 개의 표는 프랑스가 다른 인접국가보다 무슬림 인구수가 많음에도, 게다가 무슬림이 일련의 테러사건과 소요사태에 연루되어 문제가 되었음에도 무슬림에 대해 인종차별적 입장을 취하지는 않는다는 점을 보여준다. 하지만 〈표 8-5〉와 〈표 8-6〉에서 마그레브 출신 이민자가 프랑스 사회에 통합되기 위해서는 어려움이 크다고 인식하고 있음이 나타난다. 이는 프랑스가 종교의 자유, 사상의 자유를 인정하고 관용정신(tolérance)에 의거하여 상이한 종교인 무슬림에 대한 개방성이 상대적으로 크지만 프랑스 사회의 온전한 구성원으로 받아들일 수 있느냐의 문제에서는 갈등의 요소가 있음을 보여주는 것이다. 2015년 1월, 미셸 우엘베크(Michel Houellebecq)의 신간 소설 『복종(Soumission)』이 베스트셀러에 올랐다. 이 소설은 2022년 프랑스에서 이슬람 정권이 탄생해 모든 교직원이 무슬림으로 개종해야 하고 미니스커트 같은 옷차림이 여성에게 제한되는 시대가 온다는 내용이다.[4] 이는 프랑스 사회가 무슬림에 갖고 있는 공포, 일상생활에서의 위협의 구체성을 드러낸다. 프랑스에서 무슬림을 위협적으로 받아들이는 경향이 증가하고 있음을 보여준다.

3. 무슬림과 국적법 개정문제

프랑스 공화국 정신에 의해 만들어진 근대 프랑스 국가는 구성원들의 자발적인 의지와 동의에 따라 자유롭고 평등한 공동체를 형성한 전형적인 모델로 인식되고 있다(Brubaker, 1997: 130). 이는 근대 국민국가 형성에서 그 구성원들을 혈연적이고 문화적인 유대감에 의해 규합했던 독일에 비해 인종적·문화적 요인에 대한 구속됨 없이 개방적인 국적체제를 유지하는 것

---

4) 2004년 11월에 네덜란드 영화감독 테오 반 고흐(Theo Van Gogh)가 살해되었다. 그는 무슬림 여성의 인권을 다룬 영화를 제작한 것 때문에 모로코 이민 2세 네덜란드인에게 살해당한 것이었다. 공교롭게 그 영화 제목도 우엘베크의 소설과 같은 〈복종(Soumission)〉이었다.

을 의미한다. 독일의 경우는 오랫동안 혈통을 중심으로 한 혈연주의(jus sanguinis)를 고수하였고 프랑스는 영토 공동체를 중심으로 한 속지주의(jus soli)의 전통을 이어가고 있었다. 이러한 프랑스의 속지주의를 기반으로 한 국적법이 적용된 것은 1889년도부터다. 이는 이민 2세에게 자동적으로 국적을 부여하는 제도로 현 국적법의 토대를 이룬다. 실제로 독일과 프랑스의 이러한 국적취득 전통 차이는 〈표 8-7〉, 〈표 8-8〉과 같이 국적 취득률에서 두 나라 간에 현저하게 나타난다. 전체 이민자의 합으로 볼 때 독일보다 프랑스의 이민자가 국적을 취득하는 것이 다섯 배 가까이 높다. 이탈리아인의 경우를 대상으로 할 때 독일보다 프랑스가 다섯 배 가깝게 높게 나타났고 스페인인을 대상으로 할 때 열 배 더 높았다. 이는 전반적으로 이민자가 프랑스 국적을 취득하는 것이 독일 국적을 취득하는 것보다 훨씬 더 열려 있다는 것을 잘 보여준다.

그런데 1986년 좌우동거정부에서 총리로 선출된 시라크(Chirac)는 속지주의 전통을 수정하기 위한 국적법 개정안을 제안한다. 이는 특히 이민자들에게 국적 부여 요건을 강화하기 위한 조치로 국적법 수정 논의 배경은 당시 프랑스 이민정책의 변화와 관련이 있다. 프랑스 이민정책의 전환점은 1974년이다. 이는 석유 파동으로 인한 경제위기로 이민자에게 국경이 폐쇄되며 이민자 수의 조절이 필요하기 시작된 해를 의미한다. 지스카르 데스탱(Giscard d'Estaing) 대통령은 1974년 7월 '이민 제로(immigration zero)', 다시 말해 이민중지 정책을 선언하고 이민자들을 강제 귀국시켰지만(Weil, 2002: 168)[5] 오히려 가족재결합 현상을 동반하면서 이민자 수는 계속해서 증가세를 보였다. 1974년 이전에는 이민자의 존재가 값싼 노동력 제공자로 경제

---

5) 강제 귀국의 대상도 주로 알제리인이었다.

〈표 8-7〉 프랑스 국적취득자: 1981~1989

출신	A 1985년 거주민 수	B 10년 이상 거주한 사람 수(1985)	C 1년간 국적취득자	D 거주민 1,000 명당 1년 평 균 (C / A)	E 10년 이상 체 류한 거주민 1,000명의 1 년 평균(C/B)
알 제 리	800,000	700,000	2,787	3.5	4
모 로 코	430,000	310,000	3,528	8.2	11.4
튀 니 지	190,000	150,000	1,883	9.9	12.6
포르투갈	760,000	680,000	7,145	9.4	10.5
스 페 인	320,000	300,000	5,109	16.0	17
이탈리아	330,000	310,000	3,644	11.0	11.8
합　　계	2,830,000(a)	2,450,000	24,096	8.5	9.8

(a): 총인구 수의 3/4.

자료: Brubaker(1997: 128).

〈표 8-8〉 서독 국적취득자: 1981~1988

출신	A 1985년 거주민 수	B 10년 이상 거주한 사람 수(1985)	C 1년간 국적취득자	D 거주민 1,000 명당 1년 평 균(C/A)	E 10년 이상 체 류한 거주민 1,000명의 1 년 평균(C/B)
터 키 (a)	1,400,000	760,000	1,021(1,244)	0.7(0.9)	1.3(1.76)
유고슬라비아	590,000	450,000	2,194	3.7	4.9
이탈리아	530,000	350,000	821	1.5	2.3
그리스(b)	280,000	220,000	247	0.9	1.2
스페인(b)	150,000	130,000	206	1.4	1.6
합　　계	2,950,000(c)	1,910,000	4,489	1.5	2.3

(a): 1984~1988년 기준.

(b): C, D, E 열의 경우는 1988년도 수치가 가용하지 않아 1981~1987년도의 평균치를
　　나타냄.

(c): 총인구 수의 2/3.

자료: Brubaker(1997: 129).

적 차원에서만 인식되었지만 1974년이 분기점이 되어 점차 사회 문제로 확산되었다. 이는 프랑스와 같은 종교와 문화를 공유하는 유럽권 이민자보다 정착하는 데 훨씬 더 큰 어려움을 겪는 비유럽권 이민자의 수가 많아지기 때문이기도 했다. 1975년에 실시한 인구조사에 따르면 프랑스에 거주하는 가장 많은 이민자는 71만 명의 알제리인이었다. 알제리 이외의 다른 마그레브권 국가인 모로코와 튀니지의 경우를 보면 비록 알제리와 비견될 수는 없지만 1968년과 1975년 사이에 모로코 이민자는 8만 8,200명에서 26만 25명으로 세 배나 늘었으며, 튀니지의 경우는 1954년 4,800명에서 1975년도에는 13만 9,735명으로 늘어났다(Cour des comptes, 2004: 37). 그런데 이렇게 유입된 북아프리카 이민자의 2세대들이 속지주의 원칙에 의해 자동적으로 프랑스인이 되고 이들 이민 2세대들이 투표권을 가지게 되는 연령에 이르는 1980년대 중반부터 프랑스 정치권에서 이들을 주목하게 되었다.[6] 이민중지정책과 강제귀환 정책이 실효성을 못 내고 오히려 가족재결합으로 이민자 수가 계속해서 증가되자 마그레브 이민 2세대를 겨냥하게 된 것이다(Silvermann, 1992: 142).

1889년도부터 시행했던 출생지주의에 대한 수정요구는 북아프리카, 그 중에서도 특히 알제리인의 유입을 막기 위한 것이다(Brubaker, 1997: 215). 국적법 개정 논의의 쟁점이 된 국적법 23조에 의하면 "적자이든 혹은 사생

---

6) 1980년대 중반에 자연스럽게 국민정체성과 국적 권리에 관한 논쟁이 전개되었으며, 이러한 배경 속에서 극우파 국민전선(Front National)이 이민자들을 프랑스에서 내보내는 것을 투쟁의 우선 축으로 삼았다. 국민전선은 시의회 선거에서 11%라는 득표율을 거두면서 정치무대에 실질적으로 등장하게 된다. 이러한 사회 분위기를 반영하여 이민자의 통합을 독려하기 위한 '통합을 위한 고등이사회(Haut Conseil à l'intégration)'가 1989년 창설된다.

아이든 프랑스에서 태어난 아이는, 적어도 그 부모 중 한 명이 프랑스에서 태어났다면 프랑스인이다"[7]라고 규정하고 있다. 이 조항의 근거는 프랑스에서 두 세대를 보냈을 경우, 그에게 프랑스 화 또는 동화의 과정이 일어났을 것이라고 가정하여 이중속지주의(double jus soli) 원칙에 의해 국적법을 허용했던 원칙이다(한명숙, 2008: 157). 그리고 여러 가지 우여곡절 끝에 (Weil, 2002: 165~184) 마침내 국적법 논쟁은 1993년 국적법, 즉 일명 메에너리(loi Méhaignerie) 법으로 일단락 지어진다. 1993년 이전에는 프랑스 국적이 성년에 자동으로 부여되었다면 새로운 1993년 법에 따라 이민 2세대가 국적을 얻기 위해서는 '의지선언(la manifestation de volonté)'이 필수적이 되었다. 이는 무슬림 이민자들이 문화·종교적으로 프랑스 사회와 다르기 때문에 적극적인 동화를 유도해야 한다는 전제가 깔려 있는 것이다. 프랑스의 전통인 속지주의 원칙을 위험에 빠뜨리면서까지 가장 동화될 수 없기에 (inassimilabilité)(Weil, 2005: 18) 바람직하지 않은 이주민 계층인 무슬림 프랑스인의 유입을 막기 위한 시도였다(Silvermann, 1992: 141).

세월이 흘러 거리를 두고 보니, 이 시기(1986~1993년)는 특히 마그레브 이민자 2세를 겨냥한 국적법 개정임을 알 수 있다. 이들은 프랑스 땅에서 환영받지 않는다는 것을 느끼게 되었다. 이 시기에는 또한 알제리 부모를 두고 프랑스 땅에서 태어난 사람들이 '서류상 프랑스인'이라는 것을 받아들여야 했다(Béaud, 2002: 267).

19세기 말에 알제리 국적 가톨릭교도와 유대인에게는 프랑스인이 되는

---

7) Code de la Nationalité française, rédaction de la loi n° 73-42 du janvier 1973.

길이 열린 데 반해, 무슬림에게는 오랫동안 프랑스 국적이 허용되지 않았다 (Giry, 2006). 무슬림은 프랑스성(Frenchness)을 구축하는 데 장애물로 여겨졌으며, 이러한 생각은 오늘날까지도 많은 진전을 보이지 못한 것 같다.

4. 무슬림 프랑스인과 시민권

마뉘엘 발스(Manuel Valls) 현 프랑스 총리가 올해 1월 20일 신년사에서 "그들(프랑스 무슬림)이 이등 시민(citoyen de deuxième zone)이라는 끔찍한 감정을 느끼지 않도록 불평등과 싸우는 개혁을 추진해야 한다"(Le Monde, 2015.1.20)고 지적했듯이 마그레브 출신의 프랑스 국적자는 프랑스 주류 사회구성원과 동일한 시민권을 향유하고 있는 것 같지 않다. 바우뵉(Bauböck, 2006: 17))은 "국적은 개인과 주권국가 간의 관계에 대한 국제적·외부적 측면을 말하고, 시민권은 국내법에 의해 규율되는 개인과 국가 간의 내적 관계를 말한다"고 국적과 시민권을 구분하여 정의한다. 즉 이는 국적과 시민권이 일치하지 않을 수 있는데 국적은 있을지라도 시민권은 매우 제한적일 수 있음을 의미한다. 프랑스 여성이 투표권을 행사할 수 있었던 것은 1944년에 들어서부터이며 남성보다 150여 년 정도 후에야 시민권을 취득하게 된 것은 국적과 시민권의 간극이 존재함을 보여준다.

시민권에 관한 논의는 고대 그리스까지 거슬러 올라가며 프랑스 대혁명(Bertossi et al., 2013: 1)은 근대국가에서의 시민권이라는 이념과 제도를 탄생시킨다(Brubaker 1997: 65). 근대적 시민권의 등장은 국민국가의 탄생과 공고화 필요성에 의해 진행된 것이다. 최근에는 전 세계적인 이주민 통합 문제로 기존의 익숙한 시민권 개념에서 다문화사회를 견인할 수 있는 새로운 시민권으로의 확장과 변경에 대한 필요성이 논의되고 있다. 킴리카(2010)와 바우뵉(Bauböck, 1994)은 각기 다문화주의 시민권(Multicultural Citizenship)과 초국가적 시민권(Transnational Citizenship)에 대한 논의를 통해서 문화적 소수집단의 권리를 적극적으로 인정해야 할 필요성을 논하고 있다. 시민권은 국적과 깊은 연관관계가 있지만 시민권의 개념은 국적보다 유동적이라서 점진적인 발전을 통해 외연을 확장하기도 한다. 이처럼 시민권 개념은 법적인 지위를 의미하는 국적보다 유연하고 포괄적일 수 있다. 사실상(de facto)의 다문화 사회에서는 전통적인 시민권의 개념이 담지하는 것 이상으로의 시민권 개념의 확장이 필요하다.

마셜(Marshall)[8]의 세 가지 시민권 분류는 기존의 시민권의 종류를 설명하고 있다. 이 논의에서는 시대에 따라 점진적으로 획득된 시민의 권리를 공민권(civil rights, 18세기), 정치적 권리(political rights, 19세기) 그리고 사회적 권리(social rights, 20세기)로 나누어 설명한다. 마셜은 영국이 자본주의가 심화되면서 겪게 되는 문제점을 사회권의 강화, 다시 말해 최소한도의 경제적 복지보장을 강화함으로써 해소하려 했다. 마셜이 당시 영국의 상황에서 시장에서 발생하는 불안정성을 낮추기 위해 사회권을 강조했다면 다문화사회에서의 시민권의 개념은 마셜이 분류한 세 가지 분류로는 충족되지 않는다. 프랑스에 합법적으로 정착해서 이민 3세대를 살고 있는 무슬림 프랑스인의 문화·종교적 관행에 대한 특수성의 요구가 점점 커지는 상황에서 그렇다면 어떤 변경과 확장이 가능할까? 50여 년 전 드골(De Gaulle)은 알제리인에게 국적뿐 아니라 시민권이 주어진 1958년도에 알제리를 방문해서 국적뿐 아니라 완전한 프랑스인(Français à part entière)의 자격을 주기 위해 알

---

8) 마셜은 1950년도 영국 상황을 바탕으로 시민권을 설명하고 있다.

제리인에게 투표권을 준다고 강조했다.[9] 드골이 알제리인이 완전한 프랑스 시민이 되기 위해서 참정권의 중요성을 강조했다면 50여 년이 지나 유럽에서 활동하는 이슬람 학자인 타리크 라마단(Tariq Ramadan)이 주장하는 '완전한 시민(citoyen à part entière)'(Ramadan, 2009)은 드골이 알제리인의 투표를 독려했던 그때의 시민권과는 다른 의미다. 라마단(Ramadan, 2004)은 무슬림인 것과 프랑스 시민이 되는 것이 대립적일 이유가 없음을 강조했다. 무슬림이 온전한 프랑스인으로 살기위해서 무슬림의 특수성을 인정받을 수 있는 통합 방향으로 프랑스가 나아가야 한다고 주장한다. 물론 이것을 적용하기에는 쉽지 않을 것이다. 왜냐하면 "사회적 다수가 이미 정해놓은 시민의 개념과 역할에 사회적 소수가 일방적으로 복종할 것이라고 믿는 것도 현실성이 없지만, 사회적 소수의 요구를 무조건 수용하는 것도 사회적 다수의 동의를 얻기가 쉽지 않"(김남국, 2005; 100)기 때문이다.

프랑스 사회학자면서 공화주의자의 선봉에 서있는 슈나페르(Schnapper, 2000; 5장)가 문화권(droits culturel) 인정(reconnaissance)의 필요성을 역설한 것도 바로 이러한 문제의식에서 출발했다. 하지만 공화주의자가 문화권 인정을 논한다는 것은 놀랍게 받아들일 수밖에 없다. 소수자의 권리 혹은 공동체의 특수주의의 인정은 인종분리주의로 귀결되어 종국에는 인종의 발칸화가 이어져 국가정체성을 위협할 것이라고 보는 관점에는 변함이 없을 것이기 때문이다. 슈나페르에 의하면 공민권과 정치권에 이어서 복지국가의 태동으로 사회권이 시민의 기본 권한이 되었듯이 오늘날과 같은 다인종·다문화 사회에서는 경제 사회권을 넘어 문화권도 향유되어야 한다고 주장

---

9) "Français à part entière,"(1958년 제작 영상. http://education.francetv.fr/videos/francais-a-part-entiere-v110883. 검색일: 2015년 1월 20일).

한다. 여기까지만 본다면 슈네페르가 주장한 문화권은 주류 국가 공동체의 공유된 문화와 차별되는 자기 고유의 문화를 가질 권리를 의미한다는 점에서 다문화주의를 논한 킴리카(2010)가 주장한 집단차별적(group different-iated rights) 권한 개념과 유사해 보인다. 하지만 문화권 인정을 위해서 킴리카가 덧붙인 조건은 다음과 같다.

- 소속 집단을 선택할 수 있는 권한은 개인에게 주어져야 한다.
- 인권과 민주주의 가치에 부합되는 문화만이 존중될 수 있다.
- 다양한 집단 모두 동등한 대우를 받아야 한다(Schnapper, 2000: 5장).

킴리카는 소수자의 권리 혹은 공동체의 특수주의의 인정이 원하지 않은 인종분리주의로 귀결되는 것을 막을 수 있는 전제를 제시하고자 한다. 슈나페르가 논의한 문화권이란 주류 국가 공동체의 공유된 문화와 차별되는 자기 고유의 문화를 가질 권리를 의미하는 것이다.

그런데 여기서 또 다른 문제를 살펴봐야 할 필요성이 있다. 킴리카가 주장하는 다문화주의적 시민권의 적용 즉 집단 차별적 권한(혹은 문화권)을 시민권에 포함하자는 주장은 모순된 부분이 있다. 왜냐하면 마셜이 분류한 전통적인 시민권의 개념은 자유주의적인 관점에 기반하고 있기 때문에 개별 구성원의 권한을 강조하는 보편성에 우선순위를 두기 때문이다. 이는 자신이 소속되어 있는 문화나 종교 등에 상관없이 국가의 경계 내에서 종교, 신분, 가족, 지역과 같은 집단적 귀속성에 상관없이 보편적 권리와 안정된 정체성을 누릴 수 있는 자격이 중요하다. 이용승은 "다문화주의는 문화집단의 차이와 그 차이에 따른 특별한 권리를 요구하며, 시민권이 기초하고 있는 자유주의 원리에 대해 도전적 과제를 제기하고 있다"며 "시민권의 보편성과 다문화주의의 특수성의 아포리아"(이용승, 2014: 192)를 논했다.

프랑스는 이러한 아포리아를 극복하기 위해 공적 영역과 사적 영역의 구분을 통해서 이 두 가지의 권한의 공존을 시도한다. 즉 프랑스 공화주의 옹호론자는 사회적 소수 집단의 권한이 제한되는 것은 공적 영역이며 사적 영역에서는 종교의 자유가 보장된다는 점을 강조한다. 즉 공적 영역에서는 개개인의 권한이 강조될 수 있고 소속에 의한 차별을 받지 않을 수 있는 자유가 보장된다고 강조한다. 공화주의 옹호론자는 현 다문화사회를 공적 영역과 사적 영역의 분리를 통해서 관리 가능하다고 생각한다. 프랑스 공화주의 원칙은 구조적으로 다문화주의적 집단차별적 권리(집단 특수성의 보호)와 보편적인 자유(개개인의 자유)와 평등의 자유주의적 원칙들과 양립할 수 있는 방법을 제시한다. 하지만 현실 속에서의 적용은 다른 것 같다. 프랑스 공화주의에서는 정치공동체의 시민으로서 모두가 동등할 수 있다는 점이 강조되면서 사회적 소수 집단의 다를 수 있는 권리는 보장받지 못하는 부분이 많다. 이는 공적 영역에 비해 사적 영역을 경시하여 문화에 무감한(culture-blind) 보편주의를 강조하는 경향이 더 크기 때문으로 보인다.

5. 무슬림 프랑스인과 라이시테(laïcité) 원칙

프랑스 공화국의 대표 정신 중 하나는 라이시테(laïcité)다.[10] 프랑스 혁명

---

10) 이 글에서는 라이시테가 갖고 있는 함의를 모두 다 담아내기 위해 원음대로 '라이시테'라고 표기한다. 세속성 또는 비종교성으로 번역될 수 있으나 라이시테의 어원을 연구한 프랑스 19세기 학자 페르디낭 뷔송(Ferdinand Buisson)에 의하면 라이시테는 훨씬 더 심오한 의미를 갖기 때문이다. 그에 의하면 *laïcité*는 *laïcistation*+*droits*

중 태동한 라이시테 원칙은 지배적 종교기관을 정치권력으로부터 분리시키기 위해 고안되었지만 동시에 구교와 신교가 공존할 수 있는 방법에 대한 해결책을 마련해주었다. 이는 라이시테 원칙이 법 앞에 모든 종교가 평등하고 모든 종교를 존중하는 것을 근간으로 하고 있기 때문이다. 다시 말해 자유주의적 개념에서 비롯된 라이시테는 종교집단의 압력에 대해서 국가가 개개인의 종교의 자유를 강화하는 것을 의미하는 것이며 이는 바로 보편적인 개인의 권한을 집단적 소속감보다 앞장서서 보호한다는 것을 의미한다. 라이시테의 원칙이 확고해진 1905년도 정교분리법에서 가장 중요한 것은 신앙의 자유를 보호하는 것이다. 1905년 정교분리법 제 1조[11]는 이 협약이 신앙의 자유(la liberté de conscience)와 예배활동(l'exercice des cultes)의 자유를 보장한다고 적고 있다.

라이시테 원칙의 근간이 신앙의 자유를 보장하는 것에 있다는 것은 비종교성을 의미하는 라이시테 원칙의 모순적인 부분처럼 보인다. 프랑스는 사적인 영역에서 종교에 대한 유연한 입장을 강조함으로써 비종교성의 원칙이 신앙인에게도 적용될 수 있는 여지를 마련해준다. 종교의 자유를 유지하면서 비종교성을 요구하는 모순적인 문제점을 상쇄시키기 위해 개인의 종교 자유를 보장해주는 사적인 영역과 공공영역에서의 비종교성을 철저히 구분한다.

정교분리법 제2조는 종래 인정되었던 교회 신부에 대한 국가의 급여제공과 교회에 대한 일체의 재정적 지원을 부인하였다. 이는 교회와 국가가 공식적으로 분리되었음을 선언한 것을 의미한다. 하지만 1905년도 정교분리

---

de l'homme으로 세속화의 과정에 인권 존중의 개념이 동반되는 것을 의미한다 (Baubérot, 2004: 13~15; 박선희, 2014: 2).

11) La loi du 9 décembre 1905 concernant la séparation des Eglises et de l'Etat.

법에도 불구하고 프랑스 정부가 지방세를 통한 종교단체에 대한 기부금, 종교적 건물 신축물을 위한 보조금 지급, 국가와 협약을 맺은 경우 일정한 임금지급 등을 해왔다(Laurence et al., 2006: 174~175). 이렇듯 실제로 제2조가 문구대로 적용되지 못하는 것은 정교분리법이 논의될 당시 논의에 포함되지 않은 종교에 대해서 똑같은 잣대로 적용하는 것이 무리라는 측면(Zarka, 2005: 164)과 라이시테 원칙이 종교의 색채를 지워내는 것에 있는 것이 아니라 종교 간의 평등함에 더 중요성을 둔다는 것을 보여준다.

그런데 히잡 사건(1989, 2003)으로 인한 '2004년 법'[12]의 통과와 이를 통해 종교적 상징물 착용을 금지한 것은 공화주의적 보편주의 원칙을 엄격하게 적용한 것으로, 프랑스 사회의 대표적 이주민 집단인 무슬림 문화에 대한 거부처럼 해석할 수 있는 여지가 있다. 프랑스 내의 상대적 문화적 소수자의 타자성(무슬림)이 받아들여지지 않는 엄격한 라이시테 원칙의 적용은 공화주의적 보편주의가 타자를 배제할 수 있는 도구로 전락하게 만든다(박선희, 2014: 310). 이처럼 공화주의적 보편주의 원칙이 강화되는 것은 무슬림에 대한 도전에 대해서 프랑스 사회가 훨씬 더 경직된 방식으로 대처한다는 것을 보여준다. 종교적 차별 철폐를 위해 조직된 정치협회인 '공화주의 원주민(Indigènes de la République)'의 장인 로랑 레비(Laurent Lévy)는 프랑스의 기존 구성원(Franco-French)이 종교와 출신을 두고 무슬림 프랑스인을 자극하는 등 지나치게 골 공동체(Communautaristes gaulois)에 함몰되어 있다고 주장한다(Giry, 2006). 공화주의적 가치를 앞세워 타협할 수 없는 절대적인 가치를 만들어가는 것이다.

---

12) 공식 명칭은 '라이시테 원칙에 준거한 공립 중고등학교에서 종교적 외양을 드러내는 옷이나 상징물의 착용에 대한 2004년 3월 15일 법'이다.

영국의 가디언(*The Guardian*, 2015.1.16)지는 가톨릭의 위협이 사라진 상황에서 공화주의 원칙의 공고화를 위해서 새로운 공공의 적이 필요한데, 바로 이러한 과거의 위협적인 가톨릭을 대체한 것이 극단주의 무슬림이라고 빗대었다. 프랑스 공화주의 원칙의 공고화를 위해서 극단주의 무슬림을 새로운 적으로 설정했다는 논평은 프랑스에 대해서 빈정거리기를 좋아하는 객관적이지만은 않은 논평으로 읽힌다. 왜냐하면 가톨릭은 지배 권력이기에 투쟁의 대상이 되었지만 무슬림은 공공의 적으로 상정하기에는 프랑스에서 여전히 취약한 집단을 이루고 있기 때문이다. 하지만 가디언이 적시하고 있듯이 공공영역의 중립성에 대해서는 의문을 품게 된다. 2004년 법이 라이시테의 이름으로 소수 종교인 무슬림을 겨냥한다는 주장이 설득력을 얻고 있기 때문이다. 비종교성은 공적 영역에서 종교를 드러내지 않는 것이 중요한 것이 아니라 비종교성의 애초의 정신으로 회귀하여 모든 종교가 평등함을 드러내야 한다. 다시 말하면 종교의 자유와 예배활동의 자유에 중요한 의미를 두는 1905년도 법에 따른다면 프랑스에서는 무슬림이 구교와 신교 혹은 유대교와 비슷한 위상을 차지할 수 있도록 도와줘야 한다. 이것이 무슬림 프랑스 문화권 보장을 위한 요구 사항이 되어야 할 것이다.

6. 나오는 글

오늘날 이주에 따른 새로운 시민권에 대한 논의는 국적을 취득하지 못한 이주민에게도 적극적인 시민권을 확대하자는 논의가 중심이 된다. 하지만 본고에서는 시민권 확장의 논의의 또 다른 측면에서 국적 취득이 가능했지만 다른 비이주민 출신 국적자, 다시 말해 기존 구성원에 비해 여전히 제한된 시민권만을 향유하는 무슬림 프랑스인에 대해서 살펴보았다. 내부자가 된 무슬림 프랑스인과 프랑스의 기존 구성원과의 공존은 무슬림 집단의 특수성을 인정하는 통합에 의해서만이 가능할 것이다. 평등한 공적 인간(public similars)만큼 사적 인간(private others)의 특수성이 존중되고 인정된다면, 즉 공적 영역에서의 개개인의 자유와 사적 영역에서의 종교에 귀속될 권리의 중요성이 동등하게 인정된다면, 공화주의 원칙이 다문화사회 속에서도 계속해서 유효한 원칙이 될 수 있을 것이다.

품위 있는 사회 구축의 중요성을 논한 마갈릿(2008)에 의하면 품위 있는 사회는 모욕과 수치심을 없앰으로 명예가 중시되는 사회다. 라이시테의 원칙으로 발생한 히잡 사건 그리고 표현의 자유의 이름으로 용인된 선지자 마호메트에 대한 풍자는 무슬림 프랑스에 대한 공격으로 간주될 수 있는 여지가 있다. 공화주의의 이름으로 또는 표현의 자유의 이름으로 공격하는 대상이 절대적인 권력(정교분리법이 제정될 당시의 가톨릭교회)이거나 프랑스 사회 속에서 자신감을 확보한 사람이 아니라 기존 구성원과 비교했을 때 여전히 소외되고 배제된 소수자인 무슬림 집단을 대상으로 삼는 것은 적절치 않다. 소외되어 취약한 집단은 모욕적인 공격을 당했을 때 존엄성과 정체성의 상처가 더 깊고 사회적 토론의 장에서 맞대응할 능력도 떨어진다. 히잡 사건으로 정교분리법의 보충법인 2004년 법이 제정된 것은 무슬림에 대한 도전에 대해서 프랑스 사회가 훨씬 더 경직되었다는 것을 보여줬다.

그런데 샤를리 엡도 테러사건 이후 프랑스 사회는 과거보다 미시적인 차원의 문화갈등이 더 표면화될 가능성이 높아지고 있다. 테러직후 니스(Nice) 지방의 경찰은 여덟 살인 아메드(Ahmed)가 테러를 옹호하는 말을 했다는 이유로 이 아이를 소환 조사해 비난을 샀다(*Le Monde*, 2015.1.29). 테러에 대한 감시 강화 조치가 발표되고 있으며 결국 감시의 대상이 무슬림[13]

이 될 것이다. 이처럼 그 어느 때보다 국가통합이 중요한 이 시기에 프랑스 민주주의의 근간을 이루는 공화주의 원칙이 계속해서 유효한 작동원리가 되기 위해서는 특정 종교집단이나, 소수 문화 등에 속한 사람이 그런 특정 집단에 소속되었다는 이유로 배제되지 않으면서 그 집단의 특성을 포괄해 내는 통합을 지향해야 한다. 인간의 존엄성은 특정한 문화의 구성원이라는 의식과 밀접히 연관되어 있기에 그 특정한 문화에 대한 '인정(recognition)'이 결여되는 것은 모욕으로 받아들일 수 있다(Tyler, 1994: 25~36). 사실상의 다문화사회에서는 프랑스는 공화주의적 원칙이 갖고 있는 포용적인 측면을 더 확장할 준비가 되어 있어야 할 것이다.

❖ 참고문헌

김남국. 2005. 「다문화시대의 시민: 한국사회에 대한 시론」. 《국제정치논총》, 제45집 4호.
마갈릿, 아비샤이(Avishai Margalit). 2008. 『품위 있는 사회』. 서울: 동녘.
박단. 2005. 『프랑스의 문화전쟁-공화국과 이슬람』. 서울: 책세상.
박선희. 2014. 「2004년 법과 프랑스 라이시테 원칙 적용의 문제점」. 《유럽연구》, 32권 2호.
이용승. 2014. 「다문화시대의 시민권 아포리아: 누가 시민이며, 시민권 향유의 주체는 누구인가?」. 《한국정치학회보》, 48집 5호.
킴리카, 윌(Will Kymlicka). 2010. 『다문화주의 시민권』. 장동진 역. 서울: 동명사.
한명숙. 2008. 「1980년대 프랑스 국적법 논쟁을 통해서 본 무슬림 이민자 문제」. 《한국이

---

13) 프랑스 코미디언 디외도네(Dieudonné)는 2015년 1월 14일 테러 선동혐의로 체포되었다. 그가 페이스북에 올린 "오늘 밤 나는 '샤를리 쿨리발리(Charlie Coulibaly)'인 것처럼 느껴진다"라는 글 때문이다. '나는 샤를리다'란 구호에 유대계 식료품점 인질극의 범인 아메디 쿨리발리(Amedy Coulibaly)의 이름을 뒤섞은 표현이 테러를 미화했다고 봤기 때문이다.

슬람학회논총》, 제18-3집.

홍태영. 2010. 「공화주의적 통합과 프랑스 민주주의」. 《사회과학연구》, 18권 2호.

Baubérot, Jean. 2004. Laïcité 1905-2005, *entre passion et raison*. Paris: Seuil.

Bauböck, Rainer. 1994. *Transnational Citizenship*. Vermont: Edward Elgar.

_____. 2006. *Migration and Citizenship: Legal Status, Rights and Political Participation*. Amsterdam: Amsterdam University Press.

Béaud, Stéphane. 2002. *80% au bac⋯ et après? Les enfants de la démocratisation scolaire*. Paris: La Découverte.

Bertossi, Christophe and Abdellali Hajjat. 2013. "Country Report: France," EUDO Citizenship Observatory.

Brubaker, Rogers. 1997. *Citoyenneté et nationalité en France et en Allemagne*. Paris: Belin.

Cour des comptes. 2004. "Rapport au Président de la République suivi des réponses des administrations et des organismes intéressés." Paris; Cour des comptes.

Friedrich Ebert Stiftung. 2011. "Intolerance, Prejudice and Discrimination: A European Report."

Giry, Stephanie. 2006. "France and its Muslim." *Foreign Affairs*. Sept/Oct.

Grillo, Ralph. 2005. "Backlash of Diversity? Identity and Cultural Politics in European Cities." Working paper No. 14. Oxford: University of Oxford.

Hargreaves, Alec C. 1995. *Immigration, 'Race' and Ethnicity in Contemporary France*. New York: Routledge.

Haut Conseil à l'intégration. 1997. *Affaiblissement du lien social, enfermement dans les particularismes et intégration dans la cité*. Paris: La Documentation Française.

_____. 2000. "L'Islam sur la République." Novembre.

Ifop pour le Figaro. 2012. "L'image de l'Islam en France." Octobre.

Jennings, Jeremy. 2000. "Citizenship, Republicanism and Multiculturalism in Contemporary France." *British Journal of Political Science*, Vol. 30, No. 4.

Khosrokhavar, Farhad. 1996. "L'universel abstrait, le politique et la construction de l'islamisme comme une forte d'altérité." in Michel Wieviorka(ed), *Une société fragmentée Le multiculturalisme en débat*. Paris: La Découverte.

Laborde, Cécile. 2001 "The culture(s) of the republic. Nationalism and Multiculturalism in French Republican Thought." *Political Theory*, Vol. 29, No. 5.

Laurence, Jonathan and Justin Vaisse. 2006. *Integrating Islam: Political and Religious Challenges in contemporary France*. Washington; Brookings Institution Press.

Le Monde. 2015. "Valls évoque un «apartheid territorial, social et ethnique» en France." 20 janvier.

Le Monde. 2015. "Apologie du terrorisme." 29th January.

Pena-Ruiz, Henri. 2003. *Qu'est-ce que la laïcité?* Paris: Gallimard.

Pew Research Center's Forum on Religion & Public Life. 2011. "The Future of the Global Muslim Population." January.

Pew Research Center. 2014. "Global Attitude Survey." Q37 a,c,.

Marshall, Thomas Humphrey. 2009. "Citizenship and social class," in Jeff Manza and Michael. Sauder(eds.). *Inequality and Society*. New York: W. W. Norton and Co.

Ramadan, Tariq. 2004. *Peut-on vivre avec l'Islam?* Paris: Favre.

_____. 2009. *Mon intime conviction*. Paris: Presses du Châtelet.

Schnapper, Dominique. 2000. *Qu'est-ce la citoyenneté?* Paris: Gallimard.

Silvermann, Maxim. 1992. *Deconstructing the Nation*. London & New York: Routledge.

Tyler, Charles. 1994. *Multiculturalism and the Politics of Recognition*(Princeton, NJ: Princeton University Press.

Vertovec, Steven and Susanne Wessendorf. 2006. "Cultural, Religious and Linguistic Diversity in Europe: An Overview of issues and Trends," in Rinus Penninx et al.(eds.). *The Dynamics of International Migration and Settlement in Europe*. Amsterdam: Amstermam University Press.

Weil, Patrick. 2002. *Qu'est-ce qu'un Français? Histoire de la nationalité française depuis la Révolution*. Paris: Grasset.

_____. 2005. *La République et sa diversité: immigration, integration, discriminations*. Paris: La République des idées Seuil.

Zarka, Yves Charles. 2005. "Nouvelles conditions du rapport des religions a la laïcité," in Yves Charles Zarka(dir), Faut-il réviser la loi de 1905? Paris: Puf.

제 3 부

민족주의와 자본

9장

신한류와 정체성

「강남스타일」의 디지털문화정치학

| 김수철

1. 들어가는 글

이 글은 「강남스타일」의 전 세계적인 확산과 성공을 통해서 나타나고 있는 정체성의 문화정치학에 관해 살펴보고자 하는 글이다. 「강남스타일」의 전 세계적인 확산과 성공을 둘러싼 다양한 해석과 분석을 통해서 나타나고 있는 정체성의 정치는 민족주의와 대중문화 사이의 관계를 새롭게 고찰할 기회를 제공하고 있다. 이 글은 한류, 특히 케이팝의 등장과 성공에 따라서 새롭게 형성되고 변화되어온 민족주의와 대중문화의 관계 변화를 살펴보고자 한다. 특히 최근 싸이의 「강남스타일」의 전 세계적인 성공이 기존의 한류, 특히 케이팝을 둘러싼 정체성의 정치 지형에 미친 영향에 초점을 맞추어 민족주의와 대중문화 사이의 새로운 관계에 대하여 살펴보고자 한다. 「강남스타일」의 성공은 이전의 케이팝과는 여러 가지 면에서 구분되는, 예상치 못한 현상이었다. 먼저, 1990년대 후반 이후 시작되었던 과거의 케이팝이 주로 중국, 대만, 일본을 중심으로 한 동아시아 지역을 중심으로 했던 점과 비교해도 그 해외진출의 지역적 범위에서 뚜렷하게 구분된다. 또한「강남스타일」은 대중문화상품으로서 과거 케이팝의 유통(확산) 방식과 소비(수용)의 맥락에서도 유튜브를 중심으로 한 확산과 소비(수용)이라는 점에서 구분된다. 마지막으로 생산의 측면에서도「강남스타일」은 과거의 케이팝 대중문화상품과는 구분되는 면을 가지고 있다. 싸이라는 가수가 국내의 대형연예기획사들의 프로그램에 의해서 발견되고 훈련된 아이돌 스타들과는 구분되며 뮤직비디오, 노래 가사, 퍼포먼스, 가수의 이미지 등 텍스트적인 면에서도 과거의 전형적인 케이팝 스타와는 상당한 차이를 보여준다. 어떤 면에서는「강남스타일」의 성공이 기존의 케이팝의 해외진출 노력 및 전략을 다시 되돌아보게 만드는 곤혹스러운, 예상치 못한 성공이기도 하다. 더 나아가 해외진출 전략 및 성공요인이라는 측면에서뿐만 아니라 기존 케이팝의 성공과 해외진출에 따라 형성되어왔던 대중문화와 민족정체성의 관계를 둘러싸고 작동되었던 정체성의 문화정치에도 적지 않은 영향을 미치고 있다.

1990년대 후반 이후 케이팝이 신한류의 주요 문화 생산물 중에서 그 중심적인 위치를 확고히 해감에 따라서 케이팝의 한국적 정체성에 대한 논란들이 있어왔다. 현재 케이팝은 아시아 금융위기 이후 한국 정부의 문화산업 분야에 대한 전략적인 지원과 투자, 그리고 개별 문화(엔터테인먼트) 기업들의 노력의 결과로 비약적으로 성장한 한국 대중문화산업의 대표적 문화상품이 되었다. 케이팝은 대중문화가 한때 저급한 문화로만 치부되어왔던 과거와는 대조적으로 현재는 강력한 수출 경쟁력을 가지고 한국의 대외 이미지 제고와 국내외 한국민의 민족적 자긍심을 고취시키는 한국의 대표적인 문화 생산물로 그 가치와 의미를 인정받고 있는 것이다. 하지만 한류, 더 구체적으로는 케이팝을 둘러싼 이러한 정체성에 관한 논의는 대중문화 생산물이자 문화적 흐름, 수용자적 맥락, 그리고 새로운 디지털 유통환경이라는 요소들의 혼종적(hybrid) 특성으로 인하여 정체성의 문화정치와 연관된 새로운 질문들을 제기한다. 케이팝에서 재현되는 문화는 어떠한 문화인가? 한류, 특히 케이팝에서 한국적인 것은 무엇인가? 케이팝이 한국의 전통 문화와 가치로부터 나온 것으로서의 한국적 대중문화의 산물로 보기 힘들다면 현재의 신한류, 특히 케이팝과 한국적 정체성의 관계는 어떻게 바라볼 수 있을까? 또한 이는 새롭게 전개되고 있는 민족정체성을 둘러싼 문화정치학에 어떠한 의미를 가지고 있는 것일까? 이러한 맥락에서 「강남스타일」의 성공은 어떻게 바라볼 수 있을까? 이 장은 유튜브와 같은 소셜미디어, 인터넷을 통해서 전 세계적으로 확산된 「강남스타일」의 유통, 소비(수용)의 과정 그리고 텍스트적인 특징들을 자세하게 분석함으로써 민족주의와 대중문화의 관계 형성에서 새롭게 나타나는 요소들을 「강남스타일」의 디지털 문화정치학이라는 용어를 통해서 살펴보고자 한다.

2. 케이팝과 민족주의

케이팝과 민족주의, 민족정체성을 연결 짓는 논의와 담론들은 대체로 두 가지로 볼 수 있다. 하나는 문화민족주의적 담론이고 다른 하나는 문화산업화의 담론이다. 먼저 문화민족주의적 담론에서는 주로 케이팝을 포함하여 드라마, 영화와 같은 한국의 대중문화콘텐츠의 해외진출 그리고 이에 따른 국내의 한류 스타들의 해외진출이 시작되던 초기의 한국 언론의 보도 방식에서 흔히 찾아볼 수 있다. 한류스타의 해외진출을 지나친 민족주의적 프레임에서 바라보면서 중국과 일본 등을 포함한 동아시아 국가들에서의 한국 대중문화콘텐츠에 대한 관심과 인기를 '정복'으로 표현하거나, 자연스런 문화콘텐츠들의 국가 간 교류 현상을 마치 한민족, 한국의 전통 가치와 문화의 우월성을 증명하는 것으로 바라보는 협소한 문화민족주의의적 시각에서의 보도가 그것이다.[1] 이에 비해 문화산업화의 담론에서는 문화민족주의적 시각에서의 담론이나 해석보다는 대중문화콘텐츠로서 케이팝이 기여하고 있는 국가 브랜드 이미지에 주목하면서, 탈규제화와 정보통신기술의 발전에 의해 조성된 글로벌 소비자본주의 시장이라는 변화된 환경에서 케이팝의 해외진출이 해당 지역, 국가들에서 가져오게 될 효과, 소위 케이팝의 소프트 파워에 주목하는 논의들을 찾아볼 수 있다(Nye and Kim, 2013). 이러한 시각은 민족문화의 우월성과 타문화에 대한 문화적 지배의 시각에서 한류, 케이팝의 해외진출을 바라보던 시각과는 달리, 전 세계적인 민족문화의 상업화 경향과 민족국가들 간의 치열한 문화 경쟁의 심화라는 변화된 국제환경이라는 맥락에서, 해외진출을 케이팝과 같은 한국의 대중문화 상품의 산업화의 결과물로서 바라보는 시각이다.

이러한 시각은 케이팝의 해외진출을 한국 대중문화 상품의 산업화의 결과물로 바라보는 시각이다. 이는 한류, 케이팝의 해외진출을 민족문화의 우월성과 타문화에 대한 문화적 지배의 시각에서 바라보던 시각과는 구분되는 것으로 한류의 해외진출을 전 세계적인 민족문화의 상업화 경향과 민족국가들 간의 치열한 문화 경쟁의 심화라는 변화된 국제환경의 맥락 안에 위치 짓는 시각이다.

문화민족주의적 시각에서의 케이팝과 민족주의를 연관 짓는 논의들은

---

1) 국내외 케이팝 및 한류 언론보도에 나타난 특징에 대한 분석은 정수영·유세경(2013), 윤선희(2006), 송성훈(2012)을 참조.

주로 시기적으로 1990년대 말 중국과 일본 등지에서 한류의 해외진출이 막 시작되었던 시기에 많이 발견된다. 한류스타에 대한 편향성 기사 — 누가 엄청난 인기를 끈다거나 정복했다거나 하는 — 들이 그러한 예이다. 이러한 문화민족주의적 시각에서 한류, 케이팝의 해외진출을 바라보는 시각은 한류를 가장 먼저 적극적으로 수용했던 대만, 중국, 일본 등지에서 혐한류와 항한류와 같은 극심한 반발을 불러일으켜 문화 영역을 넘어서 정치·경제적인 갈등의 요소가 되기도 했다(박정수, 2013). 이러한 시각은 최근에는 과거보다는 줄어들었다고 할 수 있지만 싸이의 미국 진출에 대한 보도 등에서 볼 수 있듯이 완전히 사라졌다고 보기는 힘들다. 반면에 문화산업화의 담론에서 나타나는 케이팝과 민족주의의의 관계는 대중문화를 통한 "정체성의 산업화"(박정수, 2013: 281)와 이에 따른 각국 문화산업의 경쟁의 심화라는 현대 사회에서의 문화산업이 각 민족 국가들에서 가지는 위치와 역할의 변화를 그 배경으로 가지고 있다. 여기서 케이팝은 문화산업의 국제 경쟁이 심화되는 상황에서 하나의 경쟁력 있는 대중문화 수출 상품으로서 나타나며 자국의 문화산업과 문화자본을 보호하고 확대 재생산하려는 다분히 중상주의적 문화정책과도 무관하지 않다(이동연, 2005). 또한 케이팝의 민족주의적 특성에 대한 문화산업적 담론 중에는 케이팝이 1960년대 이래 시작된 '경제성장 신화'의 문화적 버전으로서 한국(남한)의 수출 지향적 개발 국가로서의 브랜드 이미지를 담고 있다는 논의도 있다(Lie, 2012). 케이팝과 국가 브랜드 이미지 제고를 목표로 하는 국가주의(지원정책)를 연관 짓는 이러한 시각은 최근 몇 년간 케이팝의 진출을 바라보는 외국 언론의 시각에서도 나타나는데, 예를 들어 《르몽드》가 2011년 6월 SM타운의 파리 콘서트를 "음악을 수출 가능한 상품으로 만든 제작사의 기획대로 만들어진 소년과 소녀들이 긍정적이며 역동적인 국가 이미지를 팔고자 하는 한국 행정부의 대대적인 지원을 받아 진출한 것"이라고 평가했을 때 잘 드러난다.

「강남스타일」의 예상치 못한 전 세계적인 성공은 이러한 케이팝과 민족주의의 관계 혹은 케이팝의 생산, 유통, 소비 과정을 둘러싸고 나타나는 정체성의 정치에 새로운 맥락을 제공해주고 있다. 「강남스타일」의 생산, 유통, 소비 과정에서 나타난 특징들은 기존의 케이팝에서의 그것들과 비교하여 일정한 차이를 보여준다. 먼저 무엇보다도 「강남스타일」은 뮤직비디오가 중심 콘텐츠가 되어 대중매체가 아닌 유튜브와 같은 인터넷 매체를 통해서 초기 확산이 이루어졌다. 또한 유튜브 외에도 트위터와 페이스북와 같은 소셜미디어를 통해 전 세계에 광범위하게 존재하는 인터넷 커뮤니티와 기존의 케이팝 팬들로 초기 확산이 이루어지면서 이것이 이후에 텔레비전 등 대중매체로 확산되어 「강남스타일」의 전 세계적인 성공이라는 현상으로 나타나게 되었다. 더 나아가 「강남스타일」 뮤직비디오에 나타나는 싸이의 모습은 과거 케이팝 스타들의 이미지와는 상당한 차이가 있으며, 이는 「강남스타일」의 수용과 소비의 과정에서도 일정한 차이를 보여준다. 여기서 주목해보아야 할 점은 「강남스타일」의 확산과 소비과정에서 나타난 디지털 팬덤 공동체에서의 소통방식이다. 「강남스타일」 이전에도 케이팝의 유통, 소비에서 인터넷, 유튜브와 같은 매체들이 중요했던 것은 사실이나 「강남스타일」 뮤직비디오의 확산 과정에서 나타난 역동적인 디지털 팬덤 공동체의 활동은 그 규모나 활동방식, 국가별 분포 등에서 과거 케이팝 팬들의 모습과는 구분되는 것이었다.

오늘날 글로벌한 수준에서 대중문화의 생산, 유통, 소비의 과정에서 나타나는 정체성의 정치는 인터넷이라는 매체와 이 공간에서 벌어지는 소통방식을 고려하지 않고는 제대로 파악하기 힘들다. 특히 "인터넷은 정체성의 정치가 글로벌한 수준에서 작동하는 가장 중요한" 매개체 중 하나가 되었다

(Kavoori and Chadha, 2009: 340). 과거 민족주의가 신문과 같은 인쇄매체가 한 번도 만난 적이 없는 사람들 사이에 동일한 정체성을 불러일으키고 있음을 지적하는 앤더슨(Anderson, 1983)의 논의에서 나타나듯이, 민족주의(혹은 민족정체성)는 전통적으로 한 국가 경계 내에 거주하는 공동체 구성원들 간의 소통적인 에토스를 의미하거나 외부의 위협이나 변화된 환경에 대항하여 공동체의 발전과 부흥이라는 가치와 깊게 연관된 것이었다. 앤더슨(Anderson, 1983)에 의하면, 민족은 원래는 서로 알고 지내기를 바라는 것이 애초에 불가능한 사람들 사이에 공유되는 소속감이다. 민족주의를 하나의 공동체 내에 존재하는 구성원들 간의 소통적 에토스로 바라보는 시각은 스미스(Smith, 1991)의 논의에서도 나타난다. 스미스는 민족주의의 구성요소로 영토, 법체계, 경제, 정치적 요소들이 핵심적이라고 지적하며, 또한 민족은 그들의 조국 땅에 거주하는 인구들을 함께 묶어주는 공통의 문화와 이데올로기, 그리고 공통된 이해와 감정, 사고를 지니고 있어야 한다고 말한다. 여기서 주목해보아야 할 점은 이러한 소통적 에토스로서의 민족주의의 구성요소에서 미디어 기술의 위치이다. 민족주의에 관해 앤더슨이 주장하고자 하는 핵심적 요소 중 하나는 책과 신문의 발전과 같은 미디어 기술의 변화이다. 그에 의하면, 인쇄 자본주의(print capitalism)가 급속하게 증가함에 따라서 사람들은 자기 자신을 전혀 새로운 방식으로 사고하기 시작했으며 또한 자신들을 타자와의 연관 속에서 바라보게 되었다고 한다.

하지만 오늘날의 민족주의가 작동하는 방식에서 인쇄매체를 매개로 작동하고 형성되었던 민족주의가 그대로 작동하고 있을까? 인터넷과 같은 디지털 기술의 발전뿐만 아니라 교통수단의 발전에 따른 사물, 인간의 이동성이 그 어느 시기보다도 고도화된 시기에 이러한 소통적 에토스는 그대로 유지될 수 있을 것인가? 문화의 세계화에 대한 논의로 알려진 인류학자 아파두

라이(Appadurai, 1996: 66)는 인쇄매체가 아닌 전자매체에 의한 상상된 공동체, 즉 인쇄매체에 의한 상상력을 민족주의의 추동력으로 동원하는 방식이 아닌 국가 간 경계가 소멸 혹은 약화된 전 지구화 시대에 작동하는 또 다른 소통적 에토스 혹은 공동체 의식을 '정서의 공동체(community of sentiment)'라는 개념으로 설명한다. 즉 전 지구화 시대에 활성화된 정보통신 기술과 전자 매체 환경에서 국가 간 경계를 넘어 형성되는 소통적 에토스에 주목하는 것이다.

한류는 이러한 전자매체 환경에서의 초국적·탈경계적인 정체성의 형성과 문화흐름에 여러모로 일맥상통하는 요소가 있다. 한류와 같은 대중문화의 생산과 소비를 중심으로 형성된 '팝아시아니즘(pop Asianism)'(백원담, 2005)이라는 문화적 흐름은 과거 서구(중심부)의 수직적·일방적인 지배로 특징지어져 왔던 초국가적 문화 흐름에 대한 아시아, 비서구, 주변부의 안티테제로서 기능하며, 이는 비서구 국가들에게 수평적·문화적 흐름과 소통, 더 나아가 상이한 근대성을 상상할 수 있게 한다는 주장이 제기되어 왔다(조한혜정, 2003; Kim, 2013; Lin and Tong, 2008; Shim, 2006). 이러한 주장은 변화된 매체 환경에서 새로운 정체성의 정치의 가능성을 상상하고자 하는 시도라고 볼 수 있다. 이러한 전 지구화 시대에 작동하고 있는 소통적 에토스로서 민족정체성의 형성과 탈경계적인 문화흐름에 대한 논의들은 인쇄매체의 생산과 소비 과정을 통해 생성되는 유대감 형성보다는 더 복잡한 메커니즘을 포함한다. 즉 인터넷이라는 매체를 통한 대중문화콘텐츠의 생산, 소비, 유통 과정을 통해 나타나는 정체성의 정치는 매체 기술, 수용자적 맥락, 퍼포먼스 등의 요소들의 복합적인 상호작용이 고려될 필요가 있다(Kavoori and Chadha, 2009).

3.「강남스타일」디지털 팬덤

강남스타일 뮤직비디오 콘텐츠의 확산 과정에서 디지털 팬덤의 역할을 잘 파악하기 위해서는「강남스타일」뮤직비디오 콘텐츠 수용자(팬)들을 중심으로 제작되고 확산된「강남스타일」밈(meme) 비디오에 대하여 자세히 살펴볼 필요가 있다. 밈 비디오란 패러디, 혼성모방(pastiche), 매시업(mash-up)[2]과 같이 사용자와 수용자의 창의적이고 전면적인 참여를 통해서 원본 비디오나 콘텐츠로부터 상당 부분 변형되어 유튜브나 소셜미디어 그리고 인터넷의 다른 매체들을 통하여 대중적으로 확산되는 영상 콘텐츠나 비디오 클립을 의미한다(Shifman, 2012). 이후에 보다 자세하게 논의되겠지만 이러한 밈 비디오는 최근 특정 영상 콘텐츠가 유튜브나 소셜미디어를 통해 빠른 속도로 광범위하게 확산되는 것처럼 디지털문화콘텐츠의 확산과 소비, 수용 과정에서 작동하는 인터넷 문화의 매우 특징적인 현상 중 하나로서, 디지털 융합문화와 참여문화의 핵심 부분으로도 인식된다(Jenkins, 2006; Jenkins et al., 2013). 밈 비디오 그리고 이에 대한 이해는 수용자의 적극적인 참여와 상호작용을 기반으로 한다는 점에서 최근 디지털 팬덤에 기반을 둔 디지털 문화의 경향과 특징을 가장 잘 보여줄 뿐만 아니라, 전자매체 시대

---

2) 매시업(mash-up)이란 본래 음악 제작 과정에서 두 개 이상의 노래 중에서 음성이나 반주음악 부분 등의 일부만을 재구성하고 믹스하는 음악 제작 기법을 의미하는 용어였으나, 웹 2.0 시대를 맞이하여 웹으로 제공하는 기존 정보와 서비스를 융합하여 제3의 새로운 소프트웨어나 서비스, 데이터베이스를 만들어 제공하는 것을 의미하게 되었다. 웹 분야에서의 매시업은 단지 기업이나 전문 개발자에 의해 영리 목적으로 이루어지기도 하지만, 손쉽게 접근 가능하고 다루기 쉬운 서비스와 기술들이 제공됨에 따라 때로는 아마추어 사용자들에 의해서도 (때로는 무료로) 이루어지며 이것이 웹 2.0 시대의 특징적인 모습 중 하나라고 할 수 있다.

에 탈국적·탈경계적인 문화적 흐름과 이 공간에서 얻어지는 소통적 에토스를 이해하는 데 필수적이라는 면에서 디지털 공간에서의 정체성의 문화정치를 이해하는 데 중요하다.

밈 비디오란 앞에서 언급되었듯이 원본의 디지털콘텐츠가 수용자들의 창의적이고 적극적인 참여에 의해 변형된 영상 콘텐츠를 의미한다. 밈이란 용어는 원래 생물학자인 도킨스(Dawkins)가 자신의 1976년 저작 『이기적 유전자(The Selfish Gene)』라는 책에서 최초로 사용되었다. 여기서 도킨스는 밈을 마치 유전자와 같이 복제나 모방(imitation)의 방식을 통한 문화 전파(전달)의 단위로 설명하였다. 그에 의하면 밈은 유전자처럼 변형, 선택, 유지의 과정을 겪으며 어떤 특정 시기에 많은 밈들은 숙주들의 주목을 받기 위해 경쟁하게 된다(Shifman, 2011). 여기서 그 당시의 사회문화적인 환경에 적합한 밈들은 대중적인 확산의 과정을 통해서 성공하고, 그렇지 못한 밈들은 사라지게 된다. 이러한 밈들은 어떤 상징이 될 수도 있고 어떤 행위 혹은 패션, 건축양식, 멜로디, 혹은 스타일이 될 수도 있다. 또한 어떤 밈들은 「강남스타일」의 경우처럼 전 세계적으로 확산되어 대중적인 인기를 누릴 수도 있고, 어떤 밈들은 훨씬 더 국지적인 규모에서 특정 사회문화적 맥락과 연관될 수도 있다(Knobel and Lankshear, 2007).

복제, 모방, 변형, 선택, 확산 등의 사회생물학적 개념화에 기반을 두는 밈 개념은 디지털 팬덤의 적극적인 참여 행위와는 어떤 면에서는 정면으로 배치되는 함축적 의미들을 여전히 담고 있다는 점에서 모순적인 개념 사용으로 보일지도 모른다. 그러나 이러한 모순적인 용어 선택과 사용을 평가하면서 기억해둘 점은, 젠킨스의 논의에서도 잘 나타나듯이 이러한 콘텐츠들이 어떤 진화론적인 법칙에 의해서가 아니라 복잡하고 다양한 취사선택의 과정을 통해서 확산된다는 점이다(Jenkins, 2011). 다시 말해 이러한 확산과정에서 무엇보다도 중요하게 작동하는 것은 수용자나 사용자들이 지닌 디지털 미디어에 대한 리터러시 혹은 기술적인 능력 그리고 문화적·사회적인 취향에 기초한 매우 역동적이고 복합적인 취사선택의 과정이다. 더 나아가 특정 콘텐츠의 복제, 확산, 변형의 과정은 단지 진화론적이고 기계적인 과정이 아니라 유튜브, 소셜미디어, 인터넷 등의 현재의 디지털 기술과 현대 자본주의 소비 사회의 상호작용의 결과로 등장하는 디지털 문화와 디지털 커뮤니케이션의 특징적 현상 중 하나라는 것이다. 즉 인터넷이 지닌 상대적으로 뛰어난 접근성과 고도로 발달한 디지털 기술의 발전 그리고 이와 더불어 진화해가는 디지털 수용자 혹은 팬들의 독특한 콘텐츠 수용방식에서 작동하는 하위문화 및 공유문화(그것이 유튜브 커뮤니티이건 트위터나 페이스북을 통한 온라인 커뮤니티이건)라는 복잡한 기술문화의 결과로서 이러한 기존의 원본 콘텐츠에 대한 변형, 확산, 복제가 발생하는 것이다.

여기서 강남스타일 뮤직비디오의 초기 확산 시기에 나타난 밈 비디오는 세 가지로 분류해볼 수 있다.

첫째는 「강남스타일」 원본 뮤직 비디오에 대한 개인이나 집단의 반응을 담은 그리고 주로 일반인 팬들에 의해 제작된 리액션(reaction) 비디오이다. 리액션 비디오들은 대부분 일반인 아마추어 팬들이 제작하고 이들이 직접 출연하는 영상콘텐츠들이다. 원본 뮤직 비디오에 대한 출연자 자신들의 리액션을 원샷 촬영을 통해서 별다른 편집이나 가감 없이 보여주는 이러한 리액션 비디오들은 대부분 사적인 커뮤니케이션을 위해 만들어진 가정용 비디오(home-making video)의 성격을 보여준다. 비디오 촬영 장소는 대부분 집의 거실이나 방 혹은 그러한 느낌을 주는 사적인 공간이고 출연자들 또한 혼자보다는 친구들과 함께 촬영한 경우가 많으며 비디오의 형식도 매우 전형적이다. 즉 원본 뮤직 비디오 영상을 동시에 보여주면서 장면마다 리액션을 매우 사적이고 친밀하며, 때로는 마치 매일 매일의 영상 일기를 보는 듯한 고백적인 내레이션을 통해서 혹은 친구들과 일상적으로 그리고 즉흥적으로 나누는 대화체의 내레이션을 통해서 전달하며, 원본 뮤직 비디오가 끝난 뒤에는 대부분 원본 비디오에 대한 간단한 총감상평을 담고 있다. 이러한 일반인 팬(반드시 아마추어라고 볼 수는 없지만)에 의한 제작과 출연으로 만들어진 가정용 비디오, 혹은 소위 UCC 영상들은 본래의 밈 비디오 개념이 지니고 있는 기본 특징인 본래의 원본 콘텐츠에서 많은 변형이 이루어진 콘텐츠는 아니다. 하지만 원본 콘텐츠로부터의 변형 정도를 기계적으로만 바라봄으로써 밈 비디오 여부를 판단하는 것은 적절치 않아 보인다. 왜냐하면 이러한 일반인 팬에 의해 제작된 리액션 비디오들은 역설적으로 공식 원본 비디오, 공중파 방송의 보도 내용을 담은 유튜브 비디오, 혹은 셀레브리티에 의한 리액션 비디오에 비해 상대적으로 높은 비중의 적극적인 리액션(토론, 반응)을 이끌어내는 경향이 강하다는 측면에서, 중요한 밈 비디오의 한 장르로 바라볼 필요가 있다(Shitman, 2011).

리액션 비디오가 제공하는 가정용 비디오의 정서는 이러한 리액션 비디오가 레인지(Patricia Lange)가 말했던 "친밀성의 비디오(videos of affinity)"(Lange, 2009: 70)의 성격을 지닌 것으로 바라볼 수 있게 한다. 레인지에 따르면 이러한 친밀성의 비디오들은 사람들, 혹은 한 사회 네트워크 내의 다른 멤버들과의 소통과 연결의 느낌을 만들어내고자 한다. 즉 이러한 비디오들은 자신을 "특정 비디오의 시청자로 여기거나 호명(interpellation)하는 과정"을 통해서 비디오 콘텐츠 자체보다는 콘텐츠에 대한 반응이나 느낌들을 공유하는 잠재적인 타자들과의 소통과 정서적 유대의 느낌을 유지시켜주는 경향이 강하다(Lange, 2009: 83). 리액션 비디오는 실제로 그 내용상 많은 변형이 이루어지지 않을지는 몰라도 친밀한 소통과 연결의 느낌을 통한 수용자 자신의 호명 과정을 거쳐 동일한 공동체나 네트워크에의 소속감을 가져다 줄 수 있으며, 이후에 특정 비디오나 콘텐츠에 대한 관심(attention)이나 이에 대한 미래의 커뮤니케이션에도 매우 긍정적인 역할을 할 수 있다. 이러한 측면에서 리액션 비디오는 아파두라이가 말한 '정서의 공동체'에서의 소통적 에토스 형성에 매우 중요한 밈 비디오라고 할 수 있다. 그리고 「강남스타일」밈 비디오의 하나로 나타났던 리액션 비디오들은 공식 원본 뮤직 비디오의 발표와 확산 초기에 나타난 대부분의 밈 비디오의 주요 형식들이었으며, 향후 댄스커버 비디오나 패러디 비디오와 같은 다른 밈 비디오, 그리고 원본 비디오에 대한 팬 등 수용자들의 크고 작은 커뮤니케이션 네트워크들이 수립되는 데 긍정적인 역할을 했다(김수철·강정수, 2013).

둘째는 「강남스타일」원본 음악에 맞춰 팬들의 댄스 영상을 담아 제작된 댄스커버(dance cover) 비디오이다. 댄스커버 비디오는 패러디 비디오와 더불어 리액션 비디오가 가진 가정용 비디오로서의 사적인 친밀성의 성격보다는 집단적이고 공적인 성격을 더 많이 보여준다. 강남스타일 밈 비디오에서 댄스커버 비디오를 많이 관찰할 수 있는 이유는 「강남스타일」의 가사가 한국어인 관계로 생기는 언어적인 장벽과 연관된다. 즉 유튜브에서 대중적으로 확산된 바이럴(viral) 비디오들이 대부분 수많은 립싱크[lib-dubs] 비디오들을 밈 비디오로 가지고 있는 데 비해, 「강남스타일」에서는 언어적인 의미전달보다는 퍼포먼스에 기반을 둔 댄스커버 비디오들을 많이 발견할 수 있다. 또한 이러한 비디오들은 플래시몹(flash mob)의 형식이나 군무의 형식으로 쇼핑몰, 거리, 도심광장, 스포츠경기장 등과 같은 공적 장소에서 촬영된 경우가 많았으며 「강남스타일」말춤에 대한 지침서 형식의 비디오로 피트니스클럽 등에서 촬영된 경우도 적지 않았다.

이러한 「강남스타일」춤에 대한 지침서 형식의 밈 비디오는 「강남스타일」춤의 유머러스함과 단순함이 많은 팬들에게 플래시몹이라는 기존의 형식을 통해 군무에 참여하도록 하는 효과가 있었음을 보여준다. 댄스커버 비디오는 언어적 차이라는 것이 「강남스타일」 뮤직비디오를 소비, 수용하는 데 단순히 장애요소로만 작동하지 않음을 보여주기도 한다. 즉, 커버댄스 비디오와 같은 밈 비디오는 「강남스타일」과 같은 대중문화상품의 초국적 소비과정에서 언어적 차이와 같은 문화적 차이가 다양한 문화적·국가적 배경을 지닌 초국적 수용자 팬들에 의해 어떻게 협상되는지를 보여주는 예시라고 할 수 있다.

셋째는 영상뿐만 아니라 음악도 원본에서 변형되어 자체 제작되었으며 「강남스타일」 원본 비디오의 내용에 대한 패러디를 담은 패러디(parody) 비디오이다. 「강남스타일」은 본래 한국의 물질주의적인 문화를 '강남'에 빗대어 풍자와 유머를 통해서 비판하는 내용의 노래가사를 담고 있다. 이러한 「강남스타일」 노래가사에 담겨 있는 한국에서의 '강남'에 대한 상징과 의미는 유튜브의 초국적 팬 공동체에서 자연스럽게 누락, 왜곡되어 온전히 전달되었다고 볼 수는 없지만, 이 초국적 공간에서는 패러디라는 형식을 통해서 또 다른 방식으로 수용되고 있다. 기술적으로도 리액션 비디오나 댄스커버 비디오에 비해서 패러디 비디오는 더 복잡하고 제작기간도 길며 주제의 측면에서도 상대적으로 보다 복잡한 만큼, 패러디 비디오에 대한 높은 리트윗이나 유튜브 조회수 등을 통해서 나타나듯이 높은 인기를 얻어 「강남스타일」의 초기 확산에 가장 강력한 역할을 했다(김수철·강정수, 2013). 이러한 패러디 비디오의 존재는 「강남스타일」 텍스트의 특성에도 연유하는데, 제목과 내용이 지닌 장소성은 패러디 비디오에 좋은 유인 효과를 제공하면서 '대구스타일', '홍대스타일', '싱가포르스타일', '시카고스타일' 등과 같이 수십만 이상의 조회수를 기록한 패러디 비디오들을 낳았다. 또한 원본 비디오에서 패러디를 유인하는 요소는 원본 비디오가 촬영되는 장소와 배경들의 시각적 특징에서도 찾아볼 수 있다. 원본 비디오의 경우 기존의 성공적인 뮤직비디오들이 지녔던 외모, 배경의 시각적 비주얼을 화려하게 이미지화하는 방식보다는 일상적인 공간 —— 예를 들어 한강의 배 위, 횡단보도, 빌딩 옥상, 버스 안, 지하철 안, 주차장 등 —— 에서 댄스를 표현하며 의외성의 공간을 적절하게 사용하는 방식이 두드러진다(이성규, 2012). 이러한 원본 비디오가 지닌 일상적 공간 배경의 활용이라는 특징은 팬들이 특정 장소나 배경에 구애되지 않고 일상생활 공간에서「강남스타일」비디오를 손쉽게 패러디할 수 있게 하는 요소로 작용하며, 더 나아가 원본 비디오를 다양한 맥락에서 제작된 밈 비디오가 나올 수 있는 콘텐츠로 만든다고 볼 수 있다.

4.「강남스타일」디지털 팬덤과 정체성의 정치

「강남스타일」은 어떤 면에서 기존의 케이팝과는 매우 다르다. 사실 싸이의「강남스타일」을 1990년대 후반 이후 나타났던 케이팝을 대표하는 것이라고 말하는 데에는 여러 가지 무리가 따른다. 우선 싸이는 그가 케이팝의 주요 연예기획사 중 하나인 YG 엔터테인먼트사 소속 —— 또한 YG는 SM이나 JYP와 같은 다른 연예기획사에 비해서 해외 시장 공략에 상대적으로 적극적이지 않았다[1] —— 이긴 하지만 여기서 연습생으로 훈련을 받은 것은 아니며, 이미 YG로 소속을 옮기기 전에 댄스가수이면서도 자신의 작품을 직접 창작하고

---

1) 사실 싸이는 해외 프로모션에 돈을 한 푼도 쓰지 않았다. 동시에 싸이는 해외유학 경험, 영어 소통 능력 등 가지고 있는 문화적 자본이 상대적으로 적지 않았다는 점도 지적할 필요가 있다.

노래하며 여러 개의 정규 앨범을 발표한 싱어송라이터 뮤지션이었다. 케이팝의 전형적인 아이돌 스타에 비해 나이도 훨씬 많을 뿐 아니라 외모도 섹시한 이미지의 근육질 몸매를 앞세우던 과거 미국 진출 케이팝 스타들——비(Rain), 세븐, 보아, 원더걸스——과 전혀 다르다.[2] 물론 「강남스타일」의 초기 확산과 성공에 기존 케이팝의 두터운 팬 네트워크가 중요한 역할을 한 것은 사실이며 「강남스타일」의 강한 비트와 댄스로 이루어진 텍스트적인 특성에서 케이팝과 연속선상에 있음도 사실이다. 하지만 「강남스타일」에 의해 형성된 국가 간 경계를 넘어서는 문화적 흐름에는 과거 케이팝에서의 해외진출과정에서 혐한류, 반한류의 형태로 나타나곤 했던 민족 감정의 충돌이나 갈등의 모습을 찾아보기 힘든 것도 또한 사실이다.

이는 「강남스타일」이 동아시아 지역, 특히 일본에서 미국이나 다른 해외 지역에서만큼은 주목과 인기를 끌지 못했다는 점과 연관되어 있다. 즉 「강남스타일」의 성공, 특히 미국과 유럽을 포함해 동아시아를 넘어서는 보다 다양한 지역에서의 「강남스타일」의 성공과 수용의 맥락에는 민족정체성의 대립과 갈등보다는 서구에 의한 아시아의 민족정체성을 타자화하기라는 정체성의 문화정치가 주요하게 작동하는 것이다. 그러나 서구에 의한 동양, 아시아의 민족정체성 인식이라는 맥락에서 싸이의 「강남스타일」의 수용은 사실 「강남스타일」을 둘러싼 정체성의 정치의 일부만을 보여준다. 「강남스

---

2) 또 다른 측면에서 싸이라는 개인은 2001년 대마초 흡연으로 벌금형을 선고받았으며 병역특례 요원으로서의 군복무가 부실복무로 판정되어 현역으로 재입대하여 20개월을 복무한 경력, 자신의 데뷔 앨범의 부적절한 내용으로 인해 벌금을 낸 경력이 있다. 동시에 각종 해외 콘서트나 해외 언론 인터뷰에서 대한민국 출신임을 강조하는 퍼포먼스를 행하곤 했다. 이 모두 기존의 케이팝 아이돌 스타들의 단정하고 예의바른 모습과는 구분되는 캐릭터와 경력이라고 볼 수 있다(신현준, 2013).

타일」에 나타난 서구에 의한 동양, 아시아에 대한 타자화는 인종(한국이 아니라 동양)과 섹슈얼리티(동양 남성의 이미지)라는 또 다른 정체성 작동과 맞물려 이해될 필요가 있다. 여기에는 풍자적이며 유머러스한 텍스트인「강남스타일」의 수용과정에서 나타나는 서양의 동양(아시아) 남성에 대한 오랜 스테레오 타입[3]을 통해서 작동하는 서양의 아시아 남성에 대한 타자화의 시선이라는 정체성의 문화정치가 작동한다.

문제는 이러한 서구의 타자화된 시선을 통해서 민족정체성과 섹슈얼리티, 인종이 맞물려 작동하는 정체성의 정치가 주로 디지털 환경에서의 대중문화텍스트의 유통과 수용의 맥락에서 이루어지고 있다는 점이다. 사실 유튜브와 같은 디지털 대중문화콘텐츠의 유통과 수용과정에서 이러한 스테레오 타입, 타자화, 풍자는 그리 드문 현상이 아니다. 「강남스타일」의 서구에서의 수용에서 나타나는 스테레오 타입과 타자화 시선의 작동이 문제적인 것이 사실이긴 하지만 이것만으로「강남스타일」을 둘러싼 정체성의 문화정치를 단정적으로 볼 수는 없다는 것이다. 오히려 팝 음악, 뮤직비디오와 같은 디지털 대중문화콘텐츠에 대한 수많은 팬 대중들, 혹은 수용자들에 의한 대중문화의 소비는 바로 기존의 이러한 스테레오 타입, 타자화의 시선에 대한 풍자와 코드 비틀기와 같은 과정들을 통해 이루어지는 경우가 흔하다. 즉 오늘날 디지털 매체환경에서 대중문화 텍스트의 소비와 수용을 둘러싸고 나타나는 정체성의 문화정치의 양상은 대중적인 것과 정치적인 것 사이의 모순적 조합을 통해 드러난다고 볼 수 있다.

---

3) 이러한 스테레오 타입에 따른 동양 남성의 모습은 종종 "약간 통통하고 전혀 위협적이지 않은" 것으로 나타나며 또한 이러한 스테레오 타입은 김정일과 같은 군사 독재자들조차도 결코 심각하게 받아들이지 않고 단지 우스꽝스러운 캐릭터로 그려내는 것을 가능하게 만든다(*The Guardian*, 2012.12.30).

이상의 논의에서 「강남스타일」의 전 세계적인 성공, 유통, 수용의 맥락을 정체성의 문화정치라는 측면에서 볼 때 주목해보아야 할 점을 정리해보면 다음과 같다. 먼저, 유튜브와 페이스북, 트위터와 같은 인터넷 매체가 대중문화상품의 글로벌한 유통, 소비 과정에서 중요한 역할을 차지하면서 더 나아가 대중문화상품의 소비와 수용 과정에서 형성되는 초국적 팬 공동체의 소통방식에도 영향을 미친다는 점이다. 특히 「강남스타일」을 포함한 케이팝과 같은 콘텐츠들의 특성상 중요한 뮤직 비디오와 같은 비주얼 콘텐츠의 확산과정, 특히 국내 팬들만이 아닌 전 세계 팬들을 대상으로 하는 글로벌 확산과정에서 유튜브와 같은 미디어 플랫폼은 매우 중요하다. 점차로 디지털화되어가는 대중음악산업에서 동영상을 올리고 시청하는 플랫폼으로 유튜브는 최근 가장 강력한 유통 미디어 플랫폼이 되고 있다. 유튜브는 전 세계의 수많은 대중음악 팬 공동체를 광범위하게 네트워크로 연결시킨다. 이러한 유튜브를 매개로한 팬 공동체의 소통의 공간에서 로컬과 글로벌의 경계, 국가 간 경계는 상대적으로 매우 낮아진다는 특징을 가지고 있다. 즉 때로는 글로벌 팬들을 위한 전략이나 콘텐츠 제작이 아닌 로컬을 위한 전략이나 콘텐츠 제작이 혹은 별다른 해외 전략 없이 국내 팬을 위주로 만든 뮤직 비디오나 콘텐츠가 곧 글로벌 전략으로, 그리고 글로벌 팬들을 위한 제작과 콘텐츠로 전화될 수 있는 곳이 바로 이 유튜브 미디어 플랫폼이다. 바로 싸이의 「강남스타일」이 그 대표적인 예이며 유튜브의 이러한 특성을 통해서 수많은 무명의 뮤지션, 아마추어 팬들이 일약 세계적인 스타로 발돋움하는 일들은 유튜브에서 이제 더는 새로운 현상이 아니다. 이러한 측면에서 유튜브는 일시적으로 유행했다가 사라져가는 단순한 애플리케이션이나 미디어 기술이 아니라 최소한 글로벌 대중음악산업에서 하나의 새로운 디지털음악 콘텐츠의 유통, 소비 패턴의 특징적 양상과 이 미디어 플랫폼을 둘러싸고 나타나는 새로운 디지털 팬 공동체에서 소통방식의 특징을 제대로 파악하는 데 따로 분리하여 사고할 수 없는 매체이다.

둘째, 정체성의 디지털 문화정치에서 밈 비디오의 존재의 중요성이다. 밈 비디오는 현재 변화된 디지털미디어 환경과 이에 따라 새롭게 재편되고 있는 디지털 대중음악산업에서 디지털 팬덤, 즉 디지털콘텐츠의 수용자와 사용자들이 어떠한 방식으로 콘텐츠를 수용하는지, 그리고 이러한 과정에서 어떠한 방식의 소통적 에토스가 나타나게 되는지를 파악하는 데 핵심적인 연구 대상이다. 「강남스타일」의 밈 비디오에 대한 위의 논의에서도 제시되었듯이 「강남스타일」 밈 비디오는 「강남스타일」 뮤직 비디오의 초기 확산에도 중요한 역할을 했을 뿐만 아니라 디지털 미디어 환경에서 대중문화콘텐츠의 수용자들, 팬 공동체들 사이에 두터운 커뮤니케이션 형성에 밑거름이 되었다. 또한 다양한 디지털 팬들에 의한 밈 비디오의 제작, 유포, 공유의 과정에서 로컬과 글로벌의 경계, 국가 간 경계를 넘어서는 다양한 소통방식들이 나타나고 있다는 점에서 밈 비디오는 디지털 문화정치학의 중요한 연구대상임에 틀림없다.

5. 나오는 글

싸이의 「강남스타일」의 유튜브 조회수의 연일 기록 갱신을 보도하는 기사나 미국 등 국내외 「강남스타일」 신드롬 현상에 대한 분석들은 「강남스타일」의 급속한 글로벌한 확산과 인기의 이면에 존재하는 밈 비디오의 존재에 대하여 별다른 분석과 설명을 제시하고 있지 않다. 「강남스타일」이 단순히 따라하기 쉽다거나 B급 문화나 정서에 대한 선호를 잘 반영하고 있다는 텍스트 중심적인 분석은 이젠 신드롬이 되어버린 「강남스타일」의 인기를 설명하기에도 부족할 뿐만 아니라, 「강남스타일」을 둘러싸고 나타나는 디지털문화정치학을 이해하는 데 많은 한계가 있다.

이 글은 「강남스타일」이 가져온 기존의 케이팝과 민족정체성의 관계에 미친 영향을 살펴보기 위해서 비롯된 연구이다. 최근의 대중음악 산업의 변화만을 놓고 보았을 때 유튜브라는 미디어 플랫폼이나 밈 비디오와 같은 현상들은 단순한 디지털 문화의 유행이나 신드롬 정도로 바라볼 것이 아니라 실제로 대중문화의 산업화와 세계화가 본격적으로 이루어짐에 따라서 등장하는 초국적 소비 자본주의 시대에 나타날 수 있는 정체성의 문화정치연구의 중요한 대상으로 바라볼 필요가 있다. 리코딩 산업의 시대를 거쳐 디지털 시대로의 진입을 목전에 둔 음악산업의 생태계에서 디지털 음악을 유통하는 가장 대표적인 서비스 중 하나가 바로 유튜브이며, 또한 동영상을 올리고 시청하는 플랫폼으로서 유튜브는 최근 들어 가장 강력한 음악 유통 플랫폼이 되고 있다. 이 플랫폼을 통해서 전 세계 음악 팬들은 음악을 듣고 보며, 그 음악을 따라 부르며 춤을 추는 영상을 올리며 페이스북으로 그리고 트위터로 유튜브 영상을 공유하며 친구들과 때론 처음 보는 이들과 소통하고 관계망을 형성하고 있다.

또한 「강남스타일」의 글로벌한 확산과 초국적인 수용 과정에서 나타났듯이 디지털 음악산업 생태계에는 단순히 원본만이 존재하는 것이 아니라 그 원본의 확산 과정에서 수없이 패러디되며 복제되고 버전업되는 사용자의 참여 영상, 즉 밈 비디오가 존재한다. 이 밈 비디오들은 「강남스타일」의 경우에서 나타나듯이 디지털 팬 공동체들의 욕망, 취향, 적극적 참여의 산물이며 이를 매개로 국가 간, 글로벌/로컬의 경계를 넘어선 다양한 소통이 이루어진다. 디지털 팬덤에 의한 초국적 공간에서의 소통, 그리고 여기서 유튜브와 같은 미디어 플랫폼과 밈 비디오와 같은 콘텐츠들이야말로 디지털 환경에서의 정체성의 문화정치, 혹은 디지털 문화정치학이 「강남스타일」의 글로벌한 성공에서 얻어내야 할 교훈이며 주목해야 할 대상이다.

❖ 참고문헌

강준만. 2009. 『대중매체 이론과 사상』. 서울: 개마고원.

김수철·강정수. 2013. 「케이팝에서의 트랜스미디어 전략에 대한 고찰: 〈강남스타일〉 사례를 중심으로」. 《언론정보연구》, 50권 1호, 84~120쪽.

박정수. 2013. 「세계화와 민족주의의 문화갈등: 한중(韓中) 간 한류와 반한류의 사례분석」. 《중소연구》, 37권, 1호, 271~307.

백원담. 2005. 『한류』. 서울: 펜타그램.

송성훈. 2012. 「해외언론의 한류보도」. 《관훈저널》, 53권 2호, 39~45쪽.

신현준. 2013. 『가요, 케이팝 그리고 그 너머』. 서울: 돌베개

이동연. 2005. 「한류 문화자본의 형성과 문화민족주의」. 《문화과학》, 42호(여름), 175~197쪽.

이성규. 2012.8.16. "싸이 〈강남스타일〉이 진짜 성공한 이유." 《프레시안》, http://www.pressian.com/article/article.asp?article_num=30120815021735(검색일: 2013.8.6).

유세경. 2013. 「중국과 일본의 주요 일간지에 실린 대중문화 한류 관련 뉴스 분석」. 《언론정보연구》, 50권 1호, 121~156쪽.

윤선희. 2006. 「문화 간 커뮤니케이션과 뉴스 보도의 내러티브 분석」. 《언론정보학보》, 36호(겨울), 162~197쪽.

조한혜정. 2003. 『'한류'와 아시아의 대중문화』. 서울: 연세대학교 출판부.

"싸이 '강남스타일' 성공은 저작권 포기 덕분?". 《경향신문》, 2012.9.12.

Amey, K. 2007.12.7. "POP RHETORIC: Cute with Chris vs 2 girls, 1 cup", *The McGill*

Tribune, http://mcgilltribune.com/pop-rhetoric-cute-with-chris-vs-2-girls-1-cup/ (검색일: 2013.8.13).

Anderson, B. 1983. I*magined communities*, London: Verso.

Appadurai, A. 1996. *Modernity at large: cultural dimensions of globalization*, Minneapolis, MN: University of Minnesota Press.

Burgess, J. 2008. "All your chocolate rain are belong to us? Viral video, Youtube and the dynamics of participatory culture". In G. Lovink and S. Neiderer(eds.). *Video Vortex Reader: Responses to Youtube.* Amsterdam, Netherlands: Institute of Network Cultures, pp. 101~109.

Kavoori, A. and K. Chadha. 2009. "The Cultural turn in International Communication: Mapping an Epistemic" *Journal of Broadcasting and Electronic Media*, Vol. 53, No. 2, pp. 336~346.

Knobel, M. and D. Lankshear. 2007. "Online memes, affinities, and cultural production". In M. Knobel and C. Lankshear(eds.) *A New Literacies Sampler.* New York: Peter Lang, pp. 199~227.

Jenkins, H. 2006. *Convergence Culture: Where old and new media collide.* New York, NY: New York University Press.

_____. 2007. "Transmedia Storytelling 101," http://henryjenkins.org/2007/03/transmedia_storytelling_101.html(2012.8.21).

Jenkins, H. 2011. "Transmedia 202: Further reflections," http://henryjenkins.org/2011/08/defining_transmedia_further_re.html(2012.8.21).

Jenkins, H., S. Ford and J. Green. 2013. S*preadable Media: creating value and meaning in a networked culture.* New York: New York University Press.

Kim, Y. 2013. "Introduction: Korean media in a digital cosmopolitan world", in Y. Kim (ed.) *The Korean Wave: Korean media go global.* London: Roultedge, pp. 1~27.

Lange, P. G. 2009. "Videos of affinity on Youtube". In P. Snickars and P. Vonderau (eds.). *The Youtube Reader.* Stockholm: Wallflower Press, pp. 228~247.

Lie, J. 2012. "What is the K in K-pop?: South Korean popular music, the culture industry and national identity." *Korea Observer* Vol. 43, No. 3, pp. 339~363.

Lin, A. and A. Tong. 2008. "Re-imagining a cosmopolitan 'Asian Us': Korean media flows and imaginaries of Asian modern femininities," in B. Chua and K. Iwabuchi (eds.) *East Asian Pop Culture: Analyzing the Korean Wave*, Hong Kong: Hong Kong University Press, pp. 91~126.

Longworth, K. 2007.11.20. "Karina's Capsule: 2 Girls 1 Cup Reactions", *GIGAOM*, http://gigaom.com/video/karinas-capsule-2-girls-1-cup-reactions/(2012.8.19).

Nye, J. and Y. Kim. 2013. "Soft power and the Korean Wave", in Y. Kim(ed.) *The Korean Wave: Korean media go global*. London: Roultedge. pp. 31~42.

Shifman, L. 2012. "An anatomy of Youtube meme". *New Media & Society*, Vol. 14. No. 2. pp. 187~203.

Shim, D. 2006. "Hybridity and the Rise of Korean Popular Culture in Asia," *Media, Culture & Society*, pp. 28, No. 1, pp. 25~44.

Smith, A. 1991. *National identity*, Harmondsworth: Penguin.

The Guardian, 2012.12.30. "What's so funny about Gangnam Style?" http://www.theguardian.com/commentisfree/2012/sep/24/gangnam-style-south-korean-pop (2015.2.11).

10장

세계화, 그리고 민족국가의 문화 경쟁

한중(韓中) 간 한류와 반한류의 사례분석

| 박정수

1. 들어가는 글

세계화 속에서 민족주의는 국제사회의 문화갈등에 어떤 영향을 미치는 것일까? 세계화의 거친 파고 속에서 자신의 민족문화, 즉 문화주권을 수호하고자 하는 민족국가의 노력은 궁극적으로 국제수준의 문화다양성을 보존하는 가장 중요한 밑거름이 된다. 그러나 문화다양성의 보호가 곧 문화공존을 의미하는 것은 아니다. 오히려 자민족의 민족문화를 보호하려는 민족국가들의 노력이 국가 간 문화갈등의 중요한 배경으로도 작용할 수 있다. 더욱이 세계화는 문화 교류와 접변을 보다 심화시키면서 이러한 위험성을 더욱 고조시킬 수 있다. 민족주의가 민족문화의 수호를 위해서 국가라는 주권적 영토 안에 문화의 '경계 짓기'를 강화하고자 하는 반면에, 세계화는 활발한 문화 교류와 접변을 통해서 문화의 경계 넘기를 촉진한다. 그리고 이 과정에서 '경계 넘기'의 민족주의와 '경계 짓기'의 민족주의 간, 다시 말하면 민족국가 간 문화 경쟁과 갈등이 보다 심화될 수 있다.

지금까지 세계화가 추동하는 문화갈등은 주로 문화제국주의가 주장하는 바와 같이 미국문화로 대변되는 서구문화와 비서구문화와의 갈등이 주요 논의를 점하고 있다(Tomlinson, 1991).[1] 문화의 보편성(universalism)과 특수성(particularism)을 둘러싼 세계화와 문화 담론[2]에서 출발하는 이러한 논의는 세계화가 문화의 보편성을 강화함으로써 궁극적으로 미국문화, 즉 서구문화의 세계적 지배를 가져온다는 주장이다. 따라서 여기서의 주된 문화갈등은 서구문화와 비서구문화, 즉 서구문화와 비서구 민족국가들과의 갈등이다.

반면에 이러한 갈등을 비판하는 논리도 있다. 이는 세계화가 단일의 보편문화를 가져오는 것이 아니라 오히려 다양한 형태의 문화적 복합성과 혼종성을 가져온다는 논리로서, 세계문화(global culture)론에 의해 제기되고 있다(Tomlinson, 1999a; Featherstone, 1990; Robertson, 1990). 세계화가 지역에 고착된 특수문화에 대한 세계적 소개의 기회를 가져옴으로써 특수문화의 보편화를 촉진하는 측면도 있다는 것이다.[3] 이러한 현상에 대하여 로버트슨(Roland Robertson)은 '보편주의의 특수화(particularization of universalism)'

---

1) 톰린슨(Tomlinson, 1999a: 80)은 이러한 문화제국주의를 "유럽에 대한 미국의 지배, 비서구에 대한 서구의 지배, 주변에 대한 중심부의 지배, 빠르게 사라지는 전통세계에 대한 근대 세계의 지배, 거의 모든 사물과 사람에 대한 자본주의의 지배 등에 대한 수많은 구체적 담론들"이라고 말한다.

2) 문화의 보편성과 특수성의 문제는 다시 문화의 동질성(homogeneity)과 이질성(hetero-geneity), 통합(integration)과 분열(disintegration), 그리고 단일성(unity)과 다양성(diversity)과 같은 상호 배타적인 개념들과 연계되어 설명되거나 분석되고 있다(Featherstone, 1990: 2).

3) 이에 더하여 기든스(Anthony Giddens)와 바우만(Zygmunt Bauman)은 세계화를 서구문화의 승리가 아니라 오히려 쇠퇴로 보기도 한다(Tomlinson, 1999b: 22~29).

와 '특수주의의 보편화(universalization of particularism)'라는 세계화의 이중적 문화과정을 제시하면서, 세계화가 이러한 이중적 문화과정의 상호침투(interpenetration)를 촉진하고, 제도화시킨다고 주장한다. 그리고 이러한 과정이 기본적으로 상호 보완적이라고 말한다(Robertson, 1992: 98~105). 이러한 세계문화론의 시각은 문화적 공존을 설명하는 것으로, 이렇게 되면 문화제국주의가 주장하는 것과 같은 문화갈등은 사라지거나 약화될 수 있다.

그러나 이 글은 세계화가 문화적 복합성과 혼종성을 가져온다는 세계문화론의 주장을 지지하면서도, 이 과정이 상호보완적일 수 있지만, 때론 갈등을 촉진할 수도 있다고 본다. 특히 이 글은 로버트슨이 제시한, 특수문화의 경계 넘기로서 '특수주의의 보편화' 과정에 주목한다. 특수문화가 보편화되는 과정 속에는 문화의 공존뿐만 아니라 문화갈등의 가능성도 내재하고 있다고 본다. 즉, 하나의 특수문화가 보편화되는 과정에서 다른 특수문화와의 문화갈등이 형성될 수 있다는 것이다. 여기서 특수문화의 대표적인 유형이 민족문화라는 점에서 특수문화와 특수문화 간의 문화갈등은 곧 민족주의와 민족주의 간 갈등을 의미한다.

이와 함께 이 글이 주목하는 것은 민족국가 간 문화갈등이 일어나는 방식이다. 현대 자본주의 사회에서 우리가 문화를 접하는 방식은 주로 시장에서 문화상품의 소비를 통해서 이루어진다. 여기에 더해 신자유주의적 세계화는 문화의 상품화를 촉진하면서 글로벌 시장의 형성을 통해 문화상품의 국경 없는 교역을 촉진한다. 이렇게 보면 '특수주의의 보편화' 과정은 글로벌 시장에서 문화상품의 교역을 통해서 주로 이루어진다고 할 수 있다. 따라서 '특수주의 보편화' 과정에서 파생되는 문화갈등은 주로 문화상품의 불균형적인 유입에 의해 촉발된다고 할 수 있다. 불균형적인 문화상품의 유입이 무역갈등을 넘어 문화갈등을 초래하고, 이것이 민족국가들의 문화산업화 경쟁을 촉발한다는 것이다. 그리고 이러한 민족국가들 간의 문화산업화 경쟁은 다시 문화갈등을 심화시키는 요인으로 작용한다.

이 글은 바로 이러한 문화갈등의 대표적인 사례로서 최근 동아시아에 나타나고 있는 '한류(韓流)'와 '반한류(反韓流)' 현상을 제시하고자 한다. 1990년대 말부터 중국과 대만 등의 중화권을 중심으로 시작된 한류는 동남아시아, 일본 그리고 지금은 유럽, 북미, 남미 등으로 확산되고 있다. 그러나 이러한 한류의 이면에는 한류를 비판하고 폄하하는 강력한 반(反)한류 현상 역시 최근 급격히 부상하고 있다. 특히, 한류를 가장 먼저 그리고 적극적으로 수용했던 대만, 중국, 일본 등의 동아시아 국가들에서 나타나는 항(抗)한류, 혐(嫌)한류와 같은 극심한 반한류 현상은 문화 영역을 넘어서 정치적·경제적 갈등까지 유발하고 있다. 이 글은 한류를 '특수주의의 보편화' 과정으로 설명하고, 그 과정에서 파생되는 문화갈등으로 중국의 반한류 현상을 제시할 것이다. 그리고 반한류 현상이 어떻게 중국이 문화산업화를 촉진하고 강화하는 기제로 작동하는지를 살펴보고자 한다.

2. 이론적 설명

세계화가 문화의 다층적이고 복합적인 과정을 수반함으로써 다양한 문화들이 평화적으로 공존할 수 있다는 세계문화론자들의 주장은 분명 문화적 세계화의 긍정적 시각을 보여준다. 그러나 이러한 주장에는 세계화가 문화의 '탈영토화(deterritorialization)'와 민족주의의 약화를 가져올 것이라는 시각이 일정 부분 작용하는 것으로 보인다. 실제로 많은 세계문화론자들은 세계화가 문화의 탈영토화를 촉진하고 있다(Tomlinson, 1999; 미첼, 2011)고 말하면서 "세계화가 진행되면서 국가를 기준으로 문화의 경계선을 명확히 구분하는 것을 당연시해 온 기존의 생각은 설득력을 잃을 것"이라고 주장한다(Appadurai, 1990; Hannerz, 1996).

그러나 현실에서 민족주의는 여전히 많은 지역에서 지속되거나 오히려 강화되고 있다. 특히나 동아시아에서는 민족주의가 여전히 강인한 생명력을 지속하고 있을 뿐만 아니라, 오히려 냉전의 종식과 세계화가 동아시아의 민족주의를 더욱 심화시키고 있다는 주장도 제기된다(조성환, 2005; 윤인진, 2007; 김영명, 2003; 김동성, 1996; 신기욱, 2009). 이에 대하여 스미스(Anthony D. Smith)는 민족주의가 "진정한 세계 정치와 문화의 가장 큰 장애물"이라고 말한다(Smith, 1990: 172). 따라서 민족주의가 여전히 힘을 발휘하고 있다는 입장에서 본다면 로버트슨이 제시한 앞서의 이중적 과정은 세계화가 가져오는 또 다른 문화갈등의 과정을 설명할 수도 있다. 다시 말하면 세계화가 가져오는 문화의 다층적이고 복합적 과정에서 다양한 문화갈등이 파생할 수도 있다는 것이다.

로버트슨(Robertson, 1992: 100)은 민족주의를 "현대 특수주의의 가장 전형적인 형태"로 보고 있다. 따라서 그가 제시한 '특수주의의 보편화' 과정은 민족주의, 즉 '민족문화의 보편화' 과정으로 설명할 수 있다. 특수문화인 민족문화가 보편화되는 과정은 점진적 과정을 수반할 것이다. 즉, 지리적·문화적으로 인접한 지역국가들에서 일련의 민족문화가 보편화되고 그것이 다시 범세계적인 차원으로 확대될 것이다. 따라서 이 과정에서 두 가지 수준에서의 문화갈등이 단계적으로 나타날 수 있다.

첫째 단계는 지역(region) 수준으로 보편화되는 민족문화와 주변의 다른 민족문화들과의 문화갈등이다. 지역 수준에서 보편화되는 민족문화에 의해 자신들의 문화가 상실될 수 있다는 위기의식이 다른 민족문화의 저항으로 나타날 수 있다는 것이다. 둘째 단계는 세계(global) 수준으로 특수문화가 지역을 넘어서 세계적으로 보편화되는 과정에서 기존의 패권문화인 서구문화와 문화갈등이 발생할 수 있다는 것이다. 이러한 두 가지 수준에서의 문화갈등에서 이 글이 집중하고자 하는 것은 첫째 단계에서 나타나는 특수문화 간의 문화갈등, 즉 민족국가와 민족국가의 문화갈등이다.

그렇다면 어떻게 특수문화의 보편화 과정에서 민족문화와 민족문화 간 문화갈등이 파생되는 것일까? 로버트슨이 말하는 바와 같이 세계화가 특수문화의 보편화를 촉진한다고 한다면 이에 대한 설명은 세계화와 민족주의의 관계로 환원해서 설명할 수 있을 것이다.

민족주의는 문화의 '경계 짓기', 즉 문화의 '영토화(territorialization)' 또는 '재영토화(reterritorialization)'에 집착한다. 민족주의는 정체성을 그 핵심적 기반으로 한다. 민족주의는 주권적 영토 위의 모든 민족구성원들을 하나로 응집시키는 공동체의식, 즉 민족정체성의 형성과 강화가 무엇보다 중요하다. 민족정체성이란 오랜 역사 속에서 형성된 다른 민족집단들과는 차별화된 특성을 말한다(Guibernau, 1996: 73). 이러한 차별화된 특성들에는 상징, 가치, 신념, 관습 등과 같이 다른 집단들과 차별화되는 문화적 특성이 가장 중요한 구성요소로 자리 잡는다. 따라서 민족주의는 문화의 '재해석(reinterpretation)'과 '재생산(reproduction)'을 통해서 다른 민족과 차별화되는 민족문화 또는 국가문화를 형성하면서 민족국가의 통일과 단결을 도모하고자 한다(Smith, 2006; Gellner, 2006).

반면에 세계화는 문화의 '탈영토화'를 촉진한다. 존 톰린슨(John Tomlinson)은 문화의 '탈영토화'란 문화와 공간(place)과의 관계를 의미하는 것으로 "문화와, 그리고 지리적이고 사회적인 영토와의 자연적 관계의 상실"을 의미한다고 말한다(Tomlinson, 1999: 106~107). 문화와 영토가 그 자연적 관계를 상실한다는 것은 곧 문화가 그 영토를 기반으로 한 정체성과의 관계를 상실한다는 것을 말한다. 즉, 문화의 탈영토화란 곧 문화의 탈정체성을 의미한다는 것이다. 결론적으로 자신의 정체성을 강화하기 위해서 문화적 영토화를 강조하는 민족주의와 문화의 탈영토화를 촉진하는 세계화는 기본적으로 대립적일 수밖에 없다.

여기에 더해 현실적으로 탈영토화가 반드시 탈정체성을 수반하는 것은 아니다. 특정 지역에서 형성된 문화가 그 지리적 영역을 넘어간다고 해서 그 지역의 정체성을 완전히 상실하는 것은 아니라는 것이다. 물론 탈정체성의 성격도 나타나겠지만, 현실적으로 특정문화의 확산은 특정 정체성이 문화와 함께 그 지리적 영토를 확대하는 방식으로 주로 일어난다. 이는 민족국가들이 자신들의 문화적 영향력을 확대하기 위한 수단으로 세계화의 문화적 과정에 적극적으로 편승할 수도 있다는 것이다. 따라서 특수문화의 보편화 과정은 하위(sub) 또는 유사(pseudo) 문화제국주의의 형성과정일 수도 있다.

결론적으로 세계화에 의해 추동되는 특정 민족문화의 경계 넘기에 직면한 주변의 다른 민족국가들은 이것을 자신의 민족문화와 민족정체성의 위협으로 인식할 수 있다. 따라서 세계화 과정에서 정체성의 위기에 직면한 민족국가들은 자신의 민족문화를 보호하기 위해서, 그리고 자신의 민족문화를 확장하고자 하는 민족국가들은 문화적 헤게모니를 확보하기 위해서 문화 경쟁에 뛰어든다는 것이다.

그렇다면 민족국가들의 문화 경쟁은 어떤 방식으로 나타나는 것일까? 그 것은 민족문화의 시장경쟁력, 즉 문화산업의 경쟁력을 통해서 나타난다. 현대 자본주의의 세계화는 문화의 상품화를 촉진함으로써 문화소비의 급속한 성장을 가져왔다. 이는 문화적 활동이 주로 시장에서 이루어지고 있으며, 그 문화적 영향에서도 많은 부분 시장을 근간으로 이루어지고 있다는 것을 의미한다. 따라서 현대의 문화적 향유는 대부분 문화상품의 소비를 통해서 이루어진다. 로버트슨 역시도 "현대의 시장은 문화와 경제의 상호침투의 증가와 관련되어 있다"고 말한다(Robertson, 1992: 100). 문화학자인 하비(David Harvey)는 문화라는 관념의 유통이 생산을 통하여 달성되기 때문에 문화는 자본이나 상품으로부터 자유로울 수 없다고 주장한다(미첼, 2011: 198~ 199에서 재인용). 문화지리학자인 미첼(Donald Mitchell) 역시도 "문화는 경제적 단위와 같이 적극적으로 만들어지는 것"이라고 말하고 있다(미첼, 2011: 204).

더욱이 세계화의 핵심으로서 탈규제화와 자유화에 의한 글로벌시장의 형성, 그리고 정보통신기술의 발전은 문화상품 유입의 시공간적 한계를 극복함으로써 민족국가들은 다른 민족국가의 문화상품에 급속히 노출되어왔다. 문화상품의 유입과 소비는 곧 문화상품 생산국 문화의 자연스런 수용을 의미한다. 따라서 현대사회에서 문화산업은 고부가가치 산업이기에 앞서 자국 문화전파의 강력한 첨병이 되고 있다. 이것은 결국 현대 자본주의에서 특정 민족문화의 보편화 과정이 자국 문화산업의 국제적 경쟁력을 통해서 이루어지고 있다는 것을 말한다.

결국 민족국가들은 민족국가들 간의 문화 경쟁에서 살아남기 위해서는 자신의 민족문화를 경쟁력 있는 문화상품으로 만들어야 한다는 결론에 직면한다. 따라서 민족국가들은 민족문화의 상업화와 산업화에 집중한다. 상품화된 문화의 대표적 유형은 대중문화다. 정체성의 핵심에 문화가 존재한다면, 현대사회의 정체성은 주로 시장에서 대중문화의 소비를 통해서 이루어진다고 할 수 있다. 즉 국가문화나 민족문화가 문화의 재해석과 재생산을 통해서 형성되고 강화된다면, 현대 자본주의에서는 대중문화의 재해석과 재생산을 통한 민족문화의 강화가 그 중요성을 더해간다고 할 수 있다. 존 스토리는 문화산업을 '기억산업(memory industries)'이라고 말하면서, 가장 대표적인 기억산업이 바로 매스미디어와 대중문화라고 말한다(Storey, 2003: 85). 이는 한 민족국가의 대중문화에는 자민족의 역사가, 그리고 그것을 기반으로 한 민족문화가 투영되어 있음을 뜻한다. 따라서 국내외적으로 문화경쟁에 직면한 민족국가는 민족문화의 산업화, 즉 '기억산업'으로서 문화산업의 보호와 발전에 매진하게 되는 것이다. 따라서 이를 '정체성의 산업화(industrialization of identities)'로 말할 수 있을 것이다. 결론적으로 민족국가들의 문화갈등은 다양한 방식으로 표출되겠지만, 가장 전략적으로는 자국의 민족문화 산업을 보호하고 경쟁력을 강화시키고자 하는 노력, 즉 '정체성의 산업화' 경쟁으로 나타나게 될 것이다.

3. 세 계 화 와 한 류 : ' 특 수 주 의 의 보 편 화 '

1) 한국문화의 보편화: 한류

한국의 역사상 한국문화가 지금처럼 전 세계로 흘러 들어간 적은 없었다. 물론 동아시아 주변국들과 작은 규모의 문화적 교류가 있었긴 하지만 지금의 한류와 같은 규모와 인기를 가지진 못했다. 동아시아에서도 문화적 변방으로 취급받던 한국의 문화가 동아시아를 넘어서 전 세계로 확산되고 있다는 사실은 특수문화의 보편화 과정을 잘 설명해준다. 그리고 한류가 대중문화라는 문화상품을 통해서, 그리고 전통적 유통채널을 넘어 새로운 유통채널을 통해서 확산되고 있다는 점은 세계화가 특수문화의 보편화를 촉진할 수 있다는 주장을 실증해준다.

한류의 경계 넘기는 일반적으로 다음의 3단계의 과정을 통해 이루어진 것으로 평가된다(매일경제 한류본색 프로젝트팀, 2012; 한국문화산업교류재단, 2009; 진행남, 2011). 1단계는 1997년부터 2000년대 초반, 2단계는 2000년대 중반에서 후반까지, 그리고 마지막 3단계는 2000년대 후반에서 현재까지이다. 세 단계의 발전을 거치면서 한류는 특수문화가 어떻게 지역적 범위를, 그리고 문화적 범위를 확대해가는지를 경험적으로 잘 설명해주고 있다. 한류는 단계적이고 점진적으로 자신의 지역적 그리고 문화적 범위를 넓히고 있다. 한류의 지역적 범위는 단계별로 중화권, 동아시아, 그리고 글로벌 진입의 단계로 확대되고 있고, 문화적 범위도 단계별로 드라마와 케이팝, 대중문화 전반, 그리고 한국문화 전반으로 심화되고 있다.

우선 1단계는 한류의 생성기로 한국과 문화적·지리적으로 가장 가깝게 있는 중국, 대만 등의 중화권을 중심으로 한류가 유행하기 시작한 시기다. 이 시기 한류는 한국 대중문화 중에서도 드라마와 케이팝에 의해 주도되었다. 1997년 드라마 〈사랑의 뭐길래〉가 중국에서 방영되어 히트하면서 한국 드라마의 중국 진출의 물꼬를 트고, 뒤이어 클론, HOT 등의 케이팝이 대만, 중국 등에서 드라마의 인기를 뒷받침해주었다. 이때부터 한국 대중문화는 한두 편이 소개되는 것을 넘어 하나의 유행으로 중국 대중에게 인식되면서 한류라는 개념을 도출시키게 된다. 특수문화인 한국문화의 보편화 과정이 막 시작한 것이다.

2단계 한류는 2000년대 중, 후반의 시기다. 이 시기 한류는 지리적·문화적으로 가장 가까운 국가 중의 하나였지만 그간 한류의 무풍지대였던 일본에서 시작되어, 동아시아 전반으로 확대되었다. 2004년 일본 NHK 방송에서 방영한 한국 드라마 '겨울연가'가 공전의 히트를 하면서 일본에서 한국 대중문화에 대한 열풍이 일기 시작하였다. 그리고 잠시 침체되었던 중국에서도 드라마 〈대장금〉이 폭발적인 인기를 끌면서 새로운 도약을 맞이하였다. 이 시기 한류의 도약은 드라마에서 시작되었지만 음악, 영화, 게임 등 대중문화 전반으로 그 범위를 더욱 확대하였다. 그뿐만 아니라 지역에서도 중국, 대만의 중화권을 넘어서 일본, 동남아로 그 영향력을 넓혔다. 이제 한류는 동아시아 전반으로 그 경계 넘기가 확대된 것이다.

한류는 2000년대 후반에 들어 새로운 진화를 보이기 시작하는데 이 시기부터 현재까지를 한류의 3단계라고 한다. 이 시기부터 2단계에서 한류를 주도했던 드라마와 함께, 아이돌 그룹으로 대표되는 케이팝이 다시 한류의 경계 넘기를 주도하고 있다. 특히 케이팝은 아시아를 넘어서 유럽, 미국, 남미 등지의 한류 확산에 선봉이 되고 있다. 아시아를 제외한 지역에서는 핵심 콘텐츠인 드라마와 케이팝이 막 소개되거나 진입한 수준이지만, 2012년 하반기 전 세계를 뜨겁게 달군 싸이(Psy)의 「강남스타일」은 한류의 글로벌 진입의 가능성을 보여주었다고 하겠다. 이 시기 한류의 문화적 범위는 이미 대중문화에서 한국문화 전반으로 확대되기 시작하였다. 그 지역적 범위도 동아시아를 넘어서 중앙아시아, 중남미, 유럽, 미국 등지로 확대되기 시작하였다. 따라서 한류는 아시아 지역 수준을 벗어나 서서히 글로벌 수준으로의 경계 넘기를 시도하고 있다고 볼 수 있다. 즉, 특수문화가 글로벌 수준으로의 진입을 보이는 것이다.

'한국 대중문화의 유행'이라는 개념정의에서 보여주듯이 한류는 대중문화 즉, 한국 문화상품의 유통을 통해서 이루어졌다. 이는 문화의 상품화와 시장의 확대가 한류 성장에 중요한 배경이 되었음을 보여준다. 한류의 단계별 발전을 보게 되면 재미있는 사실이 하나 발견된다. 이것은 한류의 지역적 확산, 즉 경계를 뚫는 데 핵심 콘텐츠가 있었고, 그중에서도 킬러 상품이 있었다는 것이다. 한류가 경계를 허무는 데에서 그 핵심 콘텐츠는 드라마와 케이팝이었다. 그리고 일단 드라마와 케이팝이 경계를 뚫고 진입한 이후에

〈표 10-1〉 한류의 확산 과정

	1단계	2단계	3단계
기간	1997~2000년대 초반	2000년대 중후반	2000년대 후반 이후
지역 수준	중화권	동아시아	글로벌 초입
주요 지역	중국, 대만, 베트남	중국, 일본, 대만, 동남아시아	중국, 일본, 대만, 동남아시아, 중앙아시아, 미국, 유럽, 중남미
분야 수준	드라마, 음악	대중문화 전반	한국문화 전반
주요 분야	드라마, 음악	드라마, 음악, 영화, 게임	드라마, 음악, 게임, 영화, 만화, 캐릭터, 한식, 한글
대표 콘텐츠	드라마, 케이팝 (〈사랑이 뭐길래〉, HOT, 클론)	드라마 (〈겨울연가〉, 〈대장금〉)	케이팝 (아이돌 그룹, 싸이)

자료: 매일경제 한류본색 프로젝트팀(2012); 한국문화산업교류재단(2009); 진행남 (2011) 등을 참조.

는 그 통로를 따라서 다양한 대중문화상품이 흘러 들어가는 모습을 보여준다. 그러나 이보다 앞서 이들 핵심 콘텐츠의 경계 넘기를 유도하거나 증폭시키는 킬러상품이 존재한다. 1단계에서는 드라마 〈사랑이 뭐길래〉와 케이팝 가수 HOT와 클론, 2단계에서는 드라마 〈겨울연가〉와 〈대장금〉, 그리고 3단계에서는 아이돌그룹들과 최근 싸이의 「강남스타일」이 그것이다. 결국 한류의 경계 넘기는 킬러 대중문화상품에 의해 촉발되어, 주요 핵심콘텐츠에 의해 견인되고, 이후 대중문화상품 전반으로 확대되면서 나타났다는 것이 된다. 〈표 10-2〉는 2005년부터 2011년까지 한국 콘텐츠산업의 수출액 현황을 정리한 것이다. 표에서 볼 수 있듯이 동 기간 한국 문화상품의 전체 수출액은 연평균 20.6%의 가파른 성장세를 보여준다. 분야별로 살펴봐도 영화를 제외한 전 분야에서 고른 증가율을 나타내고 있다. 이와 함께 〈표 10-3〉은 한국 콘텐츠산업의 지역별 수출액 현황이다. 지역별 수출액 비중과 증가율이 한류의 경계 넘기 단계와 상당 부분 일치하고 있음을 잘

〈표 10-2〉 한국 콘텐츠산업 수출액 현황

(단위: 1,000달러 / %)

구분	2005년	2006년	2007년	2008년	2009년	2010년	2011년	연평균 증감률
출 판	191,346	184,867	213,100	260,010	250,764	357,881	283,439	6.8
만 화	3,268	3,917	3,986	4,135	4,209	8,153	17,213	31.9
음 악	22,278	16,666	13,885	16,468	31,269	83,262	196,113	43.7
게 임	564,660	671,994	781,004	1,093,865	1,240,856	1,606,102	2,378,078	27.1
영 화	75,995	24,515	24,396	21,037	14,122	13,583	15,829	-23.0
애니메이션	78,429	66,834	72,770	80,583	89,651	96,827	115,941	6.7
방 송	121,763	133,917	150,953	171,348	184,577	184,700	222,372	10.6
광 고	9,359	75,981	93,859	14,212	93,152	75,554	102,224	49.0
캐릭터	163,666	189,451	202,889	228,250	236,521	276,328	392,266	15.7
합 계	1,230,764	1,368,142	1,556,842	1,889,908	2,145,121	2,702,390	3,723,475	20.6

자료: 문화체육관광부·문화콘텐츠진흥원, 『2012 콘텐츠산업통계』.

〈표 10-3〉 한국 문화산업 지역별 수출액 현황

(단위: 1,000달러 / %)

	2009년	2010년	2011년	비중(%)	연평균 증감률
중 국	581,049.0	749,534.8	1,118,908.8	27.0	38.8
일 본	664,038.0	803,897.8	1,247,982	30.1	37.1
동남아	458,617.0	672,163.8	796,632.3	19.2	31.8
북 미	388,210.0	404,475.8	468,287.6	11.3	9.8
유 럽	217,611.1	267,930.6	325,126.7	7.8	22.2
기 타	126,408.3	157,613.1	189,419.1	4.6	22.4
합 계	2,435,933.4	3,055,894.9	4,146,356.9	100.0	30.5

자료: 문화체육관광부·문화콘텐츠진흥원, 『2012 콘텐츠산업통계』.

보여준다. 이러한 통계가 보여주듯이 한류는 한국 문화상품의 수출 증가, 즉 한국 문화산업의 대외경쟁력을 의미한다 할 것이다. 이와 함께 한류는 세계화를 통한 글로벌 문화시장의 등장에 힘입은 바가 크다고 할 수 있다.

특히, 한류의 첫 진원지가 중국이었다는 점을 본다면 중국의 문화시장 개방이 한류에 중요한 역할을 했음을 또한 미루어 짐작할 수 있다.

그뿐만 아니라 한국 대중문화의 유통에는 세계화의 중요한 배경으로 제기되는 정보통신의 발달이 중요하게 작용하였다. 한류 1, 2단계에서 한류의 유통은 주로 TV나 라디오와 같은 기존의 전통적 대중매체에 의해서 이루어졌다. 그러나 최근 케이팝 등과 같은 한국 대중문화의 유행은 인터넷, 소셜미디어(SNS), 특히 유튜브(Youtube)를 통해서 이루어지고 있다는 사실이다. 즉, 기존의 전통적인 유통채널이 아니라 인터넷을 기반으로 하는 새로운 유통채널이 한류 확산에 가장 중요한 통로가 되고 있다는 것이다(김수철·강정수, 2013; 진행남, 2011; 매일경제 한류본색 프로젝트팀, 2012). 이는 싸이의 「강남스타일」 유행에서 명확히 드러나는데, 정보통신 산업의 발달은 문화의 시·공간적 압축과 함께 서구사회가 지배하고 있는 전통적인 유통채널의 독점을 조금씩 해체시키고 있다. 그뿐만 아니라 한국 대중문화의 규제가 강화되고 있는 중국에서도 많은 부분 인터넷을 통해서 한국 대중문화를 접하고 있다는 것은 주지의 사실이다. 이는 결국 정보통신의 발달이 특수문화의 보편화에도 중요한 영향을 미치고 있음을 보여준다.

2) 한류와 한국 민족주의: 민족문화의 산업화

한류의 시작은 의도한 결과가 아니다. 이는 한류가 세계화의 문화적 과정 속에서 자연스럽게 파생되었음을 의미한다. 그러나 이후 한류의 확산과 심화 과정을 들여다보면 한류에 한국의 민족주의적 의도가 강하게 담겨 있음을 알 수 있다. 즉 한류에는 한민족의 문화적 자부심과 우월감이 은연중에 투영되어 있을 뿐만 아니라, 더 나아가 문화를 통해 자신의 정치경제적 영향력을 투사하려는 한민족 민족주의가 내재되어 있다는 것이다. 이는 한류에 하위 또는 유사 문화제국주의적 성격이 배어 있다는 의미이기도 하다. 정치학자인 김상배는 한류를 평가하면서 한류가 "여전히 중상주의적 담론에 입각한 민족주의적 대응을 넘어서지 못하고 있다"고 주장한다(김상배, 2007: 228). 이는 문화학자인 이동연의 주장에서도 드러나는데, 그는 "한류문화자본은 콘텐츠의 아시아주의와는 무관하게 철저하게 자국의 문화자본을 보호하고 확대 재생산하려는 이념적 기초를 가지고 있고, 한류의 문화정책 역시 이 기조에서 한 발짝도 물러서지 않고 있다"고 단언한다(이동연, 2005: 195).

이를 설명하기 위해서는 우선 한국의 민족주의와 민족문화의 관계를 설명해야 할 것이다. 한국 민족주의는 한민족의 정체성을 역사와 전통문화에서 찾는다. 한국과 중국의 근대적 민족 개념은 20세기를 전후한 시기에 서구로부터 들어왔다. 그렇지만 한국과 중국은 모두 자신의 민족이 근대 이전의 오랜 역사 속에서 형성된 역사적 실체라고 주장한다. 한국은 한민족(韓民族)의 기원을 고조선의 시조인 단군에서 찾는다. 한국 민족주의 담론의 창시자라 할 수 있는 신채호는 신화적 건국자인 단군을 실존화하고, 이로부터 출현한 한민족의 종족적, 즉 혈연적 계보를 마련하면서 한국에 근대적 민족주의를 출현시켰다(문상석, 2010; 윤인진, 2007; 신기욱, 2009). 따라서 한국 민족주의에서 민족문화는 한민족 정체성의 가장 중요한 기반이 되었다.

이렇게 시작한 한국의 민족주의와 민족문화의 관계는 민족주의의 전개와 발전 과정에서 강화되고 심화되었다. 여기에는 한국 민족주의의 성격과 관련된 몇 가지 중요한 요인이 작용해왔다. 첫째, 한국 민족주의가 외세의 침략에 대응한 저항 민족주의로서, 일제식민지 시기 일본의 강력한 동화정책에 맞서기 위해서 한민족의 혈통과 역사 그리고 전통문화를 더욱 강조할 수밖에 없었다(신기욱, 2009; 김현숙, 2005; 이정우, 2006; 윤인진, 2007). 둘째,

한국의 민족주의가 권위주의 정부의 통치 이데올로기로 사용되면서, 1950년대부터 1970년대까지 민족문화는 권위주의적 정부의 정치적 정당성과 국민동원을 위해 민족주의를 강화하기 위한 수단으로 중요시되었다(정철현, 2004; 신기욱, 2009; 이정우, 2006). 셋째, 한국의 민족주의가 통일 이데올로기로 작용해왔다는 것이다. 통일 이후 단일의 굳건한 통일국가를 세우기 위해서는 분열되었던 민족정체성을 회복하는 것이 무엇보다도 시급하다. 따라서 통일과 관련하여 민족의 역사, 전통문화 등에 호소하게 되고 이에 따라 민족문화는 통일정책의 중요한 한 축을 담당하고 있다(윤인진, 2007; 김동성, 1996; 신기욱, 2009). 이런 일련의 과정 속에서 한국 민족주의와 민족문화는 불가분의 밀접한 관계를 형성해왔다.

이렇게 본다면 한국의 문화정책에서 민족문화정책은 항상 그 중심에 있었음을 알 수 있다. 물론 민족문화를 정치수단화하려는 경향은 민주화의 심화과정에서 약화되었다. 그러나 1990년대 이후 세계화의 파고가 높아지면서 민족문화는 한국의 문화정책에 또 다른 의미로 다가왔다. 특히 세계화에 의한 미국문화의 유입 그리고 김대중 정부에 의해 추진된 일본문화 개방은 민족문화 상실에 대한 우려를 높였다. 따라서 세계화 속에서 한민족의 정체성을 확립하기 위한 다양한 문화정책이 추진되었다. 이러한 정책 성향은 2000년대 초반의 문화정책에 두드러지게 나타났는데, 민족정체성 확립을 위한 한(韓)스타일 사업, 민족문화 원형 찾기, 정체성 정립사업 등이 중요한 문화정책으로 추진되었다(박광무, 2010: 286).

그렇다면 한류의 민족주의적 성격은 구체적으로 어떻게 투영되고 있는 것일까? 한류는 한국 대중문화, 즉 문화산업의 경쟁력을 통해서 나타났다. 한국이 문화를 본격적으로 하나의 산업으로 인식하면서 중요시하기 시작한 것은 김영삼 정부부터이다. 1993년 한국 정부는 당시 문화체육부 산하에 최초로 문화산업국을 설립하면서 문화산업 진흥정책을 추진하기 시작하였다. 그러나 문화산업에 대해 본격적인 국가적 지원정책이 이루어진 것은 1998년 김대중 정부가 들어서고부터이다. 이 시기부터 한국 정부는 "지원은 하되 간섭은 않는다"는 원칙 아래 문화산업 발전에 저해되는 규제를 대폭 철폐하고 아울러 문화산업에 대한 재정적·제도적 지원을 강화하였다. 이때부터 문화산업은 국가주도하에 본격적인 산업화의 길로 들어서게 된 것이다. 이러한 산업화 기조는 최근 이명박 정부에 들어서 보다 강화되었다. 이 시기 한국 정부는 문화산업이라는 용어 대신 '문화콘텐츠산업'을 사용하면서 국가전략산업으로서 '세계5대 콘텐츠산업 강국'을 목표로 범국가적 콘텐츠산업 육성을 추진하였다(최영화, 2013; 박광무, 2010).

한국 문화정책의 두 축을 이루는 이러한 민족문화 정책과 문화산업 정책은 세계화 과정에서 자연스럽게 만났다. 그것은 다른 국가들과 차별화되는 한국 문화산업만의 경쟁력 원천을 한국의 전통문화 즉, 민족문화에서 찾기 시작했기 때문이다. 김대중 정부 이래 한국은 전통문화를 국제 문화경쟁력의 핵심 콘텐츠로 인식하였다. 이는 문화산업을 단순한 대중문화산업 또는 엔터테인먼트 산업을 넘어서 국가의 정체성을 새롭게 창조하고 이를 상품화하여 세계로 확산하는 정체성의 산업으로 인식하기 시작했다는 것이다. 이러한 노력은 우선 민족문화의 발굴, 해석, 연구 및 정리 등 민족문화의 자원화로 나타났다(박광무, 2010: 329). 또한 이렇게 발굴하고 축적되는 민족문화자본을 토대로 세계와 소통할 수 있는 문화적 형식과 기술을 접목하기 시작하였다(박태상, 2012: 85). 이는 곧 한국의 문화산업 모델이 되었고, 이를 바탕으로 한국은 보다 적극적으로 한국문화의 세계화를 추진해나갔다.

이러한 과정 속에서 맞아떨어진 것이 한류였다. 비록 한류의 시작이 의도된 것은 아니지만, 이후 한류의 진행은 한국 민족문화의 세계화 전략 속에서 진행되었다고 해도 과언은 아니다. 이는 한류가 단순한 문화산업을 넘어서 공공외교, 즉 한국의 소프트 파워를 강화하는 강력한 수단으로 인식되어 문화, 경제, 외교가 서로 중첩되는 범국가적 프로젝트로 추진되었다는 것을 의미한다(이동연, 2005). 따라서 한류는 한국문화를 세계에 알리고, 자국의 문화적 영향력을 확대하려는 '정체성의 산업'으로 자리매김하고 있다.

4. 중화 민족주의와 반한류

중국은 대만과 함께 한류의 초기 진원지이다. 중국에 한국 드라마의 수입은 1993년부터 시작되었지만, 중국 대중을 사로잡기 시작한 것은 1997년 〈사랑이 뭐길래〉의 방영부터이다. 이후 매년 수십 편의 한국 드라마가 중국에 수입, 방영되면서 한류는 중국 대중일반에게 깊이 파고들어 가기 시작하였다. 그러나 2005년 〈대장금〉의 폭발적인 인기 직후인 2005년부터 반한류의 기류가 급속히 조성되기 시작하였다. 초기 청룽(成龍), 장궈리(張國立) 등과 같은 중국 대중예술인들과 언론들을 통해서 일어났던 반한류는 이후 중국 일반대중에게도 급속히 확산되어 한국을 혐오하는 하나의 정서로 자리 잡기 시작하였다.

중국의 이러한 반한류 현상에 대한 원인들은 한중 양국에서 다양하게 제시되고 있다. 이들을 정리해본다면 첫째로 한중 간 문화교류의 불균형, 둘째로 중국 문화산업의 보호, 셋째로 한중 간의 역사와 문화 갈등, 넷째로 한류에 내재된 한국 민족주의, 다섯째로 한류 콘텐츠 자체의 경쟁력 상실 등을 꼽을 수 있다(溫朝霞, 2012; 賈小霞, 2010; 鄭媛媛, 2011; 매일경제 한류 프로젝트팀, 2012; 박영환, 2008; 김용찬, 2008). 이들 원인은 모두 각각의 의미를 가지고 있다. 그러나 마지막 원인을 제외한 나머지 원인들을 살펴보면 이들 원인이 정체성의 위기, 즉 민족주의의 문제와 깊은 관계가 있음을 알 수 있다.

1) 중화 민족주의와 중화문화

중화 민족주의에서 문화는 어떤 의미를 갖는 것일까? 이를 위해서는 역시 중화 민족주의에 대한 설명이 선행되어야 할 것이다. 중화 민족주의 역시도 고유문화를 민족정체성의 핵심 기반으로 삼는다. 중화 민족주의의 발전과정을 살펴보면 한국 민족주의와 유사성이 많다. 우선, 중화 민족주의 역시 중화민족의 기원을 역사 속에서 찾는다. 중화 민족주의는 중국민족을 의미하는 중화민족(中華民族)의 기원을 수천 년 전 선진(先秦)시대까지 거슬러 올라가서 찾는다(俞祖華, 2011; 關凱, 2009; 왕커, 2005). 현대 중국 민족주의를 이론적으로 정비했다고 평가받는 중국의 민족주의학자 페이샤오통(費孝通, 1989)은 중화민족을 "수천 년의 역사 과정 속에서 형성된 자각된 민족 실체"라고 주장한다. 따라서 중화 민족주의 역시 기본적으로 중화민족의 역사와 고유문화라는 종족성을 기반으로 한다.

이와 함께 중국 역시도 한국과 비슷한 시대적 요인에 의해서 민족주의가 강화되었다. 첫째, 중화 민족주의도 그 태생에서부터 저항적 민족주의의 성격을 갖는다. 중국 역시 20세기를 전후한 시기에 나타난 서구 열강들의 침입에 대한 저항 속에서 중화 민족주의가 태동하였다(宋新偉, 2010; Zheng, 1999). 따라서 한국과 마찬가지로 중국에서도 "민족문화는 제국주의와 군사주의에 저항하는 문화운동의 유산을 가지고 있다"고 할 수 있다(이동연, 2005: 187). 둘째, 중국의 민족주의도 권위주의 정부의 통치 이데올로기로 사용되고 있다. 중국의 경우는 개혁·개방 이전에는 민족주의가 사회주의 이데올로기의 보조적 역할을 수행했으나 개혁·개방 이후 사회주의의 쇠퇴 속에서 권위주의 정부를 지탱하는 강력한 국가주의적 이데올로기로 작용하고 있다(Zheng, 1999; 薛惠文·秦藝, 2010; 윤휘탁, 2002). 셋째, 중화 민족주의 역시 통일 이데올로기로 작용하고 있다. 따라서 중국도 통일을 위해서는 중화민족의 종족성에 호소한다(Zheng, 1999: 94). 결국 중화 민족주의가 강화되면 될수록 민족문화 역시 그만큼 강조된다.

이렇듯 비슷해 보이는 한국과 중국의 민족주의에도 중요한 차이가 있다. 한국은 민족 구성에서 혈연과 문화를 모두 강조한다. 그러나 중화 민족주의는 혈연이 아니라 문화만을 강조한다. 중국은 비록 혈연이 다르다고 하더라도 같은 문화적 정체성을 가지고 있다면 같은 민족 구성원으로 인식한다. 중국이 민족 구성에서 혈연이 아니라 문화를 강조하는 이유는 중국이 56개 민족으로 구성된 다민족국가이기 때문이다. 따라서 중화민족은 지배민족인 한족뿐만 아니라 55개 소수민족을 모두 아우르는 포괄적 민족 개념으로서, 중화민족에서 혈연은 오히려 민족형성을 방해하는 요인으로 작용한다(박정수, 2012: 75~80). 이것은 민족문화로서 중화문화가 중화 민족주의에서 '민족의 뿌리이자 민족의 혼(民族之根 民族之魂)'(何星亮, 2010: 66)으로서, 민족정체성이 곧 문화정체성임을 보여주는 것이다. 그리고 이는 중화 민족주의가 한국 민족주의보다 문화에 매우 민감하다는 것을 말해준다.

중국의 이러한 인식은 중국 지도층에서도 명확히 나타나고 있다. 세계화에 의한 문화유입이 가일층 거세지면서 민족문화에 대한 위기의식이 고조되던 1990년대에 장쩌민(江澤民)은 세계의 각종 문화들이 중국에 유입되면서 중국이 문화발전의 심각한 도전에 직면하고 있다고 우려하였다. 그러면서 그는 "중국 특색의 사회주의를 건설하기 위해서는 민족정신의 발흥이 무엇보다도 중요하기 때문에 민족문화와 우수한 전통문화를 보호하고 발전시키는 것은 국가적 숙명"이라고 말하고 있다. 이와 함께 그는 "문화예술은 바로 민족정신의 횃불이기에 이것이 민족정신을 기르고, 고양하는 데 특유의 중요한 역할을 한다"고 강조하고 있다(江澤民, 1997: 1~2).

이러한 인식은 지금까지도 중국 수뇌부에 의해 지속적으로 강조되고 있다. 2013년 3월 17일 시진핑(習近平) 국가주석은 제12차 전인대 폐막식에서 행한 자신의 첫 취임연설에서 "중국의 꿈으로서 중화민족의 부흥"을 첫 일성으로 제시하였다. 이와 함께 그는 "중화민족은 비범함 창조력을 가진 민족으로 위대한 중화문명을 창조했다"면서 이러한 중화문명을 기반으로 한 56개 전체 민족의 단결을 호소하고 있다(《매일경제》, 2013.3.18). 따라서 중국에서 중화문화의 위기는 곧 민족정체성의 위기로, 그리고 그것은 곧 국가적 위기로 받아들여질 수밖에 없다.

2) 중화문화의 경계 짓기: 반한류의 문화갈등

중국이 한류를 정체성의 위기로 인식하고 있다는 것은 우선 중국에서 나오는 한류의 개념적 변화에서 읽을 수 있다. 한류 초기 중국은 한류를 드라마와 대중가요로 대표되는 한국 대중문화의 유행이라는 하나의 문화적 현상으로 보았다(박영환, 2008: 15~30). 이 말은 당시 중국이 한류를 이전에 있었던 일류(日流)와 항류(港流)[4]와 같이 외국 대중문화의 일시적 유행으로 보았다는 것이다. 따라서 당시 중국에서 한류는 젊은 층을 중심으로 나타나는 새로운 대중문화 취향 정도로만 생각되었다.

그러나 이후 나온 한류 관련 글들은 한류를 한국의 대중문화뿐만 아니라

----

4) 1980년대 중국에서 나타났던 홍콩 대중문화의 유행.

한국문화, 한국상품, 한국적 생활방식 등을 포괄하는 문화·경제·사회의
보다 광범위한 현상으로 규정하는 것을 보여준다(卓勤, 2008; 孫雪岩, 2009).
이것은 중국이 한류를 단순한 대중문화적 현상을 넘어서 자신들의 소비방
식과 생활방식 전반에 영향을 주는 것(朴光海, 2011: 99), 즉 정체성에 영향을
주는 것으로 인식하기 시작했다는 것이다.

이에 따라 중국에서는 한국문화의 일방적 유입이 부지불식간에 한국적
가치관과 정체성의 유입을 가져오고, 이것이 궁극적으로 중국의 문화정체
성을 약화시킬 것이라는 우려가 나오기 시작했다(鄭媛媛, 2011; 賈小霞, 2010;
卓勤, 2008). 이와 함께 한류의 일방적 유입에 의한 중국 문화산업의 약화가
곧 중국 전통문화의 상실을 초래할 것이라는 주장도 제기되기 시작하였다
(揚冬冬, 2007: 31). 이러한 인식변화는 2005년 드라마 〈대장금〉이 중국에서
공전의 히트를 한 직후인 2000년대 중반부터 나타나기 시작했다. 이 시기
는 한류가 2단계로 접어들면서 한류의 문화적 범위가 한국 대중문화 전반
으로 확대되기 시작한 때와 일치한다. 그리고 한류가 대중문화의 유행을 넘
어서 한국문화 전반으로 확대되기 시작한 2000년대 후반에 들어서면서 중
국에서의 반한류도 심화되었다.

그런데 한류를 바라보는 중국의 시각이 드라마 〈대장금〉의 중국 방영 전
후로 급변했다는 사실은 중요한 두 가지 의미를 던져준다. 첫째는 이전 한
류를 구성했던 신세대풍의 대중음악과 현대적 소재를 바탕으로 했던 트렌
디 드라마와 다르게 〈대장금〉은 한국의 전통문화를 소재로 했다는 것이다.
사실 이전까지의 중국은 한류가 현대적이고 서구적 문화의 한국적 변용에
지나지 않는다고 생각했다. 따라서 한류는 서구문화의 본격적 수입에 앞선
과도기적 산물로 인식되었다(박정수, 2006: 5~11). 그러나 〈대장금〉을 통해
서 이러한 생각은 변화되기 시작한 것이다. 이때부터 한류를 한국의 전통문

화를 내용으로 해서 서양의 현대문화적 형식을 결합한 것으로 보는 인식이 강해졌다. 즉, 한국의 고유문화가 한류의 본질을 이루고 있다고 생각하게 된 것이다(朴光海, 2011; 卓勤, 2008; 孫雪岩, 2009). 이것은 한류가 한국문화 전반에 대한 유행을 견인하면서 실증되었다.

그러나 문제는 두 번째인데, 그것은 한류가 중국 자신의 고유문화를 약탈하고 있다고 생각하기 시작했다는 점이다. 중국 학자들이 중국 내 한류 현상을 설명하면서 가장 강조하는 것이 한중 간의 문화근접성이다. 즉, 중국은 한류의 토대가 된 한국 전통문화의 근간이 바로 자신의 문화인 유교문화를 기반으로 하고 있다고 생각한다. 따라서 유교문화의 문화적 근접성이 한류에 대한 중국인의 호감을 가져왔다고 해석했다(鄭媛媛, 2011; 朴光海, 2011; 卓勤, 2008; 孫雪岩, 2009). 그런데 이러한 긍정적 시각이 〈대장금〉 이후부터 부정적으로 급변했다.

중국은 한류가 급격히 세계적으로 확대되는 것을 보면서 유교문화의 발원지로서 비애를 느끼기 시작했다(鄭媛媛, 2011: 183). 즉, 동아시아 문화의 원류로 자부했던 중화민족의 문화적 자존심에 상처를 입기 시작했다는 것이다. 그리고 이것은 한류가 자신의 전통문화 자산을 한국의 전통문화로 탈바꿈시킴으로써 자신의 문화자본을 찬탈하고 있다는 생각으로까지 연결되었다. 동북공정에 대한 한국 내 반발과 2004년 한국 강릉단오제를 유네스코 세계무형문화유산에 등록하는 사안을 둘러싸고 촉발되었던 이러한 인식이 2005년 〈대장금〉의 방영 이후 일반 대중으로까지 확대된 것이다. 물론 여기에는 중국 매체의 역할이 컸을 것으로 보인다. 이후에도 이것은 백두산 영토 문제, 그리고 '주몽'과 '대조영'의 한국드라마 역사왜곡 시비 등 한중 간 문화갈등 속에서 보다 급속히 증폭되었다(溫朝霞, 2012: 18~20).

따라서 중국은 한류를 한국의 문화패권주의 또는 문화우월주의로 인식하기 시작하였다. 이에 따라 한류의 문화침략으로부터 자신의 민족문화를 수호해야 한다는 문화주권의 문제가 부상하였다(溫朝霞, 2012; 藝衡, 2009). 이렇게 한류가 중국 고유문화와 정체성의 위협으로 인식되면서 반한류는 중국의 대중 민족주의의 정서를 타고 급속히 팽창한 것이다.

3) 중화의 문화산업화 추진

중국의 이러한 반한류 정서는 중국이 문화산업의 산업화 정책을 추진하게 만드는 강력한 동인으로 작용하였다. 그러나 한류가 중국이 문화산업화를 추진하게 만든 직접적인 원인은 아니다. 이것의 직접적인 배경은 2001년 WTO 가입에 따른 자국 문화시장 개방의 위기의식에서 출발한다. 1990년대 말부터 진행된 WTO 가입협상에서 미국의 문화시장 개방압력이 거세지자 중국 정부는 WTO 가입을 위해서는 부분적이나마 자국 문화시장의 개방이 불가피하다는 사실을 인정하고 말았다.

문화시장 개방의 소식이 들리면서 당시 중국에서는 이것이 할리우드로 대표되는 미국 문화산업에 의한 중국 문화산업의 종속과 붕괴를 초래할 것이라는 우려가 팽배했다. 이는 특히 영화시장 개방의 직격탄을 받은 영화계에서 더욱 심했다.[5] 중국 영화계는 할리우드 영화에 의한 영화산업의 붕괴

---

5) 중국이 WTO에 가입하면서 시청각 분야에서 합의한 개방협정은 다음 세 가지이다. 첫째, WTO 가입 후 중국은 현재 10편인 수입영화를 20편으로 늘리고, 3년 내 50편으로 늘린다. 그중 20편은 분장제로 수입한다. 둘째, 중국은 3년 내에 외국자본이 영화관의 신축과 개조 그리고 영화관 경영소유권에 참여할 수 있도록 허용하되, 외국 지분이 49%를 넘지 않도록 한다. 셋째, 중국은 지분 49%의 한도 안에서 외국자본이 음반, 영상 등 시청각 상품 판매업에 참여할 수 있도록 한다. 이 중에서 직접적으로 영화산업과 관련되는 사항은 첫째와 둘째의 영화수입과 외국자본에 대한 중국 상영업 개

가 산업적 측면을 넘어서 중국 민족영화의 상실을 초래할 것이라고 우려했다. 그리고 이것은 궁극적으로 중국 민족문화의 상실을 가져올 뿐만 아니라, 할리우드 영화를 통한 미국적 가치관의 무차별적 유입을 통해 민족정신의 혼란을 가져올 것이라고 주장했다. 그뿐만 아니라 할리우드 영화의 세계화 전략에 따른 중국적 소재와 중국 영화인력의 흡수 역시 민족문화 자산의 심각한 유실이라는 주장도 제기되었다(顏純鈞, 2006: 8).

따라서 중국에서는 1990년대 말부터 영화와 방송 산업을 중심으로 중국 민족문화와 문화산업을 보호하고 발전시키기 위한 산업화 논리가 대두되기 시작하였다. 이에 따라 중국 정부도 WTO 가입 직후인 2002년 제16대 전국 인민대표대회(전인대)에서 처음으로 '문화산업'이라는 단어를 공식 사용하면서 문화산업화 정책을 강력하게 추진하기 시작하였다. 따라서 중국의 문화산업화 정책은 문화시장 개방에 따른 할리우드기업들과 서구문화의 유입에 대한 우려에서 촉발된 것이다.

그러나 흥미로운 사실은 문화시장 개방에 직면해서 가장 우려했던 미국 문화상품의 중국 문화시장 점령은 나타나지 않았다는 것이다. 이는 당시 가장 우려되던 영화산업에서 특히 두드러지는데, WTO에 의해 영화시장이 개방된 이후 현재까지 오히려 중국영화 극장매출이 해외영화의 매출보다 높게 나오고 있다(中國電影家協會産業研究中心, 2012). 영화시장 개방 이전, 그러니까 2002년까지 분장제(分賬制)6) 방식으로 단 10편만 수입되었던 해외영

방에 관한 협정이다. 따라서 WTO에 의해 빗장을 걸어 닫았던 중국 영화시장의 문이 열렸다고는 하지만, 위에서 살펴본 바와 같이 그 개방 폭이 큰 것은 아니었다(唐榕·少培仁, 2005: 290).
6) 분장제란 영화판권을 가진 자가 배급권을 팔지 않고, 배급을 위탁하여 사전에 협약된 바에 의거하여 흥행수익을 제작, 배급, 상영 주체가 나누어 갖는 배급방식을 말한다.

화가 매년 중국 영화매출의 60% 이상을 차지했었다. 그러나 문화시장 개방 이후 오히려 중국영화의 흥행이 해외영화의 흥행을 넘어서고 있다. 할리우드 영화뿐 아니라 미국 드라마나 대중가요 역시도 중국에 큰 영향력을 행사하지는 못했다. 1980년대부터 1990년대 초중반까지 오히려 미국드라마보다는 홍콩드라마와 일본드라마가 중국에서 유행하였다(전보옥, 2006: 79~126).

그러나 중국이 가졌던 이러한 문화적 위기감은 전혀 의도하지 않았던 곳에서 나타났는데, 그것이 바로 한류다. 한류의 영향력은 미국문화에 가졌던 중국인의 위기의식을 한류로 전이시키기에 충분했다. 물론 한류가 잠식한 중국 문화시장의 실질적인 경제적 수치는 그다지 크지 않다. 그러나 한류가 중국 민족문화와 문화산업의 위기의식에 준 문화적 또는 상징적 의미는 대단히 컸다. 따라서 중국 정부의 문화산업화 전략이 미국문화의 우려 속에서 촉발되었다면, 이후부터는 한류가 강력한 동인을 제공했다고 할 수 있다.

중국이 문화산업에서 산업화 정책을 본격화하기 시작한 것은 2000년대 초반 이후이다. 그렇지만 문화산업 전반에 대한 산업화 정책과 지원정책을 통합적으로 규정한 문건인 '문화산업진흥계획(文化産業振興規劃)'은 2009년에, 그리고 문화산업에 대한 투자정책을 종합적으로 규정한 문건인 '문화산업 진흥 및 발전번영을 위한 금융지원에 관한 지도의견(關於金融支持文化産業振興和發展繁榮的指導意見)'은 2010년에 발표되었다. 이렇게 보면 중국이 본격적으로 문화산업의 산업화 정책을 추진한 것은 공교롭게도 반한류가 형성되어 심화된 시기와 정확히 일치한다. 이렇듯 한류와 반한류 현상은 중국이 문화산업화를 강력하게 추진하게 만드는 중요한 배경으로 작용하고 있다. 그리고 이것은 동아시아에서 한국과 중국의 문화 헤게모니를 둘러싼 문화산업 경쟁을 촉발하면서 새로운 문화갈등의 가능성을 높이고 있다고 할 수 있다. 결국 한류와 반한류의 문화 현상은 세계화 과정에서 문화갈등의 전선이 서구 보편문화와 비서구 특수문화들의 전통적 갈등에서 비서구의 특수문화와 특수문화 간의 갈등으로 변화되었음을 보여준다.

5. 나오는 글

세계화가 보편문화의 후퇴와 특수문화의 성장을 동시에 가져올 것이라는 세계문화론자들의 주장은 한류 과정에서 명확하게 드러났다. 분명 한류는 변방의 특수문화에 불과했던 한국문화가 세계화의 문화과정 속에서 점진적으로 보편화되는 모습을 여실히 보여주었다. 그리고 한류와 같은 특수문화의 보편화는 불가피하게 보편문화인 서구문화의 후퇴를 수반할 수밖에 없을 것이다. 그런 점에서 세계화는 문화교류를 통한 문화의 복합성과 혼종성을 높임으로써 문화적 다양성과 공존에 의미 있는 역할을 할 것으로 보인다. 그러나 반한류는 이러한 과정이 항상 평화적이고 상호보완적이지만은 않다는 사실을 보여준다. 즉, 세계화가 가져오는 문화적 변동이 민족국가를 중심으로 하는 첨예한 문화갈등도 가져올 수 있다는 것이다. 그리고 이러한 문화갈등이 민족국가 간 문화산업화 경쟁을 촉발하고 있음도 보여주었다.

그런데 한국과 중국이 추진하는 이러한 산업화 경쟁에는 자신의 민족문화를 자본화하고 산업화하려는 의도가 강하게 내재되어 있음에 주목해야 한다. 이런 의미에서 이것을 정체성의 산업화라고 부를 수 있다. 이러한 정체성의 산업화는 세계화의 보편화 과정에서도 다른 문화와 차별화된 문화를 공급함으로써 문화적 다양성을 담보할 수 있다.

그러나 이것이 민족주의적 성향이 강한 국가들 간에는 몇 가지 중요한 문화갈등의 요인을 제공할 수 있다. 첫째는, 차별화를 강조하는 이러한 전략이 자칫 민족적 우월감이나 자존심과 연결된다는 것이다. 따라서 이것은 쉽게 문화제국주의 논쟁을 불러일으킬 수 있다. 이렇게 되면 단순한 경제적, 그리고 산업적 의미에서의 문화 경쟁이 아니라 민족국가 간 감정의 대립으로 쉽게 전이될 수 있다. 둘째는 이것이 민족문화의 자원화를 가져와서 문화자본에 대한 국가 간 귀속을 강화하게 된다는 것이다. 이는 세계화 속에서도 민족국가 간 문화의 경계 짓기를 강화하는 요인으로 작용할 수 있다. 따라서 셋째는 이것이 지역의 문화적 균열을 가져와 지역수준의 문화적 협력이나 공존에 부정적 영향을 미친다는 것이다.

이러한 문제의식은 문화가 갖는 정치적 중요성이 증대되고 있는 현대 국제정치에 중요한 의미를 던져준다. 문화가 갖는 정치적 영향력으로서 '매력'의 정치는 나이(Nye)의 '소프트 파워(soft-power)' 그리고 '공공외교(public diplomacy)'의 논리와 함께 국제정치에서 그 중요성을 점점 더해가고 있다. 그러나 문화의 정치적 영향력이 커지고 있다는 것은 그만큼 문화가 국제정치의 갈등과 분쟁에 중요한 원인으로 작용할 수 있음을 또한 반증하는 것이기도 하다. 따라서 세계화가 민족국가 간 문화적 갈등을 더욱 촉진시킨다는 것은 이러한 국제정치에 중요한 두 가지 의미를 갖는다고 할 수 있다. 하나는 냉전 이후 국제 갈등과 분쟁의 양상이 양극에서 다극으로 전이되고 있듯이, 문화갈등 역시 서구와 비서구의 전통적 단극에서 서구와 비서구 그리고 비서구와 비서구의 다극으로 전이되고 있다는 것이다. 따라서 이것은 점점 '감성의 정치'가 중요시되는 국제정치에서 국제 갈등과 분쟁의 주요 배경으로 작용할 수 있다. 다른 하나는 공공외교의 소프트 파워(soft power) 전략이 오히려 부정적 효과로 나타날 수 있다는 것이다. 즉, '매력의 정치'가 아니라 '혐오의 정치'가 될 수도 있다는 것이다. 따라서 정치적으로 문화를 다루는 데 매우 섬세한 노력이 수반되어야 할 것이다.

❖ 참고문헌

미첼, 돈(Donald Mitchell). 2011.『문화정치 문화전쟁: 비판적 문화지리학』. 류제헌 외 옮김. 서울: 살림.

김동성. 1996.『한국민족주의 연구』. 서울: 오름.

김상배. 2007.「한류의 매력과 동아시아 문화네트워크」.《세계정치7》, 제28집 1호, 193~233쪽.

김수철·강정수. 2013.「케이팝에서의 트랜스미디어 전략에 대한 고찰: 강남스타일 사례를 중심으로」.《언론정보연구》, 제50권 1호, 84~120쪽.

김영명. 2003.「세계화와 민족주의: 약소국 시각 정립의 방법」.《한국정치학회보》, 제36집 2호, 367~384쪽.

김용찬. 2008.「동아시아 한류의 발전과 반한류」.《민족연구》, 제36호, 89~109쪽.

김현숙. 2005.「한말 '민족'의 탄생과 민족주의 담론의 창출: 민족주의 역사서술을 중심으로」.《동양정치사상사》, 제5권 1호, 117~140쪽.

매일경제 한류본색 프로젝트팀. 2012.『한류본색』. 서울: 매일경제신문사.

문상석. 2010.「아나키즘과 민족주의의 접촉점(interface)」. 금인숙 외.『한국 민족주의와 변혁적 이념체계』. 서울: 나남.

박광무. 2010.『한국 문화정책론』. 서울: 김영사.

박영환. 2008.『문화 한류로 본 중국과 일본』. 서울: 동국대학교 출판부.

박정수. 2006.「중국의 문화산업과 한류」.《월간 아태지역동향》, 1월, 5~11쪽.

_____. 2011.「중국의 현대적 국유기업 집단화정책의 정치경제: 영화산업 사례 분석」.《국제정치논총》, 제51집 2호, 35~59쪽.

_____. 2012.「중화 민족주의와 동아시아 문화갈등: 역사와 문화의 경계 짓기」.《국제정치논총》, 제52집 2호, 69~92쪽.

박태상. 2012.『문화콘텐츠와 이야기담론』. 서울: 한국문화사.

신기욱. 2009.『한국 민족주의의 계보와 정치』. 이진준 옮김. 서울: 창비.

왕커(王柯). 2005.『민족과 국가: 중국 다민족통일국가 사상의 계보』. 김정희 옮김. 서울: 동북아역사재단.

윤인진. 2007.「한국 민족주의 담론의 전개와 대안적 민족주의의 모색」.《한국사회》, 제8집 1호, 5~30쪽.

윤휘탁. 2002. 「中國의 愛國主義와 歷史敎育」. 《中國史硏究》, 제18집, 269~301쪽.

이동연. 2005. 「한류 문화자본의 형성과 문화민족주의」. 《문화과학》, 제42호, 175~196쪽.

이와부치 고이치. 2004. 『아시아를 잇는 대중문화』. 히라타 유키에·전오경 옮김. 서울: 또 하나의 문화.

이정우. 2006. 「한국 민족주의의 두 얼굴」. 《시대와 철학》, 제17권 1호, 209~241쪽.

전보옥. 2006. 「중국 TV드라마 발전에 미친 홍콩드라마의 영향과 그 의의」. 장수현 외. 『중국의 한류, 어떻게 이해할 것인가』. 서울: 학고방.

정철현. 2004. 『문화정책론』. 서울: 서울경제경영.

조성환. 2005. 「세계화 시대의 동아시아 민족주의: 신민족주의 분출과 동아시아주의적 모색」. 《동양정치사상사》, 제5권 1호, 335~359쪽.

진행남. 2011. 「신한류와 동아시아 문화 네트워크」. 《JPI정책포럼》, No. 2011-19, 1~26쪽.

최영화. 2013. 「이명박 정부의 기업국가 프로젝트로서 한류정책」. 《경제와사회》, 제97호, 252~285쪽.

한국문화산업교류재단. 2009. 『한류, 아시아를 넘어 세계로』. 서울: 한국문화산업교류재단.

賈小霞. 2010. 「淺談韓流的文化侵略」. 《科學之友》, 第11期.

江澤民. 1997. 「在中國文聯第六次全國代表大會, 中國作協第五次代表大會上的講話(1996. 12. 16)」. 『中國電影年鑒 1997』. 北京: 中國電影年鑒社.

關凱. 2009. 「族群政治的東方神話: 儒家民族主義與中華民族認同」. 《廣西民族大學學報》, 第31卷 第2期, pp. 109~110.

唐榕·少培仁. 2005. 『電影經營管理』. 杭州: 浙江大學出版社.

朴光海. 2011. 「韓流的文化啟示-兼論韓流對現代社會生活方式的影響及其文化根源」. 《國外社會科學》, 第4期, pp. 98~104.

費孝通. 1989. 『中華民族多元一體格局』. 北京: 中央民族學院出版社.

薛惠文·秦藝. 2010. 「當代中國民族主義視野下的思想政治敎育硏究」. 《傳奇·傳記》, pp. 81~83.

孫雪岩. 2009. 「"韓流"探源解讀韓國的融合文化」. 《聊城大學學報(社會科學版)》, 第1期, pp. 78~81.

宋新偉. 2010. 『民族主義在中國的嬗變』. 北京: 社會科學文獻出版社.

顏純鈞. 2006. 「球化與民族電影的文化產業」. 《福建論壇 人文社會科學版》, 第3期.

揚冬冬. 2007. 「韓流造成的中國文化之"衰落"的辯證性認知」. 《新學術》, 第6期, pp. 31~32.

藝 衡. 2009. 『文化主權與 國家文化軟實力』. 北京: 社會科學文獻出版社.

溫朝霞. 2012. 「論文化傳播中的抗"韓流"現象」. 《廣州城市職業學院學報》, 第6卷 第3期, pp. 17~21.

俞祖華. 2011. 「近代國際視野下基於中華一體的民族認同, 國家認同與文化認同」. 《人文雜志》, 第1期, pp. 130~137.

鄭媛媛. 2011. 「"韓流"對我國文化沖擊及其對策」. 《現代營銷》, p. 183.

趙 實. 2003. 「加快推進電影業的改革和發展」. 『中國電影年鑒 2003』. 北京: 中國電影年鑒社.

_____. 2006. 「努力構建和諧文化全面繁榮電影創作: 在全國電影創作座談會上的講話」. 《當代電影》, 第5期.

中國電影家協會產業研究中心. 2012. 『2011 中國電影產業研究報告』. 北京: 中國電映出版社.

卓 勤. 2008. 「"韓流"現象的跨文化解讀」. 《浙江萬裏學院學報》, 第21卷 第6期, pp. 4~6.

何星亮. 2010. 「中華民族文化的多樣性, 同一性與互補性」. 《思想戰線》, 第1期 第36卷, pp. 9~14.

Appadurai, Arjun. 1990. "Disjuncture and Difference in the Global Cultural Economy." in Mike Featherstone(ed.). Global culture: Nationalism, *globalization and modernity*. London: Sage Publication.

Featherstone, Mike. 1990. "Glibal Culture: An Introduction." in Mike Featherstone (ed.). *Global culture: Nationalism, globalization and modernity*. London: Sage Publication.

Gellner, Ernest. 2006. *Nations and Nationalism*, 2nd ed. Oxford: Blackwell.

Guibernau, Montserrat. 1996. *Nationalism: The Nation-State and Nationalism in the Twentieth Century*. Cambridge: Polity Press.

Hannerz, Ulf. 1996. *Transnational Connections: Culture, People, Places*. London: Routledge.

Harvey, David. 1989. T*he Condition of Postmodernity: An Enquiry into the Orgin of Cultural Change*. Oxford: Blackwell.

Kohn, Hans. 2000. "The Idea of Nationalism," in John Hutchinson and Anthony D. Smith(eds.). *Nationalism I*. London: Routledge.

Robertson, Roland. 1990. "Mapping the Global Condition: Globalization as the Central Concept." in Mike Featherstone(ed.). *Global culture: Nationalism, globalization and modernity.* London: Sage Publication.

Robertson, Roland. 1992. *Globalization: Social theory and Global Culture.* London: Sage Publication.

Smith, Anthony D. 1990. "Towards a Global Culture?" in Mike Featherstone(ed.). *Global culture: Nationalism, globalization and modernity.* London: Sage Publication.

_____. 2000. "Ethnicity and Nationalism." in John Hutchinson and Anthony D. Smith(eds.). *Nationalism I.* London: Routledge.

_____. 2006. "Ethnicity and Nationalism." in Gerard Delanty and Krishan Kumar (eds.). T*he SAGE of Handbook of Nations and Nationalim.* London: Sage Publication.

Stein, Tønnesson and Hans Antlöv. 2000. "Asia in Theories of Nationalism and National Identity." in John Hutchinson and Anthony D. Smith(eds.). *Nationalism III.* London: Routledge.

Storey, John. 2003. *Inventing Popular Culture.* Malden: Blackwell.

Tomlinson, John. 1991. *Cultural Imperialism: A Critical Introduction.* London: Pinter Publishers.

_____. 1999a. *Globalization and Culture.* Chicago: University of Chicago Press.

_____. 1999b. "Globalised Culture: The Triumph of the West?" in Tracey Skelton and Tim Allen(eds.). *Culture and Global Change.* London: Routledge.

Zheng, Yongnian. 1999. *Discovering Chinese Nationalism In China: Modernization, Identity, and International Relations.* Cambridge: Cambridge University Press, 1999.

11장

중국 문화산업화 정책과 소프트 파워 전략

| 서창배 · 오혜정

1. 중국경제 3.0 시대와 중국의 꿈

중국 시진핑(习近平) - 리커창(李克强) 정부는 출범과 동시에 '중국의 꿈(中国梦, China Dream)'을 강조하고 있다. 이를 위해 중국 정부는 성장과 분배의 문제를 핵심 국정목표로 삼고 개혁·개방 3.0 시대를 위해 적극 노력 중이다. 한국의 정부 3.0 시대와 맞물려 중국 정부도 개혁·개방 3.0을 통한 국민행복시대를 위해 노력 중인 것이다. 이를 반영하듯 2014년 3월 5일 전국인민대표대회(全国人民代表大会, 이하 전인대) 정부업무보고에서도 '성장과 개혁 그리고 분배' 문제를 핵심 키워드로 집중 조명한 바 있다. 향후 중국의 10년은 신형 도시화 건설, 경제 및 산업 구조조정, 중산층 성장, 환경문제 개선, 사회보장제도 확립 등을 위한 집중적인 투자와 정책적인 노력이 예상된다.

이와 함께 현재 중국 정부가 추진하는 문화적 해외진출(走出去) 전략이 대내외적으로 주목받고 있다. 그 이유는 문화산업의 발전을 통한 해외진출 전

〈그림 11-1〉 중국경제의 도전과 변화 추이

① 개혁·개방 1.0	
[1978~2000]	덩샤오핑 주도하의 소극적/부분적/자의적 개혁·개방 시대

② 개혁·개방 2.0	
[2001~2012]	WTO 가입에 따른 적극적/전면적/타의적 개혁·개방 시대

③ 개혁·개방 3.0	
[2013~현재]	'중국의 꿈'과 함께 균형발전을 위한 성장 – 개혁 – 분배 중심의 개혁·개방 시대

자료: 서창배(2014).

략이 과거 중화중심주의(中华中心主义)로의 회귀이며 중국 정부가 목표로 하는 연성(软性)패권주의의 강화라는 두 가지 측면이 동시에 존재하기 때문이다. 즉, 국내적인 문화굴기(文化崛起)를 통해 국제적인 중국위협론을 잠재우고 중국의 국가 이미지를 제고하기 위한 노력인 것이다.

1978년 개혁·개방정책 추진 이후 중국의 많은 분야가 급격한 변화과정을 거쳤으나, 문화산업만은 2001년 WTO 가입을 계기로 본격적인 산업화 및 변화과정이 시작되었다. 이처럼 중국 정부가 문화산업을 집중 육성하기 시작한 것은 국제정치질서에서 기존 정치·경제적 힘의 추구 외에 역사 및 문화적 영향력의 확대를 도모하기 위함으로 풀이된다. 이를 위해 중국 정부는 문화산업 발전 정책을 지속적으로 발표해오고 있다(时报网, 2012).

문화산업은 선진국조차 1940년대부터 사용한 개념이라는 점에서 그리 길지 않은 역사를 지닌 용어이다. '문화산업'이라는 개념을 학문적 용어로 처음 사용한 학자는 1940년대 프랑크푸르트학파의 창시자인 호르크하이머

(Max Horkheimer)와 아도르노(Theodor Adorno)로 알려져 있다. 특히 문화를 산업적 시각에서 본격적인 관심을 갖게 된 것은 선진국에서조차 1980년대 이후의 일이다(문화관광부, 2001; 한홍석, 2004: 192~193).

중국 문화산업도 비교적 최근에 형성되었다. 중국은 1990년대 후반까지 문화산업 대신에 문화사업(文化事業)이라는 용어를 사용해왔다. 공산당 지도하의 중국에서 '사업'이라는 용어는 공산주의사업(共産主义事业), 인민을 위해 봉사하는 사업, 사업단위(事业单位) 등 전문용어의 경우처럼 일반적으로 이상(理想)이나 공익을 지닌 특수 분야라는 뜻으로 사용되어왔다. 따라서 중국에서 문화 분야는 장기간 정부의 재정지출로 운영되면서 공산당의 이데올로기적 목적에 활용되어 오는 경우가 대부분이었기 때문에 문화사업도 공익성을 가진 특수 분야라는 하나의 전문용어로 사용되었다(한홍석, 2004: 193; 강내영, 2012: 123).

이를 종합해볼 때, 중국이 '문화사업'이라는 용어를 사용한 이유는 다음과 같은 배경에서 찾을 수 있다. 첫째, 중국은 사회주의적 특성상 '문화산업'이라는 용어가 의미하는 상업적 이미지를 기피했기 때문이다. 둘째, 마르크스경제학의 기본 원리하에 문화·예술 등 서비스 분야는 물질생산 부문이 아니기 때문에 철강·기계처럼 산업으로 동일하게 취급할 필요가 없었기 때문이다. 셋째, 계획경제 체제하에서 생산·분배되는 제품은 시장을 통해 교환이 이루어지는 상품이 아니라고 판단하였기 때문이다(한홍석, 2004). 즉 개혁·개방정책 이전의 문화예술분야는 정부가 대량의 자금을 투입하여 국민에게 무료로 대중문화서비스를 제공했기 때문에 일종의 '공익산업'이라고 생각했기 때문이다(한홍석, 2004: 196).

그러한 중국이 최근 들어 문화의 산업화를 촉진하는 각종 정책을 연이어 발표하고 있으며, 정부의 적극적인 지원하에 문화강국으로 발돋움하기 위해 노력하고 있다. 특히 중국 정부는 국민들의 문화수준 제고와 더불어 문화강국으로의 부상을 위해 노력 중이다. 오늘날 중국은 세계 1위 무역대국, 인구 약 13억 6,000만 명(2013년 기준) 등 최대 소비시장으로의 성장과 함께 갈수록 높아지는 중국인의 문화의식수준에 따라 문화소비의 수요도 증가하는 추세이다. 이러한 소비수준의 향상(国家统计局, 2012)[1]과 문화소비에 대한 수요 증가는 중국이 향후 '문화콘텐츠 생산국가'로 거듭나는 하나의 중요한 관건이 될 것이다.

이에 중국 정부가 추진 중인 문화산업화정책의 주요 내용을 시기별로 살펴보고 그 특징을 분석하는 동시에 소프트 파워 강화를 위해 노력 중인 중국의 국제화전략을 세밀하게 살펴보고자 한다. 또한, 문화민족주의를 바탕으로 한 중국문화산업의 해외진출 전략이 지닌 특징을 통해 우리의 대(對)중국 전략의 새로운 틀을 모색해보고 기업의 중국진출 전략에도 도움이 되고자 한다.

2. 중국 문화산업의 개념과 발전

중국은 문화산업 분야를 영화, TV, 음반영상, 문화엔터테인먼트, 인터넷, 도서, 신문, 잡지, 여행, 문물, 예술품, 공연예술 등으로 구분하고 있다(茹静, 2006: 5). 그중 신문, 출판, TV·영화, 문화예술 등을 핵심층으로 분류하고, 인터넷문화, 문화오락서비스, 기타 문화서비스 등을 주변층, 그리고 문화용

----

1) 중국의 1인당 소비성 지출은 2005년부터 2011년까지 베이징(北京)시는 1만 3,244.2위안(元)에서 2만 1,984.3위안으로, 상하이(上海)시는 1만 3,773.4위안에서 2만 5,102.1위안으로, 광둥성(广东省)은 1만 1,809.9위안에서 2만 251.8위안으로 각각 증가했다.

〈표 11-1〉 문화산업 분류와 관련 산업(2004년 기준)

구분	주요 관련 산업
문화산업 핵심층	신문도서물, 음반제품, 전자출판물, 라디오, TV, 영화, 예술공연, 문화공연관, 문물 및 문화보호, 박물관, 도서관, 군중문화서비스, 문화연구, 기타문화 등
문화산업 주변층	인터넷, 여행서비스, 경치유람서비스, 실내오락, 유원지, PC방, 문화중개대리, 문화상품대여와 경매, 전시,광고 등
문화산업 확장층	문구, 악기, 완구, 카세트테이프, CD, 인쇄설비, TV방송설비, 가정용시청설비, 공예품의 생산과 판매 등

자료: 蔡尚伟·溫洪泉(2009: 25).

품, 문화 관련 상품의 생산 등을 확장층으로 구분하여 정의한다. 이러한 분류는 2004년 제정된 '문화산업 및 관련 산업분류(文化及相关产业分类)'를 기준으로 한다(中华人民共和国国家统计局, 2004). 그 후, 새로운 분야의 생성 등 문화산업의 범주가 확대됨에 따라 2012년 국가통계국에서는 '문화산업 및 관련산업 분류(文化及相关产业分类)'를 수정·공포하였다(段国俊, 2013: 320~ 321). 또한 산업적인 측면에서는 문화산업, 문화콘텐츠산업, 콘텐츠산업 등으로 혼용하여 사용하기도 하는데, 포함되는 범위를 기준으로 할 경우 '문화산업 > 문화콘텐츠산업 > 콘텐츠산업'으로 나타낼 수 있다.

관할 정부기관의 정책과 그 정책이 포함하는 산업에 따라서도 그 정의를 달리하고 있다. 문화부에서는 문화상품의 생산과 문화관련 서비스에 종사하며 '경영활동(经营性)'이 가능한 업종을 문화산업으로 정의하였다. 반면, 국가통계국에서는 문화상품 및 문화서비스의 생산·경영활동에 종사하거나 이에 제공되는 관련서비스산업, 공공문화, 오락 및 서비스 활동 등과 관련된 모든 활동을 포함하여 문화산업에 포함시키고 있다.

한편, 중국의 잠재적인 문화소비시장 규모는 현재 4조 7,026.1억 위안에 달해 전체 가계소비지출의 약 30.0% 비중까지 성장하였다. 그러나 실질적

〈표 11-2〉 중국 부처별 문화산업의 정의

정부기관	관련 문건	주요 내용
문화부	「문화산업발전 지지 및 촉진에 관한 의견(文化部关于支持和促进文化产业发展的若干意见)」	문화상품의 생산과 문화관련서비스에 종사하는 경영성(经营性) 업종
국가 통계국	「중국문화산업연도발전보고(中国文化产业年度发展报告)」	문화상품과 서비스의 생산경영활동에 종사 및 관련서비스 산업
	「문화 및 관련산업 분류(文化及相关产业分类)」	공공문화, 오락상품과 서비스 활동 및 이와 관련된 모든 활동

자료: 刘骥(2011: 13~15).

〈그림 11-2〉 중국 문화산업의 특징

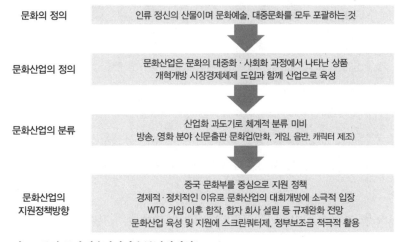

자료: 국회 문화체육관광방송통신위원회(2011).

인 문화소비시장 규모는 1조 388억 위안에 머물러 전체 가계소비지출의 6.6%만을 차지하여 3만 6,638.1억 위안 규모의 격차를 보인다. 이는 중국의 문화산업 시장이 잠재적 문화수요를 충족할 수 있는 수준까지 이르지 못했으며 여전히 거대한 성장공간이 존재함을 의미하는 것이다. 이에 따라,

<그림 11-3> 중국 문화산업의 규모 및 GDP 대비 비중

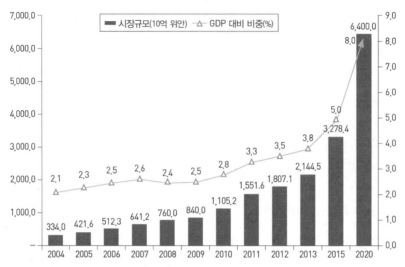

주: 2015년과 2020년은 예상치.
자료: Chinese MOC(Ministry of Culture), K&C Research; 한국무역협회(2014: 4)에서
재인용.

중국 정부는 중국 문화산업이 2014년 한 해 동안 성장률을 최소 15% 이상
으로 유지할 수 있도록 하겠다는 발전계획을 발표한 바 있다(한국무역협
회, 2014: 4).

또한, 최근 들어 기업 간 인수합병(M&A), 합작 등과 같이 중국 문화산업
내 존재하는 기업들의 활동도 과거와 비교하여 매우 활발한 움직임을 보이
는 것으로 나타나 중국 문화산업은 향후 더욱 크게 성장할 것으로 예상된
다. 한국무역협회 상하이(上海) 무역관이 발표한 자료에 따르면(한국무역협
회, 2014: 4), 2013년 문화미디어 분야에서만 최소 55건 이상의 M&A 사례가
발생하였다. 이에 따른 M&A 규모도 영화, 드라마, 출판, 광고, 게임 등을
통틀어 약 400억 위안 규모에 이르는 것으로 알려져 있다.

<표 11-3> 중국 문화산업의 주요 업종 구성 및 규모

No.	산업 명칭	세분화 항목	시장규모(단위: 억 위안)		
			2011	2012	성장률(%)
1	도서/정기 간행물/신문	도서	671.1	723.5	12.3
		정기간행물	162.6	220.9	35.8
		신문	768.7	852.3	10.9
2	음반/ 전자출판물	음반제품	26.1	28.3	8.8
		전자출판물	6.2	9.2	48.6
3	애니메이션	(총생산액)	621.7	759.9	22.2
4	예술품	예술품 경매 등	2,108.0	1,784.0	-15.4
5	영화	(박스오피스 티켓수입)	131.2	170.7	30.2
6	디지털 출판	소계	1,377.9	1,935.5	40.5
		핸드폰 출판	367.3	486.5	32.4
		온라인 게임	428.5	569.6	32.9
		디지털정기간행물	9.3	10.8	16.0
		전자책	16.5	31.0	87.9
		디지털 신문	12.0	15.9	32.5
		인터넷 광고	512.9	753.1	46.8
		웹툰	3.5	10.4	196.0
		온라인 음악	3.8	18.2	379.0
		블로그	24.0	40.0	66.7

주: 총생산액, 흥행수입을 제외한 기타 데이터는 판매 규모임.
자료: Chinese MOC(Ministry of Culture), SARFT, K&C Consulting; 한국무역협회
(2014: 5)에서 재인용.

중국 문화부에 따르면, 2013년 중국 문화산업 증가치는 2조 1,400억 위안에 달해 처음으로 2조 위안을 초과했으며 GDP 대비 약 3.77%의 비중을 기록하였다. 중국 문화부의 향후 발전계획에 따르면, 전체 GDP 대비 중국 문화산업 증가치의 비중이 2015년 5%, 2020년 약 8%대까지 증가할 것으로 예상된다. 이에 따라 중국 문화산업 증가치는 2015년 3조 2,784억 위안,

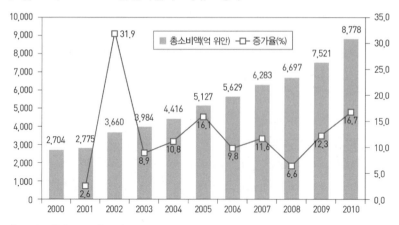

〈그림 11-4〉 2000~2010년 중국 문화소비 규모 증가

자료: 中国社会科学院(2012).

2020년 6조 위안으로 성장할 것으로 예상되어 현재의 규모보다 약 세 배 정도 크게 성장할 것으로 예상된다.

2012년 중국 문화산업의 주요 업종별 시장규모를 살펴보면, 디지털 출판 관련 부문이 1,935.49억 위안을 기록하고 있어 가장 큰 규모를 차지하며 전년 대비 40.5% 증가함으로써 성장세도 가장 높게 나타났다. 그다음으로 도서·정기간행물·신문 부문이 1,796.69억 위안, 예술품 경매 1,784억 위안, 애니메이션 759.94억 위안 등이 그 뒤를 잇고 있다.

중국 사회과학원이 발표한 「중국 문화소비수요경기평가보고(中国文化消費需求景气评价报告)」에 따르면, 중국 문화소비 규모는 2004~2010년 기간 동안 평균 21% 이상 성장하였다. 이처럼 문화소비 규모가 크게 증가함으로써 전체 소비구조에서 문화소비가 차지하는 비중도 증가하고 있다. 이러한 원인은 문화소비의식 증가, 다양화된 문화상품 및 문화산업 관련 서비스의 발전 등에서 찾을 수 있다. 그러나 문화산업이 전체 소비구조에서 차지하는

〈그림 11-5〉 중국 문화산업시장의 부문별 비중(2012년 기준)

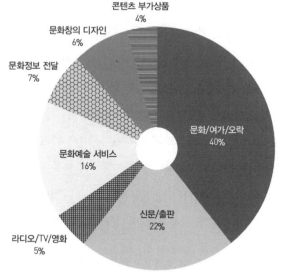

콘텐츠 부가상품
4%

문화창의 디자인
6%

문화정보 전달
7%

문화예술 서비스
16%

라디오/TV/영화
5%

신문/출판
22%

문화/여가/오락
40%

자료: 한국콘텐츠산업진흥원(2012).

비중은 여전히 낮은 수준이기 때문에 문화소비의 비중 확대를 위해서는 문화소비의 질적 제고, 특히 공공문화 서비스의 효용성 제고가 필요하다(한국콘텐츠진흥원, 2013)고 생각된다. 한편, 2012년 기준으로 전체 문화산업시장에서 가장 큰 비중을 차지하는 것은 문화·오락·레저부문(40%)으로 나타났다. 이를 통해 중국 내에서는 공연예술, 관광, 전시회 등의 장르가 크게 발전했음을 알 수 있다.

3. 중국 문화산업화 정책과 특징

중국에서 문화산업이라는 용어는 덩샤오핑(邓小平) 이론을 지도사상으로 규정한 중국공산당 제15차 전국대표대회(1997.9.12~18, 이하 당대회)에서 처음 등장한 것으로 알려져 있다. 제16차 당대회(2002.11.8~14)에서는 '3개 대표이론'을 지도사상으로 규정하고, 사회주의 시장경제체제 아래 갈수록 증가하는 대중의 정신문화 수요를 만족시키는 수단으로서 문화산업을 인식하기 시작했다. 그 후 제17차 당대회(2007.10.15~21)에서는 과학적 발전관과 조화로운 사회 건설 방침을 공표하는 동시에 문화산업을 국가의 '문화 소프트 파워'라는 주요 개념으로 인식하기 시작했다. 이에 따라 문화를 정치적 명제로 여기고 문화산업체제 개혁을 통해 사회주의 문화발전 전략을 추진하게 된다. 그뿐만 아니라, 문화가 산업화 되어가는 과정에서 생산되는 문화상품은 생산·교역·소비가 반복되어 발전해나가는 형태로 중국의 중심산업으로 지속가능한 발전을 통해 사회주의 문화강국을 건설하는 데 중요한 역할을 하게 되었다. 중국의 문화산업 발전과정을 단계별로 구분하여 보다 구체적으로 살펴보면 다음과 같다.

첫째, 문화산업의 초기형성단계(1979~1992년)이다. 중국은 개혁·개방 정책 추진 이후 문화산업의 중요성을 인식하기 시작하였다. 개혁·개방 이전까지 중국은 '문화건설(文化建设)' 또는 '사회주의정신사회건설(社会主义精神社会建设)'이라는 구호 아래 산업적인 측면보다는 정치적인 필요에 의해 문화적인 부분에 대한 관심을 유지해왔다고 볼 수 있다.

개혁·개방 정책의 추진과 함께 경제가 발전하고 사회가 변화함에 따라 예술생산, 문화상품, 문화시장 등의 개념들이 언론매체에 등장하기 시작했으나 단순한 지원 형태의 문화산업 관련정책이 추진되었을 뿐이다. 그 후, 1987년 문화부(文化部)·공안부(公安部)·국가공상국(国家工商局)이 「영업성 무회 관리에 대한 통지(关于改进营业性舞会管理的通知)」를 발표하였다. 이는 법률적으로 문화산업의 시장 지위를 보장했다는 점에서 중국 문화산업의 발전에 매우 중요한 변화가 시작된 계기를 마련했다고 볼 수 있다. 당시는 개혁·개방이 시작되고 시장경제시스템이 도입되는 초기 단계였기 때문에 문화 상품 및 서비스의 수요와 공급이 원활히 이루어지지 못했다는 점을 감안하면 이 시기에는 상품으로서의 문화를 인식했다는 점에서 의미가 있다. 그후, 1990년대부터 중국의 경제성장이 가속화되자 문화산업도 크게 발전하기 시작했고 이는 자연스럽게 문화산업에 대한 정부와 공산당의 인식 확대로 이어져 관련 정책을 수립하고 시행해나가기 시작했다(김상욱, 2012: 138~139). 이처럼 경제발전과 소득의 증가는 중국 문화산업 시스템의 변화를 가져왔으며 중국인들의 인식, 태도 및 소비성향도 점점 다양해지기 시작했다.

둘째, 문화산업의 구체화단계(1992~2002년)이다. 중국 정부는 본격적인 개혁·개방정책의 추진과 함께 '문화'가 지닌 경제적 속성과 의미에 대해 인식하기 시작했다. 중국 국무원은 1992년 6월 「3차 산업의 빠른 발전에 관한 결정(关于加快发展第三产业的决定)」을 통해 공식적으로 서비스산업의 발전 방향을 제기하였다. 이는 곧 서비스산업, 문화산업 등을 포함한 3차 산업의 발전을 촉진시켜나갈 것임을 명확히 했다는 측면에서 의의를 찾을 수 있다. 또한 문화산업과 관련된 발전계획, 정책 및 문화산업 확대를 위한 목표와 주요임무를 발표하였다.

문화산업 구체화단계의 주요특징은 다음과 같다. 첫째, 문화 관련 기업화 전환의 가속화이다. 1996년 국가신문출판서(国家新闻出版署)는 광저우일보사(广州日报社)를 개혁의 시범기업으로 결정하고 광저우일보신문그룹(广州日报报业集团)을 출범시켰다. 이는 정부가 문화산업의 발전에 적극적으로 개입하는 것을 의미하는바, 이를 계기로 방송영상산업, 도서출판업 등의 사업단위에서도 기업화 전환이 가속화되었다. 둘째, 중앙정부가 추진하는 경제개발 5개년 계획에 문화산업 및 문화산업정책의 개념을 공식적으로 사용했다는 점이다. 2000년 말 개최된 제15차 중국공산당 5중전회(五中全会)와 2001년 초 발표된 '10차 5개년 계획(10·5 계획)'에서 공식적으로 문화에 대한 인식 제고 및 서비스업의 발전이라는 측면에서 문화산업(文化产业) 발전의 필요성을 언급하였다. 이러한 노력에 힘입어 중국의 문화산업은 빠른 속도로 발전하기 시작하는 동시에 관련 문화상품의 시장화 및 상업화가 촉진되었다. 이에 따라 각 도시의 문화소비 수준은 과거보다 한 단계 더 커졌다. 그뿐 아니라 문화에 대한 관리체제 및 경영체제, 문화상품에 대한 투자체제 등 전반적인 측면에서 비교적 큰 개혁이 진행되었던 시기이기도 하다.

그 후, 2000년대에 들어서면서부터 보다 체계적인 발전의 발판을 마련하였다. 중국문화산업에 대한 외국자본들의 관심이 시작되었고 베이징(北京), 상하이(上海), 광둥성(广东省)의 광저우(广州)와 선전(深圳) 등 주요 성장거점 지역을 중심으로 문화산업이 발전하기 시작했다. 또한, 문화산업 발전 체계가 보다 전문화되고 규범화되었으며 국제화작업이 시작되기도 했다.

셋째, 문화산업의 전면적 발전단계(2003년 이후)이다. 중국은 원바오(温饱) 단계를 지나 전면적인 샤오캉사회(小康社会)[2]를 건설하기 위해서는 반드시 사회주의문화(社会主义文化)를 발전시켜야 하며 이를 위해 문화산업의 발전을 적극 지지해야 한다고 공식화하였다. 특히 사회주의 시장경제의 발전 요구에 부응하여 문화체제의 개혁도 병행해야 함을 강조하고 있다. 이는 문

---

2) 덩샤오핑(鄧小平)은 3단계 중국경제 발전론, 즉 원바오(温饱) → 샤오캉(小康) → 따퉁(大同)으로 나아가는 싼부저우(三步走)를 1987년에 밝힌 바 있다. 원바오(温饱)는 기본 의식주를 해결한 단계, 샤오캉(小康)은 의식주가 해결된 중등생활 이상의 복지사회, 다퉁(大同)은 태평성대의 사회를 의미한다. 중국은 1980년대 말 원바오(温饱) 단계를 완료했고, 2002년 11월 개최된 제16차 당대회에서 장쩌민(江泽民) 총서기가 '정치보고'를 통해 샤오캉(小康) 사회에 진입했음을 공식 선언한 바 있다.

화체제 개혁을 가속화하는 계기가 되었으며 경영시스템, 융자시스템, 관리시스템 등 문화산업화가 전면적으로 전개되는 계기가 되었다(제云山, 2011).

　이러한 과정 속에서 문화 분야에 대한 자본의 투자가 본격화되기 시작하였다. 이를 통해 후난광보매체(湖南电广传媒), 베이징가화유선(北京歌华有线), 중앙방송시청각매체(中央电视台中视传媒), 산시광전인터넷(陕西广电网络), 상하이동방명주(上海东方明珠) 등 5개 문화관련 기업이 주식시장에 상장하였다. 또한, 국가광전총국영시총국(国家广播电影电视总局)은 2004년 16개의 민간 영화제작기업을 비준함으로써 영화·드라마 등의 제작에 대한 민간자본의 유입을 촉진하는 계기를 마련하게 된다.

　더불어 중국 문화산업은 '10·5 계획(计划)'과 '11·5 규획(规划)' 기간 동안 다양한 장르가 형성되고 관련 콘텐츠가 발전하는 동시에 중국 문화상품의 해외진출이 시작되는 등 문화산업의 최대 성장기를 기록하게 된다. 이에 따라 2004년 이후 중국 문화산업은 연평균 15% 이상의 높은 성장세를 유지하고 있으며 중국경제의 성장에 미치는 기여율도 점차 높아지기 시작했다. 이에 중국 정부는 2009년 발표한 10대 산업진흥규획 속에 '문화산업진흥규획'을 포함하였다. 동 '규획'에는 소수 기업의 산업독점방지와 문화산업에 대한 민간자본 및 외자의 유치 확대, 금융지원 확대 등을 명시하였다. 또한 중국인민은행은 2010년 3월 '문화산업진흥과 발전을 위한 금융지원에 관한 지도 견해(关于金融支持文化产业振兴和发展繁荣的指导意见)'를 발표하여 자산규모가 작은 문화기업들의 애로사항에 대한 해결방안을 제시하였다.

　2011년부터 시작되어 현재 진행 중인 '12·5 규획'에서도 중국 정부는 문화산업 발전의 중요성을 깊이 인식하고 앞으로도 문화산업을 적극적으로 발전시켜 나갈 것임을 분명히 하고 있다(김상욱, 2012 : 139~141). 특히 중국은 2020년까지 '문화개혁(文化改革)을 완성'한다는 장기적인 목표를 설정하고,

〈표 11-4〉 중국 「문화산업진흥규획」(2009)의 주요 내용

구분	주요 정책
기본 원칙	- 사회적 효율을 주안점으로 경제적 효율 실현 - 체제개혁과 과학기술 발전을 문화산업발전의 동력으로 규정 - 중국 특색의 문화산업발전을 추진 - 프로젝트 추진에 역점을 두고 문화산업 규모 확대 및 경쟁력강화 - 국내·외 문화시장 적극 개척
주요 목표	- 국영문화기업의 체제개혁 완성, 문화시장의 주체 확고히 함 - 문화산업구조 고도화 추진 - 문화혁신능력 업그레이드(기업설비수준 및 과학기술 수준개선) - 현대적인 문화시장시스템 완비 - 수출지향형 핵심문화기업과 지명도 있는 브랜드육성 → 문화상품과 서비스 수출 확대
주요 내용	- 미디어산업관련 분야를 육성하여 미디어산업 발전기회 제고 → 문화 창작, 영상제작, 출판발행, 인쇄복사, 광고, 연예오락, 디지털콘텐츠, 애니메이션 등 - 자유로운 경영체제 가능케 하여 미디어 생산력 극대화 - 도·농 발전을 통해 중국 미디어산업의 농촌시장 개척 - 산업규모의 확대 및 대외문화 수출 장려 → 중국 미디어산업의 글로벌화 추진

자료: 《文化产业振兴规划》(2009.9); 오혜정(2013: 41).

〈표 11-5〉 11·5 규획에 담긴 중국 문화산업의 목표 및 주요 내용

핵심 과제	주요 목표	주요 내용
- 영상제작 - 출판 - 발행 - 인쇄 및 복사 - 광고 - 공연예술 - 연애 및 오락 - 문화 및 전시	- 국제적 영향력 확대 - 중국전통문화의 세계화	- 국가의 문화창작활동에 대한 지원 강화 - 문화시장의 관리구조 완비
	대외문화교류 활성화를 통한 문화상품의 국제경쟁력 및 영향력 제고	- 문화예술창조 및 민족문화 우수 브랜드 육성 - 지식재산권 보호 강화
	- 문화산업발전 가속화 - 문화시장체계 보완	- 문화산업이 발전한 성·시와 지역특색의 문화산업 클러스터 건설 - 문화상품 유통시스템 건설 - 문화상품 수입관리 강화
	- 문화교류협력의 확대 및 수준 제고	- 전면적인 대외문화교류 추진 - 대외 문화교류 수준 및 품질 향상 - 문화교류와 협력 강화

자료: 「十一五时期文化发展规划纲要」(2006)을 참고하여 연구자 정리.

〈표 11-6〉 12·5 규획에 담긴 주요 문화산업정책 방향

주요 정책	정책 방향
- 국유문화기업 법인화 중심의 문화체제개혁	- 국유기업의 민간 융자 채널 다양화, 문화산업기관의 기업화 및 선진화된 기업제도 건설
- 현대적 개념의 문화시장체계 구축	- 문화상품 유통구조 완비. 인터넷 비즈니스 환경 등 문화상품의 교역 여건 개선
- 문화행정관리체계 혁신 및 정부의 관리감독 강화	- 행정 효율성 제고, 시장관리 및 시장 감독 강화, 정부-시장 유착 분리
- 정책지원체계 완비	- 공공재정 투입 증대, 재정의 문화산업 지출 비중제고, 금융 및 부지 이용에서 문화산업에의 정책 지지도 강화
- 수출지향형 문화기업 육성 및 문화상품의 수출 촉진	- 해외 문화교류 채널 다양화, 주요 매체의 해외 지부 건설 촉진, 수출 지향형 문화기업 육성
- 해외 우수 문화 수용	- 해외 우수인재·기술의 적극적 도입, 해외 공동프로젝트 추진, 외자기업의 중국 내 문화R&D 장려, 지적재산권 보호와 관련한 국제적 협력 강화
- 고부가가치 문화상품개발과 산업구조 고도화 추진	- 디지털 기술 개발과 융합하여 고부가가치의 문화상품 생산 위한 문화산업에 특화된 산업단지 건설 → 문화산업 클러스터 형성
- 적극적인 금융자본 유치	- 민간자본 유입 활성화를 통해 문화기업이 직면한 자본 부족 문제해결 위한 노력

자료: 《中共中央关于深化文化体制改革推动社会主义文化大发展大繁荣若干重大问题的决定》(2011.10.18); 오혜정(2013: 42).

문화산업 담당기관들의 관계를 새롭게 재정립하는 등 내부 개혁을 추진 중이다. 이러한 중국 정부의 움직임은 그동안 추진해온 문화산업의 발전이 양적 성장에만 집중함으로써 많은 문제점을 야기했음을 깨닫고 이를 극복하기 위한 질적인 변화와 발전을 추구하고 있다고 해석할 수 있다.

이와 함께 제18차 당대회(2012.11.8~14)에서는 "사회주의 문화강국(文化强国) 건설을 위해 문화의 창의(创意)적 요인들을 발전시켜야 한다"고 강조하였다. 이는 문화산업발전이 '혁신(innovation)'을 바탕으로 한 다양한 형태의

<표 11-7> 중국 문화산업정책의 단계별 발전과정과 주요 내용

구분	주요 내용
초기 형성단계 (1979~1992)	- 문화산업관련 정책 수립 및 문화산업 발전 강조 - 문화관련 산업적 분류
구체화 단계 (1992~2002)	- 금융, 보험 물류, 정보, 법률, 복지 등 문화산업관련 제반 서비스 산업의 발전 강조 - 교육, 문화, 출판, 광고 등 디지털산업, 애니메이션산업의 발전 강조 - 중국 문화부의 문화산업단지 관리 강화
전면적 발전단계 (2003~)	- 문화산업을 국민경제의 중심산업으로 육성하기 위한 방침 마련 - 문화체제개혁의 심화, 문화관련 기업의 육성, 대외 교류 및 홍보의 강화 등 세계적인 '문화강국' 구축을 위한 정책 및 전략 발표

자료: 김병철·이지윤(2012: 86); 오혜정(2013: 37).

문화적 향유를 통해 가능한 것임을 강조한 것이다. 더욱이 중국공산당 및 지도부는 이러한 혁신을 통해 중화(中華)문화의 국제적 위상 및 영향력을 제고하는 새로운 형태를 조성해나가고자 함을 강조한 것이라고 볼 수 있다.

지금까지 살펴본 중국 문화산업정책을 종합적으로 살펴보면 첫째, 초기 발전단계에서는 문화산업정책의 수립과 산업적인 분류를 강조하고 있다. 둘째, 구체화 단계에서는 문화산업발전을 위한 금융, 보험, 법률, 복지 등 관련체제를 정비하고 강화하는 한편 교육·문화·출판·광고·영상 등 디지털산업의 발전을 지향하고 있다. 셋째, 현재 진행 중인 전면적 발전단계에서는 문화산업을 경제적 측면에서 집중 육성하고자 하는 계획을 발표하고 핵심적인 문화산업관련 기업의 발전과 '문화강국' 구축을 위한 정책 및 전략을 제시하고 있다.

한편, 중국 문화산업화 정책에서 드러난 가장 큰 특징은 클러스터를 활용한 지역별로 특화된 문화산업의 집중 육성과 증권거래소와 같은 문화재산권거래소의 활용 등이라고 할 수 있다. 먼저, 문화산업 클러스터는 뉴미디어산업, 영화산업, 문화상품제조업, 관광·레저산업 등 문화산업 분야에서 관련기업과 교육기관, 연구기관, 각종 서비스 활동 등이 일정한 공간적 영역에 집적하여 기술 학습, 신속한 제품화, 거래비용 절감을 창출해내기 위한 산업적 공간이다. 이러한 점에서 문화산업 클러스터는 관련 산업분야의 전문기업들이 집적된 도시형 공간이며, 이 공간에는 전문기업, 전문인력, 연구개발, 다양한 도시 서비스 활동 등이 한 곳으로 집적되어 이들 간의 긴밀한 네트워크가 형성되어 있다(김경수·김희숙, 2006: 123).

이러한 중국 문화산업 클러스터의 발전 배경은 다음과 같은 두 가지 측면이 있다고 볼 수 있다.

첫째, 지역 경제적 배경이다. 베이징, 상하이, 광둥성 등 경제적으로 크게 발전한 지역들을 중심으로 문화산업기지(基地), 원구(园区)가 만들어지면서 문화산업 클러스터도 발전되어갔다. 즉 한 지역의 경제적인 측면의 발전은 문화적 측면의 발전도 함께 촉진되고 있음을 알 수 있다(오혜정, 2013). 이들 지역은 역사, 전통, 문화적 배경, 경제적 기반이 서로 달라 문화산업의 발전 형식과 내용은 상이하지만, 글로벌 브랜드들의 진출이 전반에 걸쳐 이루어져 있고 오랜 역사와 풍부한 문화적 자원을 기반으로 하는 문화산업 클러스터의 건설을 통해 지역적 특성에 맞는 문화산업의 발전을 육성시켜나가고 있는 것이다.

둘째, 정책성 문화산업 클러스터의 발전이다. 문화산업 관련 주요 부서인 문화부, 광전총국, 국가신문출판총서를 비롯하여 지방정부까지 중앙정부의 시책에 맞춰 클러스터를 형성해가고 있다. 예를 들어, 중국 문화부는 2004~2010년까지 네 차례에 걸쳐 200개의 국가문화산업시범기지를 선정하였고 세 차례에 걸쳐 여섯 개의 국가급 문화산업시범단지를 지정하였다.

이에 따라, 문화부 지정 국가급 문화산업기지의 전체 경제규모는 2008년

<표 11-8> 문화산업 클러스터의 발전목표 및 주요내용

발전목표	주요내용
- 산업클러스터의 응집력 강화 및 규모화	- 관련기업들과의 응집력 강화하여 산업의 이익 극대화
- 관련 산업의 발전 촉진	- 클러스터 내 문화자원을 활용한 문화기업 진입 지원
- 도시화 추진	- 다양한 문화상품 제공과 클러스터를 통한 문화 상품 개발과 문화교류 활동 통한 도시화 추진
- 문화산업 클러스터의 발전과 산업적 연결체계 확대	- 관련 산업의 분야별 전문기업 육성과 관련경영 시행
- 문화산업 클러스터를 통한 주요 산업의 지속적인 발전역량 제고	- 클러스터 내 선도기업 발전과 여타 기업들의 발전 지지

자료: 陳少峰(2012).

600억 위안에서 2011년 약 3,000억 위안으로 크게 성장하였다. 이를 통해 상당한 규모의 문화산업단체와 문화산업 핵심기업을 배양해냈다. 또한 영역, 지역 등의 형평성을 고려하여 서부지역의 문화기업에 보다 많은 관심과 함께 지원정책을 진행하고 있다.

문화산업 클러스터의 발전은 정부와 각 도시별 문화산업발전의 추진에서 중요한 장치이자 플랫폼 역할을 하고 있다. 문화산업 클러스터 내에서의 문화상품 생산 및 문화기업 육성은 문화상품의 브랜드화를 촉진시키고 있으며, 문화산업 인재 장려정책을 통해 문화산업은 물론이고 연관 산업의 발전으로 확대되는 효과를 보여준다.

한편, 중국 정부는 정부 주도하의 문화산업 육성 정책이 한계를 보이고 있다는 점에서 문화산업의 주체를 민간으로 전환하기 위한 노력을 기울이고 있다. 그러한 사례 중 하나가 바로 2009년 상하이에 처음으로 설립한 문화재산권거래소이다.

〈표 11-9〉베이징, 상하이, 광둥성의 문화재산권거래소 현황

지역	명칭	의의 및 특징	웹사이트
베이징	- 베이징재산권거래소 - 문화창의기업투자금융서비스센터	- 문화산업 자본투자금융서비스 업무의 플랫폼 형성 - 정부주도하의 금융투자서비스 업무 진행	www.cbex.com.cn
상하이	- 상하이문화재산권거래소	- 전문화된 시장플랫폼으로 금융인프라 - 자본-문화를 결합한 종합금융투자 서비스 제공	www.shcaee.com
광둥성	- 남방국제판권거래소	- 판권교역과 기업자본 융합기업의 문화상품 개발 촉진	www.cnscee.com

자료: "中国文化产权交易网". http://www.chinacaee.com/(검색일: 2014.10.1).

문화재산권거래소는 문화가치의 창출 및 실현, 문화 요소의 거래, 문화재산권 가치의 보존 및 증식, 문화와 자본의 연결통로로, 국내외 문화 요소의 소통이라는 목표를 가지고 설립된 종합형 금융투자기관이다. 이 기관을 통해 문화재산권교역, 문화상품에 대한 투자, 문화기업의 인재양성, 문화상품 전시 및 교역, 상품 매니지먼트 등의 각종 서비스를 제공한다. 그뿐 아니라 새로운 문화콘텐츠에 대한 창작사업 투자 및 융자사업, 예술품 거래와 문화산업투자기금 조성 등과 같은 투자 사업도 함께 진행하고 있다. 문화재산권거래소는 현재 상하이를 비롯하여 베이징, 톈진, 광둥 등 18개 성·시에 26개가 설립되어 운영 중에 있다. 그중 규모가 가장 큰 상하이문화재산권거래소에는 각종 문화상품이 약 2,000여 종 등록되어 있고 그중 거래되는 종목의 수는 300여 종이며 거래금액도 152억 위안에 이른다(文化部, 2012).

이를 통해 창의적 아이디어가 있지만 자금난으로 성과를 내기 어려웠던 개인이나 중소기업의 발전을 촉진시키고, 저작권 등을 거래할 수 있는 거래소가 활성화되면서 관련 시장이 크게 발전하고 있다. 또한 정부 주도로 이루어졌던 문화산업의 주체를 민간으로 전환했다는 점에서 큰 의의가 있으

며, 앞으로도 다양한 업체와의 협력을 통해 계속해서 발전시켜나갈 것으로 생각된다.

4. 중국의 문화굴기와 소프트 파워 전략

중국 정부는 문화산업을 새로운 성장동력으로 인식하고 2020년까지 문화강국 건설을 목표로 다양한 정책 및 지원 사업을 전개하고 있다. 이를 위해 중국 문화부는 2012년 2월 28일 '12·5 기간 문화산업 배증계획(十二五時期文化产业倍增计划)'을 발표하였다.

동 계획의 주요 목표는 다음과 같은 네 가지 측면으로 요약해볼 수 있다. 첫째, 12·5 규획 기간 동안 문화산업의 연평균 부가가치 증가율을 20%이상으로 유지함으로써 2015년 문화산업 부가가치를 2010년 대비 두 배 이상 증액하고자 한다. 둘째, 문화적 측면에서의 혁신 역량을 제고하고 문화상품과 관련 서비스를 풍부하게 함으로써 국민들이 풍요로운 문화생활 향유에 기여한다. 셋째, 문화산업발전을 통한 일자리 창출 역량을 확대한다. 넷째, 문화소비의 빠른 증가를 통해 내수확대에 기여한다. 이를 위해 지역별로 차별화된 문화산업 발전 전략을 추진하고자 한다. 예를 들어, 동부지역은 문화창의산업의 발전, 중부지역은 문화소비의 확대, 서부지역은 자연·자원 환경을 바탕으로 한 지역 특색의 문화산업을 발전시키는 것이다(황문우, 2012).

한편, 중국 정부는 중국문화의 해외진출을 위해서도 노력을 기울이고 있다. 광의의 '문화 해외진출(走出去) 전략[3]'은 자국문화의 대외선전, 대외문

----

3) '저우추취(走出去)'는 본래 '걸어나가다, 밖으로 뻗어 나가다, 나가자'라는 의미로서,

〈표 11-10〉 12·5 문화산업 배증계획('十二五'时期文化产业倍增计划)의 주요 내용

주요임무	중점산업	지원조치
1. 문화산업 선도기업 육성	1. 공연예술	1. 재정투입 확대
2. 문화산업 발전모델 전환	2. 오락	2. 관련 정책과 법규 완비
3. 문화산업 입지 최적화	3. 애니메이션	3. 문화시스템 개혁 심화
4. 문화상품 창작 지원	4. 게임	4. 문화시장 규범화
5. 문화소비 확대	5. 문화여행	5. 문화산업 공공서비스 강화
6. 과학기술적 혁신 추진	6. 예술품	6. 조직적 협력 강화
7. 중대 프로젝트 전략 실시	7. 공예미술	
8. 건전한 금융 시스템 구축	8. 문화전람	
9. 문화산업 인재 육성	9. 디자인	
10. 문화산업 해외진출 지원	10. 인터넷 문화	
	11. 디지털문화서비스	

자료: 文化部, 「十二五'时期文化产业倍增计划」(2012.12).

화교류, 대외문화무역 등 세 가지 형식을 포함하는바, 정부·관련기관과 기업 등 서로 다른 주체에 의해 각각 주도되고 있다. 따라서 대외문화교류는 문화의 '해외진출'에 중요한 방식이 된다(張丽, 2012: 308). 경제발전의 세계화가 지속되고 이로 인한 국가 간의 경쟁이 갈수록 치열해지면서 한 국가의 대외문화교류와 문화무역활동은 국제무역경쟁의 중요한 영역으로 자리 잡아 새로운 이윤을 창출한다. 따라서 문화의 '해외진출'전략은 문화의 국제적 영향력과 종합경쟁력을 향상시키는 데 중심점 역할을 하고 있다.

중국의 '해외진출' 전략은 본래 장쩌민이 1997년 '전국외자공작회의(全国外资工作会议)'에서 중국기업의 해외 진출을 장려하면서 제기된 것으로 2000년 제9기 전국인민대표대회에 제3차 회의에서 국가 전략으로 승격되면서 중국 경제발전의 주요 전략으로 확립되었다. 이후 2003년 후진타오는 문화

_____

경제, 문화 등의 측면에서의 해외진출 전략 또는 장려 정책 등을 의미한다.

산업 발전을 적극적으로 장려하여 국제 문화경쟁에 참여할 것을 주문했고, 중국공산당 중앙정치국상무위원인 리창춘(李長春) 역시 문화상품의 수출을 지원하여 대외 문화교류에서 문화브랜드를 형성하고 중국 문화상품의 국제 문화시장 점유율을 확대할 것을 요구하였다.[4]

중국 문화의 '해외진출' 전략은 경제발전 전략의 추진 속에서 자연스럽게 형성된 것으로 중국 문화산업의 글로벌 경쟁력이 상당히 미흡했던 반면 오히려 내수시장은 급격히 확대되던 상황에서 제기되었다는 점이 흥미롭다.

오늘날 중국의 '문화의 해외진출전략'은 점차 하나의 새로운 이론으로 자리매김하고 있지만, 현재까지 이에 관한 명확한 이론적 정립은 미흡한 상태이다. 이에 대해 뤼위안(駱玉安)은 중화문화해외진출 전략은 국가의 문화발전전략에 매우 중요한 부분을 차지함을 강조했다. 중화문화의 해외진출은 '대외문화의 선전(對外文化宣傳)', '대외문화교류(對外文化交流)', 특히 '대외문화무역(對外文化貿易)'을 통해 중국문화의 국제적 영향력을 확대하고, 문화산업 경쟁력을 높여 중국의 문화대국 이미지를 확고히 하여, 나아가 중국의 문화 소프트 파워를 향상시키는 것이라 하였다. 그리고 '문화 해외진출 전략'의 기본적인 내용을 세 가지 방면에서 정리하였다(駱玉安, 2007: 153~ 154).

첫째, '대외문화의 선전'이다. 이것은 문화를 매개체로 하여 중국의 대내외 정책을 선전하는 대외선전의 중요한 구성정책이다. 그리고 중국대외개방의 강조를 통해 외국과의 각 분야에서 교류와 협력으로 중국의 문화를 적극 알리고자 하는 데 중요한 목적을 둔다.

둘째, '대외문화교류'이다. 이는 정부를 문화외교의 주체로 하는 국가 간 교류를 포함한다. 문화선전, 교류 및 소프트 파워의 발전을 촉진시키는 역

---

4) www.gov.cn, "胡錦濤在中共第十七次全國代表大會上的報告全文", 2007.10.24.

할을 하며, 국가의 정치 혹은 대외전략을 반영하고 있는 해외진출전략의 중요한 부분을 차지한다.

셋째, '대외문화무역'이다. 문화무역의 규모와 국제경쟁력은 한 국가의 문화산업의 발전 정도를 측정하고, 이것은 국가문화의 해외진출 가능 여부의 중요한 척도이다. 대외문화무역은 경제적 측면의 이익을 체현함과 동시에 문화적 굴기(崛起)를 상징하기도 한다. 즉 민족특색과 과학기술을 반영하고 있는 중국문화상품의 국제문화시장 진출은 외향적 문화기업을 양성하여 문화무역을 확장시켜나가는 데 관건이 될 것이다. 따라서 대외문화무역은 중화문화 해외진출전략의 경제적 측면의 기초를 제공한다.

중국에게 2008년 금융위기는 오히려 중국문화 '해외진출'의 기회를 선사했다. 금융위기로 인해 선진국의 문화기업들은 경영난을 맞았고, 이는 중국의 문화기업들이 해외기업을 합병하는 데 좋은 조건을 제공해주었다. 중국의 문화기업은 해외기업을 합병하면서 다양한 형태로의 해외시장 진출기회를 잡고 발전시켜나가기 시작했다.

중국의 문화무역 발전현황은 2004년 국가통계국에서 발표한「문화 및 관련 산업 분류(文化及相关产业分类)」에 근거하여 3단계로 나누어 무역현황 및 발전 상관관계를 분석하고 있다. 통계틀에 의하면 문화상품과 서비스항목은 크게 9개의 대분류와 24개의 중분류, 99개의 소분류로 구분하는데, 산업의 관련성에 따라 문화산업을 핵심문화산업, 주변문화산업, 그리고 상관문화산업으로 분류하고 있다(万鹏, 2012). 이「분류」는 문화산업 및 관련 산업을 "사회공중에게 문화·오락상품과 서비스를 제공하기 위한 활동 그리고 이러한 활동과 관련된 집합"으로 정의한다(向勇·范颖, 2013: 90).

중국 문화의 '해외진출'전략은 초기에는 대략 '산업적 측면'과 '문화외교 측면'으로 크게 두 가지 면에서 중점적으로 진행되었다.

〈표 11-11〉 문화산업별 주요 상품

	내용	대표상품
핵심 문화산업	신문서비스	- 정기간행물, 신문 등
	출판발행과 판권 서비스	- 도서, 전자출판물 등
	방송영화서비스	- 영화, TV드라마 등
	문화예술서비스	- 문화예술 공연, 예술품 수출 등
주변 문화산업	인터넷문화서비스	- 인터넷 게임 등
	문화오락서비스	- 문화전시회 등
	기타문화서비스	- 설계, 광고 등
관련 문화산업	문화용품, 설비 및 문화 관련 상품의 생산과 판매	- 장난감, 게임 혹은 운동용품 및 기타부속품, 악기 및 부속품, 음악설비, LED 설비, 드라이아이스, 조명설비 및 기타 부속품 등

자료: 向勇·范穎(2013: 91).

첫째, 산업적 측면의 경우, 국내 기업의 글로벌 경쟁력 강화를 위한 정책을 추진한 것이다. 예를 들면 국제시장의 개척, 국제합작 및 경쟁에 적극적인 참여, 국제무대에서의 대형 문화 활동 추진 등을 내용으로 하는 정책을 발표했다. 2004년 중국 문화부는 '중국대외문화그룹(中国对外文化集团公司)'을 설립하여 중국이 글로벌 시장에서의 경쟁력을 갖출 수 있도록 기업의 '규모화(대기업화)'를 추진했다.

둘째, 문화 외교적 측면의 경우, 국가 간 다양한 문화교류 활동을 전개한 것이다. 예를 들면 '파리 중국문화주간(1999)', '중화문화 미국행(2000)', 2003~2004년 프랑스에서 거행된 '중국문화의 해' 등의 활동이 진행되었다. 그리고 공자학원의 건립 역시 중국 문화가 세계무대에 진출하는 데 중요한 역할을 하고 있다(권기영, 2012: 280~284).

문화산업의 '해외진출' 전략을 국가의 소프트 파워와 연결시킬 때 우리의 주목을 끄는 부분은 문화상품의 내용에 관한 문제, 즉 중국 정부가 어떤 문화상품의 수출을 지원하는가의 하는 문제이다. 2007년 외교부와 상무부를 주축으로 6개 부처가 연합하여 발표한 「문화상품 및 서비스 수출지도 목록(文化产品和服务出口指导目录)」은 문화산업의 '해외진출' 전략에 대한 중국 정부의 의도를 선명하게 보여준다. "중화민족의 우수한 전통문화의 지속적인 발전을 가능케 하고, 중국과 세계 각국의 국민과의 친선 도모에 유리한 작용을 한다. 그리고 비교우위와 뚜렷한 민족특색이 있는 항목을 '국가 문화 수출 중점 항목'으로 인정한다"라고 강조하고 있다.[5]

이처럼 중국의 문화의 '해외진출' 전략은 초기부터 경제적 목적 이외에도 중국문화의 세계적 확산, 즉 문화 소프트 파워의 강화, 나아가 중화 문화의 세계화를 강화하면서 추진되었다고 생각해볼 수 있을 것이다. 이는 곧 사회주의 정신문명 건설, 중국 특색 사회주의 문화건설, 화해문화건설 등의 구호 역시 중국 문화영역에서의 대응전략이라 할 수 있다.

이러한 문화굴기(文化崛起) 및 문화 저우추취(走出去) 노력들을 통해 중국 정부는 정치·경제·군사·외교적인 경성(硬性) 패권주의가 아닌 연성(軟性) 패권주의를 추구하고 있다고 생각한다. 문화, 즉 중화주의를 통한 소프트 파워 전략을 추구하고 있는 것이다. 이와 관련하여 주목해볼 수 있는 것이 미국 하버드 대학 석좌교수인 조지프 나이(Joseph S. Nye, Jr.)가 주장한 소프트 파워 개념이다. 조지프 나이 교수는 2004년 출판된 단행본 *Soft Power: The means to success in world politics*에서 〈표 11-12〉와 같이 파워의 세 가지 형태를 구분하고 소프트 파워의 개념을 명확하게 제시했다.

중국 학자들이 소프트 파워 이론[6]을 국가전략과 연계시킨 것은 1990년

---

5) "文化产品和服务出口指导目录", http://www.gov.cn/banshi/2007-06/05/content_636827.htm, 2007.6.5.

6) 중국 최대 전자출판물 데이터 베이스인 CNKI.net에서 학술 논문 대조 번역 결과에 따

〈표 11-12〉 파워의 세 가지 형태

	행위	주요 수단	정부의 정책
군사력	강제, 억지력, 보호	위협, 군사력 행사	강압적 외교, 전쟁, 동맹
경제력	유인, 강제	보상, 제재	원조, 매수, 제재
소프트 파워	매력, 어젠다 설정	제반 가치, 문화, 제반 정책, 제도	일반 외교활동, 양자적·다자적 외교활동

자료: Nye, Jr. (2004).

대 후반의 일이다. 이 무렵 급속한 경제성장과 함께 국력이 신장되면서 세계가 중국의 부상에 주목하고 중국 국민들도 국제문제에 관심을 갖게 되었다. 이때부터 중국의 주요 언론매체는 과거와 달리 국제문제를 본격적으로 보도했다. 동시에 정부 차원뿐만 아니라 민간 차원에서도 국제문제와 외교정책에 대한 논의가 활발하게 전개되었다. 이러한 요소들이 복합적으로 작용하여 중국 국민의 자기의식과 중국 정부의 자국 평가에 변화가 발생한 것이다. 이러한 과정에서 결정적인 역할을 한 것이 1998년 아시아 금융위기에서 중국이 보여준 태도와 국제적 평가, 즉 위안화를 평가 절하하지 않고 동시에 주변국에 경제 원조를 제공함으로써 국제적으로 높게 평가받은 사실이 있다(조영남, 2009: 183).

르면, 소프트 파워(Soft Power)에 대한 중국 내 해석은 다음과 같이 크게 네 가지로 요약될 수 있다. 첫째, 소프트 파워가 롼스리(软实力, 연성실력)으로 번역된 경우가 63회, 둘째, 롼취안리(软权力, 연성권력)로 번역된 경우가 86회, 롼리량(软力量, 연성파워)으로 번역된 경우가 19회, 롼궈리(软国力, 연성국력)으로 번역된 경우가 7회였다. 그러나 CNKI.net 문헌 검색 결과에 따르면, 제목에 롼취안리가 들어간 학술문헌은 182건인 데 반해, 제목에 롼스리가 들어간 학술 문헌은 2,791개에 달해 조지프 나이(Joseph S. Nye, Jr.)가 제시한 개념인 소프트 파워는 중국 내에서는 대체적으로 롼스리로 번역됨을 알 수 있다(김동하, 2011: 35).

〈표 11-13〉 소프트 파워 자원에 대한 중국 내 인식

연구자	소속	소프트 파워 자원에 대한 구분
먼훙화 (门洪华)	중앙당교 국제전략연구소 교수	문화, 관념, 발전 모델, 국제제도, 국제 이미지
팡중잉 (庞中英)	중국인민대학 국제관계학원 교수	양호한 국내통치 체제(治理), 사회진보, 교육, 사회과학체계
쑨샹둥 (孙相东)	중앙당교 부교수	문화적 흡인력과 전파력, 이념과 정치가치관의 흡인력, 외교정책의 도의와 정당성, 국가 간의 친화력, 발전노선과 제도 모델의 흡인력, 국제규범/준칙/레짐에 대한 승인 정도 및 통제력, 국제여론의 자국 이미지에 대한 평가와 인정 정도
옌쉐통 (阎学通)	청화대학 국제문제연구소 소장	국제적 흡인력(정치제도/문화적 흡인력 포함), 국제적 동원력(전략동맹관계 수립, 국제기구 발언권/투표권), 국내적 동원력(지도자 도덕관, 기업가 정신, 시민사회 영향력 등)
주펑 (朱峰)	북경대학 국제관계학원 교수	문화적 흡인력, 이념적 흡인력, 제도화된 국내 체제와 경쟁력 있는 지도력(領導), 적절한 국제전략 및 국제레짐 확립 능력

자료: 신종호(2009: 42); 韩勃·江庆勇(2009: 7~8).

이러한 배경 속에서 중국의 부상을 진지하게 고민하고 지역 강대국에서 세계 강대국으로 발전하기 위한 국가전략을 새롭게 수립하려는 노력이 중국 학자들 사이에서 진행되었다. 하드 파워와 소프트 파워를 결합시킨 중국식 스마트 파워를 중국학자들은 '종합국력'이라고 불렀다. 종합국력 개념은 이 과정에서 등장했고, 소프트 파워가 종합국력의 중요한 요소로 인정되면서 소프트 파워 강화가 국가 목표에 포함되었다(김동하, 2011: 38). 〈표 11-13〉은 중국 학자들의 소프트 파워에 대한 인식을 정리한 것으로서, 이들은 공통적으로 문화, 가치관, 통치체제(정치제도) 등을 소프트 파워 개념으로 인식하고 있음을 알 수 있다.

그렇다면, 중국의 소프트 파워 전략에 대해 외부의 인식은 어떠한가? 중

국이 소프트 파워를 발전시키는 과정에서 문화의 역할은 주변적인 것에 지나지 않는다. 우선 중화 문명화의 모든 요소가 국제사회에서 흡인력을 발휘하지 않는다. 중국 정부의 통계를 보더라도 중국은 국제 문화무역에서 줄곧 거액의 적자를 기록했다. 오히려 중국의 영향력이 커지는 모습을 불안하게 지켜보기보다는 사람들은 중국 문화의 특징 중 하나인 '사회계급 제도에 대한 중시'가 부활할까 봐 우려한다(김동하, 2011: 38). 중국 문화 가운데 외국인들에게 여전히 흡인력이 있는 것은 주로 명승고적을 포함한 문화적 상징물들이다. '중국 위협론'을 주장하는 사람들도 만리장성을 부러워하고 중국의 다른 상징물이나 공연들을 즐기고 있다.

세계에서 중국의 소프트 파워 영향력이 증강될 수 있었던 것은 실질적으로 베이징 당국이 수십 년 동안 대외정책 분야에서 비교적 소프트한 운영을 해왔기 때문이다. 중국은 현재의 국제질서 체제에 편입해 들어가기 위해 의식적인 노력을 경주해왔다. 다른 강대국과의 관계에서 대항하지 않는 태도를 유지했고[7] 행동과 언론을 통해 세계 각국이 중국의 평화굴기[8]에 대해 마음을 놓을 수 있게 했다. 이를 위해 인접 국가들과의 국경 문제를 원만히 해결했고, 해당 지역에서 평화로운 환경을 유지하기 위해 노력했다. 전체적으로 보면, 중국이 진지하게 모든 가능성을 고려하는 방식으로 자신의 힘을 발휘하고 있다는 평가를 내릴 수 있다. 이것이 중국 소프트 파워의 진정한

---

7) 이는 1980년대 이래 이어져 온 중국의 대외정책, 즉 타오광양휘(韜光養晦; 자신의 재능이나 명성을 드러내지 않고 참고 기다린다)를 지칭한다고 볼 수 있다.

8) 평화굴기(和平崛起)는 '평화롭게 일어나다'라는 의미로, 2003년 쩡비지엔(郑必坚) 중앙당교 전(前) 부교장이 중국 위협론에 대한 대응 논리로 제안한 개념이다. 이는 중국의 군사적·경제적 성과가 타 국가의 평화와 안전에 위협이 되는 것이 아니고 오히려 도움이 된다는 주장을 담고 있다(김동하, 2011: 74).

모습이다(쑹샤오쥔 외, 2009: 360).

미국 존스홉킨스 대학 국제관계연구원(SAIS) 중국연구소의 램프턴(David M. Lampton)에 따르면, 중국이 발전 전략에서 경제와 소프트 파워를 확보한 것은 대국으로서의 지위를 위한 초석을 쌓은 것이다. 중국 소프트 파워의 경제적 측면은 주로 중국이 외국인들의 직접투자 대상이 되는 가장 큰 나라로서, 성장속도가 가장 빠르고 거대한 국내시장을 보유하고 있고 미국 국채를 포함한 엄청난 투자액으로 그 힘이 나날이 증강하고 있다는 사실에 기초한다. 그러나 소프트 파워의 사상 및 의식의 측면에서는 충분한 평가를 받지 못하고 있는 부분이 많다(김동하, 2011: 42~43). 오늘날 중국의 지도층은 마오쩌둥과 달리 중국의 문화적 흡인력을 매우 중요한 자원으로 간주하여 커다란 관심을 기울이고 있다. 이는 중국의 문화상품들이 전 세계에서 갈수록 큰 환영을 받고 있다는 사실이 증명해준다. 비록 낮은 수준에서 출발했지만, 중국은 자신이 전파채널을 통해 세계 각국과 소통하는 역량을 갈수록 증대시키고 있다.

중국의 소프트 파워는 미국에게 어려운 선택을 강요하고 있다. 중국의 소프트 파워는 미국에게 경제적인 측면뿐만 아니라 사상적인 측면에서도 미국만의 소프트 파워를 강화해야 함을 일깨워준다. 중국은 전 세계를 대상으로 적극적으로 중국 언어와 문화를 학습할 것을 주장하고 있다. 이에 대응한 미국의 교육정책은 엘리트들의 40%가 고등교육을 받고 투자율도 높은 중국과 경쟁할 수 있는 다음 세대 미국의 인재들을 양성하는 것이다. 중국의 개혁이 미국의 개혁을 재촉하는 것이다(쑹샤오쥔 외, 2009: 366).

5. 중국 문화민족주의와 문화의 산업화

1) 중국 문화민족주의

중국은 개혁·개방 이후 경제대국으로 성장하고 있다. 중국이 선택한 경제적 측면에서의 세계화는 정치와 문화의 영역까지 확대되어 자국의 전통가치와 문화전통을 바탕으로 문화적 세계화에 적응해나가고 있다.

중국은 문화산업의 발전이 문화민족주의를 바탕으로 하여 시대에 맞게 활용하는 중국인들의 전통을 계승한 새로운 형태의 개념이라고 판단하여, 문화의 산업화를 통해 경제적 측면에서의 발전을 가속화함과 동시에 문화적 측면에서의 소통을 통해 민족주의를 표출하고 있다. 문화민족주의에 대해 중국학자들은 크게 세 가지로 정의한다. 첫째, 문화민족주의가 폐쇄적 민족의식이며 민족의 생존과 국가건설에서 본래의 가치관과 역사문화를 바탕으로 전통과 현대를 융합하는 힘이라는 것이다. 둘째, 전통문화의 수호에 대한 태도와 상관없이 사회 및 정치적 문제의 해결방안으로 문화를 이용한 민족주의 경향을 문화민족주의로 보는 경향이다. 세 번째는 문화를 민족과 국가정체성의 핵심적 근거로 인식하고 문화의 상호존중과 평화 공존을 보장하는 것이 문화민족주의의 본질이라는 주장이다. 이는 결국 문화민족주의는 본국의 민족의 문화적 특징을 살리고 민족문화에 대한 정체성을 강화하여 민족국가의 생존과 발전을 도모하는 원동력이라 할 수 있다(오일환, 2010: 478).

당과 정부에서 '중화민족의 위대한 부흥'을 기치로 내세우면서 중국 민족주의 논의는 새로운 국면에 진입하고 있다. 중국의 지도부는 21세기 주변국에 대한 지배는 군사력이 아니라 경제력과 거대한 인구를 바탕으로 한 문화의 힘으로 이루어진다는 전제하에 개혁·개방 이후 중국에서 나타나는 문화적 차원에서의 통합을 통해 중국 내부의 민족적 집결을 강조하고 있다. 1840년 아편전쟁을 계기로 약 150년 동안 세계의 중심에서 비켜선 경험을 했던 중국은 현재 중화민족의 부흥을 통해 세계의 중심에 진입하고자 한다 (이경희, 2009: 51).

중국인들은 전통적으로 문화의식을 중시했다. 특히 유학자들은 인간의 도덕성을 문화의식의 최고 산물로 여기며 문화 수준을 향상시키기 위해 노력했으며, 적지 않은 사람들은 이러한 문화의식에 민족관을 결합하여 중화사상을 적극적으로 추구하기도 하였다. 중국은 1949년 사회주의 국가를 성립시킨 이후에도 문화와 정치를 결합시켰다. 1966년부터 약 10년 동안 진행된 '문화대혁명', 1980년대 사상계에서 폭넓게 전개된 '문화열풍' 논쟁 등은 비록 그 성격은 다르지만 문화를 현실 사회와 결합시킨 대표적인 예라고 볼 수 있다. 이러한 특징은 개혁·개방 이후 빠른 경제성장과 함께 중국이 가진 문화자원을 바탕으로 문화를 경제와 결합하여 세계화 단계로 나아가는 새로운 도전에 직면하였다.

서양의 소비문화가 도래하고, 한국과 일본 등에서 대중문화가 중국인민들의 중요한 문화소비제로 등장하는 시기로 진입하는 과정에서 문화민족주의는 세계화에 역행하거나 배타적이기보다는 중국적 세계화를 위한 효과적인 도구로의 역할을 하게 된 것이다. 즉 중국의 문화민족주의는 중국 전통문화로의 회기가 아닌 대중문화 안에서 구성되는 문제이면서, 새로운 문화적 중화주의를 기획하고 있다고 볼 수 있다.

TV드라마와 대중음악, 그리고 인터넷 공간은 대중들의 문화민족주의를 효과적으로 이입하거나 반응하는 역할을 하고 있으며, 최근 자생적인 대중문화 생산물들이 제작되는 상황에서 중국에서의 문화민족주의는 중화주의에 대한 현대적 재구성이라고 볼 수 있다. 예를 들면, 2008년 베이징 올림픽의 성공적인 개최는 중국에게는 최근의 급속한 경제성장을 바탕으로 한 새로운 중화 대국의 부흥을 가능케 하는 국가적 욕망과 인민의 염원이 담긴 프로젝트가 되었다. 냐오차오(鸟巢)라는 이름을 가진 주경기장 준공은 물론 국가대극원(国家大劇院) 등의 문화예술 관련 건축물들의 완공은 중국의 문화를 바탕으로 한 산업화의 결과물이라 볼 수 있다.

사회주의 문화가 아니라 전통문화를 앞세웠고, 문(文)과 여성 이미지를 첨단 과학기술에 담아 새로운 중국이미지를 세계에 보여준 것이다. 이것은 중국이 보유한 소프트 파워 자원 중에서 가장 경쟁력 있는 전통문화를 앞세워 세계를 흡인하고 세계와 소통하려는 전략이었다고 해석할 수 있다. 베이징 올림픽 개막식의 문화공연은 세계인들에게 찬란했던 문화중국, 문화대국의 모습을 회상시켜주는 자리가 되었고, 중국 전통문화를 만방에 선양하는 기회로 만들었다. 그뿐만 아니라 '2008년 8월 8월 8시 8분 8초', 중국인들이 행운의 숫자로 믿고 있는 8이 여섯 개나 중복되는 개막 일시는, 중국인들이 이 행사에 얼마나 많은 의미와 주술을 걸고 있는지를 간접적으로 시사하고 있다.

1978년 이후 덩샤오핑의 '사회주의 현대화'의 실험은 정치 및 경제적인 면에서 일정한 성공을 거두었을 뿐만 아니라 이를 바탕으로 국제사회에서의 외교적인 측면에서의 위상도 제고되고 있어 전 세계가 괄목상대하고 있다. 서구적인 가치관과 대비시켜 개인과 더불어 집단공동체의 덕목을 중요한 가치로 취급하는 공자와 유가문명, 그리고 자연과 인간의 화해를 강조하는 전통적 세계관, 화(和)를 중시하는 인간관계 등을 핵심으로 하는 중국 전통문화의 세계관이 현재 서구 중심의 물질문명의 폐단을 치유하는 지혜와 처방을 담고 있는데, 이러한 중국의 전통적 가치관을 중국 문화산업의 취약한 경쟁력을 개선하기 위한 수단으로 삼아야 할 것이다(이경희, 2009: 63~64).

2) 중국 문화산업화와 문화적 갈등

21세기 세계는 문화를 자본주의의 전개 과정 중에서 나타난 새로운 형태의 경제활동 영역이자 산업의 중요한 영역으로 포함하여 경제적인 이익을 산출하는 유효한 수단으로 여기고 있다. 이에 중국도 2000년대 이후부터 문화산업과 관련된 정책들을 발표하면서 문화산업의 발전은 가속화되고 있다. '문화파워(文化力)', '소프트 파워(软实力)', '문화소프트 파워(文化软实力)' 등의 개념은 현재 중국의 문화적 측면의 발전전략을 포함하는 표현이다. 오늘날 이러한 개념이 중시되는 이유는 중국이 문화를 국가안보의 중요 요소로 간주하고 있고, 문화를 소프트 파워 차원에서 중요한 자원으로 인식하기 시작했다는 점 때문이다.

그중 소프트 파워를 중요한 자원으로 생각하는 이유는 첫째, 종합국력의 일부로서 중국이 평화적으로 부상하여 대국이 되는 데 문화가 중요하다고 보기 때문이다. "문화 발전의 주도권을 차지하는 것은 격렬한 국제경쟁에서 주도권을 효율적으로 장악하는 것이다"라고 후진타오 총서기가 말한 바 있다. 둘째, 국제사회에서 중국의 이미지를 개선하는 데 중요하다고 보기 때문이다. 즉 국제적으로 친화력을 지닌 대국을 건설할 수 있다고 보는 것이다. 셋째, 중국의 전통문화와 전통적 가치관을 세계에 전파하기 위해서이다. 서구문화 위주로 구성된 일방적인 현대문화를 중국문화의 가치를 통해 새롭게 창출해나가야 한다는 것이다.

중국의 문화산업화와 소프트 파워를 통한 문화대국 건설 전략은 한국과의 문화적 경쟁을 촉발할 수도 있고, 또 반대로 중국 문화산업이 성장하면서 한국 문화산업과 동반 성장할 수 있는 기회를 가질 수도 있다. 따라서 중국의 문화발전 전략이 한국에 어떠한 영향을 미칠 것인지를 파악하여 전략과 정책을 수립하는 것이 중요한 관건이 될 것이다.

먼저 부정적인 영향을 살펴보면, 첫째, 한류 수출에 타격을 받을 것이다. 중국은 그들의 문화시장에 외국문화가 유입되는 것을 일정 부분 차단하고, 이러한 차단벽을 보호막으로 하여 문화산업을 발전시켜나가는 전략을 펼치게 될 것이다. 둘째, 한중 사이의 문화갈등이 심화될 것이다. 즉 고대사와 전통문화 유산을 둘러싸고 한중 사이에 문화적·역사적 갈등이 재연될 수도 있다. 셋째, 세계 문화계에서 동아시아 문화를 대표하기 위한 한·중·일 3국의 경쟁이 강화될 것이다. 중국은 경제발전에만 치중하여 문화적 측면에서의 발전과 문화의 산업화의 진행 시기가 조금 늦었지만, 중국은 보유하한 전통문화 유산과 전통적 사고방식, 역사를 품은 미술품 등의 해외 진출을 추진하여 중국의 전통적인 색을 가지고 중국의 소프트 파워를 강화시켜나갈 것이다(이욱연, 2009: 9~17).

그렇다면 중국의 문화발전 전략의 부정적인 측면에 대한 대책으로 다음과 같은 것을 들 수 있다. 첫째, 한류에 대한 민족주의적인 접근을 버리고 기획과 투자, 제작, 판매 등 중국과 공동 작업을 상생하여 함께 발전해나갈 필요가 있다. 둘째, 한국은 중국과 비교했을 때 문화자원 측면에서는 부족하지만 제작 능력, 콘텐츠 시장의 활성화 등의 분야에서는 강점이 있다. 따라서 중국의 전통문화자원을 활용하여 공동제작, 공동기획 등으로 중국의 문화시장에 진입해야 할 것이다. 셋째, 한국을 대표할 수 있는 중국과 차별성이 있는 문화 이미지를 만들어내는 것이 필요하다. 중국은 문화민족주의와 문화의 산업화를 통해 전통과 민족주의의 결합, 그리고 외국 문화산업에 대응할 수 있는 경쟁력을 갖추기 위한 문화산업의 경쟁력을 확보하기 위해 지속적으로 노력해나갈 것이다.

중국이 소프트 파워로서 문화를 중요하게 생각하게 된 이유는 중국의 전통문화와 그 가치를 보편화시켜 보다 다양한 문화산업을 육성함으로써 국민들의 소비를 촉진하여 내수시장을 활성화시키고, 이를 통해 국가의 경쟁력을 더욱 강화하기 위함이라 할 수 있다. 베이징 대학 문화산업연구소 왕치궈(王齐国) 교수는 '중국문화산업정책 및 법규'라는 주제의 강연에서 중국의 문화산업발전에 대한 네 가지 모형을 제시했다.

첫째, 문화산업을 하나의 경제행위로 인정하고 경제법칙에 따라 운영해야 한다는 것이다. 이것은 중국이 문화산업 자체를 정부의 정책 선전도구로만 활용하며 산업화나 시장화를 이루지 못했다는 자기반성에서 나오는 분석으로 이해된다.

둘째, 문화산업 단지를 조성하는 것이 문화산업을 발전시키는 지름길이다. 정부의 투자를 바탕으로 대규모의 문화단지를 조성하여 문화산업을 이끌어가자는 것인데, 예를 들면 북경의 중관촌(中关村)이 IT산업의 중심인 것처럼 하나의 문화기지를 구축해 그것을 중심으로 문화산업을 발전시키자는 것이다. 문화산업 기반이 부족한 상황에서 정부의 지원으로 문화산업 거점을 조성시키려는 전략이다.

셋째, 문화산업 - 학교 - 연구기관을 삼위일체로 연결하는 모형이다. 문화산업 자체가 고도의 창의력과 기술력을 필요로 한다는 점에서 대학과 연구소의 아이템을 바로 산업화하는 체제를 만드는 것이 필요하다는 지적이다.

넷째, 문화산업을 담당하는 기업이 전면에 나서 역할을 수행하는 구조를 만들어야 한다. 즉 정부의 역할을 최소화하고 시장의 원리에 따라 문화산업을 발전시켜나가야 한다는 것이다(《오마이뉴스》, 2014.11.12). 이것은 경쟁력이 있고 인지도가 높은 기업형 브랜드가 아직 부족한 상황에서 이 같은 논의는 정부주도형 발전모델과 시장주도형 발전모델 간의 모순, 국유기업과 민간기업의 불균형, 지역 자체의 문화산업 개발능력 부족 등 중국의 문화산업이 안고 있는 각종 문제점들을 드러내는 부분이다. 동시에 정부가 의지를 가지고 중국식 문화산업의 발전을 추진해나감을 보여주는, 중국문화산업의 현주소를 보여주는 것이라 하겠다(『百度文庫』, 2011.12: 2).

중국은 정치·경제적 측면에서의 강대국으로 자리매김하면서 군사력이나 경제력 등 물리적인 힘을 통한 국제사회에 영향력을 행사하기보다는 문화·가치·정책 등을 통해 국제사회에서의 위상을 높여가고자 노력하고 있다. 또한 다양한 문화콘텐츠의 개발과 문화시장의 활성화로 국민들의 정신적 측면의 문화적인 요구를 만족시키고 있으며, 문화의 '해외진출' 전략을 통한 대외문화무역의 발전배경 및 증가를 위해 노력하고 있다. 종합적으로 볼 때, 대외문화무역 및 문화의 '해외진출'은 경제발전 및 문화산업의 발전 추진력, 문화상품의 생산력에 비례하여 증가하는 추세이다. 중국의 대외문화무역은 중국이라는 나라를 세계에 알리는 중요한 작용을 하게 될 것이고 앞으로도 지속적인 성장을 시현할 것으로 전망된다.

6. 결 론 및 시 사 점

현재 추진 중인 '12·5 규획'은 중국이 지속적으로 문화산업을 발전시켜나가는 데 당면한 여러 가지 문제점을 해결하고 중국 특색의 사회주의 문화발전 방식을 유지함을 목표로 하고 있다. 나아가 과학, 기술, 창조력을 기반으로 문화산업의 현대화, 세계화, 미래화를 지향하며 문화체제개혁을 통해

〈표 11-14〉 중국 문화산업 SWOT 분석

■ 문화자원과 종류의 다양성 ■ 거대한 문화시장 규모 ■ 장구한 문화역사 기반 〈STRENGTHS〉	■ 정책법규 기반 낙후 ■ 고급인재 부족 ■ 비교적 낮은 브랜딩 마인드 〈WEAKNESS〉
〈OPPORTUNITIES〉 ■ 빠른 발전 속도 ■ 공급 대비 방대한 문화수요 ■ 중국 정부 중점 발전 산업분야 ■ 한류문화 파급력 확대	〈THREATS〉 ■ 복잡한 산업구조와 체계 ■ 높은 수준의 경쟁구도 ■ 선진 고급기술 부족 ■ 4대 장벽(집단소유제/부문/산업/영역)

자료: 한국무역협회(2014: 6).

2020년까지 중국을 문화산업 강국으로 발전시키고자 노력 중이다. 이를 위해 중국 정부는 국유(国有)문화기업의 법인화를 위한 민간 융자프로그램의 다양화, 현대적 문화시장체계의 구축, 우수한 외국문화의 수용 등 여덟 가지 주요정책을 추진 중에 있다. 이를 통해 중국 문화산업의 낮은 브랜드 경쟁력, 지역별 문화산업의 격차, 낙후된 문화상품 생산기술력 등을 해결하고자 노력하고 있다. 현재 중국의 문화산업이 당면한 문제점들은 〈표 11-14〉의 SWOT 분석을 통해 보다 명확하게 인지할 수 있을 것이다.

또한, 중국 정부는 적극적인 '해외진출' 전략을 지원하기 위한 방법으로 세금우대정책, 금융서비스지원 등의 재정적 지원과 수출환경 개선을 위한 국제마케팅 네트워크 구축의 강화와 문화무역 중개 기관을 설립하였다. 문화산업의 발전 촉진은 문화강국 건설의 핵심으로 간주되며 문화산업의 빠른 발전에 따른 자금부족 현상을 해결하기 위해 문화산업에 대한 금융지원을 한층 더 강화할 것이라고 밝힌 바 있다.

이처럼 정부의 주도하에 추진되는 중국의 문화산업, 문화무역 및 문화세계화에 관련된 여러 정책들을 통해 중국이 현재 사회주의 문화발전을 촉진하여 중화문화의 국제적 영향력 강화를 위해 노력하고 있음을 알 수 있다. 따라서 중국의 문화무역은 문화세계화 및 해외진출을 위한 하나의 방식으로 국가 이미지 제고와 중국의 '소프트 파워'를 높이는 데 중요한 역할을 할 것이며, 나아가 국가 무역의 중점산업으로 자리 잡게 될 것이다. 문화정책 중 하나인 문화의 '해외진출'전략은 문화산업의 지속적인 발전을 촉진키고, 이를 통해 중국 국가브랜드의 가치를 제고시켜 중국의 문화적 역량과 영향력을 국제사회에 알리는 긍정적인 효과를 중국 정부는 기대하는 것이다.

❖ 참고문헌

강내영. 2012. 「중국 문화산업 발전역정과 특징연구: 정부주도형 시장화 발전모델」. 《中文學研究》, 제48집.

국회 문화체육관광방송통신위원회. 2011. 「중국의 12·5 규획과 문화산업 정책연구」.

권기영. 2012. 「21세기 중국의 국가비전과 문화산업 발전 전략」. 《현대중국연구》, 제14집 1호.

김경수·김희숙. 2006. 「지역문화콘텐츠산업클러스터구축」. 《한국콘텐츠학회논문지》, Vol. 7.

김동하. 2011. 『차이나 소프트 파워』, 서울: 무한.

김병철·이지윤. 2012. 「개혁·개방 이후 중국 문화산업정책 및 인력」. 《국제노동브리프》, 5월호.

김부용. 2010. 「베이징(北京)시 소프트웨어 산업 동향과 시사점」. KIEP, 『중국 성(省)별 동향 브리핑』, Vol. 1, No. 16, 2010.6.8.

김상욱. 2012. 「중국 문화산업의 발전현황, 문제점, 정책」. 《한국지식특보기술학회보》, 제7권 제2호.

문화관광부. 2001. 『2001년 문화산업백서』. 문화관광부.

서창배. 2014a. 「중국의 도전 3.0과 한 - 중 경제협력」. 『한중사회과학학회 2014 하계학
　　　술대회 발표논문집』.

_____. 2014b. 「한국기업의 중국디지털콘텐츠시장 진출 방안 연구」. 《한중사회과학연
　　　구》, 제12권 3호.

서창배 · 김동하 외. 2014. 『중국경제론』. 서울: 박영사.

신종호. 2009. 「중국의 소프트 파워 외교의 전개와 국제정치적 함의」. 《국가전략》, 제15
　　　권 1호.

쑹샤오쥔 외. 2009. 『앵그리 차이나』. 김태성 역. 서울: 21세기북스.

오일환. 2010. 「세계화에 대한 중국의 문화 민족주의적 대응 연구」. 《중국연구》, 제49권.

오혜정. 2013. 「중국 문화산업이 지역경제에 미치는 영향에 관한 연구」. 부산외국어대학
　　　교 박사학위논문.

이경희. 2009. 「중국 문화민족주의와 그 실천전략」. 《한국동북아논총》, 제52집.

이동건. 2009. 「중국 민족주의 고조의 대외관계 및 한중관계 영향」. 《중소연구》, 제35권
　　　제4호.

이욱연. 2009. 「중국의 문화대국 전략: 그 내용과 한국에 대한 영향을 중심으로」. 《东亚硏
　　　究》, 제56집.

이철승. 2013. 「현대 중국사상계의 문화산업에 대한 인식과 연구 동향」. 《동양철학연구》,
　　　제77집.

조영남. 2009. 『21세기 중국이 가는 길』, 서울: 나남.

천성림. 2004. 「20세기 중국 민족주의의 형성과 전개: 문화적 민족주의를 중심으로」. 《동
　　　양정치사상사》, 제5권 1호.

한국무역협회(KITA). 2014. 『중국문화산업동향보고서』, Vol. 1, 2014.3.20.

한국콘텐츠진흥원. 2013. 「중국문화소비의 질적 제고 필요」, 2013.1.3.

한국콘텐츠산업진흥원. 2012. 『중국 콘텐츠 산업 동향 2012』.

한홍석. 2004. 「중국 문화산업의 제도적 특징과 발전」. 《현대중국연구》, 제6집 2호

황문우. 2012. 「중국 12.5규획기간 문화산업 배증계획의 주요내용」. 『중국전문가포럼』.
　　　대외경제정책연구원.

"기지개 켜는 중국의 문화사업". 《오마이뉴스》, 2004.11.12.

国家统计局. 2012. 『中国统计年鉴 2012』. 北京: 中国统计出版社.

国家统计局设管司. 2012.「文化及相关产业分类(2012)」.『国家统计局』, 2012.7.31.

段国俊. 2013.「我国文化及相关产业分类新标准领布实施」.『中国文化产业发展报告(2012-2013)』, 北京: 社会科学文献出版社.

骆玉安. 2007.「关于实施中华文化走出去战略的思考」.『殷都学刊』. 郑洲: 郑洲大学出版社.

刘 骥. 2011.『中国文化产业50问』. 北京: 光明日报出版社.

刘云山. 2011.「建设社会主义文化强国」.《人民日报》, 2011.10.28.

万 鹏. 2012.「文化部刘玉珠谈十八大报告文化强国新提法新观念」.『人民网强国论坛』.

文化部. 2012.「首批中央文化企业签约文化产权交易所」.『中国政府网』.

时报网. 2012."在文化产业中充分体现民企价值时间."《中华工商日报》, 2012.6.13.

茹 静. 2006.「中国文化产业走出去战略分析」. 对外经济贸易大学 硕士学位论文.

张 丽. 2012.「北京对外文化交流和文化贸易状况与对策」.『北京文化发展报告』.

中国社会科学院. 2012.『中国文化消费需求景气评价报告』. 北京: 社会科学文献出版社.

中华人民共和国国家统计局. 2004."国家统计局关于印发,《文化及相关产业分类》的通知". 国统字, 24号.

陈少峰. 2012.「提升文化产业集聚效益的思考」.『中国人民大学文化科技园』.

蔡尚伟·温洪泉. 2009.『文化产业导论』. 上海: 复旦大学出版社.

韩勃·江庆勇. 2009.『软实力: 中国视角』. 北京: 人民出版社.

向勇·范颖. 2013.「中国对外文化贸易的发展和特点」.『中国文化产业发展报告(2012-2013)』.

「国家"十一五"时期文化发展规划纲要」.『新华网』(http://www.xinhuanet.com/), 2006.9.14.

「加快发展文化产业的意义」.『百度文库』, 2011.12, p.2.

"胡锦涛在中共第十七次全国代表大会上的报告全文," 2007.10.24., http://www.gov.cn.

"中国文化产权交易网". http://www.chinacaee.com/(검색일: 2014.10.1).

"文化产品和服务出口指导目录." http://www.gov.cn/banshi/2007-06/05/content_636827.htm. 2007.6.5.

Nye, Jr., Joseph S. 2004. *Soft Power: The means to success in world politics*. New York: Public Affairs.

12장

영국의 창의 산업과 문화정체성

쿨 브리타니아(Cool Britannia) 사례를 중심으로

| 최은경

1. 들어가는 글

영국은 20세기 초까지만 해도 인류 역사상 가장 큰 영토를 가진 대영제국으로 군림했던 국가로 지금도 인구가 18억 명이나 되는 53개국으로 구성된 '영국 연방'을 주도하고 있다. 영국 왕은 캐나다, 호주, 뉴질랜드를 포함한 16개 국가[1])와 기타 국외 영토와 보호령의 왕이다. 그뿐만 아니라 근대사회를 주도해온 유럽과 미국 사회에서 영국은 대서양 서쪽의 강력한 미국을 견제하는 유럽연합(EU)의 한 축이면서도, 1 · 2차 세계대전 이후 세계 최강이 된 미국과 정치 · 경제와 외교 · 군사적 측면에서 특별한 관계를 맺고 있는 국가이다. 한편 영국은 별개의 작은 나라와 민족들이 합쳐진 국가이

---

1) 영국 왕이 군림하는 영국 연방의 16개국은 캐나다, 오스트레일리아, 뉴질랜드, 자메이카, 바베이도스, 바하마, 그레나다, 파푸아뉴기니, 솔로몬 제도, 투발루, 세인트루시아, 세인트빈센트 그레나딘, 벨리즈, 앤티가 바부다, 세인트키츠네비스이다.

다. 잉글랜드, 스코틀랜드, 웨일스 세 나라가 브리튼 섬에 모여 살았고, 여기에 북아일랜드가 합쳐진 대브리튼(Great Britain)은 현재 연합 왕국(The United Kingdom)으로 불리면서 영국의 오랜 역사와 전통을 공유하고 있다.[2] 그러나 이들은 영국인(British)으로서의 민족 정체성(identity)을 공유하면서도 출신 민족의 독특한 관습, 언어, 종교, 가치관 같은 고유의 민족문화를 우위에 두고 있다. 예컨대 지역 의회, 행정, 공교육, 미디어 등은 독자적 언어 사용을 의무화하면서 민족 고유의 정체성을 보존하지만, 연합 왕국의 일원으로 통합된 국기 아래 각자가 공통 문화(common culture)를 만들어나가는 특수한 상황의 국가라는 것이다.

영국은 수백 년 동안 민족 간 전쟁을 통해 내부 갈등을 경험하면서 네 개 민족을 통합했다. 그러나 과거 대영제국 시절 거느렸던 식민지 국가로부터 유입된 노동자와 이민자가 세대를 거듭해 정착하면서, 현재 영국 사회에서는 민족(nation)과 국가(sate)가 일치하는 '하나의 공동체'로서의 민족국가(nation-state)로 통합된 단일의 국민문화, 민족문화를 찾아보기 힘들다. 결국 영국은 다양한 민족이 함께 살면서 단일민족으로서의 민족주의적(national-istic) 이데올로기가 사라지고 통합(integration)과 다양성(diversity)이라는 개념을 중시하면서, 다문화주의적 사회를 지향하는 모습으로 시대와 상황에 맞게 그 개념들을 응용해왔다. 그리고 다양한 민족문화와 문화유산이 영국만의 '문화정체성(cultural identity)'을 형성하는 데 영향을 주었다.

한편 한 영토 안에 네 민족이 공존하고 있는 영국은 오랜 세월 동안 각자 독립국으로서 서로 싸우며 지배하거나 혹은 지배당했던 역사를 가지고 있

---

2) 아일랜드는 16세기 중반부터 잉글랜드의 지배를 받았는데, 남부 아일랜드가 잉글랜드에 격렬히 저항한 끝에 1922년 '아일랜드 공화국'으로 독립하면서, 북아일랜드만이 영국에 통합되어 있다.

다. 하지만 연합 왕국을 상징하는 영국 국기, 유니언 잭(Union Jack)에는 민족 통합의 역사가 고스란히 배어 있다. 1707년 잉글랜드와 스코틀랜드가 합쳐지면서 잉글랜드의 수호성인 '성 조지'의 깃발(하얀 바탕에 좌우로 긴 십자가 모양)과 스코틀랜드의 수호성인 '성 앤드루스'의 깃발(파란 바탕에 X자 형태로 그려진 하얀 십자가 모양)이 합쳐지면서 최초의 유니언 잭이 탄생했다. 하지만 1801년에 만들어진 '통합법'을 통해 아일랜드가 공식적으로 영국의 일부가 되면서, '성 패트릭'을 수호성인으로 삼는 아일랜드의 깃발(하얀 바탕에 X자 형태의 빨간 십자가)이 유니언 잭에 합쳐져, 오늘날의 유니언 잭의 모양이 되었다.3)

유니언 잭은 영국의 국기로 성스럽고 존엄한 국가의 위엄을 상징하면서도, 관광지에서뿐만 아니라 영국 내 모든 생활용품에서도 쉽게 찾아볼 수 있는 마스코트가 되었다. 특히 1990년대 영국이 '쿨 브리타니아(Cool Britannia)'라는 구호를 통해 전통과 현대 문화의 대중화, 상업화 프로젝트를 시행하면서 유니언 잭은 대중에게 이전보다 더욱 개방되었고, 보다 친화적으로 혹은 지나치게 상업적으로 이용되기까지 하면서 그 활용 가능성이 확대되었다. 결국 유니언 잭은 영국만이 가지고 있는 통합의 역사를 상징하는 중요한 기표(signifier)가 되었고, 다민족의 문화정체성과 문화의 산업화를 잇는 중요한 매개(mediation)가 되고 있다.

대중문화 산업의 근대사에서 전쟁은 빼놓을 수 없는 중요한 사건이다. 예컨대 유럽을 비롯한 영국의 정치와 경제도 1차와 2차 세계대전을 전후로 큰 변화를 맞이했다. 특히 2차 세계대전 이후 미국의 문화가 전 세계로 빠

---

3) 웨일스는 영국이 통일된 왕국을 이루지 못한 상태에서 이미 잉글랜드에 병합되었는데, 전설 속의 붉은 용이 그려져 있는 웨일스 기는 1950년대가 되어서야 공식적으로 인정받았다.

르게 전파되면서, 문화는 산업적 차원에서 중요한 경제 자원이 되었다. 거대 자본이 몰리면서 빠르게 번성한 할리우드산 영화와 대량 생산·유통을 하는 콜라, 청바지, 햄버거 같은 미국식 대중문화 상품은 유럽인들의 일상생활에 깊숙이 침투했다. 영국도 예외는 아니었다. 하지만 영국은 문화산업에 정부가 개입해서라도 미국식 폭주에 대응해야 한다는 생각을 했고, 때마침 등장한 4인조 청년 밴드 '비틀스(Beetles)'는 영국을 넘어 미국과 전 세계에 영국 문화의 저력을 과시했다. 결국 문화의 산업화는 1970년대부터 급성장하면서, 1990년대 쿨 브리타니아를 정점으로 문화는 철저하게 비즈니스 마인드로 전략화되어 발전했다. 영국은 쿨 브리타니아를 통해 내부적으로는 통합된 정체성을 강조하면서 민족주의적인 성향을 보이기도 했다. 유니언 잭이라는 깃발 아래 모두가 영국의 문화 패권에 자부심을 느끼고, 여러 국가가 통합되어 하나가 되었다는 단일 민족주의적 정체성을 강조하기 시작한 것이다. 역사적 배경에서 본다면 참으로 모순적이지만, 문화 자본주의적 시각에서 본다면 쿨 브리타니아는 '창의 산업(creative industry)'[4]이라는 문화산업 정책의 정점에서 소설, 시 같은 문학뿐만 아니라 현대 미술, 패션, 영화, 도서, 텔레비전, 스포츠 그리고 대중음악까지 문화 전반이 다양하게 활용된 프로젝트로, 영국만의 특수한 정체성이 산업화에 성공적으로 이용된 사례라고 볼 수도 있다(정준희, 2013).

하지만 여전히 영국의 문화 산업 정책이 갖는 보편성과 특수성의 정치·

----

4) 'creative'는 우리말로 창조, 창의로 혼용되는데, 엄밀히 말해 창조성은 개념이 전혀 새로운 것을 만들어낸다는 개념이고 창의성은 기존과는 다른 새로운 의미의 것을 만들어낸다는 개념이다. 이에 본 연구에서는 창조와 창의의 개념에 대한 엄밀하고 정확한 논의 없이 'creative industry'를 창조 산업이라고 통칭해버린 오류를 바로잡고자, 본문에서 창의라는 개념을 사용하고자 한다.

경제 그리고 사회문화적 맥락은 무엇이 있었는가 하는 의문이 남는다. 영국의 문화 산업 정책을 단순히 미국 문화에 대한 저항 혹은 태생적 문화의 힘이라고 부르기엔 설명이 부족하다. 또한 영국의 창의 산업을 대표하는 쿨브리타니아에 대해서 일시적이고 현상적인 차원으로 접근하는 기존 연구와 탐구는 문화의 정체성에 대한 관계와 정치·사회적 영향력을 간과하는 한계를 가지고 있다. 창조성을 산업과 접목시킨 영국의 사례를 연구할 때 여전히 정책 사례 연구나 해외 산업 동향을 파악하는 데 그치고 있어, 학문적 연구 문제를 가지고 분석하는 경우를 찾아보기 힘들다는 문제도 있었다.

우선 연구 사례가 드물기는 하지만 영국의 창의 산업은 1990년대 후반부터 국내에서도 관심을 끌게 되면서 한국산업기술재단, 문화정책개발원, 한국콘텐츠진흥원, 언론재단 같은 정부 산하 연구 기관에서 발행한 보고서(윤병윤, 2008; 하윤금, 2013; 정준희, 2013 등)에서 소개되었고, 정상철(2013), 홍종열(2012)에 의해 영국의 창조경제가 어떻게 중앙과 지역의 문화정책으로 실천되었는가 하는 탐구가 시도된 바 있다. 혹은 영국의 창의 산업 사례는 국가 브랜드를 연구하는 분야에서 좀 더 활발히 연구되고 있다(손태원, 1999; 김고현, 2002; 신철호 외, 2010; 백상민, 2012 등). 쿨 브리타니아에 대한 연구는 최근 (신)한류 연구가 활발해지면서 다시 주목을 받고 있다(대한상공회의소, 2005; 김윤지, 2012; 김정곤 외, 2013). 반면 이민자들과 다민족으로 구성된 영국의 다문화 성향과 다문화주의는 대영제국이 건설되는 과정에서 보여준 특수성을 이해하는 데 도움을 주고 있다. 그러나 영국 사회가 직면한 사회 갈등을 다문화주의적 관점에서 탐구하다 보니, 영국의 정체성 유지와 문화 다원성이라는 측면은 깊이 있게 논의되지 못했다(김성수·박치완, 2008). 물론 구문모(2006)는 영국의 문화산업을 대표하는 대중음악이 지역 경제 개발에 어떤 역할을 했는가 하는 연구를 시도하기도 했다. 예컨대 그는 문화산업을 적극적으로 지원하기 시작한 1990년대 후반 영국의 대중음악 산업 정책이 어떻게 지방도시에 적용되었는가 하는 문화산업 클러스터 정책 사례를 연구한 것이다. 한편 정종은(2013)은 문화산업의 개념에 대한 역사적·학문적 고찰을 하기 위해 영국의 창조 산업 정책 과정을 심층적으로 탐구했다. 하지만 역시 영국의 정책 과정과 내용에만 집중하다 보니 영국의 창의 산업과 문화정책이 다문화주의와 문화정체성을 어떻게 다루었는지에 대한 연구나 문화 산업을 문화정체성의 관점에서 탐구하는 연구는 찾아보기 힘들었다. 결국 현재 영국의 창의 산업을 대표하는 쿨 브리타니아에 대해 일시적이고 현상적으로만 접근하는 국내의 기존 연구는 문화의 정체성이 갖는 정치·사회적 관계와 영향력을 간과하는 한계를 가지고 있다.

이에 본 연구는 이러한 영국의 문화가 산업화되는 과정을 탐구하기 위해 다음과 같은 연구문제를 설정하였다. 첫째, 쿨 브리타니아에 담긴 영국의 문화정체성은 무엇인가? 둘째, 쿨 브리타니아는 영국의 문화 산업 정책에서 어떤 역할을 했는가? 마지막으로 쿨 브리타니아가 가지고 있는 문화정체성은 현대 영국 사회에 어떤 역할을 했는가를 논의하고자 한다. 하지만 본 연구는 쿨 브리타니아라는 문화 산업의 특수한 사례를 집중적으로 탐색하기에 앞서, 영국이 경험했던 특수한 상황에서의 다문화주의와 문화정체성을 관찰해야 할 필요가 있다고 판단했다. 즉, 서로 다른 역사와 정체성을 가진 민족이 통합 왕국으로서의 현대 영국과 어떻게 연결되고 있는가 하는 연결고리를 이해하지 않고서는 현재의 영국과 영국의 문화정체성을 논하기 어렵다는 것이다.

2. 영국의 다문화주의와 문화정체성

영국은 태생부터 다민족이 연합한 국가이기 때문에 단일 민족국가가 갖는 민족주의와 문화적 단일성이라는 특성을 찾기 어렵다. 때문에 국가는 국가 수준에서 민족국가로서 갖는 통합의 민족주의라는 이데올로기를 강조하기보다, 각 민족이 가지고 있는 민족문화의 특수성과 정체성을 존중하고자 했다. 어쩌면 이것은 역사적으로 영국이 통합되기 전부터 가지고 있던 주류와 비주류, 다수와 소수 집단이 가지고 있는 공존의 법칙, 즉 인정의 정치(the politics of recognition)[5) 때문이라고 이해하는 것이 더욱 적합할 수 있다. 왜냐하면 인정의 정치는 단지 소수 집단이나 다른 집단의 권리를 침해하지 않는 한도에서 자유롭게 사는 것을 인정하는 수준에 그치는 것이 아니라, 다수 집단이 소수 집단의 문화가 존속하도록 적극적인 조치를 취하는 것을 포함하기 때문이다(최은경, 2014: 19). 이렇게 국가 단위로 볼 때, 다문화주의(multiculturalism)는 다양한 나라의 생활양식과 가치가 반영된 이념으로, 국가 내부의 다양성을 관리하는 국가 차원의 규칙과 정치적 개입이다. 이는 한 사회 속의 다양한 인종이나 민족 집단의 문화를 단일한 문화로 동화시키지 않고, 서로 인정하고 존중하면서 공존하게 하는 이념 및 체계와 그것을 실천하고자 하는 정부 정책과 프로그램을 뜻하기도 한다(윤인진, 2008: 73).

하지만 다문화주의는 과거 제국주의 국가들의 패권이 약해지면서 식민지 국가들의 독립이 시작되던 1960년대 이후 서구에서 등장했다. 그리고

---

5) 철학자 찰스 테일러(Charles Taylor)는 다문화주의란 문화적 다수 집단이 소수 집단을 동등한 가치를 가진 집단으로 인정하는 '인정의 정치'라고 정의했다.

20세기 후반부터 급속도로 확산된 세계화(globalization) 담론은 문화제국주의(cultural imperialism)라는 비판을 받기도 했지만, 글로컬라이제이션(glocalization)이나 다문화주의, 혼종성(hybridity)이라는 용어로 설명되면서 세계화는 이제 누구도 어느 국가도 막을 수 없는 전 지구적 현상이라는 주장이 나온 것이다. 예컨대 세계화 시대에 다문화 사회를 통합하기 위해서는 국가 단위에서 다문화주의를 받아들여 국가 내 다양한 민족(nation)이 공존하는 것을 인정해야 한다. 그리고 국가(state)라는 이름 아래 공동체 의식을 갖되, 민족 고유의 문화정체성은 인정하고 지키면서, 다른 정체성과 공존할 수 있어야 한다. 다시 말해 다문화주의를 지향하는 국가는 민족국가에서 의미하는 가치, 신념, 관습 같은 공통문화(common culture)를 작은 집단과 그룹, 즉 소수 민족 고유의 것에 한정할 뿐 이것을 국가통합의 강력한 메커니즘으로는 사용하지 않는다. 그렇기 때문에 민족주의로 국가를 통합하려는 관점에서 볼 때 다문화주의는 한계가 있다는 지적을 받을 수 있다(킴리카, 2006: 503~507; Parekh, 2000: 196~206; 권금상 외, 2012: 57~58; 박정수, 2013).

그러나 400년 동안 로마의 식민지를 거쳐 앵글로 색슨 족에 의해 민족이 흩어지고, 다시 4개 민족을 통합하면서 다문화사회를 일찍 경험한 영국의 경우 이미 혈연과 종교 중심의 민족주의를 넘어 소수 민족들이 가지고 있는 자신들만의 공통 문화와 정체성을 존중하고 공존하고자 했던 노력이 역사를 통해 설명이 된다. 그리고 이러한 영국의 상황은 어쩌면 베네딕트 앤더슨(2007)이 말한 '상상되는 정치공동체'[6]로서의 민족을 서로 인정하는 문화가 정착된 것으로 볼 수 있다.[7] 그렇다면 영국인들이 전통적으로 지켜왔던

....

6) 베네딕트 앤더슨(Benedict Anderson)은 민족을 본래 제한되고 주권을 가진 것으로 상상되는 정치공동체로 정의했다.

7) 세턴 왓슨(Seton-Watson, 1977: 5)은 민족은 공동체의 사람들이 자신들이 민족을 형

다문화주의와 민족 정체성은 어떻게 그려지고 어떤 공동체를 통해 발현되었던 것일까? 그리고 다민족의 정체성은 현대사회로 오면서 어떠한 문화정체성을 형성하고 있는가?

잉글랜드는 그레이트브리튼 섬에 살고 있는 다른 민족 중에서 패권을 장악한 세월이 가장 길다. 현재도 잉글랜드에 가장 많은 인구가 살고 있고, 섬에서 가장 큰 면적을 차지한다. 잉글랜드는 비옥하고 평탄한 땅에서 정치·경제·문화를 주도하면서 영국의 근·현대사에 많은 업적을 남겼다.[8] 특히 잉글랜드의 수도인 런던은 영국 전체의 수도이기도 하면서 유럽에서는 가장 큰 도시이며, 현재 뉴욕, 파리와 함께 세계 3대 국제도시 중 하나로 손꼽힌다. 하지만 잉글랜드 지역을 벗어나면, 각 민족 자치지역에는 별도의 화폐가 있거나, 고유의 민족 언어가 영어와 함께 도로 및 표지판에 표시되어 있는 것을 볼 수 있다. 또한 지역 민족 언어로 된 뉴스와 어린이를 위한 방송 프로그램이 자막 혹은 더빙으로 서비스된다. 그뿐 아니라 각 민족의 수호성인을 상징하는 깃발이 곳곳에 여전히 걸려 있으며, 그들의 조상이 남긴 전통 의상과 춤, 관습을 보존하고 문화 관광 상품으로 만들기도 한다.

예를 들면 스코틀랜드, 웨일스, 아일랜드 사람들은 기원전 700년부터 그레이트브리튼 섬에 살았던 켈트족의 후손으로 켈트족의 풍습을 많이 따르고 있다. 특히 당시 부족 단위로 살면서 머리를 길게 땋았던 풍습과 남자나 여자나 어깨에 체크무늬 망토를 걸치던 풍습은 스코틀랜드인들에게 영향을

성한다고 생각하거나, 그들이 민족을 형성하고 있는 것처럼 행동할 때 존재한다고 정의했다.

8) 거칠게 말하면 잉글랜드는 독일과 오스트리아, 스위스에 퍼져 살던 게르만계 종족의 하나인 앵글로색슨족이 브리튼 섬에 정착하면서 이미 정착해 살고 있던 켈트족을 북쪽(스코틀랜드)과 서쪽(웨일스), 그리고 섬(아일랜드)으로 쫓아내고 세운 국가이다.

주었고, 가로와 세로줄로 타탄(tartan) 체크를 만들어 가문의 고유한 표시를 했던 풍습은 이후 스코틀랜드의 전통 의상이자 스코틀랜드를 상징하는 대표적인 문화정체성으로 자리 잡았다. 그 밖에도 지형적·기후적 특성에 맞게 양털로 된 모직이 유명하고, 자연을 숭배하면서 시와 음악을 즐기고 잔치를 열어 술을 마시던 켈트족의 문화가 전해져 온 스코틀랜드, 웨일스, 아일랜드는 이런 풍습을 자신만의 민족문화로 계승했다.9) 더 나아가 고유의 차별화된 혹은 특수한 민족문화는 곧 이들의 조상이 누구인지 설명할 수 있는 문화정체성으로 성장했다.10)

이러한 문화정체성이 문화 산업으로 성장하는 과정을 보면, 영국은 역사적 경험에서 보존된 문화적 유산을 후기 산업사회와 잘 연결시켜 활용하는 모습을 보여주었다. 사실 많은 사람들이 영국에 대해 조상 덕분에 후손들이 땀 흘리지 않고도 부를 축적할 수 있다는 평가를 하기도 하지만, 문화 산업에 일찍 눈을 뜬 영국은 과거부터 전해진 무형과 유형의 문화유산을 어떻게 현재 그리고 미래로 연결시킬 수 있는가 하는 고민을 국가적 차원에서 진지하게 했던 것 같다. 영국을 대표하는 관광 사업을 보면, 영국은 크고 작은 모든 역사를 기록하고 유물을 보존하도록 국가가 지원하고 있으며 영국 모든 지역에서 역사적 의미가 부여된 박물관을 쉽게 찾을 수 있도록 했다.11)

---

9) 스코틀랜드는 백파이프, 킬트(kilt, 타탄체크 무늬 치마)를 입은 남자, 위스키, 모직이 떠오르고, 웨일스는 높은 산악 지역, 시, 음악, 그리고 아일랜드는 술과 노래에 재주가 많은 사람들로 잘 알려져 있다(정준희, 2006: 54~55).

10) 영국인들은 다른 사람들이 자신을 영국인(British)라고 부르기보다, 민족 정체성에 따라 정확히 불러주기를 원한다. 그 때문에 스코틀랜드 사람(Scottish)에게 잉글랜드 사람(English)이라고 잘못 부르면 큰 실례이다.

11) 영국의 런던은 세계에서 박물관이 가장 많은 도시로, 2위는 베이징이다(베이징관광국, 2014).

또한 케임브리지나 옥스퍼드 같이 마을 전체를 문화 지역으로 지정해 개발을 금지하기도 했고, 과거 대영제국 시절 수집했던 엄청난 규모의 문화유산을 대중에게 무료로 공개하고 있다. 그뿐만 아니라 과거 영국을 세 번이나 침략해 식민지로 삼았던 로마 제국의 영향을 받은 문화를 부끄러워하거나 숨기고 지우려는 것이 아니라, 자국민의 공공문화처럼 의미를 부여하기도 한다. 브리타니아(Britannia)라는 말의 어원도 사실 로마인이 라틴어로 쓴 역사책에 처음 등장하는 것이다. 현재의 영국은 과거 로마인의 동화주의를 동경하기도 하고, 로마인이 남긴 문화양식을 현대문화와 잘 조화시키고 있는 자신에게 스스로 자부심을 느끼는 모습마저 쉽게 찾아볼 수 있다.[12] 결국 영국이라는 사회는 비록 민족, 언어, 전통문화, 고유문화, 종교가 다를지라도 역사만큼은 자신이 누구인가를 설명할 수 있는 정체성과 직결된다고 생각했고, 역사가 남긴 것을 적극적으로 활용해 나만의 것으로 만들어야 한다는 창의성(creativity)을 중시했던 것이다. 그리고 이러한 영국식 창의 정신은 현대 문화 자본주의 시대에 문화산업을 이끄는 문화정체성에도 상당한 영향을 주고 있다고 보인다.

3. 영국의 창의 산업과 문화정체성

탈산업화 · 탈근대화는 서구 선진국을 중심으로 시작되었지만, 21세기 정

---

[12] 무력을 동원해 켈트족이 살던 브리튼 섬을 정복한 로마인들은 400년 동안 잉글랜드 지역 일대를 지배하면서 동화주의를 통해 자신들의 문명을 전파했다. 아직도 로마인의 문화 양식이 담긴 주택, 상점, 사원, 목욕탕, 패션, 언어, 포도주 · 포도주병 같은 문화는 영국 곳곳에 생생하게 남아 있다.

보 사회 시대에 접어들어 산업 구조가 빠르게 변하면서 우리나라를 포함한 많은 국가는 차세대 경제성장의 동력을 고민할 수밖에 없게 되었다.[13] 특히 세계화·디지털화로 인해 IT 기술력이 국가 경쟁력이 되어버린 현대사회는 인간에게 창의적 기능과 재능을 더욱 요구하고 있다. 물론 무한한 인간의 상상력과 창의력이 국가 산업의 핵심을 좌우할 수 있게 되었다고 하면 과장이겠지만, 분명 현실에서는 어제는 불가능해 보이던 일이 내일은 가능해지고 있다. 이렇게 미래 산업 사회를 대비해야 하는 국가들에겐 창의 산업을 고민하고 시행했던 선례가 중요할 수밖에 없다. 우리나라에서도 2013년 박근혜 정부가 핵심 국정모토로 삼은 '창조경제' 덕분에 창의성 담론이 주목을 받고 있다.

영국에서 시작된 창의 산업과 창의 경제는 1997년 영국 총선 이후 공식적으로 등장했다. 그 해 영국에서는 1979년부터 시작된 보수당의 장기 집권이 막을 내리면서, 신노동당(New Labour)의 리더 토니 블레어(Tony Blair) 총리가 집권을 시작했다.[14] 1973년 오일 쇼크로 경제위기를 경험한 영국은 1979년 보수당(Conservative) 출신의 마가렛 대처(Margaret Thatcher) 총리가

---

13) 우리나라에서는 1997년 금융위기 이후 중공업과 수출 위주의 경제 체제를 선진국처럼 문화산업과 IT 중심의 고부가가치 산업으로 바꿔야 한다는 움직임이 시작되었다. 그리고 1998년 2월, 김대중 전 대통령은 취임사에서 '문화입국(文化立國)'을 선언했고, "문화 창달을 바탕으로 한 창조적 지식 국가의 건설"을 제시했다. 이후 문화산업에 대한 관심이 확산되면서 문화산업의 성공 사례들이 국내 소개되었고, 그중 가장 많이 언급되었던 영국의 창의 산업 정책은 대한민국 정부가 문화산업에서 나아가 창조경제를 구상하는 데 많은 영향을 주었다(최은경, 2014: 4~6).

14) 1945년부터 대처정권까지 영국의회는 기본적으로 전후 노동당 정부가 설정했던 복지국가의 이념을 지향했다. 즉 모든 정당은 '건강 서비스를 비롯한 각종 복지혜택', '기간사업들의 정부 소유', 그리고 '적극적인 정부 지출로 실업 방지' 등을 공통으로 추진하는 것에 합의하면서 사민주의적 성격을 보여주었다(정종은, 2013: 131).

이른바 '영국병'이라 부르던 근로자들의 잦은 파업과 복지로 인한 재정 악화, 근로의욕 저하 같은 사회문제에 강력히 대응하면서 정부와 근로자들 간의 갈등을 피할 수 없게 되었다.[15] 결국 보수당이 집권한 20여 년 동안 작동된 대처리즘(Thatcherism)은 고비용·저효율의 경제구조를 개혁하기 위해 복지 부문의 공공지출을 삭감했고, 가스·전기·통신·수도·석탄·철강·항공·자동차를 포함한 대부분의 정부 소유 기업들을 민영화하면서 노동조합의 활동을 규제했다. 우파 정권 20년 동안 단행된 이러한 정치경제 개혁으로 인해 영국병은 치유된 듯했지만, 효용성이 강조되는 시장 논리의 신자유주의(neoliberalism) 경제 체제가 영국 사회에 도입되면서 곳곳에서 문제가 발생했다. 예컨대 사회 복지는 후퇴했고, 중산층이 사라지면서 사회 양극화가 심화되었고, 금융업을 중시하다 보니 제조업이 쇠퇴하면서 실업자는 늘어났다.

결국 좌파 정권이 후기 산업사회로 이행하고 있는 당시 영국 사회를 이끌게 되었다. 신노동당 정부는 출범하면서부터 국가 개조 프로젝트로 창조경제를 내세웠다. 그리고 개혁의 상징적 사업으로 '국가유산부(Department of National Heritage)'를 '문화매체체육부(Department for Culture, Media and Sport: DCMS)'로 개편하고, 창조경제를 디자인할 특별 전담 조직은 1998년 10월 「창의 산업 지형기획서(Creative Industries Mapping Document)」를 통해 창조경제의 핵심 정책을 밝혔다. 보고서에 따르면, 창의 산업이란 개인적 창의성, 기능, 재능에 기원을 두고 있으며, 지적재산권의 생성과 활용을 통해 일자리와 부의 창출을 촉진하는 활동이다. 보고서는 광고, 건축, 예술 시

---

15) 보수당은 1979년부터 1990년까지 마가렛 대처가 그리고 1990년부터 1997년 5월까지 존 메이저가 리더이자 52대, 53대 총리로 정권을 이끌었다.

장 및 골동품 시장, 공예, 디자인, 디자이너·패션, 영화, 쌍방향 오락 소프트웨어, 음악, 공연예술, 출판, 소프트웨어, 방송(텔레비전과 라디오) 등 총 13개 영역을 창의 산업의 범주로 규정했다(UK Parliament, 1998). 당시 영국은 브릭스(BRICs)[16] 같은 신흥 경제대국의 추격을 방어하기 위해서라도 국가 경쟁력을 키울 필요가 있었는데, 당시 블레어 정권은 영국이 가진 문화 예술적 창의성을 산업화해야 한다고 확신했던 것이다. 정부의 이러한 개혁 전략은 문화 산업을 목적의식적 산업으로 접근하기 위해 창의성을 촉진하는 정책으로 빠르게 움직였다(정준희, 2013: 79).

블레어가 이끄는 신노동당은 구노동당의 노선과 대처리즘을 혼합하는 방식의 '제3의 길'[17]을 통해 과거를 계승하며 지양하고자 했다. 그렇기 때문에 신노동당의 문화정책은 사회적 효과와 경제적 효과를 모두 고려했어야 했고, 문화산업의 개념과 용법을 구상하는 일은 과거 정권에서 이미 런던광역시의회(Greater London Council: GLC)에 의해 논의되었던 것을 재활용하되 신노동당 식으로 차별화했어야 했다. 블레어의 창의경제 전략은 일단 보수당 정권 시절부터 추진되던 '정보사회(information society)' 정책을 계승하면서, 동시에 영국 경제를 금융 산업, 제약 산업, 관광산업 중심으로 강화하는 방향으로 잡았다. 대처 정권이 민영화를 단행할 당시, 제조업에서 빠져나간 노동자들이 서비스업으로 이동할 것을 기대하면서 정책을 시행했는데 이 효과는 블레어 정권에서 가시화되었다고 볼 수 있다. 한편 창의경제는 실험적 예술가를 대표하는 '젊은 영국 예술가 집단(Young British Artists:

---

16) 브릭스(BRICs)는 미국 금융기업 골드만삭스가 처음으로 사용한 용어로, 브라질(Brazil), 러시아(Russia), 인도(India), 중화인민공화국(China)을 통칭한다.
17) 1998년 발표된 기든스의 『제3의 길』은 바로 이러한 정치적 배경에서 탄생하면서 블레어 정권 동안 정책 가이드 역할을 하게 된다.

YBAs)'[18]의 주요 활동 무대인 런던을 중심으로 형성되었다. 신자유주의를 경험하며 패배주의에 빠져 있던 영국의 젊은 문화예술가들은 참여적이고 공격적인 대중예술을 구상·실천하고자 했고, 리빙스턴 전 런던 시장은 이들의 창의적 예술 활동을 적극적으로 지원했던 것이다. 결국 창의 산업의 개념은 문화산업의 대안으로 받아들여지면서, 영국의 문화정책 역사에서는 드물게 정부가 적극적으로 개입해서 진흥에 힘쓴 신경제전략으로 꼽히게 되었다. 그리고 국가 산업 정책에서 늘 변두리에 있던 문화산업을 이른바 핵심 산업으로 이끄는 중요한 계기를 마련하게 되었다. 쿨 브리타니아가 집중적으로 육성한 분야는 영화와 텔레비전이라는 대중매체를 중심으로 빠르게 전파될 수 있는 대중음악이었다. 그 밖에도 예술·패션·영화·도서·텔레비전·스포츠 같은 분야에서 신노동당의 개혁의 상징인 문화매체체육부가 적극 개입하며 직·간접적으로 지원하기 시작했고, 민족 문화를 바탕으로 한 전통 문화에 대해서는 지방분권제도와 연동하여 민족 자치 지역에서 독립된 지역 의회를 설치하고, 지역주민이 자치적으로 문화 산업예산을 결

18) 1980년대 말 순수예술을 전공한 젊은 아티스트, 화가, 조각가들로 구성된 젊은 영국 예술가 집단(YBAs)은 〈Freeze〉라는 전시회를 통해 이름을 알리면서 1990년 브릿아트(Britart)라는 영국의 현대미술 운동을 주도하게 된다. 이들은 공동 작업을 하기도 하고, 서로 영감을 주고받으면서 런던을 주 무대로 활발히 활동했다. YBAs는 영국 예술계에 큰 화제를 불러일으키면서 명실상부한 쿨 브리타니아를 이끄는 선두주자로 세계 미술계에 이름을 알리게 되었다. YBAs를 대표하는 예술가로는 데이미언 허스트(Damien Hirst), 트레이시 에민(Tracey Emin), 마크 퀸(Marc Quinn), 게리 흄(Gary Hume), 개빈 터크(Gavin Turk), 샘 테일러 우드(Sam Taylor-Wood), 존 이삭스(John Isaacs), 길버트와 조지(Gilbert and George), 앤터니 곰리(Antony Gormley), 제이크와 디노스 채프먼 형제(Jake & Dinos Chapman)가 있다. 이들은 유럽과 미국의 현대 미술에도 큰 영향을 주면서, 근대 이후 영국 사회에 나타난 문제를 비판하고 파격적인 의식의 전환을 시도하기도 했다.

정할 수 있도록 했다(구문모, 2006; 홍종열, 2012; 정상철, 2013).

하지만 영국은 2008년 유럽에서 일어난 경제 위기로 경기가 장기 침체에 들어갔고, 2010년 총선에서 보수당과 자유당이 연합한 정부를 선택했다. 연립정부는 연금과 공공의료, 학비 같은 공공영역의 예산을 삭감하고 지원을 축소했는데, 창의경제 분야도 예외는 아니었다. 새 정부의 캐머런 총리는 2010년 집권을 시작하면서 '올드 브리타니아'라는 구호를 외치며 영국의 고성과 박물관 등 전통적 문화를 강조하는 관광산업정책을 밝혔다. 이는 신노동당의 핵심 담론이었던 쿨 브리타니아를 부정하는 것으로, 여기에는 문화예술 분야를 진흥시키겠다는 의지보다는 경제 효과가 잘 나타나지 않는 분야의 지원은 줄이고, 시장에서 경쟁할 수 있는 분야만 지원하겠다는 캐머런 정부의 의지가 담겨 있다.

이러한 상황을 정치적으로 해석하면 복잡한 논쟁이 있을 수도 있지만, 영국의 창의 산업은 시작부터 정부의 주도 아래 방대한 분야에서 창의적 활동을 하는 사람이 동원되며 시장이 형성되었기 때문에, 경제가 어려운 시기에 정부가 지원을 축소하는 것이 당연한 것처럼 보일 수 있다. 하지만 현상의 근본적 원인을 들여다보면 이것은 이미 예고된 결과이다. 신자유주의 사회에서 문화 권력과 자본은 인간의 창의적 활동과 재능을 필요에 따라 이용하고 동원하며 사용할 뿐이지, 지속 가능하도록 보호하고 지원하며 외부로부터의 불안과 위험을 막아주는 역할을 하지 않는다는 분명한 논리를 가지기 때문이다. 결국 문화정체성과 그 정체성을 창의적 문화 활동으로 보존하고 계승하는 일은 창의 산업의 논리에서는 그만큼 위태롭고 깨지기 쉬운, 공허한 상상으로 전락할 수도 있다는 것을 증명한다.

4. 쿨 브리타니아와 문화정체성

문화와 지식경제의 대표적 모델인 쿨 브리타니아는 시인 제임스 톰슨이 영국의 해양제국을 찬양하기 위해 썼고, 지금까지도 중요한 국가 행사 때마다 울리는 비공식 국가인 「Rule Britannia」를 떠올리게 할 만큼, 국가 정체성이 강하게 담겨있는 구호이다. 하지만 'Cool', 말 그대로 '멋진' 영국이라는 구호에는 40대의 젊은 총리가 이끄는 영국을 연상하도록 하는 정치적 의도가 담겨 있었고, 대외적으로는 대영제국의 낡고 오래된 이미지를 신선하고 활력 있는 이미지로 쇄신하고자 하는 계획이 포함되어 있던 것이다. 멋진 영국을 건설하기 위해 창의 산업 정책 프로젝트를 시작한 블레어 정권은 이미 영국이 문화산업 강대국이 될 가능성을 지니고 있다는 것을 확인한 바 있다. 정부는 문화산업 정책의 영역을 광고, 건축, 예술 시장 및 골동품 시장, 공예, 디자인, 디자이너·패션, 영화, 쌍방향 오락 소프트웨어, 음악, 공연예술, 출판, 소프트웨어, 방송 등으로 규정했는데, 이들 가운데 현재까지도 1990년대 쿨 브리타니아를 대표하는 대중음악과 방송 분야 사례를 중점적으로 살펴보겠다.

사례 1. 브릿팝: 동원된 창의 산업의 발전과 갈등

1960년대, 미국의 흑인음악과 로큰롤이 음악 시장을 장악하고 있을 당시 비틀스(The Beatles)와 롤링스톤스(The Rolling Stones) 같은 영국 밴드가 미국에서 큰 열풍을 일으켰다. 미국 언론은 이를 두고 '영국의 침공(British Invasion)'이라 부르면서 영국에 주목했다.[19] 글로벌 문화산업의 패권국이었던 미국에 정면으로 도전장을 냈던 영국의 기세는 1970년대에도 이어졌다. 이는 이른바 '2차 침공'이라 불리는데, 영국의 레드 제플린(Led Zeppelin), 딥 퍼플(Deep Purple), 블랙 사바스(Black Sabbath), 핑크 플로이드(Pink Floyd) 같은 하드록 밴드와 일부 프로그레시브록 밴드들이 미국 음악 시장을 점령했던 것을 이른다. 팝 메탈, 스래시 메탈 같은 헤비메탈 음악이 등장하기 전까지 영국 록 음악은 강세를 보였고, 1980년대부터 1990년대 초반까지 미국의 메탈 밴드들이 다시 록 음악의 주도권을 잡으면서 영국 록 음악은 잠시 주춤했다. 그리고 3차 침공이라 불리는 1990년대 중반 이후부터 영국의 오아시스(Oasis), 블러(Blur), 라디오헤드(Radiohead) 같은 모던록 밴드들이 인기를 얻으며 브릿팝(Britpop)[20] 계열의 밴드가 많이 등장했다. 3차 침공은 쿨 브리타니아가 본격적으로 알려지기 시작했던 시기로, 영국 음악계는 창의 산업의 문화진흥정책 덕분에 문화예술 전반에 걸쳐 정부의 전폭적인 지원을 받을 수 있었다(정종은, 2012; 배순탁, 2012).

브릿팝은 보통 밝고 경쾌한 복고풍의 음악으로 1990년대 영국 대중가요의 주류를 이루었다. 1960년대 영국의 침공에 앞장선 비틀스, 더 후(The Who), 킹크스(The Kinks)의 영향을 받았고, 1980년대 대처리즘에 반발하면서 유행했던 음악을 닮기도 했다. 그러나 1990년대 브릿팝은 많은 밴드들이 애국적인 가사를 넣거나, 외국 밴드와 차별화를 두기 위해 영국만의 특

----

19) 영국 출신의 남성 4인조로 구성된 비틀스는 미국의 〈에드 설리번 쇼(Ed Sullivan Shows)〉에 출현해 미국에 데뷔했고, 당시 미국인의 40%가 비틀스가 나오는 쇼를 즐겨보면서 이들에 열광했다.

20) 브릿팝은 영국 침공의 대표적인 음악 운동이자 록 음악의 한 장르로, 1990년대에 영국에서 유행했다. 브리티시 모던 록(British Modern Rock)이라고 부르기도 한다. 대표 밴드로는 블러(Blur, 남성 4인조), 오아시스(Oasis, 남성 4~5인조), 스웨이드(Suede, 남성 5인조), 슈퍼그래스(Supergrass, 남성 4인조), 펄프(Pulp, 혼성 5인조), 버브(The Verve, 남성 4인조), 스파이스 걸스(Spice Girls, 여성 5인조)가 있다.

색 있는 음악이나 가사를 고집했다는 특징이 있다(박은석, 2010). 그뿐 아니라 1997년 Brit Awards에서 수상한 그룹 오아시스의 노엘 갤러거(Noel Gallagher)는 공연장에서 유니언 잭이 그려진 기타로 연주했고, 여성 5인조 그룹 스파이스 걸스(Spice Girls)의 게리 할리웰(Geri Halliwell)이 유니언 잭이 그려진 초미니 드레스를 입고 노래하는 등 대중의 스타를 자청하는 젊은 연예인들이 유니언 잭이 있는 액세서리나 옷을 입고 등장했고, 영국 팬들은 대영제국에 대한 자부심(pride)을 느꼈다. 이는 경기 활성화를 위한 분위기를 조성하는 데 긍정적인 영향을 주었다고 평가받는다(Ayto, 2006: 233).

예를 들면 밴드들은 영국식 영어 발음으로 노래를 불렀고, 영국적인 가사로 미국 밴드에 맞섰다. 오아시스는 스스로를 노동자 계급이라고 정의했고, 펄프(Pulp)의 자르비스 코커(Jarvis Cocker)는 좌익 운동과 노동당의 영향력이 강한 셰필드 출신이었다. 영국 대중음악계의 성장으로 기득권층의 보수적 사상에 맞서 하위문화가 주류를 차지하는 현상으로까지 이어졌다. 그뿐만 아니라 1997년 총선을 앞둔 1996년, 오아시스의 노엘 갤러거는 음악 시상식에서 블레어 정부를 지지한다고 발언했다. 한편 오아시스의 「Some Might Say」는 1위를 차지했다(BBC, 1995). 이 곡은 힘든 상황을 이겨내면 밝은 날이 온다(Some might say we will find a brighter day)는 낙관적인 내용을 담고 있는데, 신노동당이 정권교체를 하고자 했던 상황을 대변할 정도로 당시 정치적 상황에 잘 어울리는 곡이 되었고 대중은 열광했다. 반면 오아시스의 라이벌인 블러는 당시 영국 사회의 모순을 고발하면서 영국의 새로운 목소리로 부상하고자 했고, 자신들의 노래를 통해 노동계급의 문화와 생활양식을 적극적으로 이야기했다.[21] 신노동당이 정권 교체에 드디어 성공

---

21) 블러는 모던 라이프 3부작이라 불리는 2집 〈Modern Life Is Rubbish〉, 3집 〈Parklife〉,

했을 때, 블러의 데이먼 알반(Damon Albarn)은 블레어의 당선파티 초대를 거절했다. 후에 그는 언론에서 그 이유를 밝혔다.

내가 블레어가 당선 후에 그의 자녀들을 사립학교에 보내는 것에 대해 비판하자 비서실에서 이에 대한 언급을 자제해달라는 통보가 왔다. (…) 그때 나는 이미 그가 권력자가 되었고, 그들이 한 약속과 행동은 단지 보여주기 식에 가까웠음을 실감했다. 나와 같은 예술가나 연예인은 그들에게 의견을 나누고자 하는 상대가 아닌 선전도구에 지나지 않았다는 것을 알았다(BBC News, 2005).

쿨 브리타니아의 핵심 산업으로 정부의 직·간접적인 도움을 받았던 음악 밴드들이 활동했던 당시를 평론가들은 오히려 '정신없고, 아무도 결과를 생각하지 않고, 자신이 세상의 변화를 만들어가고 있다는 생각에 사로잡혀 있는, 성찰 없이 구호만 남발되는 시대'라고 비판했다(Britton, 2011: 278; Harris, 2003). 밴드 슬리퍼(Sleeper)의 기타리스트 루이스 웨너(Louise Wener)도 브릿팝을 회고한 다큐멘터리 〈리브 포에버(Live Forever)〉에서 "나는 토니 블레어와 신노동당을 싫어한다. 당시 음악 산업과 언론들이 얼마나 보수적이었냐면 신노동당이나 블레어에 대한 비판은 전혀 허용되지 않았다"라며 정권에 대한 감정을 직접적으로 드러냈는데, 1990년대 영국 대중문화를 대표했던 음악가의 이러한 발언은 그 사회적 파장이 컸다(Dower, 2003). 이

4집 〈The Great Escape〉 앨범에서 1990년대 초 당시 영국의 사회상과 특정 생활 방식에 대해 신랄하게 비판했다. 예를 들면 그들은 "더 나은 내일을 위해 견뎌나가야 한다지만 그 역시 '또 다른 내일'을 위한 인내의 연장일 뿐이며(「For Tomorrow」), 그 소박한 꿈은 보답받지 못한 채 허무한 미련만을 남긴다(「Sunday, Sunday」)"고 노래했다.

렇게 신노동당은 노동 계층의 저항적 문화를 그들의 정치 변혁에 사용했고, 정권 교체를 준비하던 시기에는 브릿팝을 이용해 대중의 지지를 얻는 데 성공했다고 볼 수 있다. 그러나 신노동당은 신자유주의에 편승하기 위한 정책으로 노동자와 등을 지면서 대중과 점점 멀어졌고, 브릿팝이 영국의 정치권력에 동원되고 이용되었다는 것만이 역사적 사실로 남았다. 1990년대를 풍미한 브릿팝의 문화정체성은 음악 산업의 주류 권력과 자본에 의해 적당히 길들여지고 저항하면서(혹은 그 저항정신마저 상업화하는 데 이용되는 전략적 코드가 되어), 갈등하고 분열되기도 하며 영국을 상징하는 이미지를 생산하는 데 큰 역할을 했다.

한편 대중음악의 경우 팬덤(fandom)의 조직과 반응이 다른 분야에 비해 크고 즉각적인 경우가 많기 때문에 언론과 대중은 가장 주목받는 스타 음악가(혹은 밴드)의 문화정체성을 확인하거나 비교·분석하는 것을 즐기는 경향이 있다. 언론이 블러와 오아시스 사이의 경쟁을 부추기면서 시작된 브릿팝 전쟁(The Battle of Britpop)은 영국 음악계의 자존심과 애국심 대결로 번졌다. 예를 들면 1997년 블러와 오아시스의 출신지를 두고 계급 논란이 있었는데, 언론은 영국 남부, 런던 인근의 중산층 밀집지역인 에식스(Essex) 주 콜체스터(Colchester) 출신의 블러와 노동자 계층이 많이 사는 맨체스터 출신의 오아시스를 비교하면서 지역감정을 조장하거나, 출신 지역 사람들을 우회적으로 비난하기도 했다(BBC Archive, 1995). [22]

---

22) 당시 언론은 오아시스를 노동 계층의 청년들, 라이벌 밴드 블러를 곱게 자란 중산층 청년들이란 이미지를 조장했다. 하지만 블러의 멤버 절반이 노동 계급 출신이고, 히피 집안에서 자란 데이먼 알반은 언론에서 구별 짓는 계급을 거부하기도 했다.

사례 2. BBC :
다민족 언어 서비스와 다문화주의를 담은 프로그램으로 문화정체성 강화

영국의 공영방송 BBC는 여왕과 더불어 영국 문화의 상징이자 최고의 수출품으로, 20세기 최고의 문화유산이라고 여겨진다. 또한 20세기 초 출범한 이래 100년이 넘는 동안 BBC는 영국인의 정체성을 대변하면서 21세기 공영방송의 본보기가 되고 있고, 드라마, 다큐멘터리, 오락 그리고 어린이 콘텐츠를 전 세계로 수출하는 대표적인 공영방송사의 지위를 누렸다. 영국의 창의 산업이 중시했던 교육과 훈련, 그리고 영국이 가진 민족기반의 문화정체성을 지키는 데 텔레비전과 라디오라는 대중매체는 빼놓을 수 없는 중요한 도구였다. 공영방송 BBC는 정보 전달, 교육 그리고 오락을 실현할 수 있는 방송 프로그램과 서비스로 영국 국민들의 문화정체성을 향상시키는 것과 세계에서 가장 창조적인 기관이 되는 것을 목표로 삼고 있다('BBC Mission and Vision'). BBC가 지향하는 가치(values)에는 공영방송으로서의 독립성·공정성·진실성·창의성·다양성 등이 있는데, 핵심 가치에 부합하는 다양한 제도 중 민족 자치구의 문화정체성을 고취시키기 위한 제도로는 뉴스와 일부 인기 있는 어린이 프로그램을 민족 고유의 언어로 서비스하는 것이 있다. 이것은 지역성을 강조하고 지역 소식을 전하기 위한 지역 방송국(사무소)으로서의 축소된 역할이라기보다는 지역 내에서 비록 소수이지만 전통적으로 사용해왔던 특수한 언어를 영국 문화의 일부로 받아들이고, BBC가 직접 나서서 이것을 보존하고 방송으로 서비스한다는 것이다. 예를 들면 1985년 생긴 BBC Gàidhlig은 BBC Scotland의 스코틀랜드 켈트족의 언어인 게일어(Gaelic)를 담당하는 곳으로, 게일어 방송 서비스 전용 TV 채널(BBC Alba,[23] BBC Two Alba), 라디오 채널(BBC Radio nan Gàidheal) 그리

고 BBC Alba 웹사이트에 게일어 서비스를 지원하고 있다. 이뿐만 아니라 〈Eòrpa, Dè a-nis?〉, 〈Air ais air an Ràn Dàn〉 같은 게일어 전용 프로그램을 제작해서 BBC에 제공하기도 하는데, 타 민족자치구와 비교할 때 가장 체계적이며 방송 권역과 서비스 산업의 규모가 크다(BBC Alba 웹사이트).

역사적으로 잉글랜드에 일찍 귀속되었던 웨일스 역시 같은 민족 언어 전용 방송 서비스를 하고 있다. BBC는 텔레비전 채널 BBC One Wales와 BBC Two Wales에서 방영하는 다수의 스포츠 게임에 웨일스어 해설을 제공한다. BBC Cymru Wales는 BBC의 웨일스 지역 채널로, 1982년부터 방송 프로그램을 영어와 웨일스어로 동시에 제공해왔다. 또한 웨일스어 전용 라디오 채널 BBC Radio Cymru는 뉴스, 사회 이슈, 문화, 음악, 스포츠 같은 다양한 장르의 프로그램을 제공하면서 심야 시간대에는 BBC Radio Five Live의 영어 프로그램을 방송하고 있다(BBC Cymru Wales 웹사이트).

마지막으로 북아일랜드의 경우 방송을 담당하는 BBC Two Northern Ireland는 자체적으로 아일랜드어 부서를 설치해, 젊은이들을 위한 음악 프로그램 〈Imeall Geall〉, 음악 프로그램 〈Blas Ceoil〉, 청소년 드라마 〈Teenage Cics〉, 다큐멘터리 〈Isteach Chun An Oileáin〉, 애니메이션 〈Na Dódaí〉, 인테리어 데코 쇼 〈Gaisce Gnó〉, 지역 프로그램 〈Féile an

---

23) BBC Alba는 스코틀랜드의 조상인 켈트족의 언어 게일어(Gaelic)로 서비스를 하는 채널로, Gaelic Digital Service라고도 부른다. 주 가시청권은 스코틀랜드로 BBC Scotland와 MG Alba가 투자하여 2008년에 개국했는데, 스코틀랜드 정부와 비정부 공공기관(MG Alba, Bòrd na Gàidhlig)이 게일어 보존을 위해 후원하고 있다. 본부는 스코틀랜드 글래스고(Glasgow)의 BBC Scotland 본사에 있다. 개국 당시에는 케이블(스코틀랜드 지역 한정)과 위성으로만 볼 수 있었으나, 2011년 6월 11일 영국 디지털 지상파 플랫폼 프리뷰(Freeview)가 시작되면서 스코틀랜드 지역에서 채널 8번으로 시청할 수 있게 되었다.

Phobail〉 등을 제작하는데, 아일랜드 언어 방송 기금(Irish Language Broadcast Fund)으로부터 제작비를 지원받는다. 라디오의 경우 BBC Radio Ulster는 BBC Northern Ireland의 지역 라디오 채널 중 하나로 북아일랜드 지역 송출을 담당하면서, 주말 저녁마다 〈Blas〉라는 아일랜드어 방송을 송출하고 있다. 주로 게일어를 사용하는 북아일랜드, 아일랜드, 스코틀랜드 지방의 언어적·문화적·지역적 화제를 다루는데, 이는 잉글랜드가 주도하는 영국 문화 속에서도 민족 고유의 공통문화를 지키고자 노력하는 대표적인 사례이다(BBC Radio Ulster 웹사이트).

그 밖에도 1983년 개국한 BBC Radio Cornwall은 잉글랜드 남서쪽 끝에 있는 콘월 지방과 해안 바깥에 있는 아일스오브실리(Isles of Scilly)의 지역 라디오 서비스를 제공하고 있다. 방송의 주 언어는 영어이지만 매주 일요일 방송되는 5분짜리 주간 단신 뉴스 프로그램(〈An Nowodhow〉)을 콘월어로 제공하는데, 초창기보다는 프로그램의 길이나 다양성이 줄고 있다.

대부분 1980년대 후반 시작된 BBC의 민족 자치언어 방송 서비스는 BBC의 가치 중 중요한 하나인 '다양성'을 실천하는 것으로 주목받았는데, 1990년대 쿨 브리타니아 시절 양질의 프로그램을 다량 대내외적으로 인정받으면서 '다양성'을 실천할 수 있는 공영방송의 가능성을 보여주었다고 할 수 있다. 대표적인 사례로 영국 사회가 가지고 있는 다민족·다인종 그리고 다양한 계급(특히 장애인)에 대해 있는 그대로의 모습을 어린이 프로그램이 전달하려 했던 점을 들 수 있다. 이를테면 어린이 프로그램의 대상인 어린이들은 성인에 비해 프로그램에 대한 집중력이 떨어지기 때문에 프로그램의 길이가 짧으며, 진행자는 프로그램 사이 어린이 시청자를 다시 주목시키기 위해 프로그램을 설명해준다. 또한 공영방송이기 때문에 상업광고가 전혀 없는 BBC에서는 프로그램을 소개하고 진행하는 진행자(presenter)의 역할이 중요하다. 그 때문에 BBC 어린이 채널에서는 엄마 같은 성격의 한쪽 팔이 없는 장애인 캐리(Carrie)도 있고, 아시아계, 인도계 그리고 흑인, 백인 등다양한 인종의 남성과 여성 진행자들을 쉽게 볼 수 있다. 물론 진행자뿐만 아니라 미취학 어린이 채널 CBeebies와 취학 어린이 전용채널인 CBBC의장수 프로그램(〈Balamory〉, 〈Something Special〉 등)에서는 다양한 직업과 인종, 장애인 그리고 문화권의 사람들이 등장한다. 특히 어린이 프로그램은표준 영어를 사용하면서도 특정 문화권의 일부 출연자들이 고유의 말투와억양을 살려 어린이들에게 자연스럽게 다양한 민족 문화의 배경을 배우게하며, 어린이 장애인을 출연시킨다거나 인기 진행자가 수화를 반복적으로가르치는 것은 어린이들이 어려서부터 사회 구성원의 '다양성'을 편견 없이자연스럽게 받아들일 수 있도록 하는 중요한 정책 중 하나로 꼽을 수 있다.

1990년대 BBC의 인기 프로그램을 보면 드라마의 경우 철저하게 영국인들의 다문화 사회 현실을 반영하거나, 역사적으로 유명한 과학자들을 배출하면서 대중에게도 관심이 많은 물리·생물·의학 과학이 어우러지는 공상과학 드라마 〈닥터 후(Doctor Who)〉가 장수를 하면서 인기를 얻고 있다.[24] 예를 들면 엘리자베스 2세 영국 여왕도 즐겨본다는 BBC의 〈이스트엔더스(Eastenders)〉(1985~현재)는 런던 동쪽의 서민 주거지역을 배경으로 하는, 우리나라의 〈달동네 사람들〉 같은 드라마이다. 런던 중산층 서민의 평범한 일

---

24) 〈닥터 후〉(1963~현재)는 미국의 〈스타워즈〉, 〈스타 트렉〉과 함께 세계 3대 SF 영상물 시리즈로 꼽히는데, 기네스북에도 등재되어 있을 만큼 세계에서 가장 오래된 드라마 시리즈로 〈007 시리즈〉와 함께 영국을 대표하는 프로그램이다. 2010년에는 BBC가 영국의 대표적인 소설 『셜록 홈즈』를 21세기에 걸맞게 재해석한 시리즈로 〈셜록(Sherlock)〉을 선보였는데, 현재 우리나라를 포함해 180개국이 넘는 국가로 수출되면서 영국, 유럽뿐 아니라 전 세계적으로 큰 인기를 얻고 있다.

상을 다루면서 영국의 국민 드라마라 불리기도 하는데, 시대에 따라 영국 사회가 가지고 있는 적나라한 서민들의 사회 문제를 그대로 다루고 있다. 이를테면 블레어 정권 시절에는 미혼모 증가와 동성애 문제, 그리고 ── 문지마 범죄로 이어지고 있어 심각한 ── 청소년의 반사회적 행동(antisocial behavior)이 그대로 다뤄졌다.[25]

한편 전 세계 245개국에 수출된 영국의 코미디 프로그램 〈미스터 빈(Mr. Bean)〉은 1990년에 제작되었는데, 프로그램의 주인공 미스터 빈은 에피소드마다 슬랩스틱 코미디 연기를 하면서 영국을 대표하는 장소(런던 다리, 영국 도서관, 대영 박물관, 런던의 유명한 공원들, 버킹검 궁전, 총리 관저, 빅벤, 웨스트민스터 사원 그리고 유명 관광지 등)와 대중의 오랜 관습과 문화(예를 들면 홍차를 마시거나, 작은 자동차를 선호하거나, 오래된 것을 좋아하고, 소박한 가족 여행을 즐기는 모습들)를 보여준다. 블레어 정권 동안 대단한 인기를 얻었던 〈미스터 빈〉은 이후 애니메이션으로 제작되었고, 현재까지도 재방송으로 편성되는 인기 프로그램이다.

특히 1990년대 BBC가 제작한 인기 드라마, 다큐멘터리, 오락 그리고 어린이 프로그램들로 대부분 쿨 브리타니아가 지향했던 가치들, 즉 영국 사회가 전통적으로 가지고 있던 다민족의 문화정체성과 다문화주의, 문화 다양성 같은 가치들이 프로그램에 잘 녹아들어 있다. 쿨 브리타니아 당시 영국의 창의 산업의 대표적 성공 사례로 꼽히는 방송 프로그램은 영유아 어린이를 대상으로 제작한 BBC의 〈텔레토비(Teletubbies)〉이다. 이 프로그램은 블레어 정권이 출범했던 1997년 시작해 5년 동안 방영되었는데, 기획에서부

---

25) 실제 블레어 정권은 미혼모를 지원하는 파격적인 복지 정책을 실시했고, 반사회적 행동 대책 본부를 신설하기도 했다.

터 세계 시장을 상대로 유아교육 학자들과 함께 아이들의 심리와 인지 발달 과정을 연구해 프로그램을 기획했고 전문가들이 매회 자문을 하도록 할 만큼 영국의 가장 성공한 문화상품이기도 하다.[26] 특이하게도 이 프로그램에는 영국의 다문화 사회를 상징하기라도 하듯 노란색의 '나나(Laa-Laa)', 빨간색의 '뽀(Po)', 초록색의 '뚜비(Dipsy)', 그리고 보라색의 '보라돌이(Tinky Winky)'가 등장한다. 이들은 비슷해 보이지만, 얼굴과 몸의 생김새가 조금씩 다르고 성격도 각양각색이다. 특히 머리에 다양한 모양의 안테나가 달린 이들은 반갑게 웃는 아기 해님(baby sun)의 얼굴이 있는 초록 동산에서 뛰어놀면서 자신의 배 위에 있는 네모 모양의 텔레비전 모니터를 통해 텔레토비가 방영되는 국가의 어린이들을 보여주며 교육적 메시지를 전달한다. 이렇게 해님의 얼굴과 모니터에서 보여주는 얼굴을 국가, 사회마다 각자 응용할 수 있도록 했던 〈텔레토비〉는 영어와 웨일스 언어로도 제작되었고, 5년 동안 제작된 356개의 에피소드가 영국 전역에 열풍을 일으키면서 프로그램에 삽입된 노래나 춤이 인기를 얻었다. 그리고 미국 어린이 공영방송(PBS Kids)을 비롯한 많은 나라에 수출되면서 텔레토비 캐릭터 상품과 로열티로 엄청난 부가수입을 창출했다.[27]

사실 BBC의 방송 콘텐츠가 해외 시장에서 선전하게 된 성공 사례는 창의 산업을 주도한 정부의 실적을 평가하는 데 좋은 사례가 될 수 있다. 하지

---

26) 우리나라는 한국방송공사(KBS)가 수입해 한국 버전의 제목 〈꼬꼬마 텔레토비〉로 1998년부터 2005년까지 방영했다.

27) 비록 〈텔레토비〉에 등장하는 특정 캐릭터가 동성애자(homosexual)를 상징했다거나, 제작진들이 비윤리적인 행위를 했다는 논란도 있었지만, 2007년 뉴욕에서 10주년 행사가 크게 열리고 런던, 파리, 베를린 등 세계 곳곳에서 텔레토비 라이브 공연이 열리면서, 어린이 문화산업 시장에서 전례 없는 성공 기록을 남겼다.

만 쿨 브리타니아 아래에서 작동된 문화정체성에 대한 논의는 조금 다른 시각에서 논의해야 할 것 같다. 예컨대 방송은 매일 셀 수 없이 많은 양질의 프로그램들을 소비해야 하는 속성을 가지고 있다. 그렇기 때문에 TV에 방영되기 위해 제작되는 수많은 프로그램에는 그 사회의 구성원에게 공유되는 의식과 행위가 반복적으로 전달될 수밖에 없다. 또한 프로그램을 통해 많은 의식과 사건이 긴 역사의 일부로 기록되고 측정되며, 이는 내부자들 사이의 치열한 경쟁을 유발하기도 한다. 이것이 방송이라는 대중매체의 본질이고, 방송은 문화를 만들기도 하고 전달하기도 하는 매개자의 역할을 하게 된다. 구체적으로 논의하자면, 영국 사회의 공적 가치실현을 해야 하는 공영방송 BBC의 프로그램에는 영국을 구성하는 민족들이 갖는 영국만의 특수하고 차별화된 역사·전통·가치·교육·문화·언어·관습·풍습이 자연스럽게 공존한다는 것을 발견할 수 있다. 그리고 이러한 현상은 베네딕트 앤더슨(2007)의 주장처럼, 영국만의 상상의 공동체를 유지하고 발전시킬 수 있는 민족의 문화정체성은 방송이라는 대중 매체가 과거 혹은 현재라는 분절된 시기를 이야기하는 것 같지만 사실은 방송과 방송자본은 과거와 현재 그리고 미래를 연결해주면서 공동체의 정체성을 견고하게 만들고 유지할 수 있는 중요한 매개체 역할을 한다고 해석할 수 있는 것이다. 또한 매스미디어 같은 매체는 사회 구성원들이 공통으로 경험하고 생각할 수 있는 것들을 서로 연결해주면서 개인이 상상하고만 있던 세계관과 정체성을 확인하게 해주고, 다시 그들의 일상생활에 자연스럽게 침투시킬 수 있다는 것이다.

4. 결론 및 함의점

영국의 광고 회사 BMP DDB는 1994년과 1997년, 영국의 이미지를 쿨 브리타니아 전과 후로 나누어 비교하기 위해 사람들에게 영국을 표현하는 형용사를 꼽게 하는 설문조사를 30개국 256명을 대상으로 실시했다. 그 결과 '오만하다'는 과거의 이미지에 비해 쿨 브리타니아 이후 영국은 '재치와 유머가 있는 민족'이라는 표현이 많았다고 한다. 그리고 대부분이 자부심이 강하고, 예의바르며, 교양 있고 다소 차가운 민족이라는 이미지를 가지고 있다고 했다(손태원, 1999). 사실 영국의 이미지는 전통적이고 고풍스러우며 예스럽다는 대답이 가장 많은 것처럼, 영국은 전통과 예의를 중시하면서 이러한 가치를 일상에서 실천해야 하는 왕실이 존재하는 나라이다. 영국 왕실은 버킹엄 궁전이나 윈저 성뿐만 아니라 영국 전역의 각종 성과 궁전처럼 조상이 남긴 막대한 유산을 가지고 있지만, 예로부터 영국 대중의 오랜 스타였기 때문에 대중의 관심을 거부할 수 없다. 또한 왕실의 남자들은 국방의 의무를 위해 군에 자원하거나, 자선단체나 학교 등의 명예 대표를 맡아 사회적으로 의미 있는 일을 해야 한다. 그리고 비록 형식적일지라도 정부와 군대 그리고 공영방송 BBC는 여왕의 허가가 필요하며, 영국의 모든 화폐에 여왕의 얼굴이 그려져 있을 만큼 여왕은 영국인들을 단결시키고 통합하는 데 중요한 역할을 한다.[28] 현존하는 영국 왕실가의 사람들은 적절한 권위

----

28) 영국 여왕과 왕실 가족은 국빈 대접부터 중요한 정치·사회·문화행사에 참석하면서 대중에게 존재감을 알리는데, 엘리자베스 당시 공주는 2차 세계대전 때 런던에 폭격이 있는 와중에도 버킹엄 궁전에 머물며 국민들을 위로했고, 군대에 자원해 전투부대를 지원하는 등 스스로 왕실의 사람다운 모습을 보여주었다. 그 덕분에 왕실가의 스캔들이 끊이지 않음에도 엘리자베스 2세는 여전히 국민으로부터 영국을 대표하는 중

를 가지고 있지만, 신분에 따르는 사회적 의무가 더 크게 주어진다. 이들이 바로 대영 제국의 산 역사이며, 21세기 영국의 자존심이기 때문이다. 영국은 영국을 대표하는 여왕과 왕실을 과거와 현재의 영국을 연결하는 중요한 연결고리로 잘 활용하는 특수한 문화를 가진 나라이다. 이에 2002년 엘리자베스 2세의 즉위 50주년과 2012년 즉위 60주년 기념 해에는 국가 차원에서 큰 축제나 다름없는 행사가 열렸고, 왕세자비의 결혼식과 패션, 임신은 방송과 신문에서 그 어떤 대중 스타보다도 중요하게 전하고 있다.

그렇다면 영국이란 어떤 나라이며, 영국 사회가 공유하는 공통문화는 무엇이라 정의할 수 있을까? 대중매체를 통해 보이는 영국의 이미지가 영국의 전부일까 하는 의문이 생긴다. 결국 영국 사회의 다층적이고 복잡한 현상을 특정 시기의 정책이나 사건으로 설명하기에는 한계가 있다는 사실을 인정할 수밖에 없다. 그리고 본 연구가 갖는 가장 큰 한계와 비판도 여기서 벗어날 수 없을 것이다. 즉, 영국의 창의 산업이라는 정책을 바탕으로 당대의 주요 사건과 사례를 들여다보고 있지만 여전히 '문화정체성이란 무엇이다'라고 단정 짓기 어렵다는 것이다. 이는 영국 사회, 그리고 시대 상황에 대한 맥락에서 볼 때 좀 더 복잡하고 복합적인 원인과 배경이 전제되기 때문이다. 그럼에도 1997년 영국 사회가 정권 교체를 이루기 전후의 정치·사회적 상황에서 논의된 창의 산업은 정권의 탄생과 함께 구체적인 프로젝트인 '쿨 브리타니아'로 탄력을 받게 되었다. 즉 쿨 브리타니아는 정치·경제적 측면에서 재통합과 연대가 필요했던 시기에 탄생했고, 문화의 산업화와 전통 민족문화의 산업화에 대한 가능성을 보여주었다는 긍정적인 평가가 가능하다.

요한 인물로 꼽는다.

하지만 정부가 주도했던 문화산업 진흥정책이라는 특성 때문에 국가와 문화시장, 자본은 유기적이고 친밀한 관계를 유지할 수 있었으나 정작 창의 경제와 문화 산업의 주체가 되어야 하는 잠재적 창작자, 즉 시민의 영역은 상대적으로 기회를 박탈당했거나 혹은 소외될 수도 있었다. 그 때문에 국가가 주도하는 정책으로서의 창의 산업은 정치적 경제 개혁에 전략적으로 활용되었을 뿐, 시민들의 자발적인 참여를 유도하고 창의성을 고무시키는 데 긍정적인 영향을 했다고 단정하기는 힘들다. 결국 공동체 스스로 문화를 상상하고 정체성을 형성하려는 민족주의적 문화정체성이 쿨 브리타니아에는 크게 드러나지 않는 것 같다. 오히려 철저한 문화 산업과 시장의 논리에 맞게 계획된 국가 경제발전 전략처럼 보이는 측면이 강조되는 듯하다. 하지만 이러한 현상은 쿨 브리타니아가 작동했던 특정 분야에서 시대와 사건에 따라 다르게 해석될 여지를 배제할 수 없다. 이를테면 민족주의적 문화정체성을 강조하려는 집단의 상상이 강할 경우 이들의 문화 활동은 그렇지 않은 집단의 문화정체성과 대립하는 경우가 있었고, 정부가 주도하는 창의 산업에 영향을 받은 것은 사실이지만 적어도 쿨 브리타니아에서는 정부에 전적으로 의존하거나 정부의 지원으로 생성된 문화적 현상이나 산업을 찾아보기 힘들었다는 주장도 가능하다는 것이다. 이에 쿨 브리타니아의 가장 핵심 문화 영역으로 꼽는 대중음악과 방송은 오히려 영국의 과거에서 찾을 수 있는 자신들만의 다양한 정체성과 문화를 현재와 미래의 문화로 연장시키거나 확장시키려는 실험정신과 인정의 정치를 하는 다문화주의적 성향을 보여주었다고 볼 수 있다.

영국이라는 사회는 비록 민족, 언어, 전통문화, 고유문화, 종교가 다를지라도 역사야말로 내가 누구인가를 설명할 수 있는 정체성과 직결된다고 생각했고, 역사가 남긴 것을 적극적으로 활용해 나만의 것으로 만들어야 한다는 창의성(creativity)을 중시했던 것이다. 그리고 이러한 영국식 창의 정신은 현대 문화자본주의 시대의 문화산업을 이끄는 문화정체성에도 상당한 영향을 주고 있다고 보인다. 하지만 쿨 브리타니아가 관이 주도하는 문화산업 진흥정책의 핵심 프로젝트였던 만큼 블레어 정부가 가지고 있던 문화 산업에 대한 이해와 가치가 반영되었던 것을 지적하지 않을 수 없다. 결국 쿨 브리타니아는 문화산업의 경제적 측면에서는 성공적이었을지라도, 영국이라는 국가와 사회가 전통적으로 가지고 있는 문화정체성과 문화 이데올로기가 충분히 발현되지 못했고, 어쩌면 민족 문화의 고유성마저 철저하게 상업화한 사례였다고 볼 수 있다. 하지만 양가적으로 '브리타니아'라는 민족정체성을 문화산업에 적극 활용했던 블레어 정권의 프로젝트를 통해 역사적 경험과 과거로부터의 유산을 활용할 수 있다는 자신감과 오래 축적되고 경험된 과거가 사회통합과 문화정체성을 형성하는 데 큰 도움이 된다는 것을 확인할 수 있었다. 영국인이 원하는 상상의 공동체로서 영국인(British)에 대한 문화정체성 형성에 쿨 브리타니아는 상당히 의미 있는 사례라고 볼 수 있다.

❖ 참고문헌

구문모. 2006. 「영국의 대중음악과 지역개발 정책의 특성」. ≪유럽연구≫, 24호., 389~413쪽.

권금상·김성일·선우현·성용구·엄수영. 2012. 『다문화사회의 이해』. 서울: 태영출판사.

김고현. 2002. 「주요국의 국가이미지 제고 전략과 시사점」. 한국무역협회 무역연구소.

김성수·박치완. 2008. 「영국의 다문화성향과 다문화주의」. ≪EU연구≫, 23호, 65~88쪽.

김윤지. 2012. 「한류활동을 통한 신시장 개척」. ≪2012/13 글로벌 이슈 리포트≫.

김정곤 외. 2013. 「주요국의 창조경제 추진사례와 시사점」. 대외경제정책연구원. ≪오늘의 세계경제 World Economy Update≫, Vol. 13, No. 15.

대한상공회의소. 2005. 「한류열풍의 실체와 기업의 전략적 활용방안」.

박은석. 2010.4.6. "영국의 젊은 반란 이끈 '브릿팝'". 《한겨레》.

박정수. 2013. 「민족주의와 다문화 : 중국식 다문화주의 '다원일체문화론의 비판적 고찰'」. 《한국정치학회보》, 제27권, 3호, 5~23쪽.

베이징관광국. 2014.12.3. "베이징, 전세계에서 박물관이 두 번째로 많은 도시".

백상민. 2012. 「영국의 지역브랜드 활성화 사례」. 《지역과 발전》, 8호(여름), 33~35쪽.

배순탁. 2012.10.22. "브릿팝 타임슬립을 통해본 시대별 뮤직 아이콘". 《ING버킷리스트》.

손태원. 1999. 「해외통신 / 영국: '영국을 브랜딩하자' 민관합동의 국가마케팅 열기 후끈」. 《광고정보》, 218호, 87~93쪽.

신철호 외. 2010. 「해외 주요국의 국가 브랜드 관리 사례 연구」. 《여성과 경영》, 제2권, 2호, 1~36쪽.

앤더슨, 베네딕트(Benedict Anderson). 2007. 『상상의 공동체: 민족주의의 기원과 전파에 대한 성찰』. 윤형숙 옮김. 서울: 나남.

윤병윤. 2008. 「창조산업(Creative Industry)의 혁신 : 영국의 사례와 한국의 과제」. 한국산업기술재단. 《이슈페이퍼》, 제8권 4호.

윤인진. 2008. 「한국적 다문화주의의 전개와 특성 : 국가와 시민사회의 관계를 중심으로」. 《사회와 철학》, 4호, 139~168쪽.

정상철. 2013. 「영국 창조산업정책의 특징과 창조경제에 대한 시사점」. 《유럽연구》, 제31권 3호, 51~73쪽.

정준희. 2006. 『전통을 지켜 새것을 만드는 나라 영국 이야기』. 서울: 아이세움.

_____. 2013. 「'미래의 저수지' 창의 산업 실물경제 의존성은 한계」. 《신문과 방송》, 6월호, 77~81쪽.

정종은. 2013. 「영국 창조산업 정책의 부상: 개념들의 변천에 관한 고찰」. 《문화정책논총》, 제27집, 1호, 122~145쪽.

최은경. 2014. 『글로벌 미디어와 문화경계』. 서울: 커뮤니케이션북스.

킴리카, 윌(Will Kymlicka). 2006. 『현대 정치철학의 이해』. 장동진 외 옮김. 서울: 동명사.

하윤금. 2013. 「영국 창조산업 정책의 전개와 특성」. 한국콘텐츠진흥원. 《KOCCA 포커스》, 통권 74호.

홍종열. 2012. 「창조경제 시대의 문화산업과 지역문화정책」. 《문화산업연구》, 제12권, 2호, 81~97쪽.

Ayto, J. 2006. *Movers and Shakers: a Chronology of Words that Shaped our Age.* Oxford: Oxford University Press.

Britton, Amy. 2011. *Revolution Rock: The Albums Which Defined Two Ages.* Author House.

BBC Archive. 1995. "Seven Ages of Rock ─ Blur vs Oasis Singles Battle ─ 1990s". http://www.bbc.co.uk/music/sevenages/events/indie/blur-vs-oasis/(검색일: 2015.2.17).

BBC News. 2005. "Timeline: Blur v Oasis after Britpop". http://news.bbc.co.uk/2/hi/entertainment/4151510.stm(검색일: 2015.2.17).

Harris, John. 2003.2.15. "Damon Albarn: From Cool Britannia to radical campaigner for peace". *The Independent.*

Dower, John. 2003. 〈Live Forever ─ The Rise and Fall of Britpop(Oasis, Blur, Pulp)〉. 82 min(다큐멘터리 영화).

Parekh, Baikhu. 2000. *Rethinking Multiculturalism: Cultural Diversity and Political Theory.* Massachusetts: Harvard University Press.

Seton-Watson, Hugh. 1977. *Nation and States: An Enquiry into the Origins of Nations and the Politics of Nationalism.* Westview Press.

UK Parliament. 1998. "Creative Industries Mapping Document."

논문 출처

- **2장** 홍용표·남근우. 2013. 「동북아에서 정체성의 정치와 문화갈등: 독도문제에 대한 한국의 인식을 중심으로」. 《평화학연구》, 제14권 3호.
- **3장** 박정수. 2012. 「중화(中華) 민족주의와 동아시아 문화갈등: 역사와 문화의 경계 짓기」. 《국제정치논총》, 제52집 2호.
- **4장** 최진우. 2006. 「유럽연합의 문화정책과 정체성의 정치학」. 《국제정치논총》, 제46집 4호.
- **5장** 조지영·서정민. 2013. 「누가 다문화사회를 노래하는가: 신자유주의적 통술로써의 한국 다문화 담론과 그 효과」. 《한국사회학》, 제47집 5호.
- **6장** 박정수. 2013. 「민족주의와 다문화: 중국식 다문화주의 '다원일체문화론(多元一體文化論)」. 《한국정치학회보》, 제47집 2호.
- **7장** 최진우. 2012. 「유럽 다문화사회의 위기와 유럽통합」. 《아시아리뷰》, 제2권 1호.
- **8장** 박선희. 2015. 「프랑스 안의 무슬림: 공화주의와 문화갈등」. 《국제관계연구》, 제20권 1호.
- **9장** 김수철. 2013. 「케이팝에서의 트랜스미디어 전략에 대한 고찰: 〈강남스타일〉 사례를 중심으로」. 《언론정보연구》, 제50권 1호.
- **10장** 박정수. 2013. 「세계화와 민족주의의 문화갈등: 한류와 반한류의 한중 문화갈등」. 《중소연구》, 제37권 1호.
- **11장** 서창배·오혜정. 2014. 「중국의 문화산업화 정책과 소프트 파워 전략」. 《문화와 정치》, 제1집 2호.
- **12장** 최은경. 2015. 「영국의 문화융성정책에 내재된 문화정체성의 비판적 소고」. 《미디어와 공연예술연구》, 제10집 1호.

※ 이 책은 각 학술지의 재출판 동의를 받아 위 게재논문들을 수정, 보완한 것이다.

지 은 이

한 양 대 학 교 평 화 연 구 소

한양대학교 평화연구소(Hanyang Peace Institute)는 '소극적 평화'를 넘어서 '적극적 평화'에 대한 통합적이고 유기적인 연구를 통해 우리 사회에 보다 실질적이고 적실성 있는 대안을 제시하고자 설립되었다. 2010년부터 한국연구재단이 발주한 '한국사회과학연구지원(SSK, Social Science Korea)' 1·2단계 연구사업을 진행하고 있으며, 전문학술지 《문화와 정치》를 발간하고 있다.

최 진 우

한양대학교 정치외교학과 교수, 사회과학대 학장
미국 워싱턴 대학교(University of Washington) 정치학 박사
전공 분야: 국제정치, 유럽정치, 비교정치, 국제개발협력
대표 저작: 「유럽과 아프리카의 화해의 부재: 힘과 이익, 규범과 제도, 관념과 정체성」
(2013), 「문화외교의 이론과 실천: 개념의 재구성과 목표의 재설정」(2013), 「정치학적 문화연구의 지형과 지평」(2012), 「글로벌 금융위기, 유로존 재정위기, 유럽통합의 심화」(2012), 「유럽 다문화사회의 위기와 유럽통합」(2012).

홍 용 표

통일부 장관, 한양대학교 정치외교학과 교수
영국 옥스퍼드 대학교(University of Oxford) 정치학 박사
전공 분야: 국제관계, 외교안보, 남북관계
대표 저작: "North Korea's Strategic Culture and Threat Perception: Implication for Regional Security Cooperation"(2011), "The Evolution of Syngman Rhee's Anti-Communist Politcy and the Cold War in the Korean Peninsula"(2010), 「분단과 한국의 외교: 주변 4강과의 정상회담을 중심으로」(2010).

남 근 우

남북교류협력지원협회 교역지원실장, 한양대학교 강사

한양대학교 정치학 박사

전공 분야: 남북통일, 북한 정치 및 사회문화

대표 저작: 『북한의 체제와 정책』(2014, 공저), 『한반도 통일 플랜 B』(2014, 공저), 『통일
　　　　　의 길. 북한의 정상국가화』(2014, 공저), 『통일한국의 사회보장체계 구축을 위
　　　　　한 기초연구』(2014, 공저), 「북한 영화와 탈북자 설문조사를 통해 본 사회주의
　　　　　도덕의 약화와 현실지속성」(2014), 「북한 시장에 대한 문화론적 접근」(2014),
　　　　　「재일동포사회의 세대별 자기인식에 관한 연구」(2014).

박 정 수

한양대학교 평화연구소 연구교수

한양대학교 정치학 박사

전공 분야: 국제정치경제, 문화와 정치, 중국 정치경제

대표 저작: 「민족주의와 다문화 : 중국식 다문화주의 '다원일체문화론(多元一體文化論)'의
　　　　　비판적 고찰」(2013), 「세계화와 민족주의의 문화갈등: 한류와 반한류의 한중 갈
　　　　　등」(2013), 「중화 민족주의와 동아시아 문화갈등 : 역사와 문화의 경계짓기」
　　　　　(2012), 『중국 영화 산업』(2015), 「국가와 시장 사이의 대중문화: 중국 영화산업
　　　　　과 하세편(賀歲片)」(2015), 「한국과 중국의 대중문화 교류의 명암(明暗): 영화공
　　　　　동제작의 사례분석」(2015).

서 정 민

연세대학교 정치외교학과 교수

미국 시카고 대학교(The University of Chicago) 정치학 박사

전공 분야: 중국정치, 민족주의, 국제이주의 정치

대표 저작: "Civil Society under Authoritarian Rule: Bansanghoe and Extraordinary
　　　　　Everydayness in Korean Neighborhoods"(2015), "Korean-Chinese Migrant
　　　　　Workers and the Politics of Korean Nationalism" (2014), "Dynamics of Ethnic
　　　　　Nationalism and Hiearchical Nationhood: Korean Nation and Its Others"
　　　　　(2014).

조 지 영
미국 뉴스쿨 대학교(New School for Social Research) 정치학과 박사과정
연세대학교 정치학 석사
전공 분야: 국제이주, 문화정치, 생명정치, 젠더, 인간안보

박 선 희
서울대학교 국제대학원 강사, 국제대학원 EU센터 연구위원
프랑스 파리 8대학 정치학 박사
전공 분야: 국제정치, 비교정치, 유럽정치, 프랑스
대표 저작: 「2004년 법」과 프랑스 라이시테 원칙 적용의 문제점」(2014), 「문화재 원소유
국(country of origin) 반환과 프랑스의 입장」(2011), 「유네스코의 「문화다양성
협약」과 프랑스의 전략」(2009).

김 수 철
한양대학교 평화연구소 연구교수
미국 일리노이 대학교(University of Illinois at Urbana-Champaign) 박사
전공 분야: 문화연구, 영상커뮤니케이션, 문화정책
대표 저작: 「케이팝(K-pop)에서의 트랜스미디어 전략에 대한 고찰: '강남스타일' 사례를
중심으로」(2013, 공저), 「문화의 세계화와 리얼리티 텔레비전: '빅브라더 아프
리카(Big Brother Africa)'를 중심으로」(2012), 「과학적 증거로서 디지털 이미
지: 위험의 시각화에서 디지털 영상 기술의 역할과 위치」(2011), 『마르크스,
TV를 켜다: 마르크스주의 미디어 연구의 토대와 전망』(2013, 공역).

서 창 배
국립 부경대학교 국제지역학부 교수
중국인민대학(中國人民大學) 경제학 박사, 한양대학교 정치학 박사
2013 기획재정부 공공기관 경영평가단 위원, 대외경제정책연구원(KIEP) 북경사무소 대
표, 부산중국연구회 회장, 한중사회과학학회 부회장(現), 중국지역학회 편집위원장(現)
전공 분야: 중국경제/통상, 중국정치, WTO 분쟁해결사례/반덤핑/세이프가드
대표 저작: 『중국경제론』(2014. 공저), 『차이나 인사이트』(2014. 공저), 『현대중국사회』

(2009. 공저), 『부산의 차이나드라이브 전략』(2012. 공저), 『중국의 WTO 분쟁 사례 연구』(2011. 공저); 「한·중·일 저가항공(LCC)산업 발전과 동북아협력」 (2014), 「중국의 관료적 부정부패 유형 분석」(2014), 「중국경제가 국내 지역경 제에 미친 영향」(2012), 「한·중·일 FTA의 추진현황과 필요성 연구」(2011) 외 다수.

오 혜 정

부산외국어대학교 중국학부 외래교수
부산외국어대학교 중국어 중국학부 지역학 박사
전공 분야: 중국 지역문화, 중국 문화산업
대표 저작: 「중국 문화산업이 지역경제에 미치는 영향에 관한 연구: 광둥성, 상하이시, 베
이징시를 중심으로」(2013), 「베이징시의 문화소비추세와 공연예술산업 발전관
계」(2014), 「중국 애니메이션산업 발전의 특징과 경제적 파급 효과」(2013), 「개
혁개방 이후 중국문화산업의 정책적 발전과 주요 특징에 관한 연구」(2012).

최 은 경

한양대학교 평화연구소 연구교수
영국 러프버러 대학교(Loughborough University) 커뮤니케이션학 박사
전공 분야: 커뮤니케이션 정치경제학
대표 저작: 『디지털 방송의 보편적 서비스』(2015), 『글로벌 미디어와 문화경계』(2014),
『사실적 텔레비전전과 방송편성문화』(2014), 『뉴미디어 뉴커뮤니케이션』(2014,
공저).

한울아카데미 1800
한양대학교 평화연구소 총서 1

민족주의와 문화정치

ⓒ 한양대학교 평화연구소, 2015

엮은이 ┃ 최진우
지은이 ┃ 최진우·홍용표·남근우·박정수·서정민·조지영·박선희·김수철·서창배·오혜정·최은경
펴낸이 ┃ 김종수
펴낸곳 ┃ 한울엠플러스(주)

초판 1쇄 발행 ┃ 2015년 6월 30일
초판 2쇄 발행 ┃ 2016년 9월 26일

주소 ┃ 10881 경기도 파주시 광인사길 153 한울시소빌딩 3층
전화 ┃ 031-955-0655
팩스 ┃ 031-955-0656
홈페이지 ┃ www.hanulmplus.kr
등록번호 ┃ 제406-2015-000143호

ISBN 978-89-460-5800-2 93330(양장)
      978-89-460-6020-3 93330(학생판)

* 책값은 겉표지에 있습니다.
* 이 책은 강의를 위한 학생판 교재를 따로 준비했습니다.
  강의 교재로 사용하실 때는 본사로 연락해주십시오.

이 저서는 2013년 정부(교육부)의 재원으로 한국연구재단의 지원을 받아 수행된 연구임
(NRF-2013S1A3A2052725).